心理学を超えて ❷

Beyond Psychology 2

OSHO
【講話録】

市民出版社

Originally English title: **Beyond Psychology -Talks in Uruguay**
These are chapters 23-44 of the original book and the full book has 44 chapters .

心理学を超えて❷

◉目　次

CONTENTS

第23章

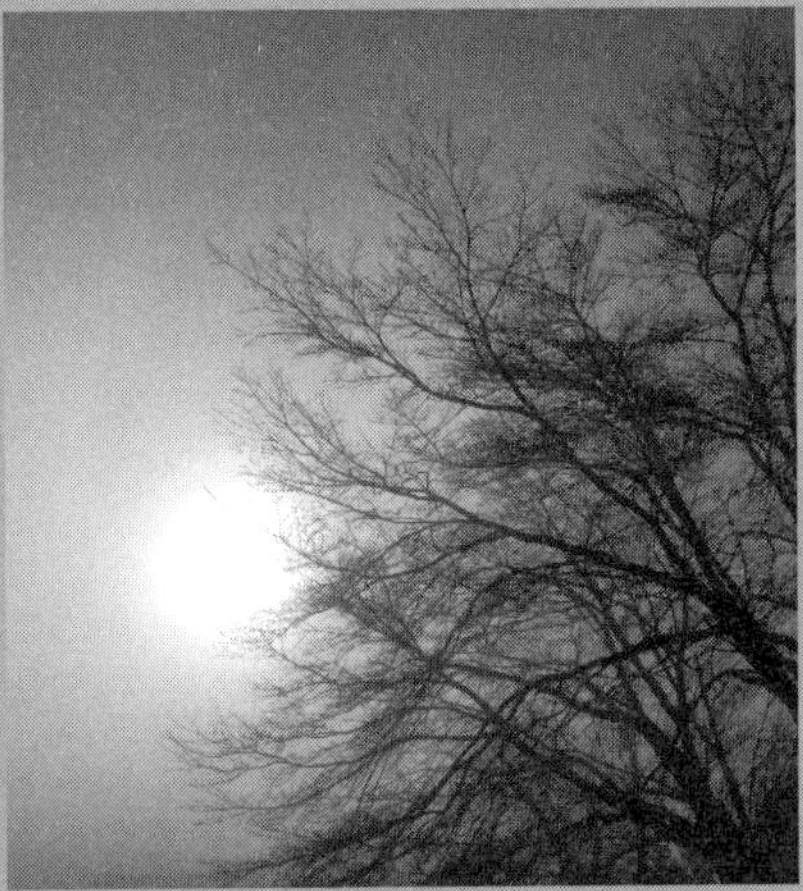

樹々は教えられること なく成長する

Trees Grow without being taught

質問一

先日の朝、あなたが競争と幼年期について話すのを聞き、自分自身の教育について考えてみました。学校での二十一年間の凝り固まったありとあらゆる出来事——庭で遊ぶことから、公式なスポーツを通して、ラテン語の文法まで——基本的に次の人を打ち負かす方法についての練習であったことに気がつきました。それは私の人生において唯一の、最も有害な経験であったようです。子供を破壊するための、また、私たちを周りの世界と完全に調和が取れないようにさせるための構造に関して、これ以上完全なものは考えられません。この競争的精神を助長させずに、子供たちが自らの溢れ出る潜在的可能性へ向けて成長するのを、どうしたら助けることができるでしょうか?

どんな競争的精神もなく子供たちの成長を助ける方法を考え始める瞬間、あなたは既に間違った路の上にいる。なぜならあなたがしようとしていることはすべて、子供たちに一定のプログラムを与えることだからだ。それはあなたが受け入れたものとは異なるかもしれないが、あなたは子供たちを条件付けている、世間で最善といえる意図を用いて——。

樹々は、成長する方法を誰にも教えられることなく成長し続ける。動物たちや鳥たち、すべての存在は、どんなプログラミングも必要としない。プログラミングというまさにその考えが、基本的に奴隷状態を作っている。そして人間は数千年間、異なる名前で奴隷を作ってきた。人々が一つの名前にうんざりする時、直ちに別の名前がそれと置き換えられる。条件付けの中で少しはプログラムを修正したり、少しはあちらこちらを変えるが、基本的なものは同じままだ。両親やより年上の世代は、彼らの子供に特定の方法でいることを望む。だからあなたは「どうしたら？」と尋ねるのだ。

私にとって両親の役目とは、子供が成長するのをどう助けるか、ではない。子供は両親なしで成長するだろう。あなたの役目は支援すること、養うこと、既に成長しているものを助けることだ。方向を与えてはいけないし、理想を与えてはいけない。彼らに何が正しいか、何が間違いかを言ってはいけない。彼ら自身の経験によって、それを見つけさせることだ。

あなたができることはただ一つだけ、それはあなた自身の人生を分かち合うことだ。彼らに言いなさい——あなたが自分の両親に条件付けされてきたこと、あなたが一定の限度内で、一定の理想に従って生きてきたこと、そしてこれらの限界と理想のために、あなたは生を完全に取り逃してきた、それで自分の子供の生を壊したくない、ということを。彼らに完全に自由であることを、あなたから自由であることを求めなさい。彼らにとって、あなたはすべての過去を代表しているからだ。

それは気概《ガッツ》を必要とする。そして子供にこう言うためには、父親、母親に途方もない愛が必要だ。つまり、「あなたは私たちから自由でいる必要がある。私たちの言うことを聞いてはいけない——あなた自身の知性を拠り所にしなさい。たとえあなたが道に迷っても、奴隷のままでいて、常に正しくあり続けるよりもずっとよい。他の誰かに従って誤りを犯さないよりもむしろ、あなた自身で誤りを犯し、それらから学ぶほうがよい。だがあなたは、従うこと以外の何も決して学ぼうとしていない。それは毒、純粋な毒だ」と——。

もしあなたが愛しているなら、それは非常に簡単だ。「どうしたら」と尋ねてはいけない。「どうしたら」は方法、方法論、技術を尋ねていることになるからだ。そして愛は技術ではない。

あなたの子供を愛しなさい。彼らの自由を楽しみなさい。誤りを犯させなさい。彼らがどこで誤りを犯したのかがわかるように、彼らを助けなさい。彼らにこう言いなさい。

「誤りを犯すことは間違いではない。できるだけ多くの誤りを犯しなさい。それが、あなたがより多く学ぶ方法だからだ。だが何度も同じ誤りを犯してはいけない。それはあなたを愚かにするからだ」

だからそれは私からの単純な答えではない。あなたは瞬間から瞬間へ子供と一緒に生きることを、小さな事においてできる限りの自由を彼らに許すことを、理解しなければならないだろう。


たとえば私の子供時代……それは何世紀もの間、同じだった。子供たちはこう教えられていく。

「早く寝なさい。そして朝早く起きなさい。そうすれば賢くなるよ」

私は父に言った。「僕が眠くないのに、あなたは夕方早く眠るように強制する、それは変だと思う」

そしてジャイナ教徒の家での宵の口は本当に早い。なぜなら夕食が五時か、せいぜい六時だからだ。それからは他に何もすることがない――子供は眠らなければならない。


私は父に言った。「僕のエネルギーがまだ眠る用意ができていないのに、あなたは眠るようにと強制します。そして朝になって、僕は眠いと感じているのに、あなたは僕をベッドから引きずり出します。これは僕を賢くさせるための奇妙な方法のようですね！　僕にはその関連がわかりません。僕が眠いと感じない時に眠るように強制されることで、どうして僕は賢くなるのですか？　そして数時間、僕はベッドに横たわります、暗闇の中で……その時間で何かができただろうし、創造的であったでしょう。それでもあなたは眠ることを強制します。でも睡眠は、あなたの手中にあるものではありません」

「ただ目を閉じても、眠れません。睡眠は、それが生じる時に生じます。それはあなたの命令や僕の命令には従わないので、数時間、僕は自分の時間を浪費しています。それから本当に眠いと感じている朝に、あなたは僕に起きることを強制します——早朝五時に——それからあなたは朝の散歩のために森の方へ僕を引きずり出します。僕は眠いのに、あなたは僕を引きずっています。そして僕は、このすべてがなぜ僕を賢くさせるのかわかりません。どうかそれを僕に説明してください！」

「そして、何人の人々がこのプロセスを通して賢くなったのですか？　ちょっと僕に賢い人々を少しでも見せてくれませんか。僕は周りに誰も見ませんけれどね。そして僕はお爺さんと話してきましたが、彼はそれはみんな馬鹿げていると言いました。家族全体で、その老人が唯一誠実な人です。彼は他人が何と言おうと気にしませんが、僕にはそれはみんな馬鹿げていると言いました。『知恵は、早く寝ることで生じるものではない。わしは七十年の生涯ずっと、早く就寝してきたが、知恵はまだ生じていない。そしてわしはそれが生じようとしているとは思わない！　今やそれは死がやって来るための時間であって、知恵のためのものではない。だからこれらの諺に騙されてはいけない』」

私は父に言った。「それをよく考えてください。そしてどうか真正で、真実であってください。僕にこれくらいの自由は与えてください——僕は自分が眠くなったと感じたら眠る、そして起きる時間であり、眠りはもはやないと感じたら、僕は起きる、というくらいのことは」

彼は一日考えて、次の日にこう言った。「わかった、たぶんお前は正しい。お前は自分自身に従ってそうすればいい。私の言うことを聞くよりも、お前の身体に従いなさい」

これが原則であるべきだ。子供は自分の身体に従うように、彼ら自身の必要性に従うように助けられなければならない。両親にとって基本的な事は、子供が溝に落ちるのを守ることだ。彼らの躾の働きは消極的《ネガティブ》だ。

「消極的」という言葉を覚えておきなさい……積極的《ポジティブ》にプログラミングするのではなく、ただ消極的に守護するだけだ——なぜなら子供は子供であり、彼らは自分を傷つけてしまうものや、彼らをダメにしてしまうものの中に入ることがあるからだ。その時も、彼らに行かないようにと命じるのではなく、彼らに説明しなさい。それを服従のポイントにさせてはいけない。それでも彼らに選ばせなさい。ただ単に状況全体を説明すればいい。

子供は非常に受容的であり、あなたが彼らを敬っているなら、彼らは聞く用意ができているし、理解する用意ができている。その時は彼らの理解に委ねなさい。それは最初の数年だけの問題だ。すぐに彼らは自分たちの知性に落ち着き、あなたの守護は全く必要なくなるだろう。すぐに彼らは自発的に動くことができるだろう。

両親の、子供が好まない方向に行くかもしれないという恐れを、私は理解できる。だがそれは子供の問題だ。あなたの子供は、あなたの好みや好みでないもののために生まれるのではない。子供たちは自分の人生を生きるべきだ。あなたは彼らが自分の人生を生きていることを喜ぶことだ——それが何であろうとも。彼らは貧しい音楽家になるかもしれない……。

私は以前、町で非常に裕福な男を知っていた。彼は自分の息子に、大学後は医師になってほしかった。だが息子の興味は、音楽だけだった。既にもはやアマチュアではなかった。彼はその地域ではよく知られていて、何らかの催しがあればどこでもシタールを演奏し、ますます有名になっていた。

彼は基本的に音楽を専攻している大学に行きたかった。おそらくそれは完全に音楽を専攻している世界で唯一の大学であり、そこにはすべての異なる学部——舞踊、異なる楽器があるが、大学の世界全体が音楽的だった。

父親は全く反対していた。彼は私を呼んで――それは私が彼の息子と非常に親しかったからだ。「息子は生涯乞食でいるでしょう」と父親は言った。それは、インドの音楽家はあまり多く稼ぐことができないからだ。

「せいぜい学校で音楽の教師になることはできます。どれだけ稼げるでしょうか？　それくらいなら私たちは自分の家の多くの使用人たちに支払います。そして彼は間違った人々と付き合うでしょう」

なぜならインドでは、音楽は娼婦たちと非常に深く関わったままだったからだ。

インドの娼婦は、他の世界のどんな娼婦とも異なる。「娼婦」という言葉はインド人が対応するものを適切に言い表していない。なぜならインドの娼婦は音楽に、ダンスに本当によく精通しているからだ。そしてインドには非常に多くの多様性がある。もしあなたが本当に、音楽の、歌うことの、踊ることのより深い層を学びたいなら、ある有名な娼婦と一緒にいなければならない。


有名な家族がある。彼らはガラナスと呼ばれている。ガラナは家族を意味している。それは普通の家族とは何の関係もない。それはマスターと弟子の家族だ。だから彼ら自身の特定の方法を持っている有名なガラナスがある。同じ楽器を、同じダンスを演じるにも、違うガラナスは違う方法で、微妙なニュアンスをもって演奏するだろう。

だから、誰かが本当に音楽の世界に入りたいなら、彼はあるガラナの一部にならなければならない。それは良い一族ではない。その裕福な男によるなら、それは確かに良い一族ではない。

だが、息子はその一族には興味がなかった。父親に従わずに、彼は音楽大学に行った。すると父親は彼を勘当した。彼はそれほど怒っていた。そして父親が彼を勘当したため、彼には他に方法が全くなかったので――なぜなら大学は、どんな仕事も、何も見つけられない非常に辺鄙な山深い地域にあったからだ――彼は戻って来て、父親が予測していたものそのままに、まさに学校の教師にならざるを得なかった。

彼の父親は私を呼んでこう言った。

「見てください、それはまさに私が言った通りです。私の他の息子たちは――ある者はエンジニアで、ある者は教授ですが、この馬鹿は私の言うことを聞きませんでした。私は彼を勘当しました。彼は私から一セントも相続しないでしょう。そして今、彼はただの最も貧しい職業、教員のままでいるでしょう」

だが私の友人自身は、この上なく幸せだった……自分が家族から見捨てられたこと、貧しい人の人生を送ろうとしていたこと、どんな遺産も受け取らないだろうということなど、心配していなかった。これらの事は彼を悩ませなかった。彼は幸せだった。

「彼らがこれをすべてしたのはいいことだ――今、私はあるガラナの一部になることができる。私は彼らを心配していた。彼らは大恥をかくだろう、ということを。しかし彼らが私を見捨てて、私はもはや彼らの一部ではないので、私はあるガラナの一部になることができる」

学校で教鞭をとって、彼はガラナの一部になり、今やインドで最も優れた音楽家の一人になっている。彼の存在が、最も優れた音楽家の一人であるということは問題ではない。重要なことは、彼が自分の潜在的可能性であると感じたものになったことだ。そしてあなたが自分の潜在的可能性に従う時はいつでも、あなたは常に最も優れたものになる。あなたが潜在的可能性から道に迷う時はいつでも、あなたは平凡なままだ。

誰も、その人がそうあるように運命付けられたものではない、その人は他の何かになっている、という単純な理由のために、社会全体は平凡な人々から成り立っている。そして彼が何をしようとも、彼は最も良いものであることはできないし、充足を感じることができない。彼は喜ぶことができない。

だから両親の仕事は非常に繊細で、それは大切だ。なぜなら子供の全人生がそれに依存するからだ。どんな積極的なプログラムも与えてはいけない。彼が望むあらゆる可能な方法で彼を助けなさい。

たとえば、私はよく木に登ったものだった。さて、登るために安全な木が少しある。その枝は強く、その幹は強い。まさにその天辺にまでも行くことができ、枝が折れることを恐れる必要は全くない。しかし非常に柔らかい木が少しある。私がマンゴー、ジャムナス――別の美しい果実――を取るために木によく登ったため、私の家族は大変心配して、私を止めさせるために常に誰かを行かせた。

私は父に言った。「僕を止めさせるよりも、どの木が危険なのかをどうか僕に説明してください。僕がそれを避けることができるように。そしてどの木が危険でないかを説明してください。僕がそれに登ることができるように。でも僕が登ることを妨げようとするなら、そこには危険があります。僕は間違った木に登るかもしれないし、その責任はあなた方のものになるでしょう。登ることを僕は止めるつもりはありません。僕はそれを愛しています」

強風を伴う日なたで木の天辺にいることは、本当に最も美しい経験の一つだ。そして木全体は踊っている――それは非常に滋養になる経験だ。

私は言った。「僕はそれを止めるつもりはありません。あなたの仕事は、僕がどの木に登るべきでないかを僕に正確に言うことです。僕が落ちて骨折して、身体を痛めることがあり得るからです。でも僕に『登るのをやめなさい』という虚しい命令をしないでください。僕はそうするつもりはありません」

それで彼はどの木が危険であるかを私に示すために、私と一緒に町を巡らなければならなかった。それから私は二番目の質問をした。

「危険な木にさえも登ることを教えてくれる誰か優れた登り手を、この町で知っていますか？」

彼は言った。「いいかげんにしろ！　おい、これはやり過ぎだ。お前が私にそう言ったから、私はそれを理解したのに……」

私は言った。「僕はそれに従いますよ。僕が自分でそれを提案したのですから。でもあなたが危険だと言う木は登らずにはいられません。なぜならジャムン――インドの果実がその木に実っているからです。それは本当に美味しくて、それが熟している時、その誘惑に抵抗できないかもしれません。あなたは僕の父であり、それはあなたの義務です……僕を助けてくれる誰かを探してください」

彼は言った。「もし私が、父親であることがそれほど難しいものだと知っていたら、決して父親にはならなかっただろう――少なくともお前の父親としては！　そうだ、私は一人の男を知っている」

彼は私に、最も優れた、稀な登り手であったある老人を紹介した。

彼は木こりで、とても老齢だったので、彼が木を伐採することができたとは信じられなかった。彼は珍しい仕事だけをした――他の誰もそうする用意ができなかったことを……家の上に広がっていた大木――彼はその枝を切り落とした。彼はまさに熟練者であり、その根や家を損なわずにそれをした。まず彼は紐でその枝を他の枝に縛る。それから彼はこれらの枝を切り、紐で他の枝を家から引き離して、それらを地面に落とす。

そして彼は非常に老齢だった！　だがそのような場面があった時はいつでも、他のどんな木こりもそうする用意ができていなかったのに、彼は用意ができていた。それで私の父は彼に話した。

「彼にあることを教えてください。特に危険な、折れる木について」

枝は折れる……そして私は既に二、三回落ちていた――私は自分の足にまだその傷跡を残している。

その老人は私を見て、そしてこう言った。

「誰もこれまで来たことはない……特に少年を連れて来る父などは……！　それは危険なことだ。だが彼がそれを愛しているなら、私は彼に教えたいと思う」

そして彼は私に、危険な木をどうやってうまく登るか、その方法を教えた。彼は自分自身を守るためのありとあらゆる手順を私に示した。あなたが高い木の上に行きたいなら、そして地面に落ちたくないなら、まず自分を紐で木が充分に強いと感じられる所に縛り、それから登ることだ。もし落ちても紐にぶら下がるだろうが、地面には落ちないだろう。それは本当に私を助けた。それ以来、私は落ちなかった！

父親と母親の働きは大きい。彼らは世界に新しい客を連れて来るからだ——何も知らないが、自分の中に何らかの潜在的可能性を抱えている客を。そして潜在的可能性が成長しない限り、彼は不幸なままだろう。

どの両親も、不幸なままでいる自分の子供について考えるのは好きではない。彼らは子供に幸福であってほしい。

それはただ、彼らの考えが間違っている、というだけのことだ。両親は、もし子供が医者になれば、教授やエンジニア、科学者になれば幸福だろうと考える。子供はわからない！　彼らは、自分がそうなるようになっているものになれば、その時だけ幸福でいられる。彼らは自分自身の内側にある種にだけなることができる。

だから自由を与えるために、機会を与えるために、あらゆる可能な方法で助けなさい。通常は、もし子供が母親に何かを求めるなら、子供の言うことを聞きさえせずに、彼が求めているものに対して、母親は単純にだめだと言う。「だめ」は権威的な言葉だ。「よろしい」はそうではない。だから父親も母親も、または権限を持つ他の誰かもよろしいとは言いたくない――どんな普通の事柄に対してもだ。

子供は家の外で遊びたい。「だめだ！」。子供は雨が降る間に、外に出て雨の中で踊りたい。「だめだ！風邪を引くぞ」。風邪は癌ではない。だが雨の中で踊ることを妨げられて、決して二度と踊ることができなかった子供は、大きな何かを、本当に美しい何かを逃してきた。風邪にはそれだけの価値があっただろう――そして、彼は必ず風邪を引くわけではない。それどころか、あなたが彼を守れば守るほど、彼はより弱々しくなる。彼にそうさせればさせるほど、彼は免疫を持つようになる。

両親は「よろしい」と言うことを学ぶべきだ。九十九回も彼らは普通にだめだと言うが、それは単に権威を示すため以外に何の理由もない。誰もが国の大統領にはなれないし、何百万人もの人々に権威を振りかざすことはできない。しかし夫なら誰でもなれるし、妻に権威を振りかざすことができる。すべての妻は母親になれるし、子供に権威を振りかざすことができる。すべての子供はテディ・ベアを持てるし、テディ・ベアに権威を振りかざすことができる……この隅から他の隅へテディ・ベアを蹴ることができるし、まともな平手打ちを食らわすことができる。彼が本当は母親か父親に食らわしたかった平手打ちをだ。そしてかわいそうなテディ・ベアには、その下に誰もいない。

これは独裁的な社会だ。

私が言っていることは、自由であり、「よろしい」を聞き、「だめだ」をめったに聞かない子供を作り出せば、独裁的な社会は消えるだろうということだ。私たちはより人間的な社会を持つだろう。

だからそれは、ただ子供たちだけの問題ではない。その子供たちは明日の社会になろうとしている。子供たちは人間の父親だ。

質問二

あなたの母国であるインドは、あなたにそれ相応の敬意も払わずに酷い扱いをしました。それでも時たま、あなたが話すのを聞くと、私はあなたの中にインドとその人々への微妙な慈しみを見つけているようです。あなたはインドの何を愛しているのですか？

インドは私にとって、国であるだけでなくひとつの概念だ……それは単なる土地ではなく、ある生き方であり、途方もなく重要な哲学だ。だから私がインドについて話す時、彼らが私を酷く扱うことや、私を殺したいと思うことは、全くどうでもいいことだ。

彼らはよくがんばったが、あいにく失敗してしまった。

これらは小さな事で、私は彼らを考慮に入れていない。

私が考慮するものは概念としてのインドにある。

それは人間の内面性の中へ深く入っていった、意識の中に初めて究極を、個の存在に関して普遍性を発見した世界で唯一の地域だ。

科学は多くのものを発見したが、科学のどの発見もインドが過去に為した発見とは比べものにならない。一万年もの間継続的に、インドはそのすべてのエネルギーを、生の意味を見つけ出すことに、まさに存在の本質を見つけ出すことに捧げてきた。そしてインドはそれを見つけた。

だからインドについて話す時、私は地理上のインドを話しているのではない。今日存在しているインドについて話しているのではない。何世紀もの発見のワークから生まれた概念について話している。これまでそのような高みに達した宗教はどこにもない。どんな共同社会も、これまでそのすべての才能を、人間の内的世界への発見に与えてこなかった。それは生において最も貴重な事だ。

あなたはあらゆるものを、すべてを持つことができる。だが、もし自分自身を持っていないなら……あなたは自分の周りのあらゆるものを知ることができるが、もしあなたの内側に何があるのかを知らないなら、あなたのすべての知識、すべての富、すべての権力は無駄になる。そして遅かれ早かれあなたは自分自身の富に、自分自身の権力に溺れるだろう。それがあなたを破滅させるのは、それが増え続けてますます大きくなり、あなたは縮み上がって、ますます小さくなっていくからだ。

科学者は彼であるものを否定して、物や対象に関する真実を強調している。それは非常に奇妙な現象だ。それなら誰が、これらのすべての物や対象を発見しているのだろう？　あらゆる本物の科学的な天才たちは、アルバート・アインシュタインのような者でも、とまどいを感じている。なぜなら彼は自分自身について何も語れないからだ……彼は世界で最も遠い星を、それが創造された何百万年も前のすべての歴史を知っていて、あと何百万年残るだろうかということを知っている。その後それは分解するだろう、ということもだ。彼の知識は膨大だが、知者については何ひとつ知らない。

この知識は何の役に立つだろう？　それは役立たないだけではなく、害をもたらしかねない。そして私たちは今、科学全体が軍事機構の為に、すなわち、死の為にあるのを知っている。客観的な実験や外側の世界の研究は、世界的な自殺としか呼びようのない段階に達した。一方インドでは探求は内側にあり、それは生の、喜びの、至福状態の、涅槃《ニルヴァーナ》の普遍的な体験において最高地点に達した。

私は地理的な単位としてではなく、精神的な探求としてインドに関わっている。私は現代の状況を非難することができる。それは醜い。それはすべての人間的な価値に反している。

国家は日々だんだん貧しくなっているが、単純な理由のために政治家はそれを防ごうとしない。政治家がそれを防ごうとするなら……それを防ぐ唯一の方法は、産児制限の方法を広めることだ。それは伝統的なインド人の精神に逆らうことであり、伝統的なインド人の精神を悩ませることは、その人が自分の権力を失うことを意味している。次の選挙でその人は消えるだろう。だからそれを防ぐために何かをするなら、その人は自分が終わるのを知っている。その人が自分自身を権力に引き留めたいなら、国は死ぬことになり、飢えようとしているのを知っている。

既にインドには九億の人々がいる。私が話し始めた頃は、ほんの四億の人々しかいなかった。彼らが私の言うことを聞いていたなら、それは決してそのような悪い状況には陥らなかっただろう。だが彼らは私に石を投げた。

今や国々は私が彼らの空港に着陸することさえも防ごうとしている。その国に入るという問題は生じない。私が一度も考えたことがない国についてさえも……。

ちょうど今日、アナンドが私に知らせた。それによるとベネズエラが――私はその国について一度も考えたことがない！――私は追放されている、私は入国できない、という決議を可決したそうだ。私たちが二週間いたアイルランドでさえ、政府は今、私たちがいたことを否定している。彼らは「そうだ、彼らはここにいて、それから立ち去った」と言うために充分な勇気さえ持っていない。彼らは否定して、こう言っている。「彼らはここにはいなかった。どうしたら入国できただろう？――彼らは追放されているのに」――ちょうど私たちが去った時、私たちを追放するために、議会で何らかの決議を可決したに違いない。

欧州議会には今、別々ではなく集団的に私を追放するための決議がある。だから議会のメンバーであるすべてのヨーロッパ諸国は、自動的に閉ざすようになる。

同じ状況がインドで起こっていた。駅では、私の列車は二時間遅れる。それは私に自分たちの都市へ降りてもらいたくない人々が、私を引き戻すことを列車に強制していた人々がいたからだ。

私がインドの都市で話していると、電気が止められた。これは何度もたびたび起こっていたので、単なる偶然ではあり得ない。五万人の人々は三十分か一時間の間、暗闇の中で座っているが、電気は回復しない。それで結局、私は彼らに伝えなければならない。

「今やこれは無意味だ——どうか家に帰ってくれ。私はもう少し長くこの街にいるので、あなた方はこの一連の講話を聴けるだろう」

そして人々が去ろうとしている時、私が去ろうとしている時、電気は回復する。

ちょうど今、インド政府は私にインドに滞在することを望んでいるが、条件があった。

一つは、どの外国人の弟子も私に会いに来るのは許されない。

二つ目は、どの報道機関も私にインタビューするのは許されない。

三つ目は、私が国から出て行かないことだ。

これらの三つの条件を満たしたなら、私はこの国に滞在できた。

私は言った。

「なぜあなたは単純に私を撃たないのだ？　これらの条件は、ただ私を殺すためのものに過ぎない！」

そして私が国を去らねばならなかったのは……政府の高い地位に多くのサニヤシンたちがいて、彼らは私に知らせたからだ——政府が私のパスポートを没収しようとしていて国を出られなくなるので、私はすぐに去るべきだということを知らせたからだ。

彼らが言うには、ビザを得るための、別の国に行くための充分な時間は私にはなかった。そのうえ政府はデリーのすべての大使館に、誰も私に自分たちの国へのビザを与えるべきでないことを通達した。そのため入国可能だった唯一の国はネパールだった。なぜならどんなビザも必要ないからだ。それはインドとネパールとの間の条約だ。

だがその時、アメリカ政府はネパールに圧力をかけ、ドイツ政府はネパールに圧力をかけ、インド政府はネパールに圧力をかけていた。私がそこにいるのを許すべきではない、と。そして彼らがいくつかの段階に踏み出そうとしていたことが絶対的に明らかになった時——彼らは私を逮捕できたし、私をインドに送り返すことができた——その知らせを受けた時、私は直ちに去らねばならなかった。

私がインドについて何かを話す時はいつも、こうしたインドについてではない——完全に堕落していて、政治的に最悪のインドには関与していない。

毎日、何百人もの人々が殺されつつあり、しかもその国は、それは民主主義だと宣言し続ける。だが新聞は、何人の人々が殺されているかという報道は許されていない。外側の世界に対しては、あらゆることが平和であるように見える。だが現実は、インドがこれまで一つの国であったことはない、ということだ。それは常に多くの国だった。

ゴータマ・ブッダの時代には、インドには二千もの王国があった。イスラム教徒はそれを一つの全体にしようとした。完全には成功できなかったが、それでも彼らはインドの半分が一つの国家になるようにうまくやってのけた。英国は、さらなる残忍性をもって、すべてのインドを無理やり一つの国家にした。さもなければ「国家」や「国民」というのはインドの概念ではない。このインドの統一は強制されたものだった。

ウィンストン・チャーチルは、彼が引退する前、「インドが自由になる日、それは別々に、粉々になるだろう」と言った。そして彼は正しかった。政治的に彼はその洞察を持っていた。なぜなら彼は、彼らがどうにかしてすべての断片を一緒にしたのを、それらを一緒に保つためには莫大な権力が必要なのを知っていたからだ。もしその権力が取り除かれたら、その断片はばらばらになり始めるだろう――そしてそれこそが現在起こっていることだ。

最初にパキスタンとバングラデシュがインドから分離した。今、パンジャブがインドから分離することを望んでいる。アッサムはインドから分離するために四十年間戦ってきた。ベンガルはインドから分離することを望んでいる。タミルナードゥはインドから分離することを望んでいる。

インドには三十もの言語がある。四十年間、彼らは一つの言語――ヒンディー語を公用語にしようとしてきたが、実現できなかった。公用語さえも作れないのなら、どうやって国家をうまく保てるだろう？これらのすべての実体は小さくない。インドはほとんど大陸だ。これらすべての州――パンジャブやマハラシュトラ、またはタミルナードゥは、フランスやイギリス、またはドイツと同じくらい大きく、それぞれには独自の文化、独自の言語、独自の衣服、あらゆることに関する独自の方法がある。

現在では分離を防げるために、どんな分割に関しても、誰もそれを話すことはできないという法律ができた。インドのどんな部分でも分割について話す人は誰であれ、直ちに逮捕されるだろう。そこには法的な方法は全くなく、そのための法廷裁判はない。これが民主主義なのだ！

パンジャブでは数千人のシーク教徒を殺し、シーク教徒は数千人のヒンドゥー教徒を殺した。それは毎日続いている。インドの至る所でそれは起ころうとしているが、非常に簡単に解決され得る。

インドは今日、分離の問題に直面している。人々を殺す必要は全くない。インドは一つのままであるべきだ。私の解決策は単純だ――それは、少しの理解がただ必要なだけだ。

自由はあらゆる人の生得権だ。

だから私はこのインドを支持してはいない。それは完全に堕落している。だが私にとって、私のビジョンでは、そこには全く異なる、輝かしいインドがある。それはゴータマ・ブッダ、ナーガルジュナ、ヴァスバンドゥ、シャンカラのような人たちから成り立っている……何千人もの光明を得た人々のすべての系列で成り立っている。

それが私のインドだ。

質問三
もし私が溶け込んで、何が起こってもそれを受け入れるとしたら、自己主張などできるものでしょうか？

あなたがそう考え始める瞬間、問題が生じる。あなたはただそうして、何が起こるのかを見ればいい。自分自身を全体の中に溶け込ませ、もしその状況が主張を必要とするなら、あなたは主張しないだろう。全体が主張するだろう。あなたはより少なくなるのではなく、より多くなる。あなたは一人ではない。あなたは全体に支えられるだろう。

体験は問題を解消する。だが私たちはただ単に考え続ける。そしてもしあなたが考えるなら、当然、その問題は非常に適切であるように見える。

「もし私が溶け込んだなら、自己主張などできるものでしょうか？」

当然、それは矛盾しているように見える。論理的には矛盾しているが、存在的にはそうではない。溶け込みなさい、そしてどうなるのか見てごらん。

もし状況が主張を必要とするなら、そこには主張があるだろう……だが、それはあなたのものではない。なぜなら今あなたは全体の一部だからだ。今、全体はあなたと一緒に主張する。あなたは決して何も失わない。全体が溶け込んでいることで、あなたは常に得る者でいる。

だがそれについて考える前に、それをしなさい。

ただすることだけが矛盾を解決するだろう。

質問四

私が毎日あなたに会う前、私はあなたに会うという考えでとても興奮します。でも私がそうする時、私は虚ろになります。まるで私にはどんな顔も、どんな微笑みも全くないかのように——。私はあなたにナマステをすることさえ難しいのに気づきます。まるで私があなたの前で見えなくなったかのように——。私のハートがするものは何でも子供っぽく見えて、私がしたどんな行為も、まるでそれはあなたの上に私のゴミをただ投げ捨てているだけのように感じます。OSHO、私はこれまで自分がどれほど感謝を感じているのか表現したことがありません。たとえ私のハートがそれに満ちていても、です。

私はそれを知っている。そして起こっていることは全く正しく、あなたが感じているものは完全に私の教えと調和している。

あなたは自分の感謝を表現することはできない。あなたはそれに満たされるが、どんな行為も……それはあまりにも小さく見えるだろう。それは起こり得る。私が来るとあなたは興奮する、それは非常に自然なことだ。だが私が来る時、あなたはほとんど不在だ。これは良い。このようにあるべきだ。

私がここにいる時、あなたはここにいるべきではない。なぜならこの部屋では、たった一人だけが残存できるからだ。あなたか、それとも私のどちらかが。

だからそれは質問ではない……。だがあなたは非常に正確にあなたの感情を表現した。

それがあなたに起こっていることを喜ぶべきだ。

第24章

エゴが何かを得る時は常にあなたは敗者だ

Whenever the Ego Gains,You are the Loser

質問一

あなたはかねがね、あなたは私たちの友人であり、私たちは友人であると言ってきました。私はそれを受け止めることが本当に困難になっています。

私にとってあなたは、私の最も愛するマスターです。私が取り逃がしているところを、どうか私に示してください。

質問はヴィヴェックからだ。

私は彼女の困難が理解できる。

同じことが、私の近くに来て私を愛し、私をマスターとして自分のハートに受け入れたすべての人々の困難になっているだろう。

私はあなた方の友人であり、あなた方は私の友人だと話してきた。それはあなたにとっては明確ではない非常に奇妙な理由のためだ。

ミラレパから別の質問があった。なぜ少数のサニヤシンはあなたに非常に憤慨しているのか、なぜあなたに怒っているのか?と。

弟子たちの中には、偶然弟子になった者たちが常に少数いる——これは歴史的によくあることだ。風がこっちに吹いていたので彼らは到着した。彼らは弟子たちの中に途方もないエネルギーを見て、それで貪欲になった。だがそれは真理の探求でも愛の探求でもなかった。それは単なる貪欲さだった。彼らは精神的にも力強くありたかったのだ。

彼らはサニヤシンになり、弟子になったが、私と彼らの距離は同じままだった。彼らは決して私の親密な人々になれなかった。彼らは決して私の人々になれなかった。彼らが私と一緒にいても、本心では彼らは憤慨し、怒っていた。私は彼らにその憤慨した状態を、その怒りを落としてほしかった。それは私の問題ではなく彼らの問題であり、私はあらゆる可能な方法で彼らを助けたかった。


私が「私はあなた方の友人であり、あなた方は私の友人だ」と言ったのは、この単純な理由のためだった。本当は私と一緒にいなかった人々は、今や彼らの身分と私の身分が同じであることで非常に幸せだった。そしてこれらの中に、あなたが決して想像しなかったであろう人々がいた——。

つい先日、私はあるサニヤシンから、ティアサが人々に、私の状態と彼の状態は現在同じである、私たちは友人だ、と語っているという伝言を受け取った。このために彼は十五年間ぶらついていた。ラジェンは人々にこう言っている。「今、私はもはや弟子ではなく友人だ。私は同じ身分にある」と。

これらは私ができる限り愛をこめて、できる限り平穏に縁を切りたかった人々だった。

だが私を愛していた人々は気を悪くした——なぜなら彼らは弟子として私を愛していたからだ。それに、弟子であることが非常に貴重な何かであるため、誰が友人であることなどを気にかけるだろう？

ゴータマ・ブッダの生に一つの物語がある——。彼の最も近しい弟子の一人、シャーリプトラがあまり瞑想をしていないことに気づかれた。シャーリプトラより後に来た人々でさえ、瞑想の中へより深く入っていた。才能のより少ない、知性のより少ない人々でさえそうだった。

ある朝、ブッダはシャーリプトラを呼んで「どうしたのだ？」と言った。

彼は言った。「あなたはそれを知っています。私はあなたが生きている間に、決して光明を得たくありません。私はただただ、私がいつも座っていたやり方で、あなたの足元に座りたいだけなのです。あなたの弟子であるため、あなたの愛を一身に受けるために——誰が光明について気にかけるでしょうか？　これが私の光明です！」

だから私は、ヴィヴェックの困難が理解できる。彼女は十六年間、私と共にいた。彼女が来た時、わずか二十歳だった。今、彼女は三十六歳で、ほとんど二倍の年月だ。これらの十六年間すべてにおいて、明けても暮れても、彼女はできる限り多くの愛をもって、深い献身をもって私の世話をしてきた。彼女にとって自分自身を友人であるように思うことは難しい。それは彼女にとって得するものではなく、それは失うものであるだろう。弟子であることの、そしてマスターを愛することの喜びと祝祭を理解した人々は、みんな同じことを感じるだろう。友人であることは、それと比べたら何でもない。あらゆることが失われる。友人であることは、うわべだけのものになってしまう。

だから私と本当に一緒にいた人々は動揺し、傷つけられた。そして私と本当に一緒にいなかった人々は途方もなく幸福だった。ただ私があなた方を私の友人と呼ぶことで、あなたが私と同じ状態に達するわけではない。もしそれがそんなに簡単だったら、私は全世界を私の友人と呼んだだろうし、彼らはみんな同じ状態に至っただろう。

ミラレパの質問はそれに関係している。アメリカ政府がコミューンを、違法にではあるが組織的に破壊した後——それは人間の意識とその進化に反する犯罪行為だった——人々はコミューンを去らなければならなかった。今、これらの人々の少数は憤りを感じている。それはまさに彼らが特定の理由で私の周りにいたという意味を持つ。

そこにはいくらかの貪欲さがあった——私はすべての貪欲さ、すべてのエゴ、すべての嫉妬、すべての競争、すべての野心をしつこく破壊してきた。しかしそれらはとても深く根付いていたので、知的にはそれがあなたからなくなったと感じるかもしれないが、それはそこにある。

これらの人々が今、憤りを感じているのは、彼らの心の底に貪欲さがあったからだ。その貪欲さとは、もし彼らがブッダフィールドの中で死ぬなら、彼らは光明を得るだろう、というものだ。だが、今やブッダフィールドは消えてしまった。彼らは怒っている。そして彼らは私に怒っている。なぜなら私は奇跡を信じないということを絶えず彼らに話しているにもかかわらず、彼らは信じ続けたからだ。だから私が逮捕されたことは彼らにとってショックだった。彼らは、もし私が拘置所の壁を通り抜けたなら、そのときには奇跡が——というようなことを愛しただろう。それらは彼らの願望だった——コミューンは破壊されたが、私は破壊されることからそれを防ぐために何かをするべきだった、ということが。

当然、彼らは怒っている。

だがこれは彼らの誤解だ。彼らは本当の奇跡を見ることができない。彼らは私がどうやってそれらの十二日間を拘置所で生きていたか、どのようにして拘置所の人々が——当局者たちと囚人たちが、ほとんどサニヤシンになったのかを見ることができない。拘置所にいたこれらの人々はみんな、それは絶対的に不当で不公平であり、憲法に反していると言っていて、私が彼らの拘置所を去った時、彼らの目には涙があった。

看守の一人はこう言った。「囚人を釈放した時に、自分の目に涙を浮かべるというのは初めてだ。さもなければ私は、誰かを解放させることを常に喜んでいる。だがもしあなたが望むなら、私は本当にあなたにいつもここにいてもらいたい！　あなたはすべての雰囲気を変えた。あなたがそれをどのようにしたのか、私にはわからない。おそらくそれは、まさにあなたの現存だったのだ」

私は病院課の中にいて、看護婦長は私にこう話した。
「看守や看守補佐、他の役員たちが絶え間なくこの部門に来るのは初めてです。さもなければ誰もここには来ません。彼らはここに来てあなたと座り、あなたと話します。彼らはあなたが嫌がらせを受けたことに傷つき、自分たち全員がその嫌がらせの手助けになっていることを恥じています」

彼らは私のためにあらゆる手はずを整えた。他の誰かのためにそうしたことは一度もなかった。私はこれを奇跡と呼ぶ。それは壁から外へ出ることや鎖を壊すことではない。それらは奇跡ではない。しかし人間の意識へのこの影響は——。六人の看護婦と医師——それも女性だった——はみんな、私が去った時に泣いていた。彼女たちは言った。
「あなたが行かねばならないことは、わかっています——あなたは私たちと一緒に、ほんの三日だけいました。それでも私たちは、あなたに非常に惹き付けられるようになりました。何年もの間あなたと一緒に生きてきたあなたの人々に、何かが起こっているに違いないのでしょうね？　あなたは行かなければなりませんが、私たちの個人的な感情は論理に聞く耳を持ちません。あなたにここにいてほしいのです。あなたはすべての雰囲気を変えてしまいました」

囚人たちでさえ、私が影響を受けないように、喫煙しなかった。彼らは私を悩ましていると政府は考えていたかもしれないが、彼らは私が悩まされないように、あらゆる可能な方法で試みていた。私はシャワーを浴びていなかった。囚人のシャワー室はとても汚かったので、シャワーを浴びない方がより清潔に感じられた。看護婦はそれに気づき、彼女たちは自分自身のシャワーを私が利用できるようにした。彼女たちは自分自身の場所——看護婦の事務所、医師の事務所を、私が利用できるようにした。それで、私が座りたい所はどこでも座ることができた。私が横になりたい所はどこでも横になることができた。私は独房に行く必要はなかった。そして私が望む時はいつでも、私はただノックすればいいだけで、それで彼らは独房を開けて私を連れ出した。私は言った。

「心配する必要はない。私は自分の独房の中で完全に申し分ない」

彼らは言った。「それはあなたの存在があなたの独房で完全に申し分ないという問題ではありません。私たちはあなたが事務所にいることを愛しているのです。私たちは、ここがあなたがよく座っていた場所であることを、永久に覚えているでしょう」

同じことがクレタ島で起こった。私がほぼ七時間座っていた椅子が——。やがて警視長官はくつろぎ、私と話し始めて、最終的に彼はこう言った。

「私はあなたが私の事務所に座っていることを、誇らしく感じています。とても多くのあなたの人々がやって来て、私はただ彼らのロケットの写真でしかあなたを見たことがありません。今、私は彼らに対して『これはあなた方のマスターが私と一緒に七時間座っていた椅子です』と言えるでしょう」

彼は妻に電話をして、「OSHOが安全にアテネに送られるまで、私は家に帰るつもりはない」と言った。彼はとても心配したので、デヴァラジに私を空港まで車で送ることを許した。警察官は後部座席に座っていて、私は前方座席に座っていて、デヴァラジが運転していた！　こんなことはこれまで起こったことがない——。

憤りを感じるこれらの人々には、他の原因もあるかもしれない。

つい先日、アナンドが私に、三年間サニヤシンでいて、コミューンにいたことがあるカップルがオーストラリアで出版した私に反対する一冊の本を見せてくれた。

だがちょっと彼らの考えを見ると、彼らは決して私に会ったことがないように思える。彼らが言っているのは、コミューンの人々は働き、一生懸命働き詰めていた、そしてその人たちの仕事のおかげで私はロールスロイスを購入していた、ということだ。

あなたはその馬鹿らしさを見ることができる。その人たちの仕事は、どんなお金ももたらさなかった。その人たちの仕事は、そこで暮らすための自分自身の家を、道路を作ることだった。それはお金を必要としていたが、お金を生み出してはいなかった。だが彼らのマインドの中では、それらの三年のすべてに対しても憤慨していたに違いない。

それらのロールスロイスは、コミューンによって生産されたのではなかった。それらは外部からの、世界中からの贈り物だった。そして私は所有者ではなかった。私はそれらをコミューンに与えた。それらはコミューンの財産であり、私はその中のどれも持って来ていない。私はそれらをコミューンに残してきた。私が持っていたすべてのものはコミューンに残されている。

私は決して何も所有していなかった。だが、彼らはお金を得ている、そして私はお金を浪費している、という考えがあったに違いない。それが彼らの憤慨だ。

あなた方はどんなお金を得ていたのだろう？　実際のところ、家を建てるため、道路を造るため、ダムを造るために、あなた方にはお金が必要だった。ダムには二百五十万ドルが必要だった。あなた方は自分の労働を捧げていたが、私たちは私がロールスロイスを購入できるように、私が何でも購入できるように、その労働からお金を生み出していたのではなかった。私はコミューンから生み出されたお金から何も購入しなかった。コミューンは決してどんなお金も生み出さなかったからだ。コミューンはお金を吸収していた。実際、私のすべての印税、私のすべての本、それらのすべての利益はコミューンに行っていた。状況はまさに正反対だ。つまり、私がすべてのものをコミューンに与えていた、ということだ。今、異なる言語の四百冊の本は印税で数百万ドルをもたらし、その印税はコミューンに行っていた。もし私がロールスロイスを購入しようと望んだなら、望むだけ多くのロールスロイスを、ただ私の印税から購入できた。

だが憤慨や怒りは盲目になる。コミューンで、私たちは二億ドルを投資した。そのサニヤシンはおそらく、彼らは二億ドルをコミューンにもたらした！　と考えているのだろう。私と世界中で私を愛している人々なしでは、それらの二億ドルはあり得なかっただろう。そして今、あなたは見ることができる。シーラは懸命に試みているが、弁護士に支払うための充分なお金さえ得ていない。どのサニヤシンも彼女に会おうとしていない。

シャンティ・Bとプージャは、行政長官によってそれぞれ一千万ドルで保釈された。だが彼らは十ドルさえ集めることができない。一千万ドルについては何と言うべきだろう！　誰がプージャのために一千万ドルを、シャンティ・Bのために一千万ドルを差し出そうとするだろう？　これらの人々は二億ドルを用いて遊び、そして彼らは、このお金は自分たちのためにやって来た、という幻想の中に留まっていた！

お金は私に与えられたが、私は何も受け取らないため、すべてのお金をコミューンに与えた。にもかかわらず、彼らは私に憤りを感じている。彼らは私に腹を立てている。

ただこれらの人々をなだめるため、私は去る前にあらゆることをした。私は宗教を解体した。なぜならそれは人々に希望を与えるからだ。彼らは、自分たちは意識的であることや気づくことに引き上げられ、最終的に光明を得るようにされるべきであり、その責任は私にある、と信じ始めるからだ。

私は彼らを、あなたは赤い衣服を着る必要がない、マラを身につける必要がない、それはもはや強制ではない、と言うことで自由にさせた。ただ単に、彼らが知らずに私のせいにしていたすべての責任の重荷をただ落とすために、だ。彼らは、ただ赤い衣服を着てマラを身につけることで、自分たちのワークは終わった、今、自分たちが光明を得られるようにするのは私の責任だ、と望んでいた。私はそれを落とした。彼らは、私が彼らに自由を与えていたと考えている。実のところ、私は単に自分自身の生をできる限り軽くしていただけだ。私は単に、不要に課された責任を落としていただけだ。そして最終的に、多少なりとも私より劣っていたと彼らに感じさせないために、「私はあなた方の友人であり、あなた方は私の友人だ」と言ったのだ。

それを望み、それを待っていた人々は喜んだ。

だが理解していた人々は泣き、涙を流した。

今、ラジェンのグループでは、私の名前にさえ言及しない。友人の名前に言及する必要性とは何だろう？　あなたには多くの友人たちがいる。あなたは彼らの名前に言及しない。

ティアサはアカデミーを作った。デヴァギートはそこにいた。彼はそれがＯＳＨＯの瞑想アカデミーになろうとしていることを望んで、場所を見つけるために、その手はずを整えるために懸命に働いた。だが彼が掲げられている看板を見た時、それは単純に『瞑想アカデミー』となっていた。

彼は「しかし、ＯＳＨＯに関する言及はないのか？」と尋ねた。

すると、ティアサやヴェーダナやそれに関わっていた他の人たちは単に「私たちはみんな友人だ――なぜＯＳＨＯの名前を載せるのだ？」と言った。

彼らはパンフレットを印刷したので、デヴァギートは私にこう言っていた。

「私は泣きましたし、ほとんど肉体的に戦わなければなりませんでした。というのも、あなたの名前がパンフレットにさえ載っていなかったからです。彼らが教えている瞑想はあなたに関係したものである、とさえ言及されていませんでした。彼らはパンフレットの中に自分たち全員の写真を載せていますが、あなたの写真はそこにはありません」

彼が懸命に戦ったので、最終的に彼らは私の写真を載せることに合意したが、それは奇妙な写真で、誰が見てもわからない古い写真だった。それは一九七四年にある人が撮った写真に違いない。それはとても小さな写真で、私の名前についての言及もなく、その人物が誰なのかについて何も載っていなかった。デヴァギートは全く愛想を尽かしてその場を去った。そして今、この同じ人々は世界的な祝祭を催そうとしている。そこでは私の名前は言及されない。当然、あなたの友人である人の名前に言及する必要は全くない。あなたには多くの友人がいるのだから！　だが彼らはサニヤシンたちを搾取するだろう。

その戦略は非常に明白だ。なぜなら私は見てきたからだ。彼らが私たちの新聞やニューズレター、雑誌に自分たちのグループの広告を出す時、彼らはマラと一緒にオレンジ色の服を着ているからだ。

彼らの誰も赤い服やマラを使っていないし、グループの中では私の名前にさえ言及していない。だが広告の中では、グループに参加するサニヤシンを引き寄せるために、彼ら全員がマラをかけ、オレンジ色の服を着た彼らの写真を出版している。まるで彼らが古いサニヤシンであるかのようにだ。ただこれらの人々を安心させるために、私は彼らの生から身を引いた。

だがヴィヴェック、それを心配する必要はない。私を愛する人々や私を知る人々は、私が彼らのマスターであり、彼らが献身と愛をもって私と一緒に長い道のりを旅してきたことを完全によく知っている。そしてもちろん、私を友人と呼ぶことは、どんな瞬間であれ、たとえ彼らが光明を得るようになっても、彼らにとっては不可能だ。それは全く感謝が欠けていることになるだろう。

またもや私はシャーリプトラを思い出す。

ある日ついに、彼は光明を得た。それでブッダは言った。

「あなたは説教しに行かねばならない。今、あなたは光明を得ているので、私の足のそばに、ここに座る必要は全くない」

彼は言った。「これが問題でした！　私は光明という考えを落とす用意ができていました。あなたは私に、瞑想の中へより深く進むように強いていました。そして今、私はどうにも困っています。私はこれが起ころうとしていたのがわかっていました。ひとたび私が光明を得るようになったら、あなたは私に言葉を広めに行くように言うでしょう。私はどこにも行きたくありません。あなたが生きている間は、私は単にあなたの影でいたいのです」

だがブッダは彼を説得した。ブッダが非常に強要した時、最終的に彼は同意したが、「一つの自由を私は望んでいます――」と言った。ちょっと「自由」という言葉の使用を見てごらん。すると、いわゆる憤慨して怒っているサニヤシンたちが持っている自由を見ることができる。

「一つの自由を私は望んでいます。あなたがどこにいようと、私はあなたの方向へ、遠く離れた距離から、平伏してあなたの足に触れることを許されるべきだ、ということを」

だがブッダは言った。「あなたは既に光明を得ている――私の足に触れる必要はない！」

彼は言った。「あなたは私にその自由を与えなければなりません」

愛は、論理には理解できない自由を求める。

シャーリプトラは、彼の旅の中で何度も尋ねられた――。毎朝彼は起き上がり、沐浴をして、彼がする最初の事は、彼が知っていたブッダが居住している方向に合掌して、地面に平伏することだった。

彼らは「この方法であなたは誰に祈っているのですか？」と言った。なぜなら仏教に神は存在しないからだ。

するとと彼は言った。

「私はどんな神にも祈ってはいないが、ブッダは私にとって神だ。彼は私のマスターだ」

そして彼らは言った。「しかしあなたは光明を得ているのですよ！」

彼は言った。「それはたいしたことではない。私は彼のおかげで光明を得た。彼なしでは、私は何生かかってもそれが起こったとは思えない。どのようにしてそれが起こり得たのか、私にはわからない。そう、ブッダは自分にはその出来事への責任はないと言うかもしれないが、私にはその考えを受け入れることができない。この自由を私は彼から求めた。そしてこれは特権だ」

私は非常に気が楽になっている。私の人々ではなかったが、どういうわけか周辺をぶらついていた人々がみんな取り除かれたことで――。今、私は本当に私と一緒にいる人々だけを望んでいる。

昨日、ヴィヴェックが私への数々の質問を読んでいた間に、彼女が自分自身の質問を読んで泣き始めた。私は言った。「どうしたのだ？　これは誰の質問だ？」

彼女は「それは私の質問です」と言った。

私はそれが多くの人たちのハートの、それでもマスターを愛することを学んだ人たちだけのハートの状況であることを知っている。

その利己的な人々はみんな、弟子であるふりをしていた。私は彼らを傷つけたくなかったので、最善の優雅な方法は、あなた方は私の友人であり、私はあなた方に完全な自由を与える、と私が宣言したことだった。すると彼らは直ちに、喜びに満ちて受け入れた。自分たちが何を受け入れたのかを知らずにね。彼らは自由だった――彼らは私に会った。今、彼らは同じ立場で再び自由でいる。
彼らは何かを失ったが、彼らは自分のエゴが何かを得たと思っている。エゴが何かを得る時はいつでも、あなたは敗者だ。

その理由のひとつに、私が別のコミューンを持ちたくないことがある。私はミステリー・スクールだけを望んでいるので、本当に興味がある人々は来て、学び、帰ることができる。それは途方もなく意味深い体験だったが、新しいことではなかった。私の人生のあらゆる転換期に、私は少数の人々との関係を絶たなければならなかった。そして私は誰かに「私はあなたとの関係を絶っている」と言いたくない。私はそんなに冷たく、優雅さを欠く態度でいることはできない。私は彼らが自分自身で関係を絶つように手はずを整えた。

それは何度も起こってきた――これは初めてではなかった。そして一緒に進むにつれて、あなたがいくつかのガラクタや、何らかの不要な荷物を集め始めるのは当然なことだ。それは落とされなければならない時点がやって来る。しかしこれらは生きている人々だ。たとえ彼らがガラクタであり、ただの荷物に過ぎない無用なものであっても、私はそれでも彼らに敬意を表している。だから私は特定の方策を見つけなければならない。彼らが幸せに去っていけるように、自分は関係を断たれたのではなく、それどころか、自分が望んでいたものを得たと感じられるように。

私がティアサの手紙を読んだ時、それは全く滑稽だった。その終わりで彼はこう書いていた。
「私はあなたがしているのと同じワークをしています。唯一の違いは、あなたはより大きな規模でそれをしていて、私は個人対個人の、私的な規模でそうしていることです。しかしそのワークは同じです」
それからやって来た二番目のニュースでは、彼がある人に電話で「私はＯＳＨＯと同じ状態にある」と話したと、その人が私に知らせてきた。

彼らが気分がいいのなら、それはけっこうなことだ。現実に関する限り、本当の弟子であった人々はまだ弟子でいる。たとえ彼らは光明を得ても、自分の弟子であることを失わないだろう。それどころか、彼らは究極の弟子であることに到達した。彼らのマスターへの感謝と愛は少なくならず、これまで以上に多くなる。

質問二

あなたが最近話されるのを聞いて、私はあなたの言葉が内側に入って来て、深く琴線に触れる多くの瞬間を持ちました。これが起こる時、それは二つの正反対の現象が同時に生じているように見えます。一方では、それは初めて何かを聞いているようで、もう一方では、つい最近忘れてしまった何かを思い出すようなものです。

これについて何か話して頂けますか?

それらは正反体の現象ではない。私のすべてのワークは、あなたについての何かを作ることではなく、何かを思い出すようにあなたを助けることだ。あなたの最も奥深い現実、あなたの真実は、あなたにもたらすべきものではない。それは既にそこにある。それはただ、思い出さなければならないだけだ。「思い出す」という言葉は非常に美しい。普段、あなたはその言葉について考えないものだ。「思い出す」ことは「再びそれを仲間にさせる」ための手段だ。その根本の意味は、あなたは自分の存在のある仲間を忘れてしまった、ということだ。「思い出す」とは、あなたは突然、それがそこにあることに気づくということだ。

そして私があなたに話すことは、教師が話すようなものではない。私はどんな神学もどんな教義も、どんな信仰《カルト》も、どんな信条も教えていないからだ。私は全く異なる文脈であなたに話している。私はあなたの内側に共時性を生み出すような、それがあなたの中で心を深く打つような方法で、あなたに話している。その中で、同時に何かが思い出される――。あなたは自分が初めてそれを聞いたように感じ、また、それは常に自分と共にあった真理であり、ただ自分はそれを忘れていただけだ、とも感じる。両方とも真実だ。外側からでは、あなたは初めてそれを聞いた。内側からでは、それはあなたの存在の一部であり、あなたはそれを忘れていた。

私は世界にとても多くの人々を知っていて、それもとても親密にだが、それでも私は時たま彼らの名前を忘れる――だが私は彼らの顔を決して忘れないし、彼らの目を決して忘れない。何百万人もの人々の群衆の中でさえ、私は彼らを見つけることができる。だが名前に関する限り――なぜなら奥深いところで私は、名前は単にあなたに与えられたものに過ぎないこと、それらはあなたの真実の姿、一部ではないことを知っているからだ。だから私は忘れるのだ。

それから私は、どのように思い出すか、そのための単純なテクニックを持っている――。私が忘れ続けるわずかな名前があるのは奇妙だ。私は思い出すが、再び忘れるだろう――そこにはその名前に何かがあるに違いない。

そこで私がすることは、単に目を閉じて、アルファベットを繰り返し始める――AからZまで、ゆっくりと――それは役に立つ。私は自分自身に「A」と言い、何かが思い出されるかどうかを見るためにしばらく待つ。もし「A」が何かを当てるなら――次は「B」、それから「C」に行く。それは決して失敗しない。

たとえば、ギータがここに座っている。さて、ギータは私にとって忘れるべきではない名前の一つだ。それはヒンドゥー教徒の聖典であり、インドで最も尊ばれた本、最も神聖な本だ。

だがおそらくそれが、私がその名前を忘れ続ける理由だ！　だからこのかわいそうなギータは苦しむ。昨日、私は彼女の質問に答えていたが、私は彼女の名前を思い出せず、答えている間はアルファベットを調べるための時間がなかった。後ほど、階段を上りながら、私はアルファベットを調べて、「G」が来た時、すぐに彼女をつかまえた。私はすぐに思い出した、それはギータだ、と。それから私は驚いた。なぜならこれはとてもありふれた名前だからだ。それは珍しくない。だがおそらくそれは、ヒンドゥー教徒とインド人たちの神聖な本だ。それが忘れてしまう唯一の理由に思える。私はそれについて話してきたが——英語ではなかったので、あなたは知らない。さもなければ、たとえそれが小さな本であっても、私はそれについて十二巻もの量を話してきた。それは一万二千ページにもなる。

だが私は常にそういうことをしなければならなかった——それはたった一回だけではなかった。いったん私が理解できるなら——それは忘れることができる。

それから次の日、私は、私の浴室を掃除するために来ている彼女を見て、そしてこう思った。

「何ということだ！　私はまたもやアルファベットを調べなければならない！」

そして私は直ちに「G」で彼女をつかまえて、その「G」はある琴線を打ち、私は「ギータ」を思い出した。そのような多くの名前があり、それを私は忘れ続ける。だが名前はそこにあり、正しく見つけられるまでただ待っていて、それからそれは生きるようになる。

違う人々には、忘れられた名前に対して違うテクニックを使う。それらは関連を作る。

たとえば、私がギータの名前を忘れたくないなら、私は単にそれをクリシュナと関連させることができる。その名前を私は決して忘れないし、ギータ、それは彼のメッセージだ。そのように私はこの二つを簡単に繋げることができるので、それで私がギータを見る時はいつでも、彼女の名前について思い悩む必要はない。私はクリシュナについて考えなければならない。そうすると直ちに私はギータを思い出すだろう。それも私はちょうどこの朝に試してみた。中に入って、私は「やあ、クリシュナ！」と言った。私は彼女がギータであり、他の誰でもないことを思い出した。

だから私が話している時に、何かがあなたの中で心を深く打つということが起こるなら、あなたは、自分が聞いたものは新しい何かだ、と感じる。だが突然、あなたの存在の更により深くてより暗い部分で、他の何かが思い出される。すると突然あなたは困惑する。自分はそれを新たに聞いたのだろうか？それとも自分はただ忘れていただけで、これを聞いて思い出したのだろうか？

両方とも真実だ――何の困惑も必要ない。あなたに関する限りそれは新しいが、あなたの実存に関する限り、それは存在と同じくらい古いものだ。あなたのエゴにとってそれは新しいが、あなたの実存にとっては、それはただ忘れられたメッセージに過ぎない。

時には、あなたは自分が何かを知っているのを、何かを思い出しているのを感じる。あなたは絶対的に確信している。すべての言語において「それはほとんど口先まで出かかっている」というこの種の言い回しは手に入れることができる。それはそうあるが、それでもあなたはそれを言うことができない。そして物事が両方一緒にあるため、内側でそれは少し厄介に、非常に、非常に奇妙に感じる。あなたはそれを知っているし、それが口先まで出かかっているのを完全に確信しているが、あなたはそれを言葉にできないし、全く言うことができない。あなたがやってみればみるほど、より緊張する――緊張するのは、それがとても近くにあるからだ。それは近くにあるが、何かがその経路を妨げていて、何かがその間に入って来ている――何かの、他の何らかの言葉の非常に薄い層が。だがあなたが緊張しているので、思い出すことは不可能だ。

それから異なる人々には異なる方法がある。あなたはタバコを吸い始め、それについてすべて忘れる。ただタバコを吸うことであなたはくつろぐ。すると突然、それはそこにある。あるいは庭に入って植物に水を撒き始める。あなたはそれについてすべて忘れる。あなたはもはや緊張していないし、それを思い出すことについてさえ心配していない。それこそが、あなたが思い出す瞬間だ。それはくつろぎが、それを表面に来させるために大きな役割を演じているように見える。

おそらく私が何かを言う時、それは深いところであなたをくつろがせて、そうしてそれは手助けしているのだろう。ただ私と一緒に座ることや私に耳を傾けることは、緊張する事ではない。それはあなたがノートを取るような教授の講義ではない。


インドでは、私は絶えず人々にこう言わなければならなかった。

「どうかノートを取るのを止めて頂きたい。なぜなら雰囲気全体を壊しているからだ。私は教授ではないし、これは授業ではない。そして私が話していて、あなたがノートを取る時、あなたは私に耳を傾けられない。あなたはノートを取ることに集中していて、多くの重要な事柄を取り逃すだろう」

私に耳を傾け、くつろいで座ることによって、突然深いくつろぎが内側で起こり、そしてあなたが忘れていた何かが――。

今、私は再びあなたに「罪」という言葉の意味を思い出してもらいたい。宗教はその言葉の美しさを、それを使うことがほとんど不可能になるほど、酷く壊してきた。なぜなら彼らがそれに与えてきたすべての含意が、あらゆる人たちのマインドの中にあるからだ。

だが真実において「罪」という言葉は、単に「忘れた」という意味を持つ。その意味では、私はそれを受け入れる。

私たちの唯一の罪は、私たちが自分自身を忘れてしまったことであり、私たちの唯一の光明は、私たちが再び思い出すことであるだろう。

第25章

私たちは、他のもので
あることはできない

We cannot be Otherwise

質問一
今日は私の八年目のサニヤス誕生日です。明白なものを取り逃しているには、八年はあまりにも長い時間ではないでしょうか?

明白なものは何百もの生にわたって取り逃されてきたので、それを取り逃すには充分長すぎる時間だということはない。

一方では、たった一分でさえそれを認めるのに充分だ。

実のところ、それは非時間的な現象だ。時間はそれとは何の関わりもない。あなたが年月の見地で考えるなら、それを得ることが可能だった瞬間にそれを取り逃したなら、あなたは取り逃し続けるだろう。時間は役に立たない。かえって、あなたがそれを取り逃した期間が長ければ長いほど、それを認める瞬間が来る時に、再びそれを取り逃す可能性は大きくなる。

その質問はデヴァラジからだ。彼は心配しなくていい。なぜなら彼はそれを取り逃さなかったからだ。そして彼が取り逃さないように助けたのは、八年という時間ではない。それは彼の愛だ――彼がそれを取り逃さなかったのは、時間の長さではなく愛の深さのためだ。

彼は非常に難しい状況でとても私を愛してきた。彼は私の個人的な医者であり、その状況では誰もが非常に難しい状況にいるだろう。

私は気難しい患者だ。彼や誰かの言うことを聞かない。私は単に、彼に私にすべきことをするように言うだけだ。彼はそうするために、しかも正しくそれをするために何とかしてうまくやり遂げなければならない。彼は医学的な世話をしなければならないし、狂人の世話をしなければならないからだ。

私が耳を傾けないのは、自分の身体とその方法を理解しているからだ。彼が、または世界のどんな医者でも、身体と方法について学んできたことが何であれ——。彼らは現実の身体ではなく死体について学んできた。彼らは死体を解剖してきた。

遅かれ早かれ医学は、それらの理解は基本的に間違っているという事実を受け入れざるを得ないだろう。生きている身体は完全に違って機能するからだ。死体は全く機能しない。あなたは死体を研究して、自分の結論を生きている身体に適用する。それは現代医学における最大の欠陥の一つだ。

だが私に対しては、困難はさらに多い。それはただ生きている身体だけの問題ではない。現代医学には、光明が起こった者の、その機能を完全に、すっかり変えた者の身体についての理解が全くない。だがデヴァラジは、彼が愛することができたという単純な理由のために理解できた。彼の科学、彼の経験、そして私の身体の異なる機能は、彼が理解することに対して大きな問題を引き起こしてきたかもしれない。だが愛はすべてを解決する。彼は私の身体についての私の理解とその知恵に従い、それでも彼の科学的医学の知識に合わせ続けてきた。彼は以前には決して為されなかったことを行ない、しかも首尾よくやってきた。

彼は心配する必要はない。八年も八十年も大した違いではない。彼が私に会った最初の瞬間に、明白なものは彼にとって現実になり、ほんの一瞬でも彼はそれを見失わなかった。さもなければあなたは、生涯を目覚めた人と一緒に生きることはできるが、にもかかわらず目覚めとは何か、光明とは何かがわからないだろう。

だから覚えておきなさい。明らかであるものを理解させるのは時間の長さではなく愛の深さだ。そしてまさにその理解のために、途方もない変容が起こる。
そのような人々だけがマスターとの親密さを知っている。

質問二
私のこのお喋りなマインドの性質は何でしょうか？　ずっと今も私が覚えていられる限り、それは続いていています。その元にあるものは何でしょうか？　その源泉は、私があなたの現存の中にいる時にマインドが溶解する広大な沈黙のどこかにあるのでしょうか？

マインドとは単なるバイオ・コンピュータだ。子供が誕生する時、彼はマインドを全く持っていない。彼の中でお喋りが続くことは不可能だ。彼の機構が機能し始めるためにはほぼ三、四年かかる。そしてあなたは、女の子の方が男の子より早く話し始めるのがわかるだろう。彼女たちはより大きな、お喋りな人たちだ。彼女たちにはより優れた質のバイオ・コンピュータがある。

それはその中に注ぎ込むための情報を必要とする。だからあなたが自分の人生を振り返って思い出そうとするなら、もしあなたが男性ならだいたい四歳で、女性なら三歳あたりで止まってしまうだろう。それを超えると空白になる。あなたはそこにいた。多くの物事が起こったはずで、多くの出来事が生じたはずだが、記録されている記憶が全くないように思えるので、思い出すことができない。だがあなたは四歳か三歳までは、非常にはっきりと後退して思い出すことができる。

マインドは両親から、学校から、他の子供、隣人、親族、社会、教会など、源泉があるあたり一面からデータを集める。そしてあなたは小さな子供たちを見てきたに違いない。初めて彼らが話し始める時、彼らは何度も同じ言葉を繰り返すだろう。その喜び！　新しい機構が彼らの中で機能し始めたのだ。

彼らが文章を作ることができる時は、何度もとても喜びに満ちて文章を作るだろう。

彼らが質問をし始められる時は、ありとあらゆることについて尋ねるだろう。彼らはあなたの答えには興味がないのを覚えておきなさい！　質問をする時の子供を見守ってごらん。彼はあなたの答えには興味がないので、どうかブリタニカ大百科事典から彼に長い答えを与えないようにしなさい。子供はあなたの答えには興味がない。子供は単に、自分が質問できることを楽しんでいるだけだ。新しい能力が彼の中に生じたのだ。

そしてこれが彼が集め続ける方法だ。それから彼は読み始める――多くの言葉を。そしてこの社会では、沈黙はためにならない。言葉はためになる。あなたが明瞭に表現すればするほどあなたはためになる。あなた方の指導者とは何だろう？　政治家とは何だろう？　教授とは何だろう？　一つのものに要約すると、聖職者、神学者、哲学者とは何だろう？　彼らは非常に明瞭に表現する。

彼らは意味深く、意味ありげに、首尾一貫して言葉を使う方法を知っている。それで彼らは人々に印象を与えることができる。

私たちの社会全体が、言葉で明瞭に表現する人々に支配されることはめったに注目されない。彼らは何も知らないかもしれないし、賢明ではないかもしれないし、知性的でさえないかもしれない。だが一つのことは確かだ。彼らは言葉で遊ぶ方法を知っている。それはゲームであり、彼らはそれを学んだ。それは体面において、お金において、権力において、あらゆる点でためになる。だから誰でも試みた。それでマインドは多くの言葉で、多くの考えで満たされるようになる。

そしてあなたはどんなコンピュータの電源も入れたり切ったりできるが、マインドの電源を切ることはできない。スイッチは存在しない。

神が世界を創造した時、人間を創造した時に、あなたがつけたり消したりできるようにマインドのスイッチを作った、という言及は全くない。スイッチはないから、誕生から死ぬまでそれは続いていく。コンピュータを理解し、人間の脳を理解する人々には、非常に奇妙な考えがあることに驚くだろう。もし私たちが、人間の頭蓋骨から脳を取り出して機械的に生かしたままにすると、それは同じ方法でお喋りを続ける。それが今では苦しんでいた哀れな人ともう繋がっていない、ということは重要ではない。それはまだ夢を見る。それが機械と接続されている以上、それはまだ夢を見て、まだ想像していて、まだ恐れていて、まだ投影していて、希望し、あれかこれかであろうとする。それは、今は何もできないことに完全に気づいていない。以前に愛着を持っていた人間は、もうそこにいない。

この脳を機械装置に取り付けて、何千年もの間、生きたままに保つことができる。するとそれは同じことを、何度も何度も喋り続けるだろう。なぜなら私たちはまだ、それに新しい事を教えることができないからだ。一度私たちが新しい事を教えられたら、それは新しい事を繰り返すだろう。

科学界で流行っている一つの考えがある。

アルバート・アインシュタインのような人が死んで、彼の脳も共に死ぬことは大きな損失になる。もし私たちが脳を保存して、脳を他の誰かの身体に移植できたなら、脳は機能し続けるだろう。アルバート・アインシュタインが生きているかどうかは重要ではない。その脳は相対性理論について、星について、そして理論について考え続けるだろう。その考えは、ちょうど人々が献血をしたり、死ぬ前に彼らが目を寄贈するように、人々は自分たちの脳が保持され得るように、自分たちの脳も寄贈し始めるべきだというものだ。私たちが、彼らは特別な脳であると、非常にその資格があると感じるなら――そして彼らを死なせることは全くの損失だ――私たちはそれらを移植できる。

ある馬鹿者をアルバート・アインシュタインにすることができる。その馬鹿者には決してわからないだろう。なぜなら人間の頭蓋骨の内側には、感受性が全くないからだ。あなたは何でも変えることができるが、その人には決してわからないだろう。ちょっとその人を無意識にさせて、あなたが彼の脳の中で変えたいものを何でも変えてごらん。脳全体を変えることができる。すると彼は新しい脳をもって、新しいお喋りをもって目覚めるだろう。彼は何が起こったのかに、うすうす気づくことさえないだろう。

このお喋りは私たちの教育であり、それが基本的に間違っているのは、教育がマインドを使う方法の、そのプロセスの半分しかあなたに教えないからだ。教育は、お喋りがくつろげるようにマインドを止める方法をあなたに教えない。なぜなら眠っている時でさえ、お喋りは続いて行くからだ。それは眠りを知らない。

七十年、八十年とそれは継続的に働いてきた。

もし私たちが教育できるなら――それこそが、私があなた方に印象付けようとしていることだ。それは可能だ。私たちはそれを瞑想と呼ぶ。

マインドのスイッチをつけたり、必要でない時にそれを消すことは可能だ。それは二つの意味で役に立つ。それはあなたに、以前には決して知らなかった平和を、沈黙を与えるであろう。それはあなたに自分自身についての知識を与えるだろう。それはお喋りなマインドには不可能なものだ。それはあなたを常に忙しいままにさせていた。

二番目に、それはマインドに休息も与えるだろう。そして私たちがマインドに休息を与えられるなら、それはより能率的に、より知的に物事を行なうことがもっと可能になるだろう。

だから両側の面で――マインドの側と存在の側で、あなたは恩恵を受けるだろう。ただあなたはマインドが機能するのを止める方法を、それに対してこう言う方法を学ぶ必要がある。

「もう充分だ。さあ、眠ってくれ。私は目覚めている、心配しなくていい」

マインドが必要な時はそれを使いなさい。それならそれは新鮮で若々しく、エネルギーと生気に満ちている。その時は、あなたが言うことは何でもただの乾いた骨ではない。それは生に満ちていて、威信に満ちている。真実、誠実さに満ち、途方もない意味を持つ。あなたは同じ言葉を使っているかもしれないが、今やマインドは休むことでとても多くの力を集めたので、それが使うそれぞれの言葉は燃えるようになり、力になる。


カリスマとして世界に知られているものは何でもない――それは単に、くつろぐ方法とエネルギーを集めさせる方法を知っているマインドのことだ。それが話す時それは詩になり、それが話す時それは福音になる、ということにすぎない。それが話す時、どんな証拠も、またはどんな論理も与える必要はない――ただそれ自身のエネルギーが、人々に影響を与えるのに充分だ。人々は常にそこに何かがあるのを知っていた――たとえ彼らが、自分たちがカリスマと呼んできたものが何なのかを、これまで正確に示せなかったとしてもだ。

おそらく初めて、私はあなたにカリスマとは何かを言っている。なぜなら私は自分自身の経験でそれを知っているからだ。日夜働いているマインドは、弱く鈍くなり、印象的でなくなり、どうにかして引きずっていかざるを得なくなる。せいぜいそれは実用的なものだ。あなたは野菜を買いに行く。それは役に立つ。しかしそれより多くの力はそれにはない。だからカリスマ的であり得た何百万人もの人々は、貧しく印象的でなく、どんな威信もなく、どんな力もないままでいるのだ。

マインドを沈黙させることと、それが必要な時にだけそれを使うこと、もしこれが可能なら――そしてこれは可能だ——それは押し寄せる力を持ってやって来る。それはとても多くのエネルギーを集めたので、発せられたそれぞれの言葉は、直接ハートに届く。人々は、これらのカリスマ的な個人たちのマインドは催眠的だと考える。それらは催眠ではない。彼らは本当にとても力強く、とても新鮮で——それは常に活気がある。これはマインドに対するものだ。

存在に対して、沈黙は永遠の、不死の、あなたが恩恵や祝福として考えられるものすべての新しい宇宙を開く。それゆえに私の強調するものは、瞑想が本質的な宗教、唯一の宗教だ、ということになる。他に何も必要ではない。他のあらゆるものは非本質的な儀式だ。

瞑想はまさに本質であり、本質そのものだ。何もそれから切り捨てることはできない。それはあなたに両方の世界を与える。それはあなたに他の世界を——神性さ、神々しさの世界を与えて、それからこの世界も与える。その時あなたは貧しくない。あなたは豊かさを持つが、お金に関するものではない。

多くの種類の豊かさがあり、お金が豊かにある人は、豊かさの部類に関する限り最も低い。このように言わせてもらえれば、富裕な人は最も貧しい豊かな人だ。貧しい者の側から見るなら、彼は最も豊かな貧しい人だ。創造的な芸術家の、ダンサーの、音楽家の、科学者の側から見るなら、彼は最も貧しい豊かな人だ。そして究極の目覚めの世界に関する限り、彼を豊かと呼ぶことさえできない。

瞑想は、あなたの最も奥深い存在の世界をあなたに与えることによって、あなたを究極的に豊かなものに、そして相対的に豊かなものにもさせるだろう。なぜならそれはあなたのマインドの力を、あなたが持つ特定の才能の中に解き放つからだ。私自身の体験は、誰もが特定の才能を持って生まれてきて、彼が最大限までその才能を生きていない限り、彼の中の何かは失われたままだろう、ということだ。彼は、どういうわけかあるべき何かがそこにない、と感じ続けるだろう。マインドに休息を与えなさい。それは必要だ！　それはとても単純なことだ。ただ目撃者になればいい。するとそれはあなたに両方の物を与えるだろう。

だんだんと、マインドは沈黙することを学び始める。そしていったんマインドが、沈黙によってそれが力強くなることを知るなら、その言葉は単なる言葉ではない。その言葉には正当性と豊かさと、以前には決してなかった質が、矢のように直接的に行くほど多くのものがある。

それらは論理的な障壁を迂回し、まさにそのハートに達する。

その時、マインドは沈黙の手にある巨大な力の良き使用人になる。

その時は存在が主人であり、主人はいつでも必要な時にマインドを使うことができる。必要でない時は、いつでもスイッチを切ることができる。

質問三

あなたはかつて、タントラとは拡張を意味する、と説明されたのを覚えています。

私の最大の喜びの瞬間と最大の沈黙の瞬間は、常に拡大する絶妙な感覚を伴います。この感覚は、私が愛する誰かの中に、または木や日没のような何かの中に溶け込みたいという衝動にも存在します。

この欲望はどこから来るのでしょうか？　それは、私たちがかつてその一部であった何かと再結合されたいという先天的な切望なのでしょうか？

そうだ、それは外側から来る何かではない。それはあなたがかつて一つであった何かと、そしてあな

たはいまでも一つであるが気づいていないものと、一つであろうとするあなたの生来の感覚だ。だから
それはただ気づくことに、思い出すことに関する問題にすぎない。

あなたは決してどこにも行ったことがない。あなたはまだここにいる。遠い空間に動き続けるのは、まさにあなたのマインドだ。マインドが静かなら、突然あなたは、今とここの、この非常に透みきった瞬間を、そしてすべてと一つであるという感覚を発見する。

私たちは一つだ。

私たちは他のものであることはできない。

他に方法は全くない。

生は一つの現象であり、存在は分割されない――だが、マインドにはそれを忘れる能力がある。

マインドには遠く離れた物を夢見る能力がある。あなたは寝室で夜眠っているが、月にいる夢を見ることができる。もし突然起こされたら、あなたはこう尋ねるだろうと思う。

「どうやって家に帰るのか？――私は月にいる」

突然起こされたら、あなたは月にいない。あなたはベッドにいるだろう。あなたは決して月にいたことがない。自分は月にいるという夢を見ていた時でさえ、あなたは月にいなかった。月は夢だった。そこにいるあなたの存在は夢だった。あなたは自分のベッドの上に、自分の寝室にいた。

マインドには遠く離れて行く能力がある。だから時たま、それが遠く離れていない時、非常に印象的な何かがそれをここと今に呼び戻す時――美しい日没、美しい絵画、すばらしいダンス――何でもそれを引き戻すことができる。とても魅惑的な何かがここで起こっているなら、それはあちらこちらと外をうろつくことができない。それは家に急いで行かなければならない。だから、日没を見たり音楽を聞く瞬間に、あなたはある一体感を感じるのだ。それはとても充足していて非常に満足しているので、あな

たはそれがあらゆる瞬間に、永久に持続してほしいと思う。

それがジョークなのは、それがあらゆる瞬間に、永久に持続するということにある。あなたはただあちらこちらで、何度もそれを忘れ続ける。あなたは呼び戻されなければならない。

いったんあなたが基本的な状況を理解したら、何の必要もない。ちょっと目を閉じて、今とここを感じてごらん。すると突然、存在はその扉を開ける。

あなたは常にそれの一部だった。

あなたはそれの一部だ。

あなたは他のものであることはできない。

質問四

私の全人生で、サニヤシンである年も含めて、私は決して質問するようなことがありません。これは今日まで私を悩ましてきませんでしたが、あなたが質問をするように私たちを招いてきたので、私が全く空っぽなのはオーケーだろうかと思います。

それは完全にオーケーだ。

質問五

私の自由に対する愛は、できる限りすべての自由を、常に最愛の人に与えるようにさせます。しばしば、私は自分が傷つくやっかいな状況に自分自身を陥れます。これは私が自分自身をそれほど愛していないことを意味していて、だから私は自分自身を二番目に置くのでしょうか？

それはあなたが思うよりも、ずっと複雑であるかもしれない。

まず、あなたが自由をあなたの最愛の人に与えるという考えそのものが、間違っている。自由をあなたの最愛の人に与えるというあなたとは、何様なのだろうか？　あなたは愛することができて、あなたの愛は自由を暗に含んでいる。それは与えられなければならないような何かではない。もしそれが、与えられる必要があるのなら、そこにはあなたが直面している問題があるだろう。

だからまず第一に、あなたは間違った何かをしている。あなたは本当は自由を与えたくない。あなたは、自分が自由を与えなければならないような状況が起こらないことを好んでいる。

だが、愛は自由を与えると私が言うのを何度も聞いたので、あなたは自由を与えることを自分自身に無意識に強制している。そうしなければあなたの愛は愛ではないからだ。

あなたは面倒な状況にいる。もしあなたが自由を与えないなら、あなたは自分の愛を疑い始める。あなたが、自分が与えることのできない自由を与えるなら――。

エゴは非常に嫉妬深い。それは「あなたは自分の恋人や最愛の人にとって、充分ではないのだろうか？　彼女が自由を必要としていることに、他の誰かと一緒にいるためにあなたからの自由を必要とすることに対して充分ではないのだろうか？」という千と一つの問題を提起するだろう。それは痛む。そしてそれが、あなたが「私は自分自身を二番目に置いていています」と感じ始める理由だ。

彼女に自由を与えて、あなたは他の誰かを一番目に置き、あなた自身を二番目に置いた。それはエゴに逆らっている。それはいずれにせよ助けになることはない。なぜならあなたは、自分が与えた自由のために復讐をするだろうからだ。あなたは同じ自由が自分に与えられてほしいと思う――あなたにそれが必要であろうとなかろうと、それは要点ではない――ただあなたは騙されていないことを証明するために。

次に、あなたの最愛の人が他の誰かと一緒にいたので、あなたは彼女と一緒にいることを少し奇妙に感じるだろう。その人はあなたと彼女の間に立つだろう。彼女は他の誰かを選び、あなたと関係を絶った。彼女はあなたを侮辱した。あなたはあまりにも多くそうしてきた。あなたはとても寛大だったので、彼女に自由を与えた。あなたは傷ついたと感じているので、何とかして彼女を傷つけようとしている。

だがすべての物事は誤解から生じている。私は、もしあなたが愛しているなら、あなたは自由を与えなければならない、とは言わなかった。違う、私は、愛は自由である、と言ったのだ。

それは与えるという問題ではない。もしそれを与えなければならないなら、それを与えないほうがましだ。誰でもそうあるようにしなさい。なぜ不要に複雑にさせるのだ？　通常、そこにあるもので充分だ。

もしあなたの愛そのものが、自由はその一部である、あなたの最愛の人はあなたの許しを求める必要さえない、という質に至るなら――。実際、私があなたの立場にいて、最愛の人が私の許しを求めていたなら私は傷つくだろう。それは彼女が私の愛を信頼していないことを意味する。私の愛は自由だ。私は彼女を愛していたが、それは、彼女が他の誰かと笑ったり、他の誰かと踊ったり、他の誰かを愛したりできないように、私はすべての扉と窓を閉じるべきだという意味ではない。そうする私たちとは何様なのだろう？

それは、誰もが尋ねなければならない基本的な質問だ。私たちは何様なのだろう？　私たちはみんな他人であり、どういう訳で私たちは、「あなたに自由を与える」とか「あなたに自由を与えない」とか「あなたが私を愛しているなら、あなたは他の誰かを愛することはできない」と言えるほど権威的になるのだろう？　これらは馬鹿げた決め付けだが、それはまさに、その始まりから人類を支配してきた。

そして私たちはまだ野蛮なままだ。私たちはまだ愛とは何かを知らない。

私が誰かを愛するなら、私はその人が私を、私の愛を許してくれたことに、そして私を拒絶しなかったことに感謝する。これで充分だ。だが私は彼女にとっての束縛にはならない。彼女は私を愛し、その報いとして私は彼女の周りに牢獄を作っている。私は彼女を愛し、その結果として彼女は私の周りに牢獄を作っている。大した報いを私たちは互いに与えている！

もし私が誰かを愛するなら、私は感謝するが、彼女の自由は損なわれないままだ。それは私によって与えられるものではない。それは彼女の生得権であり、私の愛はそれを奪い取ることはできない。どうすれば愛は誰かの自由を、特にあなたが愛している人の自由を奪い取ることができるだろう？　それは彼女の生得権だ。あなたは「私は彼女に自由を与える」とさえ言うことはできない。そもそもあなたは何様なのだ？　全くの他人だ。あなた方は道で、途中で、偶然に出会った。そして彼女は優しかったのであなたの愛を受け入れた。ただ感謝しなさい。そして彼女を、彼女が生きたいように生きさせ、あなたはあなた自身が生きたいように生きなさい。あなたの生きるスタイルは妨げられるべきではない。

これこそが自由というものだ。その時、愛はあなたを、より緊張しないように、あまり不安で一杯にならないように、苦悶がより少なくなるように、そしてもっと喜びの中にあるように助けるだろう。

だが、世界で起こり続けることはまさにその正反対だ。愛はとても多くの惨めさを、とても多くの苦痛を生み出すので、最終的には誰も愛さない方がましだと決める人々がいる。彼らが自分のハートの扉を閉じるのは、それが全くの地獄であって他の何でもないからだ。

しかし愛への道を閉じることは、真実への、存在への道を閉じることでもある。そのため私はそれを支持しない。私はこう言おう、愛のすべてのパターンを変えなさい！と。あなたは愛を醜い状況に押し込んできた。その状況を変えなさい。

愛を、あなたのスピリチュアルな成長の助けになるようにさせなさい。あなたが自分のハートを、一人の個人に対してだけでなく、宇宙全体に対して開くことができるように、愛があなたのハートと勇気のための栄養になるようにさせなさい。

質問六
私たちは光明を得る前に、セックスを超越しなければならないのでしょうか？

何も超越する必要はない。あなたは自分にとって、自然なあらゆることを生きなければならない。しかもそれを完全に生きなければならない、どんな抑圧もなしに、喜びに満ちて、美的に。まさにそれを深く生きることによって、超越は起こるだろう。

何も超越しないことだ。私の言葉を覚えておきなさい。超越はひとりでに起こるだろう。それがひとりでに起こる時、それは素晴らしい解放であり、素晴らしい自由だ。

超越しようとしたら、あなたは抑圧しようとしている。そして抑圧は、人々が超越できない唯一の理由だ。だからあなたは悪循環に入っている。あなたは超越したいので抑圧するが、抑圧するので超越できなくなる。それであなたはもっと抑圧する。より抑圧するにつれて、より超越できなくなる。

それを完全に生きなさい。どんな非難もなく、あなたの人生を妨げるどんな宗教もなしに。自然に、強烈に、全面的にそれを生きなさい。すると超越は起こる。それはあなたの行為ではない。それは起こることだ。それがひとりでに起こる時、そこに抑圧はなく、敵意はない。

あなたは自分が超越したかったそれらの物事より、たとえばセックスより上位にいる。だが真の超越は、あなたは愛を交わすことができない、という意味ではない。もちろんあなたの愛は、完全に異なる質を持つだろう。それは性的ではなく、生物学的衝動ではなく、動物的ではないだろう。それは単に二人の人間のエネルギーの間での戯れであるだろう。

もし超越がひとりでに起こるなら、多かれ少なかれ、多くの物事が消える。しかし消えるものが何であれ、あなたはそれに反対しない。あなたはまだ楽しむことができる。たとえば、超越した状態ではあなたは食べ物中毒者ではないが、それはあなたが時たま中華レストランに行っても楽しむことはできないという意味ではない。

超越はあなたを自由にさせる。それは新しい束縛を与えたりしない。最初あなたは行かなければならないほど中毒していた。今あなたは行くことができないほど中毒している。超越は、今やこのすべての中毒がなくなることを意味している。あなたは行くことができ、行かないかもしれない。あなたは反対でも賛成でもない。

あなたは喫煙しているかもしれない。超越は、時たまであっても友人とタバコを吸うことができない、という意味ではない。私はタバコが時にはあなたのスピリチュアリティを壊すだろうとは思わない。そしてタバコがそれを壊すなら、そのスピリチュアリティには値打ちがない。

私は喫煙できない。それは超越のためではなく、私の呼吸が困難になるからだ。私はかわいそうなタバコに全く敵意を持っていない。私が我慢できないのは、まさにタバコの臭いだ。その煙を私は吸い込むことができない。だがそれは私の身体の問題だ。私のアレルギーだ。

だが誰かが喫煙するのを私が見る時、私はこの人が永久に非難されて、地獄の業火に陥ろうとしているとは感じない。

何の非難も私の中に生じないのは、彼がしていることは、ただ単にゲームだからだ。一人でいて、他にすることを何も見つけられず、何もしないよりかは何かをするほうがましだ、と両親や社会によって頻繁に言われつつある――。そのため、かわいそうな人は何もしないより何かをしている。彼は少なくとも喫煙している。

超越は非常に純真な状態だ。

私の祖父は、葉巻きと両切り葉巻きタバコをよく吸っていたもので、彼は私に自分の葉巻きとライターを持って来させた。それで両方を持ってくるよりも、私は自分の口に葉巻きをくわえて、それに火を付け、それを彼に持って来た。彼は言った。

「これは正しくない。わしはお前に葉巻きとライターを持って来るように頼んだのだ」

私は言った。「その働きをするのに両方でなくてもどちらか一つを持って来れる時は――僕は愚かでありませんよ」

彼は言った。「それはわかっている。だが覚えておきなさい、この習慣を学んではいけない」

私は言った。「心配しないでください。あなたが一晩中絶えず咳き込んでいるのを見ると、それで充分です。それを学ぶために経験する必要はありません。僕は他の人たちの経験からも学びます」

彼の医師は彼に「この葉巻きを止めなさい」と言っていた。しかし彼にとって不可能だった――生涯の中毒だった。彼は苦しむ用意ができていた――よく眠るためではなく、咳き込むための。

私は言った。「あなたを見ることは僕にとって充分な予防になり、僕が葉巻きに火をつける時に僕が吸うまさにその一服は、僕の目に涙をもたらします。あなたが持っているに違いない楽しみがどんな種類のものであるかは、それを経験するだけで充分です」

あなたが聖人として知る人々は純真ではない。彼らは他の人と同じくらい酷い中毒状態だ。彼らの中毒はただ逆になっているだけだ。ある人はセックスに耽っている――彼らは非セックスに耽っている。ある人は喫煙に耽っている――彼らは禁煙に耽っている。

超越は非中毒の状態――まさに純真な遊びに満ちた状態だ。セックスの中に罪は全くない。まさにそれを強烈に生きることで、やがてあなたは超越する。まさにあなたがテニスをすることを超越するような方法で。ある日あなたは「もうたくさんだ！」と、すべての物事を投げ捨てる。あなたはフットボールを超越し、すべての種類の物事を超越するが、誰もあなたを聖人とは呼ばない。

私にとって超越はあなたの体験から生じる。あなたはあるものの無益さを見る。すると中毒は落ちる。それから時々は、ただ変化のために、もし喫煙したいなら、私はどんな害も見ない。もし愛を交わしたいなら、私はどんな害も見ない。害は中毒にある。害は行為にはない。そして超越は行為とは関係がない。超越は中毒に関係している。

そして完全に中毒していないことは計り知れない自由を与える。

第26章

悪循環は壊すことができる

The Circle can be Broken

質問一

私はあなたがしばしば、政治家と聖職者は人々を搾取して騙している、まるで彼らは異なる外部の空間から来た人種で、それで私たちに強要しているかのようだ、と言われるのを聞きます。

私の理解はむしろ、これらの政治家や聖職者はまさに私たちの中から来ているので、私たちは彼らのしていることに対して完全に責任があり、彼らについて不満を言うのは、私たち自身について不満を言うようなものに思われます。政治家と聖職者は、私たちみんなの中に隠れているのではないでしょうか？どうかコメントして頂けますか？

政治家と聖職者は、確かに外部の空間から来てはいない。彼らは私たちの中で成長している。私たちも権力に対する同じ渇望を、他人よりも神聖であろうとする同じ野心を持っている。彼らはこれらの野心と欲望に関する限り、最も成功した人々だ。

確かに私たちに責任があるが、それは悪循環だ。私たちだけが責任のある者たちではない。成功した政治家や聖職者は、同じ野心のために新しい世代を条件付け続ける。その新しい世代が社会を作り、そのマインドと条件付けを洗練させる。

彼らにも責任がある。そして彼らは大衆よりももっと責任がある。なぜなら大衆とは、自分たちを強要しているすべての種類のプログラムの犠牲者だからだ。

子供はどんな野心もなく、力へのどんな渇望もなく、自分はより高く、より神聖で優れているという どんな考えも持たずに世界にやって来る。確かに彼は責任を負うことはできない。彼を育てる人々――

両親、社会、教育制度、政治家、聖職者——同じ一群がすべての子供をだめにし続ける。もちろん彼自身の変化によって彼はだめになるだろう——だがそれは悪循環だ。どこからそれを壊すべきだろう？

私は聖職者と政治家を非難することを強く主張する。なぜならそれが壊すことのできる場所だからだ。世界にやって来る小さな子供たちを非難することは、助けにはならない。一般大衆を非難することも助けにはならない。彼らは既に条件付けられてきたからだ。彼らは搾取されつつある。彼らは苦しんでいて惨めだ。だが何も彼らを目覚めさせない。彼らはぐっすり眠っている。私たちの非難が集中されなければならない唯一の点は、権力を持つ人々にある。彼らには未来の世代を汚す力があるからだ。もし彼らが止めることができるなら、私たちは新しい人間を持つことができる。

私は誰にでも責任があるのを知っている。たとえ何が起こっても、何らかの形で、誰でもその中に彼自身の部分を持っている。だが私にとって重要なことは誰を打つべきかであって、それで新しい世代の子供に対して悪循環を避けることができる。人間は何世紀にもわたって、その中をぐるぐる回ってきた。だから私は一般大衆を非難せず、あなたを非難しないのだ。私が非難するのは今ある地位にいる人々であり、彼らが自分の既得権に関する限り、ほんの少しくつろいで人間の惨めな集まりを見るなら、変化は可能になる。環は壊され得る。


私は故意に政治家と聖職者を選んでいる。思い出されるべき他の多くの物事がある。聖職者は神などいないことを完全によく知っている。この世界では、聖職者が神はいないことを知る唯一の人物だが、彼の職業全体はこの非存在の神に依存している。彼が真実を言うことができないのは、彼のすべての既得権が失われるからだ。彼のものだけでなく、これから来る世代に対しても、彼はゲーム全体を台無しにするだろう。彼は儀式が単なる誤魔化しであり、マントラは力を持っていないし、彼の神学はただ包み隠すものに過ぎないことを知っている。それをよく知っている者は他に誰もいない。彼は聖典を学んできて、神の証拠はどこにもないことを知っている。彼は聖典を、彼の職業を助けるようなやり方で解釈する。彼は古代の聖典について論評し続け、自分の職業に役立つ事柄をますます多く加え続ける。

時代の変遷とともに、彼は新しい追加をしなければならない。たとえば、五千年前の思想家、聖職者で、聖職者たちの父であるマヌは、彼のマヌスムリティ――ヒンドゥー教徒たちが一語一語従っているマヌの回想録――で、彼は存在において最も醜い物の一つであるカースト制度を作った。

それのせいで、ヒンドゥー教徒たちの四分の一は長い奴隷状態、搾取、屈辱に苦しんできた。彼らはほとんど人間以下の存在に変えられてきた。彼らはアチフート *achhoot*、不可触賎民と呼ばれている。彼らは酷く陥れられてきたので、あなたは彼らに触れることができない。さもなければあなたは直ちに入浴しなければならない。あなたに触れている彼らの影さえ、あなたを不潔にするのに充分だ。マヌはヒンドゥー教徒の四分の一を、永遠の奴隷状態に陥れたようだ。

彼は聖職者のために社会で最も高い地位を管理したが、彼は本当に狡猾でずる賢かった。彼はすべての優位性をバラモンに与えたが、彼は彼らに富を与えず、物質的な、世俗的な権力も与えなかった。彼は対立がないようにカーストを分割した。世俗的な権力を彼は二番目に高いカースト、戦士、クシャトリヤに与えた。彼らは王になり、将軍、兵士、戦う者になり、そして二番目に高い階級になる。そしてお金を彼は三番目に、商人、ヴァイシャに与えた。四番目に対して彼は奴隷状態の他には何も与えなかった。

あなたはその狡猾さを、彼が分割したものを見ることができる――。彼はお金を、または世俗的な権力をバラモンに与えない。そうすると社会の四分の三が反対するだろうし、制御することは不可能だからだ。そして精神的な力や物質的な力も、お金を持てばそこには憤り、怒り、暴力があるだろうし、暴動があるだろう。だから、バラモンに対して彼は神聖な力を与えるが——彼らは最も高くて最も神聖だ——世俗的なものは何も彼らに与えない。

彼は世俗的な権力を戦士に与える。それが満足を与えるのは、彼らが王であろうとしているからだ。バラモンは王であることはできない。そして誰が精神的な力について気にかけるだろう？　だから彼らに精神的な力を持たせるがいい。それはほとんど何も持っていないようなもので、優れているというただの名ばかりの質に過ぎないため、戦士がそれに怒ることはない。それどころか、彼らは社会の四分の一が自分たちと決して衝突しないだろう、ということに喜んでいる。彼らは既により高い地位にいて、それ以上に得るべきものを何も持っていない。そして戦士は最も力強い人々だ。

三番目に対して、彼はお金と他のすべての世俗的な物を与える。これらは戦うことができず戦士ではない人々だが、彼らはお金を得ることができて、富を生み出すことができる。

インドではすべての王が、インドが奴隷的な国になる前に、裕福な人々の恩恵にあずかっていたことを知ってあなたは驚くだろう。どこから彼らはお金を得ようとするのだろう？　ただ借りることでしかない。彼らは他国を侵略する時に支払うことができる。さもなければ、商人たちから借りなければならない。そして商人たちは幸福だ。彼らはすべての物質的な物を、お金を持っている——。それだけではない。王は彼らから借りている。バラモンは、あらゆることを彼らに依存しなければならない。だから彼らに自分たちはより高いと信じさせればいい——だが基本的には商人たちが権力を保持している。彼らはお金を持っている。

そしてこれら三つの階級に対して、貧しい四番目には戦うための力は全くない。彼らはすべての教育を奪われていて、街で生きることさえ奪われている。彼らは町の外で生きなければならない。

彼らは街の井戸から水を汲むことができない。彼らは自分自身の井戸を作るか、川から水を運ばなければならない。彼らは社会から完全に切り離されている。彼らはただ奉仕をしに来て、他の誰もしたくないすべての最も醜い事をしなければならない。そして三つの強力な階層は、彼らを抑圧し続けるために存在する。彼らはお金を持ち、権力を持っていて、精神的な高さを持っている。彼らは神の代理だ。

五千年間、彼らはこれを維持してきた。そして彼らは四番目の奴隷に、あなたが奴隷に生まれたのは過去生でのあなたの悪い行為のせいだ、これはその罰だ、と信じさせてきた。バラモンは自分の過去生での善い行為のおかげで、自分の地位を楽しんでいる。そして流動性は全くない。人は一つのカーストから別のカーストに動くことはできない。

マヌ以来、インドの聖職者たちは最も反革命的な要素であり続けた。当然だ。なぜなら彼らは自分たちの優位性を失うからだ。王が彼らの足に触れるために来る。超裕福な人が彼らの足に触れるために来る。彼らのエゴは満たされる。そして同じことが世界中の話にある。どこでも聖職はその優位性を維持してきた。それはインドほど明確ではないが、微妙な分割がそこにある。聖職者はどこでも優れていて、戦士はどこでも第二の地位にあり、裕福な人はどこでも第三の地位にある。四番目、奴隷、使用人はどこでも同じだ。

これらの聖職者たちは、社会を動かし続けるか、または行き詰らせ続けるある一定の類のマインドをすべての子供に説教し続ける。政治家は聖職者との深い共謀の中にいる。政治家は権力への強い欲望で一杯で、権力を望むなら、彼らは聖職者から神の恩恵を望む。それは聖職者が人間性への精神的な支配力を持つからだ。そして政治家が聖職者の足に触れに行くなら、聖職者の信奉者たちは政治家に投票しようとする。そこには共謀がある。政治家は聖職者を、彼の宗教、イデオロギーを称え続ける。そして聖職者は政治家と彼のイデオロギーを祝福し続ける。これらの二つの強力なグループの間で、社会全体は押し潰され、吸い取られる。

私は誰にでも責任があるのを知っているが、誰でも悪循環を壊すのに充分力強いわけではない。そのため私は、絶えず聖職者と政治家を打つのだ。そして今や彼らは、私を恐れるようになった。おそらく彼らはたった一人の男を恐れたことなど、以前には一度もなかっただろう。世界中で、彼らは私に自分たちの国に入ってほしくない。私は禁じられるべきだという規則と法律を作っている政治家の背後には、聖職者がいる。


アメリカのコミューンは政治家によって破壊されたが、政治家の後ろにはキリスト教原理主義者、キリスト教聖職者の最も正統なグループがいた。ロナルド・レーガン自身がキリスト教原理主義者だ。そしてキリスト教原理主義者であることは、絶対的に正統であることを意味する。彼は聖書の中の一語一語が神聖であると、神御自身の口からのものであると信じている。彼らはコミューンを破壊するために一緒に共謀していた。

つい先日、私は、現在彼らがザ・ダルズ市に記念碑を作っているというニュースを受け取った。司祭と政治家、そしてすべての類の主要な、著名な市民たちがお金を寄付している。大きな記念碑――彼らは勝利者になった、彼らはコミューンを創造した邪悪な力を排除したという記念碑だ。彼らは私を捨てて、私のワークを破壊したが、まだそれに満足していない。彼らは未来の世代が知るように記念碑を作りたいのだ。

そして聖職者と政治家は、両者とも非常に隙だらけだ。彼らは自分たちの足の下に地盤を持っていない。ちょっと良い一打が必要で、それで彼らは終わるだろう。そしてひとたび彼らが終わったら、社会は自由の味を持つだろう。

私たちはより人間的な方法で、条件付けずに、知性的に子供を育てることができる――キリスト教徒としてではなく、ヒンドゥー教徒としてではなく、イスラム教徒としてではなく、インド人としてではなく、中国人としてではなく、アメリカ人としてではなく、地球全体を一つのものとして見ることで。国家と宗教は聖職者と政治家の創造物だ。いったん彼らが終わるなら、宗教も国家も終わる。

そして宗教がなく国家がない世界は、人間の世界であるだろう。戦争もなく、誰も見たことがない事のために不要に戦うこともなく――。

何千年もの間、人々が神の名において互いを殺してきたことは、とても馬鹿げている。誰も彼らを見たことがなく、彼らの誰にもどんな証明もなく、彼らの誰にもどんな証拠もない。そして彼らは気恥ずかしいとさえ感じていない。なぜなら誰も彼らの目を直接覗き込まなかったし、質問をしなかったからだ――。彼らは十字軍、聖戦、宗教戦争を続け、自分たちの教義は神聖なものであり、他のすべての教義は悪魔の創造だという理由で、自分たちの教義を信じないすべての人々を破滅し続けている。

彼らは人々を殺すことによって、人類に奉仕しようとしている。彼らの意図は、その人々を悪魔の支配力から解放することだ。だが最も奇妙な事は、あらゆる宗教が他の宗教は悪魔によって創造されたものだと考えることだ。だから戦いは続いていく。政治家は戦争に次ぐ戦争を戦っている。何のために？私にはその要点がわからない。地球には境界線はない。それならなぜ、これらの地図を作って境界線を引くのだろう？

私の教師の一人は非常に知的な人だった。ある日、彼は数枚のボール紙を持って来た。彼は全世界地図を小さな断片に切り分けて、それらを机の上に置いて「誰かここに来て、それらを正しい順に整えることができるかな？」と尋ねた。多くの人たちがやってみたが、失敗した。

一人の少年が、誰もが失敗していて、彼らが断片を一緒に合わせることでは世界地図を作れていないのを見て、彼は一枚の断片の裏面を見た。それから彼はすべての断片を引っくり返して、そこに人間の写真があることに気づいた。彼は人間の写真を整えた。それは非常に簡単で、それがその鍵だった。一方の面で人間が整えられると、反対の面で世界地図が整えられた。

おそらく同じことが現実の世界について真実だ――私たちが人を整えることができるなら、世界は整えられるだろう。私たちが人を静かに、平和に、愛情深くさせることができるなら、国家は消え、戦争は消え、すべての汚い政治は消えるだろう。そして覚えておきなさい。すべての政治は汚い。そこに他の種類は全くない。

だが私たちは、権力を持つ人々を打たなければならない。貧しい普通の人を打つことは役に立たない。なぜなら彼には権力はなく、彼は犠牲者だからだ。たとえ私たちが彼を変えることができても、それは大した変化ではないだろう。だが私たちが宗教と政治の、聖職者と政治家の間の共謀を廃止できるなら、それは本当に偉大な変化、革命――必要であるが、まだ起こっていない唯一の革命であるだろう。

質問二

あなたが貪欲さについて話された時、私は全くぞっとしました。私は最終的にある地点に達しました。そこは、私の人生でそれが演じている部分がどれほど大きいかを、そしてそれがもたらす惨めさを見るのを厭わないところです。貪欲さと呼ばれているこの物は何か、それはどこから生じるのかについて、より多くの光を当てて頂けますか？　そしておそらく、私を助けることになるいくつかの手段を提供して頂けますか？

貪欲さの性質を理解するだけで充分だ。あなたはそれを取り除くために、他に何もする必要はない。まさにその理解が、すべての乱雑を清浄にするだろう。

人間は宇宙と調和しているなら満ち足りている。宇宙と調和していないなら、彼は空虚だ、全く空虚だ。その空虚な状態から貪欲さが生じる。貪欲さはそれを満たすためにある。お金によって、家によって、家具によって、友人によって、恋人によって、何によってでも――人は空虚な状態で生きることはできないからだ。それは恐ろしく、幽霊のような生だ。もしあなたが空虚で、内側に何もないなら、生きることは不可能だ。

自分の内側に多くのものを持っている、という感覚を持つためには、たった二つの方法しかない。あなたが宇宙と調和するようになるか――。その時あなたは全体で、すべての花々で、すべての星で満たされる。ちょうどそれらがあなたの外部にあるように、それらはあなたの内部にある。それが本当の充足だ。だが、もしあなたがそうしなければ、そして何百万人もの人々はそうしていないが、最も簡単な方法は、どんなガラクタででもそれを満たすことだ。

私は以前、ある人と一緒に住んでいた。彼は金持ちで、美しい家を持っていた。そしてどういうわけか、彼は私の考えに興味を持つようになった。彼は私の講話を少し聞いていた。それで彼はこう言って私を招待した。

「なぜ都会から遠く離れて住んでいるのですか？　私には都会に美しい家があり、とても大きな家です。あなたにその家の半分を提供しましょう。お金を請求するつもりはありません。私は単に、あなたにその家にいてほしいだけなのです」

私は郊外に、山に住んでいたが、そこから大学に通うことは難しかった。彼の家から大学は非常に近かった。彼の家には美しい庭があって、都会の中で最高の場所にあり、私は彼の招待を受けた。だが彼の家に入った時、私はそれが信じられなかった。彼は収集されたとても多くのガラクタを持っていたので、住むための場所が全くなかった。家は大きかったが、彼の収集物はもっと大きかった。そしてある収集物は全く馬鹿げていた。彼が市場で発見できたものは何でも購入した。

私は彼に尋ねた。「あなたはこれらのすべての物で、何をするつもりなのですか？」

すると彼は言った。「まるでわかりませんが、ある日それが必要になるかもしれません」

「しかし、」と私は言った。「この家のどこに住むつもりなのですか？」

すべての時代の非常に多くの家具――なぜならヨーロッパ人たちがその国から去ったので、彼らは自分の物をすべて売らなければならなかったからだ。彼は必要なものだけを持つことはできなかった。彼はどんなものでも、自分が必要でなかった物をどうにかして購入した。車は玄関に置かれていたが、それは古すぎて壊れていたので、常にそこに止まったままだった。それで私は彼に尋ねた。

「なぜあなたはそれを廃棄しないのですか？　少なくともその場所を掃除するくらいは――」

すると彼は言った。「それは玄関では見栄えがします」

タイヤはすべてパンクしていた。それは全く使いものにならなかった。それをここからそこへ動かさなければならなかった時はいつでも、それを押したり引き戻したりしなければならなかった。それは腐ってそこにあった。彼は言った。「私は非常に手頃な価格でそれを得ました。それは以前ここで看護婦をしていて、イギリスに帰った老婆のものでした」

だが私は言った。「もしあなたが車を購入することに関心があったなら、少なくとも動く車を購入するべきでしたね」

彼は言った。「私は動きには関心がありません。私の自転車は完璧に良い物ですよ」

そして彼の自転車もまた、驚くべきものだった。その自転車はとても大きな騒音を立てたので、あなたは彼が一マイル離れたところから来るのがわかるだろう。その自転車はとても大きな騒音を立てたので、あなたは彼が一マイル離れたところから来るのがわかるだろう。それには泥よけもチェーン・カバーもなかった。それは作られたのが最も古い自転車であったに違いない。それには警笛がなかった。

彼は言った。「警笛の必要は全くありません。それはとても大きな騒音を立てるので、少なくとも一マイル前方で人々は既に道を譲っています。それは良いことです。盗まれることはないからです」

私は言った。「それは奇妙ですね。なぜ盗まれないのですか？」

彼は言った。「他の誰もそれに乗れません。二回盗まれましたが、泥棒はすぐに捕まえられました。それはとても大きな騒音を立て、誰でもそれは私の自転車だと知っていて、それで人々は泥棒を捕まえて、『お前はどこの自転車を取ってきたのだ？』と尋ねるからです。

それはどこにでも置いておけます。私は映画を見に行きますが、それを駐輪場には置きません。なぜならお金を支払わなければならないからです。私はそれをどこにでも置き、それはいつもあります――私が戻ると、それはいつもそこにあります。誰でもそれは問題なのを知っています。そしてたとえあなたが自分の家へそれを持って行けても、街でそれに乗ることはできません――あなたは捕まえられるでしょう。ですからそのことを気にしないほうがいいです」

彼は「それは稀な実例です」と言った。

私は「あなたがそれを説明する方法では、そのように見えますね」と言った。

そして彼は、自分の家にすべての種類の物を持っていた――壊れたラジオ、それらを安く手に入れられたからだ。彼はジャイナ教徒であったが、壊れた十字架のイエス・キリストの彫像を持っていた。

私は「何のためにそれを購入したのですか？」と言った。

彼は言った。「私が車を購入した時、その女性はそれをただで私にくれました――彼女はプレゼントとしてそれを私に提供しました。私はイエス・キリストや何かは信じていませんが、美術品を断ることはできませんでした」

私は彼に言った。「今日から家の半分を、別の半分のために取ってください。私の空間は空っぽでなければなりません」

そして彼はあらゆるものを取れることに非常に喜んだ。既に彼の家はとても一杯だったので、歩くことができなかった。通り道を見つけることができなかった。彼はあらゆるものを入手していた。彼はとても多くの種類の家具を持っていたので、ソファをその上に積み上げていた。それは使われていなかった。屋根に触れているソファに座ることはできないからだ。そして私は「なぜですか？」と尋ねた。

彼は言った。「あなたはわかっていませんね。値段ですよ！ それにいつか私は結婚するかもしれません」――彼は結婚していなかった――「子供を持つかもしれないし、彼らはこれらすべての物を必要とするかもしれません。あなたは心配しなくていいですよ。すべてのものは、そのうちいくつか役に立つでしょう」

道路の上でさえ、誰かが投げ捨てた何かがあるのを彼が見つけたら、彼は拾うだろう。ある日、彼は庭から家へ私と一緒に歩いていたが、自転車のハンドルを見つけたのでそれを拾った。しかし私は「自転車のハンドルで何をするつもりですか？」と言った。

彼は言った。「あなたはわかっていませんね。あなたに見せましょう」

私は彼と一緒に行った。浴室の中に、彼はほとんど自転車と言ってよいものを持っていた。ほんのわずかの物品が欠けていた。そして彼は言った。「これらのすべての物を私は道路から拾いました。そして私はそれらを繋ぎ合わせ、組み立て続けます。今、少しの物が欠けています。チェーンがそこになく、サドルがそこにありませんが、私はそれらを手に入れるつもりです。誰かがいつかそれらを廃棄しようとしています。人生は長いです。何が悪いのですか？　それは浴室の中では完全にちゃんと見えます」

貪欲さは単に、あなたが深い空虚さを感じていること、そして可能なものなら何ででもそれを満たしたいということを意味している。それが何であるかは重要ではない。いったんそれを理解するなら、あなたは貪欲さとは関係がなくなる。あなたは全体との交わりに入ることに関係するので、内側の空虚さは消える。それと共に、すべての貪欲さは消える。それはあなたが裸で生活し始めるという意味ではない。それは単に、あなたはただ物を収集するためだけに生きてはいないことを意味する。何かを必要とする時はいつでも、あなたはそれを持つことができる。

だが世界中には狂った人々がいて、彼らは集めている――。ある人はお金を集めている、たとえそれを決して使わなくてもだ。それは奇妙だ。コミューンでは、私たちは「モーセは獲得し、イエスは蓄え、OSHOは費やす」という車のためのステッカーを作った。

物は実用的でなければならない。それが実用的でないなら、その必要はない。

しかしこの事は、どんな方面でも例に挙げることができる。人々は食べている。彼らは空腹を感じていなくても飲み込み続ける。彼らはこれが苦しみを引き起こすことになるのを知っている。彼らは病気になるだろう。だが彼らは、自分自身を止めることができない。この食べることもまた、一杯に満たすプロセスだ。

だから決して一杯にならなくても、それが空虚なままであっても、空虚さを満たすための多くの傾向と多くの方法があり得る。そしてあなたが惨めなままでいるのは、それが決して充分ではないからだ。より多くのものが必要になり、より多くのものと、より多くを要求することには終わりがない。

私は貪欲さを欲望として受け取ってはいない。それは何らかの実存的な病気だ。あなたは全体と同調していない。その全体との同調だけが、あなたを健康にさせられる。その全体との同調は、あなたを神聖にすることができる。

健康 *health* という言葉と神聖 *holy* という言葉の両方が「全体であること *wholeness* 」から来ているのは奇妙だ。あなたが全体と一つであるのを感じる時、すべての貪欲さは消える。そうでなければ――宗教は何をしてきたのだろう？　彼らは貪欲さを欲望と誤解した。彼らはそれを抑圧しようとしている。「貪欲的であってはいけない」と。それで人はもう一方の極端へ、放棄へ動く。人は、貪欲的な人は集める。そして貪欲さを取り除きたい人は放棄し始める。そこにも終わりはない。

マハーヴィーラはゴータマ・ブッダを、光明を得た者として認めることは決してできなかった。彼がまだ三着の服を持っていた、という単純な理由のためにだ。たった三着の服、それは絶対に必要なものだ。一着をあなたは着ている。一着は洗わなければならない。そして緊急な理由のための一着が――ある日、服は洗濯場から戻って来ないかもしれないし、それらは乾いていないかもしれない。または一日中雨が降っているかもしれない。だから三着は全く必要不可欠であるようだ――一着は緊急な理由で――。

マハーヴィーラは貪欲さに絶対的に反対している。さて、それは極端な形を取ってきた――彼は裸だ。ブッダは托鉢椀を持っている。マハーヴィーラは、托鉢椀でさえ所有物であるので、それを受け入れることはできない。そして光明を得た人は、彼によると、何も所有するべきではない。托鉢椀――それはココナッツで作られている。ココナッツを真ん中で割る――そして非常に大きい特別なココナッツがある。真ん中から割り、果実をすべて取り出す。それで二つの椀が、硬い殻が残される。それは最も安い物だ。それは廃棄されるからだ。あなたはそれを食べることはできない。托鉢椀を持っていても、それを所有していると呼ぶことは正しくない。

しかしあなたが貪欲さを欲望として受け取り、それに頑固に反対するようになる時、あらゆるものは所有物になる。マハーヴィーラは裸で生きていて、托鉢椀の代わりに、自分の二つの手を椀にして使ったものだった。さて、それは非常に難しいことだった。彼の二つの手は食べ物で一杯になっていて、ちょうど動物のように食べなければならなかった。なぜなら彼は自分の手を使うことができないからだ。そこで彼は手から食べ物を取るために、直接口を使わなければならなかった。

世界では誰もが座って食べる。だがマハーヴィーラの考えは、座って食べる時はより多く食べる、というものだ。さて、これは正反対の極端を行なっている。だから彼は立って食べ物を食べることを教えていた――手の中に食べ物を持って、立って食べることを。それは非常に奮闘を要する事だ。ただ一度しか食べ物を受け取ることができないので、何であれ一度に二つの手に納まることができるものが一回の食事になる。

それを立って食べなければならないし、あらゆるものを、甘いものであれ、塩辛いものであれ、一緒に受け取らなければならない。それらはみんな混じり合ってしまう。それは食事を味のないものにさせるというマハーヴィーラの考えだ。なぜなら味を楽しむことは身体を楽しむことであり、物質を楽しむことだからだ。

私にとって、貪欲さは全く欲望ではない。だから貪欲さについて何もする必要はない。あなたは自分が満たそうとしている空虚さを理解しなければならないし、次のような質問を尋ねなければならない。

「なぜ私は空虚なのでしょうか？　存在全体はとても満ち足りています。なぜ私は空虚なのでしょうか？　おそらく私は行路を見失ってしまったのでしょう――私はもはや同じ方向に進んでいません。私はもはや実存的ではありません。それが私の空虚さの原因です」

だから実存的でありなさい。

手放しなさい。そして沈黙し、平和な状態で、瞑想して存在のより近くに動いていきなさい。すると、ある日あなたは自分が喜びに、非常に幸福な状態に、祝福にとても満ちていて、溢れるほど一杯になり、溢れ出ているのがわかるだろう。あなたはそれをとても多く持っているので、それを世界全体に与えることができる。それでもそれは枯渇しないだろう。

その日、初めて、あなたはどんな貪欲さも感じないだろう――お金に対して、食べ物に対して、物に対して、どんなものに対しても。あなたは自然に生きるだろうし、必要なものは何でも見つけるだろう。そしてあなたは、満たされずに絶えず続く貪欲さを持たず、癒されない傷を持たずに生きるだろう。

質問三

私は何度もあなたが「道の途中でマスターと出会ったら、彼を殺しなさい」という禅の話を話すのを聞きました。

それは本当にそうでなければいけませんか？　私たちが道の途中で出会ったら、ちょっと笑って、しばらくお喋りはできないのでしょうか？　それから私たちが別れなければならないなら、ナマステをして微笑みを浮かべながら、とても優雅にすることはできないのでしょうか？


その話は実際の道に関するものではなく、実際のマスターとの出会いに関するものではない。

その話は、あなたが瞑想していて、物事がマインドから消えている、それが静かになっている時に関するものだ。消え去ってゆく最後のものは、あなたが最も愛してきたものであるだろう。すなわち、最後はマスターであるだろう。あらゆるものが去ってしまった時、それでもあなたは瞑想の中でマスターに会っている。今、雑談をすることはあなたの瞑想を邪魔するだろうし、一杯のコーヒーを準備することは助けにならないだろう。

言っていることは厳しく見えるが、それは真実だ。マスターの頭を切り落としなさい！　あなたが切り落とすのはあなたの想像の中でのことだ。雑談したり笑ったり話したりすることでは、あなたはマスターを追い払いはしない。あなたは非常に単純で、真っ直ぐでいなければならない。あなたには剣が必要で、そしてマスターの頭を切り落として、通り過ぎなさい。振り返ってはいけない！

マスターは、あなたがスニータ・シュニヤータの中へ、無の中へ、ニルヴァーナの中へ入ることができるようにこう言っている。マスターはあなたに、彼さえもあなたに対する障害物であってはならない、ということを気づかせている。

そして私は一つの障害物であるだろう。あなたは途方もなく私を愛していたので、マインドからあらゆるものを落とすことはできるかもしれないが、その時私はそこにいるだろう――それであなたは私も落とさなければならない。それは実際の物ではなく、それはただ、あなたの想像に関するものであり、マインドの最後の策略に関するものだ。

あなたのマインドがマスターを持ち込むのは、あなたがマスターを捨てられないことをマインドは知っているからだ。あなたは他のあらゆるものを捨ててきたが、それはあなたが瞑想に入ることを妨げるためのマインドの最後の手段だ。そしてあなたがマスターの頭を切り落とすことを恐れているなら、これは恩知らずであると感じるなら、これはするべき正しい事ではないと感じるなら、あなたはマインドの術中にはまっている。それはマスターとは何の関係もない。なぜならそこにマスターはいないからだ。それはただ投影しているあなたのマインドに過ぎない。

そして「どこから私は剣を得たらいいのですか?」と尋ねてはいけない。それは何世紀にもわたって尋ねられてきた。

マスターが自分の弟子に「もしあなたが道の途中で私と出会うなら、私の頭を切り落としなさい」と言った時はいつでも、弟子は尋ねた。「ですが、どこから私は剣を得たらいいのですか?」

スーフィーの物語をあなたに話そう。

ムラ・ナスルディンは船での仕事を申し込んだ。彼は面接を受けていて、船長と会社のお偉方が質問をしていた。

船長はこう尋ねていた。「もし水面が荒れていて、風が非常に強く吹いていていて、船が転覆しつつあるか、進んでほしくない方向に振り動かされつつあるという危険があるなら、君はどうするつもりだ?」

彼は言った。「簡単ですよ。私は錨を投げ下ろします」

船長は言った。「その通りだ。だが別の嵐が起こると仮定してみたら、どうするつもりだ?」

彼は言った。「私は別の錨を投げ下ろします。他に何もありません」

船長は言った。「それは正しい。だが三番目の嵐が起こると思ってみなさい。君はどうするつもりだ?」

彼は言った。「同じことです! 私は錨を投げ下ろします」

すると船長は言った。「しかし、どこから君はこれらの錨を持って来るのだ?」

するとムラ・ナスルディンは言った。

「どこからあなたは、これらの嵐を持って来るのですか? 同じ場所からです!」

ちょうどマスターが想像であるように、あなたの剣もまた想像だ。もしマインドがあなたに一つの想像を提供できるなら、それはあなたに別の物を、それもおそらく喜んで提供する能力がある。なぜならあなたはマスターを殺そうとしているからだ。あなたがマスターに反対している時、怒っていて、憤慨している時、マインドは非常に幸せでいる。そして今マインドは、あなたがマスターを殺そうとしていることに、喜びで弾けそうになっているだろう。彼はすぐに美しい剣をあなたに贈るだろう――ただ求めるだけで。

両方とも架空のものだ、マスターと剣は。そしてあなたは想像を超えて行かなければならない。だからこれは最後の障壁であるに違いない。そしていったん誰もいなくなるなら、無が開かれる。あなたは存在と繋がっている。あなたは自分の真実と繋がっている。

第27章

あなたはどの道を
動いているのだろう

So Which Way are you moving?

質問一

私はあなたが矛盾したことを話すのを、そしてあらゆるものはただ完全であるために、その正反対の極性があると強調されるのを、しばしば喜びに満ちて聞いています。

しかし先日の朝、あなたがサニヤシンにご自身の友情を差し出すことについて話していた時、私は面倒な事に巻き込まれました。

私が理解したのは、彼らの何人かが自分たちの自己拡張のために、この長く求められていた機会を利用したこと、そして彼らは、自分たちが単なる弟子であることで、基本的にあなたに腹を立てていて、怒っていたという事実に気づいていなかった、ということでした。あなたがインドのクルとネパールのカトマンズで、あなたに関する限りもはやどんな弟子もいない、そして今、弟子であることを落とすのは私たち次第だと語った時、私の理解は全く違いました。

私にとって、あなたが友情を差し出すことはまさに圧倒的で、これまで以上にあなたに多くの尊敬の念と愛を感じました。そして非常に大きな感謝も――。私のマスターとして、私とあなたの間で成長し始めている非常に繊細で、敏感で、貴重な親密さを感じました。

今あなたは、このすべては利己主義者たちを追い払うための単なる方策であり、彼らはあなたのこの差し出すことを楽しんだ、と言われます。私は今はもう理解できていません。私はそれをすべて間違って受け取ったのでしょうか？　私はどこに引っかかっているのでしょうか？

質問はプレムダからだ。

彼の状況は、自分自身のエゴを充足するためにそのような機会を待っていた人々とは違う。彼は新しい。彼は弟子であることの様子を全く知らなかったので、友情が差し出された時、それは彼のエゴへの栄養ではなかった。それが直接彼のハートに届いたのは、彼が弟子であることに憤慨や怒りを全く持っていないからだ。

これは彼にとって、喜ばしい親密さと愛らしい成長になった。今彼はより多くの尊敬の念、より多くの愛、より多くの敬意を感じている。これは、弟子であることのすばらしい体験を彼にもたらすだろう。そう、状況はとても違っているので、反駁という問題はない。

十年や十二年もの間私と一緒にいて、心の底では自分自身がマスターになることを切望していた人々は、確かに私に対して憤慨を感じていた。そして私が友情を差し出した時、彼らのハートで成長していたものは感謝や尊敬ではなく、深くて長く待っていたエゴが満たされたことだった。

今彼らは、自分たちは私と同じ状態にある、自分たちの体験は私の体験と同じである、と宣言することができた。だから私の友情の宣言は、彼らにとって弟子であることの終わりであったが、友情の始まりでもなかった。それは本当に一巻の終わりだった。

だが、プレムダにとって状況は違う。彼は何年も前から私の周辺にはいなかった。そして彼はたった一瞬でも、マスターであることについて考えなかった。彼のすべての望みは私のより近くにいること、私と親密であることだった。だから私が、私はあなた方の友人であると宣言した時、この望みは満たされ、愛らしい親密さと敬意を引き起こした。そして質問からそれがわかる。私は自分自身をあなた方の友人と呼ぶが、彼は自分がマスターに対して敬意を感じ始めたと言う。

私を「マスター」と呼んでいた人々にとって、友情の宣言は彼らが弟子であることを終らせた。そして親密さを単純に切望していた人にとって、同じ宣言は彼を弟子にさせた。そしてマスターであることを切望していた人々は多くなかった。彼らはセラピストの部類にだけ属していた――ほんのわずかなセラピストたちであり、すべてではない。そのセラピストたちがこの切望を得たのは、私が人々を彼らのセラピーに行かせていて、彼らが自分はある種のマスターであり、自分は人々の成長を手助けしていると思い始めたからだ。

現実はそうだった。私がこれらの人々を彼らのセラピーに行かせたのは、これらの人々がゴミでとても一杯だったので、彼らには何らかのドライ・クリーニングが必要で、それらのセラピストたちがドライ・クリーニング屋以外の何者でもなかったからだ。だが、何千人もの人々が彼らのセラピーを通過している――「私たちは自ら進んでマスターであることができる」という考えを持ってしまうことは非常に人間的であり、非常に自然なことだ。彼らはまさにその機会を待っていた。

それはすべてのサニヤシンについて真実ではない。それはセラピストという特別な小さなグループについてのみ真実だ。

彼らのワークは彼ら自身を破滅させた。彼らは多くの人々が私のより近くに来るのを助けてきたかもしれないが、彼ら自身はますます遠く離れて行き続けた。

プレムダにはマスターでありたいという願望は全くなかった。それにマスターでありたいという願望を持つ人は誰ひとり、決してマスターであることはできない。ただ無欲である人々だけが、たまたまマスターになる。それはあなたが達成できるゴールのような何かではない。それはついでに、故意でなく、捜し求められずに起こる何かだ。あなたは何か他のことをしている、あなたはより多くの愛を、より多くの親密さを、より多くの尊敬の念を感じている。そしてゆっくりゆっくりと、この尊敬の念と愛情と親密さの中で、あなたのエゴは消えていく。ある日、エゴがそこにない時、あなたはマスターになる。あなたはそれを探していなかった。それは単なる副産物だ。それらのかわいそうなセラピストたちは取り逃した。彼らは何年もの間私と一緒にいたのに――。それは彼らが達成屋であり、出世を志す者のままだったからだ。彼らのマインドの中では、常にどうやってマスターになるかを考えていた。

それはいい、プレムダ、私が友情を差し出すことがあなたの中に弟子であることを生み出したことは。それこそが、本当に真理の探求のために、自分自身の探求のためにここにいるあらゆる人にとって、そうあるべき方法だ。

あなたは祝福されている。

質問二

自分自身の物事をするほうを選んでいるサニヤシンのセラピストたちのことを耳にすると、かつては私もまたあなたと共にあるよりは、私自身の物事をすることを決めたのを思い出してしまいます。

私がここへ戻った時、私は自分自身を批判し、他の人たちから批判されているとも感じました――皮肉にも、あなたが最近話されたそれらの人たちの中の何人かからです。

私は自分の体験を道に迷っているものとして、または建設的な学びとして交互に見ることができるので、常軌を外してきたように見える他の人たちを批判することについては、私は非常に注意深いです。

確かに、光明を得た見者だけが、私たちがどこにいるのかを指し示す立場にあります。

私の質問ですが、それは何を取り逃すことになるのでしょうか？　それは、いつか到着するに違いないその場所への、実のところ私たちは決して去ったことがないとあなたが言うその場所への、より長くてより遠回りな道筋を、私たちの眠気を通して選ぶことに他ならないのでしょうか?――
私たちはみんな光明を得るまで、毎日のあらゆる瞬間を取り逃しているのでしょうか?

そうだ、あらゆる人たちが、自分が光明を得るまでは、あらゆる瞬間を取り逃している。

あなたがしていることは何でも、爆発の地点の近くへあなたを連れて行くことができるか、またはその地点からあなたを連れ去り、あなたをより閉ざしてしまうかのどちらかだ。稲妻のような体験の中に爆発するか、魂の暗い夜の中に閉じ込められるか、これらはあなたの中にある二つの可能性だ。

では、あなたはどの道を動いているのだろう?

もしあなたが魂の暗い夜に向かって動いているなら、あなたは取り逃している――それもあらゆる瞬間に、さらにもっと取り逃している。なぜならあなたは、どんどん遠くへ離れて行くからだ。そしてさらに遠くへ離れることに終わりはない。あなたは永遠に離れて行くことができる。そこに限界はない。

人は永久に光明を得ないままでいることができる――それは危険だ。そして人は、まさにこの瞬間に光明を得ることができる。問題は、あなたは何に向かって動いているのか?だ。もしあなたが自分の爆発のセンターにより近づいているなら、あらゆる瞬間にあなたは光明へとますます近づいている。それはあなたの速度による。あなたの理解が充分強烈なら、それはまさにこの瞬間に起こることができる。あなたはたった一つの瞬間さえ、さらに待つ必要はない。

だからあなたはこれらの、今か、それとも決してないか、が二つの可能性であることがわかる。両方とも可能であり、人間の特権とは、彼がどちらの道にも行ける自由があることだ。

あなた自身の事をすることに何も問題はない。だがあなたは、自分が誰なのかを知らない。どうやって自分自身の事ができるのだろう? それはジレンマだ。知っている人々は、自分自身の事をすることができない。なぜなら彼らは、自己のような、存在から切り離された実体のような者は内側に誰もいないことを知っているからだ。

自分自身を知らない人々が自分自身の事ができないのは、自分自身の自己さえ知らないからだ。だからあなたは偶然的なものであるか——一つの可能性であり、それはあなたが「自分自身の事をすること」と呼ぶものだ。あなたは偶然的なものであるか、または実存的なものかであり、実存的とは私が「存在があなたにしてほしいことをすること」と呼ぶものだ。それはあなた自身の事ではない。私は私自身の事をしてはいない。そのような事をする者は誰もいない。私は単に存在にとって利用可能なだけだ。だから存在が私を導きたいものが何であろうと、導きたいところがどこであろうと、私は利用可能だ。なぜなら私はいないからだ。

覚えておきなさい。

これらは言語に関する難しさだ。私が、私は利用可能だ、と言うのは、私がいないからだ。私がいない時にだけ、利用できる可能性がある。もし私がいるなら、そこには常に選択があるが、利用できる可能性はない。その時私は、その道を行くべきかどうか、この道を行くべきかどうか、これをするべきかどうかを判断するだろう。だからあなたが自分自身の事をしている時はいつでも、一つのことが確かだ。それは、あなたは存在と調和していない、ということだ。ではそれは何だろう？　それは偶然でしかあり得ない。

私は、偶然私のところに来た人々を知っている。彼らはサニヤシンであった自分の友人の一人と会うためにやって来た。彼らは私と会うためや私を見るために来たのではなかった。彼らは全く私に興味がなかったが、私の話を聞いて興味を持つようになり、好奇心を持つようになり、関係を持つようになった。これは偶然だ。もし私が何かをさせるために彼らを遠くへ送り出すなら、私はある偶発事が起ることになるのが確信できる。

私は試みた。何人かの偶然的な人々を見て、私は彼らに「あなたの場所でセンターを開きに行きなさい」と言った。すると彼らは非常に喜んで、そこに行って女性と恋に落ち、そしてセンターのことをすっかり忘れてしまった――結婚して、結婚に関するすべての混乱の中に入った。

これらの人々をあてにはできない。彼らは頼りにならない。それは彼らの落ち度ではない。彼らは単なる流木であり、ある偶然的なものであって、彼らは自分たちが決して考えたことがない事をやり始め、自分が本当にそれらをしたいかどうかを考えずに、物事をやり始める。おそらく他の人たちがしているのでやり始めるのだろう。

いわゆる「自分自身の事をすること」は偶然的だ。なぜならあなたはまだ自分自身を知らないからだ。あなたは自分自身の事をすることができない。そして偶然的でいることは暗闇にとどまることであり、枯れ葉のようにあちらこちらへ風で放り投げられている――根を持たず、誠実さを持たず、個性を持たず、存在と繋がっているという感覚を持たない。

あなた自身の事をすることにおいて、あなたは間違っていた。あなたがしていた事が間違っていた、というわけではなく、それらはあなたの事であると、あなたが思っていたことが間違っていたのだ。それらはただの偶然に過ぎなかった。

あなたを非難した人々、セラピストたちは、自分たちは自分自身の事ではなく私の事をしていたと考えていた。それは彼らの中に深い憤りを生み出した。それは、彼らは私の事をしなければならない、というものだ。彼らは本当は自分たちの事をしたかったのだ。

彼らがあなたを非難したのは、「あなた自身の事をすること」は間違っている、というまさにその考えが、彼ら自身の中で強くなっているためだ。彼ら自身の考えを抑圧するため、彼らは、あなたは間違っている、と批判した。彼らは本当は彼ら自身を批判していたのだ。

そしてひとたび彼らが機会を得たなら——今、彼らはみんな彼ら自身の事をしていて、これは自由であると思っている。彼らは「ＯＳＨＯは私たちに自由を与えた」と人々に話している。さて、これは全く愚かな考えだ。誰もあなたに自由を与えることはできないし、もし誰かがあなたに自由を与えることができるなら、彼はどんな瞬間にもそれを戻すことができる。自由は贈り物ではない。あなたは成長して自由でいなければならない。自由はあなたに対して起こる何かでなければならない。それは与えられるものではない。

今、彼らは「ＯＳＨＯは私たちに自由を与えて、今、私たちは私たち自身の事をしている」と言っている。彼らは自分たちがここでしていた同じ事をしている——おそらくあまり効率的ではなく、より表面的に。なぜなら彼らが受け持つ人々は瞑想者ではないだろうからだ。

私は以前、彼らのグループのための人々を選んでいた。その人の必要性を見て、私は彼がどのグループに行ったらいいのかを決めたものだった。今、彼らはそれが必要でない人々にセラピーをしている。あるいは、これらのセラピーは彼らを傷つけさえするかもしれない。人々は、彼らのセラピーを通して傷つけられるというあらゆる可能性がある。それはセラピーがスピリチュアルなものではないからだ。

セラピーはただ土壌を準備するだけだ。そしてもしあなたが種を持っていないなら、あなたが準備してきた土壌はただ雑草を、野草を成長させるだけだろう。それはバラを成長させることはできない。

ここで私が彼らのセラピーを用いていたのは、瞑想の種を蒔くことができて、人々が開花できるように、土壌をきれいにするためだった。だが、すぐに彼らは理解するだろう。その結果を見て、人々は彼らのセラピー・グループから消え始めるだろう。私は人々がセラピー・グループを決してしたくなかったことを完全によく知っている。私は彼らに、セラピー・グループに行くように説得しなければならなかった。彼らは私の話を聞くためと瞑想するために来ていたのだった。

セラピー・グループは既に流行遅れだ。エサレン——セラピー・グループのための最初の先駆的な機関は死にかけている。今はもう誰も来ていない。週末にだけ少数の高齢者が現れる。そして彼らが、何千人もの人々が私のところに来ていて、私を通してセラピーへ行くのを見た時、彼らは信じられなかった。その人たちはセラピーの運動を始めた最初の人々だったからだ。なぜ人々が自分たちのところに来ていないのかは、彼らにとって信じ難いことだった。

その理由は、人々はそこにいて、彼らのセラピーを見て、それらは遊ぶことのできるただのゲームに過ぎないことに気づいた、ということだった。あなたがそれと遊んでいる間は気分がいいが、二日後にはすべてが無くなる。あなたは同じ人物であり、何も変わっていなかった。それでは何度も行ってお金を払い、同じ種類のゲームをすることに何の意味があるだろう?

サニヤシンの世界のここで働いてきたこれらのセラピストたちは、すぐに欲求不満を、途方もない欲求不満を感じるだろう。一つの事として、サニヤシンたちは、それはもはやスピリチュアルな運動の一部ではないと知って、彼らのところに行くのを止めるだろう。次に、そこへ行く人々は、それが無駄であるのがわかるだろう。ただ何度も何度も土壌をきれいにして雑草を生やさせることには、何の意味もない。

私はセラピーを単に準備として使っていた。それは終わりではなかった。そしてこれらのセラピストたちは瞑想の何も知らないでいる。なぜなら彼らは、彼らとセラピーをしている同じ人々と一緒に瞑想しに行くことは、彼らより下にあることだと感じたからだ。彼らは偉大なセラピストたちだ。だから彼らは決して瞑想しなかった。彼らは瞑想を取り逃した。彼らはとても知識が豊富だったので、自分はすべてを知っていると思っていた。彼らが私に耳を傾けてきたとは思えない。さもなければ彼らが私を裏切ったやり方は可能ではなかっただろう。

だが彼らは戻って来なければならないだろう。彼らは長い間存在し続けることはできない。すぐにあなたは彼らの顔を再び見るだろうし、今回は、彼らはセラピストになろうとしていない。今回、私は全く違う方法で働こうとしている。セラピーはその一部にはならないだろう。おそらく個人的なカウンセリングはそこにあるかもしれないが、セラピーはない。

あなた自身の事をすることには何の間違いもない。ただそれは偶然的であることを覚えておきなさい。

まず汝自身を知りなさい。

それから、起こることは何でも、あなたの無の状態から現れるものは何でもやりなさい。

そしてニルヴァーナの蓮は、常に無の状態から生じるものだ。

質問三

ヒンドゥー教の神の化身には女性と男性が一緒にいます。ヴィシュヌとラクシュミ、シャンカールとパールヴァティー、クリシュナとラーダ、ラーマとシータなど。一方では、ジャイナ教、仏教、タオイズム、イスラム教、キリスト教等のように、女性のための場所を全く持たない他の宗教があります。どうかコメントをお願いします。

ヒンドゥー教に比べて、これらのすべての宗教――タオイズム、ジャイナ教、仏教、キリスト教、イスラム教、ユダヤ教は非常に新しい。ヒンドゥー教は非常に古い。そのため、いくつかの独特な特徴がある。それが世界で最古の宗教なので、他の宗教の中には見出せないわずかな事柄がその中にある。

たとえば、あなたが尋ねているように、ヒンドゥー教の神の化身は常に女性の配偶者と一緒にいる。シヴァはパールヴァティーと一緒に、クリシュナはラーダと一緒にいる。インドでは、ジャイナ教と仏教は二十五世紀前に開花した。それらはヒンドゥー教と戦わなければならなかった。ヒンドゥー教は唯一の宗教だったのだ。

あなたは驚くだろう。それは全く単独だったので、それには名前がなかった。名前は一つ以上の物がある時に必要だ。もしそこにたった一つの物しかなかったら、名前の用途は何だろう? ヒンドゥー教は唯一の宗教だったので、それは単にダルマ、宗教と呼ばれていた。それに形容詞を付ける必要は全くなかった。ジャイナ教と仏教はヒンドゥー教から、古い宗教の分派から誕生したが、その時それらは離脱するために、何らかの特徴を作らなければならなかった。そうしなければ、大洋的なヒンドゥー教はそれらを溺れさせただろう。

ヒンドゥー教は非常に自然だ。だから再化身は独身ではない。独身という考えがヒンドゥー教徒のマインドに入って来なかったのは、それが不自然だからだ。だから彼らの神の化身でさえ、自分の妻を持っている。それらは全くあなたと同じくらい自然だ。

ジャイナ教と仏教は両方とも、人間は自然より上に行かなければならない、自然を超えなければならない、その時だけ彼は宗教的だ、ということを主要な点にした。ヒンドゥー教は宗教ではない。もしただ自然であることだけが宗教的であるなら、それはどんな種類の宗教だろうか? それならあなたと動物の間に違いは全くない。すべての動物は自然だからだ。彼らはそこを要点にして、ヒンドゥー教に対して大きな論理的体系を作り上げた。基本的な要点の一つは、あなたは自然 *nature* を超えなければならない、そしてそれは独身から始まる、なぜなら性欲は基本的な性質 *nature* だからだ、ということだった。

だからブッダは一人だし、マハーヴィーラは一人だ。これらの二十五世紀の間、彼らの僧侶やマスターたちはみんな一人で、独身だった。彼らの独身は、一般大衆が非常に感銘を受けたほどの事だったことを知ってあなたは驚くだろう。彼らの生に対する禁欲的な態度は——ヒンドゥー教徒が禁欲的ではなかったから——私はブッダとマハーヴィーラ以前のヒンドゥー教徒を意味している——禁欲的ではなかったからだ。彼らの見者たちでさえ、快適で贅沢な中で生きていた。彼らは山の中に、森の中に、彼らの信奉者たちが寄贈し続けていた自分たちのコミューンを持っていた。

王、彼らの息子、彼らの娘——すべての人たちは、学ぶために彼らの僧院があるところに行かねばならなかった。

だから彼らには計り知れない力があった。一人の偉大なヒンドゥー教の賢者には彼の信奉者として多くの王たちがいて、快適に、贅沢に生きていた。弟子たちと教師たちからなる彼のコミューン全体で、彼らはみんな美しく暮らしていた。彼らは浮世離れした人々ではなかった。

ジャイナ教と仏教は禁欲的だ。彼らは全く別個の独自性《アイデンティティ》を作るために、逐一ヒンドゥー教に反対し続けた。快適さについては聞く耳さえ持たなかった。不快がその道だ。あなたが自分自身を不快に保つことができるほど、あなたはよりスピリチュアルになる。なぜなら身体は魂の敵だからだ。だからあなたの魂を見つけられるように身体を苦しめなさい。この世界は別の世界にとって障害だから、それを放棄しなさい。

ジャイナ教と仏教はとても多くの奇妙な事をしたので、ヒンドゥー教の集団でさえ感銘を受けるようになった。ヒンドゥー教の賢者たちやバラモンたちでさえ、反逆的なジャイナ教徒や仏教徒と戦う方法を考え始めた。唯一の方法は、彼らもまた禁欲的でなければならないことだった――ジャイナ教徒や仏教徒がそうであった以上に。だからゴータマ・ブッダの後、あなたは女性と一緒にいるどんなヒンドゥー教のマスターも見つけないだろう。シャンカラチャリヤ、ラマヌジャチャリヤ、ニンバルカ、ヴァラバ――偉大なマスターたちだ。だがあなたは女性と一緒にいる彼らを見つけないだろう。何が起こったのだろうか?

彼らはみな、独身でいなければならなかった。仏教徒やジャイナ教徒と戦わなければならなかった。さもなければ彼らは普通の人々であり、スピリチュアルではなかった。そして彼らはみんなちょうど、ジャイナ教徒と仏教徒がそうであったように禁欲主義だった。彼ら自身のやり方で禁欲的だった。彼らは世界を放棄し、すべての快適さを放棄した。ただ反撃のために。

ヒンドゥー教はヒンドゥー教徒自身によって台無しにされた。さもなければそれは美しい宗教で、非常に自然で、非常に単純で、非常に無垢だった。だがそれはますます複雑になった。これらの三つの宗教は二十五世紀にもわたって戦い、論議し、お互いに対して論文を書いてきた。それらの論文は、それを理解することさえ難しい専門性が必要になるような地点に向けて、ますます複雑になっていた。

そこには、学者たちが英語への翻訳を何年も試みたが、そうできなかった論文がある。観念、言語、そのニュアンスの複雑さのせいで、原典に対して真正であることとそれを翻訳することは難しい。翻訳は非常に貧しく見える。

ユダヤ教、キリスト教、イスラム教、シーク教、すべてはブッダ以後、後になって人間の意識へ追加されたものだ。実際にはイエスではなく、ブッダが境界線であるべきだ。

私たちは「イエス・キリスト以前、イエス・キリスト以後」と言う。イエスは歴史を分割する境界線になったが、その功績はイエスより五世紀前にやって来て、人間の意識とその成長を本当に分割したゴータマ・ブッダに行くべきだ。

イエス自身は、若い頃にインドへ旅をした。聖書には彼の十三歳から三十歳までの間の記述がない。聖書にはイエスがどこにいたかの記述がない。これは奇妙に思える――短い人生だ――彼はわずか三十三年しか生きなかった――それらの三十三年の中で、聖書にはたった三年の、最後の三年の記述しかない。

彼の若い頃についての出来事が二つだけあるが、大したことはなく無意味なものだ。一つは彼の誕生についてと、敬意を表すために東方から三人の賢者たちが来ることについてのものだ。そして二番目は、彼がエルサレムの寺院で道に迷うもの、ラビたちと議論しているものだ。これらがただ二つだけの出来事だ。

それから十三歳から三十歳までの十七年間、この男に何が起こったのか、彼はどこにいたのか、何も言及されていない。

これらの十七年間、彼はエジプト、インド、ラダック、チベットに旅行した。当時これらの場所の人々はみんな仏教徒だった。ブッダはわずか五世紀前に死んでいて、彼の影響はまだ充分に生きていた。イエスは仏教の僧院を訪れた。私はイエスが訪れたラダックの僧院に行ったことがあり、そして私は彼らが二千年間保存してきた彼らの訪問者たちに関する記録を見た。そして私は彼らに、すべての訪問者たちと、その人たちの僧院についての印象に関する記録を彼らが持っているかどうかを尋ねた。

それは最も美しい僧院の一つであり、イエスはほぼ六ヵ月間そこに滞在して、僧侶たちから仏教を勉強した。彼らの公式記録の中に、イエスの印象、彼の署名、日付がある。彼は仏教に非常に影響されるようになったので、彼の独身主義、禁欲的な態度、貧困への賞賛、裕福な者たちへの非難はすべてゴータマ・ブッダから借りた考えだった。

当然、これらの人々はブッダが自分の後ろに残した特定の型に従っていた。彼らには女性の同伴者がいない。女性の同伴者がいるのは自然なことだ。ヒンドゥー教は非常に自然であるように見える――その神でさえ非常に自然だ。自然を超えたいという欲望は全くない。そこにはただ一つの欲望がある。それは完全に自然であることだ。だがある意味で、他のすべての宗教はヒンドゥー教に対する反応、反逆だ。それには名前はなかった。それが永遠の宗教として知られていたのは、それがいつもそこにあったからだ。

それが誕生した時、誰がヒンドゥー教の開祖であるのか、誰にも言えなかった。あなたはヒンドゥー教を除いた他のすべての宗教の開祖を見つけることができる。最初の人は誰だったのか？　誰もいないように思える。ヒンドゥー教徒自身は、それをサナタン・ダルマ、永遠の宗教と呼んだものだった。どうやって彼らはヒンドゥー教徒になったのだろう？　誰が彼らをヒンドゥー教徒と呼び始めたのだろう？　彼らがヒンドゥー教徒という名前を得たのは、非常に奇妙な方法でだった。

その名前が与えられたのは、絶えずインドを侵略していた外国人によってだった。なぜならあらゆる侵略者はフナス族で、それは現在世界から消えてしまった野蛮な種族だった。彼らのアルファベットの中に、侵略者はインドで最大の川の一つ、シンドゥ *Sindhu* を渡らなければならなかったからだ。最初の侵略者はフナス族で、それは現在世界から消えてしまった野蛮な種族だった。彼らのアルファベットの中に、彼らは「サ *sa*」のための、「シ *s*」のための音を持っていなかった。「シ *s*」に最も近い音は「ヒ *h*」、「ハ *ha*」だった。

「サ *Sa*-ハ *ha*」――それが最も近かった。彼らはシンドゥ *Sindhu* 川と発音できなかった。彼らはそれを、ヒンドゥー *Hindu* 川と発音した。そして彼らの言語のせいで、彼らの発音のせいで、彼らはこの川の向こうに住んでいた人々を、ヒンドゥー人、ヒンドゥー川の向こうに住んでいる人々、と呼び始めた。どのように言葉が発展するのか、それはどんな時期に動くのか、どんな変転をするのか、どんな色を帯びるのか、という歴史を見ることは時には美しいものだ。

「ヒンドゥー」という言葉のせいで、ヒンドゥー人たちの土地はヒンドゥスタンになり、宗教はヒンドゥダルマ、ヒンドゥー教になった。そしてフナス族から、侵略者は継続的にやって来たものだった。国はとても豊かだったので、別のグループの侵略者たちが、モンゴルからはモンゴル人が——彼らはタメルラーニ、そしてチンギス・ハンを、人間の中で最も酷い者を生み出した最も酷い侵略者だった。彼らの言語において——そもそもそれはフナス族のせいで確立された。シンドゥの名前はヒンドゥーになり、その土地はヒンドゥスタンになり、人々はヒンドゥー人になった。彼らは自分たちのアルファベットの中に「ヒ *h*」のための、「ハ *ha*」のためのどんな音も持っていなかった。「ヒ *h*」のために最も近い音は「イ *i*」だった。彼らはヒンドゥー *Hindu* と発音できなかった。彼らが唯一発音できたのは、インドゥ *Indu* だった。

ヒンドゥーとインドゥ、それは近いように見える。そしてモンゴル人のために、川はインドゥになり、国はインドゥからインドになり、人々はインド人になった。しかしそれは偶然にも、名前があったその川のためにすべて起こったのだった。しかしヒンドゥー人たち自身には名前はなく、彼らの国のための名前もない。彼らは常にそこにいて、彼らの宗教は常にそこにあった。彼らは自分たちの宗教の始まりを何も知らない。

だからそれは、自然な人間と共に非常に自然に成長したように思える。仏教は人間の側から宗教を作るための最初の努力だった。だから私は、ブッダが境界を定める線であるべきだと言うのだ。なぜならそれまで自然であったものが、人工物に、作られたものになったからだ。そして今、宗教は作られている、とても多くの宗教が作られている。

自然は一つだが、いったんあなたが作り始めると、自分の好きなように作ることができる、違う宗教を、違う教義を、違うカルトを、違う哲学を。ブッダは確かに、まさにこの変化の真ん中に立っている。

もしあなたが私を理解するなら、私のすべての努力は、すべてのプロセスを逆転させることにある。

人間には人工の宗教は必要ない。人間は単に自然であることが必要だ。自然が唯一の宗教であるべきだ。

それなら、ヒンドゥー教徒やイスラム教徒やキリスト教徒や仏教徒という分割はない。

自然はどんな分割も作らない。それは分割されないし、それは一つだ。

質問四

オレゴンであなたと一緒にいた間ずっと、私は時々、立ち去ることは逃避だ、間違いだと感じていました――水が沸騰するすぐ前に、やかんを火から取り去るようなものだ、と。今、私たちを見ると、私たちはみんな立ち去らなければなりませんでしたし、あなたは離れた大陸にいます。それでもこの時間は、あなたが生き生きとした何かを、取り逃されないように提供している時の時間は、より豊かにさえ見えます――。おそらくあらゆるところで「我が家」にいるための機会なのでしょう。私たちが「外側の世界」でタクシーやブルドーザーを運転する時、どのようにあなたを呼び寄せたら、そしてどのようにに、あなたを私たちのハートへ静かに滑り込ませたらいいのでしょうか?

愛は時間や空間の距離を全く知らない。

だから私の人々がどこにいても、彼らが何をしていても、もし彼らのハートが私と同調して鼓動するなら、彼らは私と一緒にいる。その時、時間と空間のすべての距離は消える。問題は同じリズムで鼓動しているハートにある。それが唯一の近くにあることだ。

それがコミューンで簡単に取り逃されたのは、私があなた方のとても近くにいたからだ。私を忘れることは簡単だった。私はあまりにも明白だった。私を当然のことと受け取るのは簡単だった。だが今、あなた方はアメリカ政府の好意によって世界中に散り散りになっている。私たちは全世界を私たちのコミューンにした。

空間には大きな距離があるが、これはあなたを助けるだろう。それは損失にはならない。これはもっとあなたに私を覚えさせるだろう。これはもっとあなたに私を思い出させるだろう。あなたの静かな瞬間に、あなたの愛している瞬間に、ただギターを演奏することで、あなたはあなたの側に座っている私に気づくだろう。まさにあなたが静かな、平和な瞬間に、あなたは私の鼓動も聞き始めるだろう。

起こっているあらゆる事は良いし、さらに良いことのためになる。なぜなら存在は進化し続けるからだ。私たちが、存在は継続的な進化の中にあると覚えているなら、たとえ何が起こっていても——その時は悲惨なものに見えるかもしれないが、最終的にあなたは、それはそうでなかったと気づくだろう。それは新たな花をもたらした、それは新たな体験を生み出した。

私は、私とあなた方との間に大陸があるのを知っているが、それらの大陸は別々にはできない。それらはただ合流するだけだ。それらは壁ではない、それらは橋だ。そして橋は、どれだけ長くても、橋だ。そして壁は、どれだけ短くても、壁だ。

私自身の体験は常に、起こっていたあらゆる事は常に良いことを証明してきた、というものだった。もし私たちが信頼できるなら、その出来事の時でさえ、私たちは悲しまないだろうし、私たちは祝福するだろう。そして私たちのサニヤシンたちはよくやった、たとえ最も強力な政府が五千人ほどの人々の小さなコミューンを破壊したとしても、だ。それは彼らが恐れていたことを証明している。恐怖から彼らは行動していたが、私たちの人々は、この混乱から何らかの美しい星が誕生することを知って、踊り、歌い、祝福した。

アメリカの政府の恐怖は、今や世界的な恐怖症になった。現在あらゆる政府は恐れている――コミューンを、ではない。コミューンの問題は生じない。

彼らは私が自分たちの空港に着陸することさえ恐れている――彼らの国に入国するという問題ではなく！ 恐怖は限りないように見える。私がただ彼らの空港に着陸したとして、私に何ができるだろう？

イギリスは私が空港で一晩休むことを許さなかったし、議会では、国に私がいることについて議論しなければならなかった。その議論が嘘だったのは、私が空港のラウンジで一泊することしか求めていなかったからだ。それは意図的なものだ。私は朝に出発できるように私のジェット機を空港に停泊させていて、彼らが「ラウンジはファースト・クラスの乗客のためだけのものです。さて、私たちはあなたのジェット機について、それがどのクラスであるのかを、どうやって決めたらいいでしょうか？」と言うかもしれないと思っていた。だから私たちはファースト・クラス旅行用のチケットも購入して、彼らにどんなチャンスも与えなかった。それは実際に起こったことだ。

彼らは言った。「ジェット機は大丈夫です。それは準備されていますが、どうやって私たちは確かめたらいいでしょうか――？ ラウンジはファースト・クラスの乗客のためだけのものです」

そこで私たちは、自分たちのファースト・クラス乗客チケットを提示した。

「あなたに満足して頂けるように、私たちはチケットも持っている」と言ってね。

それから彼らは消えて、約三十分後に戻って来てこう言った。「私たちは一晩中滞在することをあなたに許可できない、という空港に関する若干の条例があります——数時間なら大丈夫です」

私はその男に尋ねた。「数時間とはどういう意味だ？　そして三時間で充分だ、四時間で充分だ、十二時間で充分だ、ということをどうやって決めるのだ？　あなたの空港のその条例はどこにあるのだ？」。その男は消えて、決して戻って来なかった。

別の男が戻って来て、彼はこう言った。「あなたは理解しなければなりません。もし一晩中待ちたいのなら、拘置所で待たなければならないことを。私たちはあなたを、空港ラウンジで自由なままにさせる危険を冒すことができません」

それで私は拘置所で宿泊しなければならなかった。そして議会では、総理大臣は質問に答えて、私の存在は国にとって、国の安全にとって危険であると言った。

イギリスにあるリビア爆撃のためのアメリカの核兵器の施設は危険ではなく、私がどんな方法でも国に入れない空港ラウンジで、私がたった一晩泊ることは危険なのだ。あなたはこれらの政治家たちが藁で出来ているのがわかるだろう。

そしてその事態は世界を一周した。今、すべての欧州議会やヨーロッパのすべての国々は、私はどんな空港にも私のジェット機を着陸させられないことと、彼らはそれに燃料を補給するつもりはないことを一緒に決めている。その時、小さな国は従わざるを得ない。

今、バハマは、私は入国できない、と決めている。他の国々——パナマとパナマの近くの二つか三つの他の国々は、私がそこに来るかもしれない、そう決めたかもしれない、と心配している。奇妙なことだ、彼らがたった一人の男をそれほどまでに恐れているということは。すぐに私は、彼らがこの男は地球上のどこにも立つことを許されるべきでないと国連で決めるだろう、と考えてしまう。

だが私は、それを良い兆候として受け取っている。それは彼らが一つの事実を認めていたことを意味している。つまり、私が話すことを彼らは反駁できない、私が話すことは、彼らのまさに根幹にとって危険である、ということだ。そして彼らの根幹がそんなに弱いなら、彼らは生き残れるとあなたは思うだろうか？　私がいなくても、彼らは死ぬだろう。私がいなくても、彼らは死ななければならない。彼らの恐怖は死を示している。

そしてこれらのすべての政府は、どんなものについてもどんな証拠もなしに嘘を言っている！　現在、彼らが世界中に広めている噂は、彼らは私に反対するものを何も持っていないが、私と一緒にいる人々は、彼らの内の三人は犯罪者である、というものだ。彼らは犯罪者である三人の人々の名前を、そして彼らがどんな犯罪を犯したのかを示さない。何らかの証拠が証明されるべきだ。そしてたとえ彼らが犯罪者であっても、彼らの犯罪のために私が罰せられることはあり得ない。だが単に彼らが私と旅行したために、私は国に留まらせてもらえない。

スペインでは、政府は決議するのに一ヵ月かかった。議会は議論し、閣議は七日間続き、最終的に彼らは――大統領や総理大臣、すべての人たちがそれに関わっていた――私は入国を許されるべきだ、ということに決めた。それからドイツ政府から、三人の犯罪者が私と一緒に旅をしているという手紙が届いた。彼らは私の秘書ハシャを呼び寄せ、彼女に、「私たちはＯＳＨＯに何も反対していないが、ドイツ政府から三人の犯罪者があなたと一緒にいるという多大な圧力がある」と言った。

彼女は「三人の犯罪者とは誰ですか？　彼らはどんな犯罪を犯したのですか？」と尋ねた。

しつこく尋ねることによって、私たちは一人はドイツ人で、一人はカナダ人で、一人はアメリカ人であることだけを知るようになった。奇妙なことに、グループの中にドイツ人はいない。だから情報の三分の一は完全に間違っている。そこには数人のアメリカ人がいるが、彼らの誰も犯罪者ではなく、彼らの誰も、自分が何らかの犯罪を犯したことを覚えていない！　一人はカナダ人だ。彼はそれを、自分は犯罪者だと聞いてショックを受けている。彼に対する告訴は全くない。

ちょうど今日、私はオレゴンの米国最高裁判所から手紙を受け取った。彼らは自分たちが刑務所で十二日間私を苦しめていた起訴事実を証明できなかった。彼らはノースカロライナで起訴事実を証明することに失敗した。米国の弁護士は法廷で、「我々は何も証明できなかった。それでも、我々は他のすべての人たちの保釈を望むが、ＯＳＨＯは保釈されるべきではない」ということを受け入れなければならなかった。

これは前代未聞の何かであるに違いない！　彼らは私に反対する何かを証明しなかった。なぜ私は保釈されるべきではないのだろう？　推測では、その保釈金がどれだけであっても――千万ドルまたは二千万ドルであっても――私は保釈中に逃亡できた、ということだった。それは、アメリカでお金を持っている人は誰も全く保釈が許されない、という意味だろうか？

奇妙だ！　お金がない人々には保釈を許すことができない。どこから彼らは保釈のためのお金を持ってくるのだろう？　そしてお金を持つ人々に保釈を許すことができないのは、彼らは逃げることができるからだ。だから保釈はアメリカにおいては全く問題外だ。

単純な論理は愚かな考えを示すことができる。それから最終的に、彼らは訴訟を取り下げなければならなかったが、彼らは三人――ジャイエッシュ、デヴァラジ、ヴィヴェック――の保釈をそれぞれ二万五千ドルで受け入れた。だがあなたは、その狡猾さを見ることができる！　もし政府がとてもずる賢いなら、私は犯罪者が何か悪いことをしているとは思わない。政府が犯罪者だ。

私が今日受け取った手紙は、この三人の人々が証人として出廷するのを断ったので、私たちは訴訟を取り下げている、と伝えている。この三人の人々は、出廷のためのどんな呼び出しも決して受け取らなかった。さあ、これは全く奇妙だ！　私たちはこれらの人々を、いつでも法廷に行かせられるように待っていた。私たちの弁護士はそこで待っていた。彼らは言った。

「我々に時間と期日を与えてくれれば、我々は自分たちの人々を呼ぶことができ、それで彼らはここにいるだろう」

だが彼らが訴訟を取り下げたため、今、彼らは七万五千ドルを返金しなければならないことを心配していた。

そのお金を守るために、この手紙は送られてきた。この三人の人々が出廷しなかったため、彼らの保釈金は米国政府によって取り上げられることになっている。

そして彼らは、私が解放される時に譲渡されるだろうと彼らが言った私の物を押収した――彼らは返さなかった。それから彼らは私の弁護士に「三日後には、我々はそれらを譲渡させているだろう」と言った。それらは譲渡されなかった。それから七日――一ヶ月が過ぎたが、彼らは先延ばし続けている。

現在、訴訟は取り下げられている。保釈金でさえ政府の会計に転送されている。私の個人的な物についてはどうなっているのだろう？　私の弁護士は継続的に彼らのところに行って、「彼の個人的な物について何かを決めてください」と言っている。彼らはそれらを半分半分に分けたいと思っている。半分は政府に取り上げられて、半分は私に与えられる。奇妙なことだ！　何のために政府は半分を得なければならないのだろう？　そして私たちはそのための用意さえできていた。

私は弁護士に話した。「彼らに半分を持たせなさい。半分はあなたが取って、それから私たちは残りの半分のために戦おう」。しかし彼らはただ単に、自分たちは何もしない、と言う。たぶんいつか別の日に私は、私の人々が聴聞の日に法廷に現れなかったため、彼らが見つけられるかでっち上げることができる何らかの理由で、それらの物はすべて押収されて政府に取り上げられる、という手紙を受け取るかもしれない。

そこでは一度も聴聞がなかったし、聴聞の日なども一度もなかった。訴訟は数週間前に取り下げられた。私たちが弁護士から知らされたことでは、彼らはそれについて証明するものが何もないことを知ったので、訴訟は取り下げられた、ということだ。

それは表面上では、これらのすべての物事を用いて、彼らは私のワークを破壊しているように、私のメッセージを破壊しているように見える。しかし彼らは間違っている。これはどんな真実をも破壊する方法ではない。これは真実が人々のマインドに入り、彼らの同情を、ハートを得る方法だ。

だからあなたがどこにいようとも、それは重要ではない。ただあなたのハートは私と一緒に鼓動しなければならない。もしそれが私と一緒に鼓動するのを止めるなら、そこには距離がある。

さて、そこの隅に座っているチェタナを見てごらん。今、彼女はほとんど月の上に座っている。その理由は彼女が質問をしたことにある。彼女自身がこう求めてきたのだ。

「もし私が間違っているなら、どうか私を少し突いてください」

私は彼女を少し突いて、「あなたは間違っている」と言った。するとそれは彼女をとても酷く傷つけたので、その日以来、彼女は惨めな人になってしまった。私は以前にそんな惨めな彼女を一度も見たことがない。彼女は常に明るくて楽しそうだった。だがその日以来、私が「あなたは間違った空間にいる」と言ったため――。それも彼女自身が「少し私を突いてください」と求めたのだ。そして私は本当に少し彼女を突いた――ほんの少しだ。それで彼女は、はるか遠くへ離れて行ってしまった。彼女は月の上に座っている。

一つのことを覚えておきなさい。あなたが質問をする時は、どんな答えに対しても準備をしていなさい。あなたが望む特定の答えを期待してはいけない。さもなければ、どんな学びもあり得ないし、どんな成長もあり得ない。もし私があなたはある点で正しくないと言うなら、それを見ようとしなさい。

私はあなたをただ傷つけるために、それを話しているのではない。もし私がそれを言っているなら、私は本気で言っている。

そしてもしあなたが小さな事で傷つけられたと感じ始めるなら、私が働きかけることは不可能になるだろう。それなら私は、あなたが望んでいるものを見なければならない。その時、私は助けにならないだろう、私はあなたにとってのマスターではないだろう。

だからあなたはここにいることができるが、あなたのハートが私と一緒に鼓動していないなら、あなたは遠く離れている。そして逆もまた同様だ。

第28章

ただ、笛と一本のワイン
を持って行くこと

Going just with his flute &
a Bottle of Wine

質問一

私はあなたがプネーで話してくれたこの経文を数年間記憶に留めてきました。それはこう語っています。

ブッダは言った。

百人の悪人たちに食物を与えるよりも、一人の善人に食物を与えるほうが良い。

千人の善人たちに食物を与えるよりも、ブッダの五戒に従う一人に食物を与えるほうが良い。

ブッダの五戒に従う一万人の人たちに食物を与えるよりも、

一人のスロタパンナに食物を与えるほうが良い。

百万人のスロタパンナたちに食物を与えるよりも、

一人のスクリダガーミンに食物を与えるほうが良い。

一千万人のスクリダガーミンたちに食物を与えるよりも、

一人のアナガーミンに食物を与えるほうが良い。

一億人のアナガーミンたちに食物を与えるよりも、

一人のアルハットに食物を与えるほうが良い。

十億人のアルハットたちに食物を与えるよりも、

一人のプラティエーカ・ブッダに食物を与えるほうが良い。

百億人のプラティエーカ・ブッダたちに食物を与えるよりも、現在か、過去か、未来のブッダたちの一人に食物を与えるほうが良い。千億人の過去、現在、未来のブッダたちに食物を与えるよりも、知識、一面性、規律、そして光明より上位にいる人に食物を与えるほうが良い。

それはあなたの高みと私たちの暗闇についてとても多くのことを語っていて、私の中に二つの感情が生じました。それはあなたの壮大さの中にいることの恩恵と喜びと、ただあなたの意識を味わうためにどのくらい私たちは旅をしなければならないのか、という困難さです。

これについて再び話して頂けませんか？

理解されるべき最も基本的な事の一つは、その隔たりは単なる夢の現象に過ぎず、それらは現実には存在しない、ということだ。ある人は非常に軽く眠っているかもしれない、ある人は非常に深く眠っているかもしれない、ある人はほとんど昏睡状態に陥っているかもしれない。

そこには程度の差がある——。もしあなたが彼らを起こしたいなら、最初は、非常に軽い睡眠の中にいて、半分目覚めて半分眠っている人が、すぐに目覚めることができる。彼らの誰もが目覚めることができる。それはただ、外側から起こすために必要な努力の強烈さ、そして内側から目覚めるために必要な強烈さの問題だ。

あなた方はみんな、起きたくても動けない悪夢の瞬間を感じたことがあるに違いない。すると一分であなたは起きる。ほんの一瞬前は、目を開くか手を動かすことさえ不可能に見えても、ほんの一分後にあなたが完全に目覚めているのは、とても奇妙に見える。

私とあなたの間の隔たりは、単なる夢の隔たりに過ぎない。だからどんな悲しさも感じる必要はないし、それが非常に困難で長い旅かもしれないと感じる必要もない。それは非常に単純で実に自然な現象だ。もしあなたがくつろげるなら——くつろぐことより簡単なことは何もない。物事は勝手に起こり始めるだろう。

ゴータマ・ブッダの経文について——それは象徴的だ。誰かに食べ物を与えることは、同情、親切、または愛、敬意から、誰かを育てること、誰かに敬意を払うこと、誰かを愛すること、誰かのための何かをすることを意味している。だから食べ物は文字通りに受け取られるべきではない。

経文は言う。百人の悪人たちに食べ物を与えるよりも、一人の善人に食べ物を与えるほうが良い。善人とは誰だろう？　善人とは自発的に正しい方法で行動する人だ。「自発的に」という言葉を覚えておきなさい。善人とは、彼が生まれる社会によって、善として受け入れられる特定の方法で行動するために努力をする人ではない。それは善ではないかもしれない。世界には何百もの社会があり、何百もの文明が存在してきた。誰かに善として賞賛されながら、他の誰かに悪として非難されなかったものは、ただの一つもない。

さて、裸でいることをジャイナ教徒は善い行為だと言うだろう。それは人が世界を完全に放棄したことを示している、と。だが他のどんな社会によっても、裸でいることは悪く、病んでいるとさえも思われるだろう。ジークムント・フロイトによると、裸の人は単に他人に自分の裸体を見せたいだけだ、それは非常に歪んでいて危険で、性的に満足することであり倒錯だ、となる。そして彼はこの病気に、露出症という特定の名前を付けた。

それは外側の道徳によって決められるべき問題ではない。その決定は、あなたの自発性に従わなければならない。あなたが自分のハートからすることは何であれ、反応ではなく応答であるため、その行為は善になる。

ブッダは、百人の悪人たちに食べ物を与えるよりも、一人の善人に食べ物を与えるほうが良い、と言う。なぜなら善人や自発的な人を、ハートから行動している人を見つけることさえ非常に難しいからだ。悪人に関する限り、眠りの中で、無意識に行動している人は誰でも悪い。悪と善は行為とは関係がない。それはそれが為された意識に関係している。自発的な意識、少しの用心深さ、または無意識——行為はおそらく同じかもしれないが、その質はそれをする人の感性によって変わる。

ブッダが話していることは、百人の眠い人たち、無意識的で、自分が誰であるかを知らない人たち、自分はなぜいるのかを知らず、自分はどこに行くのか、何をしているのかを知らない人たちの世話をするということだ。彼らは単に大衆の一部に過ぎず、まだ人間ではなく、彼らは羊だ——。

ブッダは、自発的で用心深い人に敬意を表するほうがより良いと言う。

私は「敬意」という言葉を強調しなければならない。通常、それはただ名誉の意味しかないからだ。だが「敬意 *respect*」という言葉の根本的な意味は「*re-spect*」——あなたが何度も会いたい人、どういうわけかあなたのハートに触れる人、あなたに対して磁気的な影響力があり、何度も彼を見たくなるような人のことだ。

千人の善人たちに食べ物を与えるよりも、ブッダの五つの禁戒に従う一人に食べ物を与えるほうが良い。ブッダは単にあなたに意識の広大な拡がりを、その応答を、そしてあなたはどのように振る舞わなければならないかを与えているだけだ。あなたの振る舞いは、あなたにとって一つの変容になろうとしているからだ。ブッダの五つの禁戒は、もしそれらがブッダの教えに従って正確に為されるなら、ある意味非常に単純なものだ。さもなければそれらは苦行になる。そして彼は言う。千人の善人たちに食べ物を与えるよりも、ブッダの五つの禁戒に従う一人に食べ物を与えるほうが良い。

善人は自発的に行動するが、五つの禁戒を持つ人は自分の自発性について一定の責任を持ち、自らの自発性に一定のゴールを持ち、自らの自発性に一定の非常に明確なビジョンがある。彼は自分が何をしているのか、なぜそれをしているのかを知っていて、その結果がどうなろうとしているのかを知っている。彼は非常に意識的に行動している。五つの禁戒は単純だが、気づくことがその基本でなければならない――それがそうでなければならないのは、ブッダがこう言っているからだ。

千人の善人たちに食べ物を与えるよりも、ブッダの五つの禁戒に従う一人に食べ物を与えるほうが良い。自らのすべての自発性を持つ千人の善人を、彼は一人の人と比べている。

五つの禁戒。一番目は非暴力だ。状況が何であれ、彼は暴力的な方法で行動すべきではない。彼の応答は常に非暴力的であるべきだ。なぜなら私たちは一つの存在の一部だからだ。あなたが傷つけている人が誰であろうと、長い目で見ればあなたはあなた自身を傷つけている。今日、あなたはそれを実感しないかもしれないが、ある日あなたがより気づくようになると、あなたはこう言うだろう。

「何ということだ！　この傷は私が私に与えていたのだ」

あなたは他の人々は違うと思って他の誰かを傷つけてきた。誰も違ってはいない。

この存在全体は一つの宇宙的な統一だ。

この理解から非暴力が生じる。

二番目は非所有だ。存在全体が一つであるなら、そして存在が木々や動物たちの、山々や海の――最も小さな草の葉から最も大きな星まで——世話をし続けるなら、それはあなたの世話もするだろう。なぜ所有するのだろうか？

所有は単純に一つのことを示している。それは、あなたは存在を信頼できない、ということだ。あなたは自分自身のために別個の安心感を、自分自身のための安全を整えなければならない。あなたは存在を信頼できない。

非所有は基本的に存在への信頼だ。

所有する必要が全くないのは、全体が既に私たちのものだからだ。

三番目は非盗用——盗まないことだ。もしそれが一つの宇宙であるなら、盗むことはただただ愚かだ——。聞いた話だが——一人のすりにとって時には、財布を盗めそうな人々がなかなか見つからないということがよくあった。しかし彼は非常に手慣れていて、自分は今日何も盗めなかったという事実を受け入れたくなかったので、自分自身の財布を盗んだ！　人々はそのように自分自身を欺くことができる。

私は夕方に漁師の店に行った一人の男について聞いたことがあり、彼はこう言った。

「私はその魚が欲しい。それを投げてくれ。そうすれば私は捕えるだろう」

漁師は言った。「それを投げる必要性は何なのだ？　私はそれを与えることができるのに」

彼は言った。「いや、あなたはそれを投げなければならない。すると私はそれを捕えるだろう。私は決して嘘をつきたくないからだ。私が家に帰ると妻は『どこに行っていたの？』と聞こうとする。私は魚を捕えていたが、何も捕えられなかった。そしてこの一匹なら、私は確かに捕えるだろう。私はそれを購入しなかった。あなたがそれを投げて、私はそれを捕えたのだ。それで私は『これは私の捕えた物だ——美しい魚だ』と真顔で言うことができる。私は嘘をつくことはできない。だからあなたはそれを投げなければならないし、私はそれを捕えなければならないのだ」

実のところ、それこそ私たちがしていることだ。それはすべて私たちのものでありながら、私たちは微妙な方法で盗んでいる。それは、あなたはお金を盗まなければならない、物を盗まなければならない、という意味ではない。あなたは考えを盗むことができ、言葉を盗むことができる。そしてあなたのすべての知識は盗まれたものだ。それはあなたが発見したものではない。それはあなたが、ここからそこから拾ったものだ。それからよく考えてみることなく、真面目な顔をして、世界に対して「これが私の意見だ」と言う。それはあなたの意見ではない！　あなたは自分自身にさえ気づいていない。あなたはどんな意見を持てるだろう？　だからこれはすべて盗むことの一部だ。

四番目は非味――味わわないことだ。それは一つの苦行になったが、そうした意味ではなかった。ゴータマ・ブッダの感性を持つ人は、それを苦行にすることはできない。彼の『味わわない』という考えは、単に味を渇望しないことだった。食べ物は身体の栄養のためのものだ。味は二の次だ。それを主要なものにしてはいけない。

そして次に、彼の弟子はみんな僧侶だった。彼らは乞食をしなければならなかったし、彼は非常に用心深い人だった。彼は決して、彼の人々に社会の重荷になってほしくなかった。もし彼らが「私たちはこれを望んでいます、私たちはそれを望んでいます――明日私が乞食に来る時のために、どうかこの皿に準備をしていてください」と求めるなら、彼らは重くて負担のかかる者になるだろう。

彼は、ただ一軒の家から求めてはいけない、ということを規則にした。一回の食事は――そして仏教の僧侶は、ただ一回の食事だけを取ることになっていた――一回の食事は五軒の家から持って来なければばならない。彼は単に負担を拡散しようとしていただけだ。そうしなければ——彼はどこに行こうとも、一万人の比丘たちと、彼の弟子たちと一緒に移動していた。そしてもし千人もの比丘たちが小さな町に入って来たなら——その町には一万人の人口すらいなかったかもしれない——そして彼らが自分たちの好物を要求し始めたなら、それは本当に手に負えない事になっただろう。町の貧しい人々は困難に陥るだろう。

味わわないことに関するブッダのすべての努力は、あなたはどこに行っても決して歓迎されざる者になるべきではない、ということだった。人々は、慈悲から自分は五軒の家に行っていることを知らなければならない。ただ一回の食事のために、だ。彼は一回より以上の食事を否定した。私たちにとっては、それは禁欲主義であるかのように、苦行であるかのように見える。最も貧しい国でさえ、人々には少なくとも二回の食事が必要だ。アメリカのようなより豊かな国では、人々は五回食べているか、または彼らが冷蔵庫に行くのと同じくらい何度も——一日中だ。それは回数の問題ではない。

今日アメリカには、食べ過ぎが原因で死んでいる三千万人の人々がいる。

彼らはこの食べ過ぎが自分たちを殺しているのを知っているが、それを止めることができない。それはちょうどアルコール中毒患者と似ている。彼らはそれほどの中毒状態になったので、何かが必要になる。もし何もなかったら、彼らは少なくともガムを噛む。それで彼らの口はずっと続行する。ある意味でそれはいいことだ。さもなければ彼らは話す——お喋りに次ぐお喋り——どうにかして自分の口を使い続けなければならないからだ。彼らの話は単なる代用品だ。チューイングガムは、少なくとも彼らを静かなままにさせる！

ブッダの洞察は本当に深い。なぜなら現代の、とりわけ心理学者デルガドによる実験が、一日当たり一回の食事で人の人生は二倍になり得るということを、疑う余地もなく証明したからだ。多く食べれば食べるほど、あなたは短く生きる。少なく食べれば食べるほど、より長く生きるだろう。彼は一つの実験を試していた——何千回も彼は試みた。それから彼はその結論を出した。

彼は二つの区画に入れた白ネズミを持っていた。一つの区画には望むだけ多くの食べ物が与えられた——アメリカ方式だ。食べ物は常に手に入った。ネズミたちは望むだけたくさん食べることができた。そして二番目の区画は、比丘の方式で、ただ一回だけの食事、栄養があり、身体のために完璧なものを与えられた。そして何千回も実験が試されて、常にアメリカ型のネズミが途中で死んだ。仏教の比丘たちは、アメリカ人たちの二倍の時間を生きた。

だからそこでは、ブッダは深い洞察を持っていた。一回は食べていいが、味を欲しがってはいけない。さもなければ、何度も食べたいと思うだろう。

ネロについて知られていることは、彼は何度も食べていたので、かかりつけの医者が四人必要だった。そうすれば彼が食べる時、医者たちは彼がすべてを吐くのを助け、そして彼は再び食べることができる。全く狂っている——だが彼は、ただただ味を渇望していた。それが唯一の方法だった。そうでなければ一日中食べ続けることなどできない。彼は朝から夜まで、寝る時まで食べていた。彼は食べているか、吐いていた。そして医者たちの唯一の目的は、再び食べられるように、彼が容易に吐くのを手助けすることにあった。

ブッダの洞察は正しい。それは苦行ではない。それは健康や長命に対する実に深い洞察だ——そしておそらく、遅かれ早かれ、科学はあらゆる人にたった一度だけ食べることを求めるだろう。もちろん食べ物は充分なものであるべきだし、身体に必要なものをすべて持つべきだが、ただ一度だけでいい。それは私たちには少し難しいように見えるが、ただ習慣の問題に過ぎない。アフリカには、数千年もの間、一日に一回以上は決して食べたことがない種族が多くいる。キリスト教宣教師たちがアフリカに到着した時、その種族はただただ驚いた。彼らはそれが信じられなかった。キリスト教宣教師たちはベッドでのお茶で始まり、それから朝食、そして昼食、コーヒー・ブレイク、夕食、そして晩餐会――そしてあちこちで軽食をする。彼らは信じられなかった。

「これらの人々は何をしているのだ？　彼らは生きているのか？　それとも、ただ単に食べているだけなのか？」

なぜなら彼らはただ一度しか食べなかったが、それでいてもっと健康で、より長く生きていたからだ。彼らはそれでも一回は食べている。彼らの身体はより均整が取れていて、より長く生き、より速く走る。ちょうど動物のように、鹿のように走ることができる。そして彼らの身体は、世界中の人々が何千もの体育館で手に入れようとしている、まさにその均整がとれている。

彼らはただ一回の食事によって、どんな努力もなしにそれを持っている。

非暴力、非所有、非盗用、非味――そして五番目の禁戒は慈悲だ。

私たちは情熱の中に生きている――私たちの人生は情熱的だ。情熱とは常に一つの騒動だ。それは浮き沈みであり、ある日は良くて別の日は悪く、昼は夜に続いていく――。同様に、情熱の生は連続的に喜びの中に入ったり苦痛の中に入ったりしている。それらは互いにバランスを取っている。

慈悲とは情熱的に生きることではなく、穏やかで静かに、沈黙して生きることだ。慈悲は浮き沈むことなしに、深く平静なままでいることができる。外側で起こることは何であれ問題にならず、あなたの存在の中心は静かで乱されないままだ。

そこでブッダは言う、千人の善人たちに食べ物を与えるよりも、ブッダの五つの禁戒に従う一人に食べ物を与えるほうが良い。

ブッダの五つの禁戒に従う一万人の人たちに食べ物を与えるよりも、一人のスロタパンナに食べ物を与えるほうが良い。

スロタパンナ *Srotapanna* は非常に美しい言葉だ。それは「流れに踏み入った者」という意味だ。文字通り、スロタ *srot* は「源泉 *source*」を意味する。スロタパンナは「源泉に導く流れに踏み入った者」を意味する。彼はもはや川岸の上に立っていない。五つの禁戒に従う人は、まだ川岸の上に立っているかもしれない。

スロタパンナより前に、ブッダは、ブッダの五つの禁戒に従う一万人の人たち——と言う。一人のスロタパンナはより重要で、より大切だ。彼は旅の危険を冒した。彼は川岸から川の中へ動いた。彼は源泉に行く用意ができている。彼はこれまでの自分の人生で、人が踏まなければならない最も勇気ある一歩を踏んだ。

川岸はとても安全であるように見えるし、あなたはそれをとても居心地よくもできる。そして未知の流れに踏み込むと——誰もそれがどこに行くのか知らない。それは確かに未知の中に入っていて、おそらく最終的には不可知のものの中に——。その中に踏み入る勇気がある人、そのスロタパンナに、たった一人のスロタパンナに食べ物を与えるほうが、ブッダの五つの禁戒を守る一万人の人たちに食べ物を与えるより良い。

百万人のスロタパンナたちに食べ物を与えるよりも、一人のスクリダガーミンに食べ物を与えるほうが良い。

百万人のスロタパンナたちは、一人のスクリダガーミン、源泉に到着した人に比べると何でもない。百万人のスロタパンナたちは歩んできたかもしれないが、彼らはそこで動けないままでいるかもしれない。彼らの最初の一歩は、彼らの最後の一歩であるかもしれない。なぜなら旅はますます神秘的に、ますます不可知のものになろうとしていて、ますます彼らのマインドとコントロールを超えていこうとしているからだ。

とても多くの人たちが歩むだろうが、ほんのわずかな人だけが最後の終わりにまで行くだろう。終わりへ到着する人、スクリダガーミン、彼は百万人のスロタパンナたちと等しい。

一千万人のスクリダガーミンたちに食べ物を与えるよりも、一人のアナガーミンに食べ物を与えるほうが良い。

源泉に到着した人々は、必ずしもそこに留まることはない。彼らは戻るかもしれない。アナガーミンとは「振り返ることのない者」という意味だ。戻ることは問題外だ。

スクリダガーミンは、奇妙な理由のために去ってしまうかもしれない。たぶん彼のエゴのために――。彼は強い人で、より弱い人たちが退いているか立ち止っている時に最後の終わりまで行くだろうが、彼は自分の中にすべての欲望を持っている――満たすことができる欲望を、またはただ川岸の上でなら、少なくともそれらが満たされるのを期待できる欲望をだ。彼は戻るだろう。彼は源泉のそこに留まることはできない。

源泉に留まっていて、戻らない人、アナガーミン――。これらの言葉は同じ根からのものだ。ガーミン *gamin* は「行くこと *going*」を意味している。行く *go* という英語の言葉は、パーリ語の言葉ガーミ

うが良い。

ン *gamin* と同じ根から来ている。アナガーミン *anagamin* の意味は「戻らない人」だ。

一千万人のスクリダガーミンたちに食べ物を与えるよりも、一人のアナガーミンに食べ物を与えるほうが良い。

一億人のアナガーミンたちに食べ物を与えるよりも、一人のアルハットに食べ物を与えるほうが良い。

さて、物事はもう少し微妙になる。アルハットは「勝利者」を意味する。今や彼には達成するものは何もない。彼は我が家に帰ってきた。アナガーミンは源泉にまでやって来た。彼は戻らないが、自分を完全な勝利者であるようにさせない弱さが彼の中にある。彼は勝利が可能な場所に到着した。彼は戻らない――だが彼は先にも進んでいない。

アルハットはアナガーミンの先を行く人だ。アナガーミンは、自分が到着した源泉のためにとても幸せになるので、彼はこれがそこにあるすべてだと感じる。彼は到着した。だがそれは幻覚だ。そこにはそれ以上のものがある。アルハットは満足していない――たとえそれが非常に楽しくて、快適だとしてもだ。だが彼は楽しい状態に達するために、この旅に、この巡礼に来たのではない。彼は真理を望んでいる。そして彼はすべての楽しみを失う用意ができている――源泉にあるこのスピリチュアルな喜びでさえも。彼の探求は喜びにではなく真理にある。

一億人のアナガーミンたちに食べ物を与えるよりも、一人のアルハットに食べ物を与えるほうが良い。

十億人のアルハットたちに食物を与えるよりも、一人のプラティヤク・ブッダに食べ物を与えるほうが良い。

プラティヤク・ブッダは「光明に達した者」という意味だ。アルハットは勝利者だが、彼は光を放っていない。彼の存在のまさにその中心にはまだ暗闇がある。プラティヤク・ブッダは、すべての暗闇が消えた人だ。彼は全く明るい。アルハットは真理を発見した。プラティヤク・ブッダはそれになった。あなたはその違いを理解しなければならない。人はそれを発見したが、それはまだそこにあり、彼はそれとは別だ。プラティヤク・ブッダはそれになった。勝利という問題はない。なぜならそこには二つはないからだ。そのため違いがある。あなたは見ることができる。

十億人のアルハットたちに食べ物を与えるよりも、一人のプラティヤク・ブッダに食べ物を与えるほうが良い。

その隔たりはさらにますます大きくなり続ける。

百億人のプラティヤク・ブッダたちに食べ物を与えるよりも、過去の、または未来のいずれかのブッダたちの一人に食べ物を与えるほうが良い。

プラティヤク・ブッダとブッダの違いは何だろう？　プラティヤク・ブッダは光明を得た人だが、彼は決してマスターにはならない。彼はそれを体験したが、それを説明することはできない。彼は他の誰かには興味がなく、自分の体験を他の誰かと分かち合うこともない。彼にはブッダと同じ状態があるが、その違いは、ブッダはそれを分かち合うことを望むが、プラティヤク・ブッダは単に彼自身の中にそれを保つことだ。彼は真理になったが、彼の偉大な達成は彼自身だけに限定される。ブッダは熱心に働きかける。ありとあらゆる敵対するものや困難に反対して、人々に手を伸ばすために、途上にいるが暗闇にいる人々に手を伸ばすために。

ゴータマ・ブッダについての物語で、彼がニルヴァーナの門に到着した時、彼は門に背を向けてそこに立っていた、というものがある。門が開いて、門番たちは彼に入るように求めた。彼を歓迎する用意ができていた――なぜなら何世紀も過ぎて、それから時たまそれらの門は開くからだ。そして彼らは、ある人が再びブッダになったことを非常に喜んでいた。

だがブッダは断った。その物語は象徴的だ。

彼は言う、「すべての生きている存在が私を通り過ぎてニルヴァーナの中にいない限り、私はここに留まるつもりだ。私は最後になるだろう。私は一人で行くことができない。私はあらゆる人を私と一緒に連れて行かなければならない。彼らが苦痛と惨めさの中で奮闘しているのに、ニルヴァーナと途方もなく喜びに満ちた状態を私が楽しむに違いないとあなたは思うのだろうか？　それはあり得ない。私は待とう。待つことはできるが、ここで待つことで私はそれらの奮闘している魂を、暗闇の中でつまずき、暗中模索している魂を助けようと思う。誰もが門の中へ通って行くことで私が満足しない限り、私は中に入らないし、その扉を閉めないだろう」

ブッダは確かに最も洞察力のある人たちのひとりだ。彼は自分自身を止めない。誰もがそこで停止しただろう――自分自身を最高地点に置いて、それで停止するのは自然な傾向だ。

彼は言う。千億人の過去、現在、未来のブッダたちに食べ物を与えるよりも、知識、一面的であること、規律、そして光明より上位にいる人に食べ物を与えるほうが良い。

最後の分類は途方もなく重要だ。それは最も誤解される分類であるからだ。知識を超えている人――彼は一貫しない、自己矛盾しているだろう。一面的であることより上位にいる人、真理の一つの面を、真理の一つの様相を支持できない人、矛盾的であるという危険を冒している人、彼は真実のすべての様相を支持する。彼は反対の物を支持するだろう。すると当然、彼は非論理的に見えるし、不合理に見える。規律より上位にいる人、規律を全く持たない人、瞬間から瞬間に生きている人、従うべき特定の決まり事を全く持たない人、彼は何にも従わない。それぞれの瞬間が、彼は何をしようとしているのかを決める。

そのような人を分類することはできない。彼を善いと呼ぶことはできないし、悪いと呼ぶこともできない。彼を宗教的とみなすことはできないし、非宗教的とみなすこともできない。なぜなら彼はどんな規律にも従わないからだ。そして規律だけでなく、彼は光明も超越している。

光明は究極の体験だが、それでもそれは一つの体験だ――最も高いもので、他の体験はより低いかもしれず、光明は最も高いかもしれないが、それでもそれは他のすべての体験の重要部分だ。

最終的に、人はそれもまた超越する。人はただ単にそれを忘れる。それはその人の性質になる。

まず初めに、あなたが自分の無知から光明へ到達する時、それは大変な違いがあるので、あなたは非常に喜ぶ。だが今や無知はなくなった。光明はゆっくりゆっくりと、最初にあった興奮を失う。それはもはや法悦《エクスタシー》ではなく、単なるあなたの性質だ。そして誰も自分の性質のことなど覚えていない。

これは、知識を超えたもの、規律を超えたもの、光明を超えたものについて、ブッダがうまく語っている究極の分類だ。この種の人はすべての人に反対されるだろう、この種の人はすべての人に非難されるだろう。この種の人は全世界から孤立せざるを得ない。彼が超越したすべてのものを彼らが評価するという、その単純な理由のためにだ。


日本には、真理へ向かう巡礼のすべての範囲を描写している美しい一連の絵がある。それを描いた禅の画家の名前は知られていないが、最初、それには十枚の絵があった。だが禅マスターでさえ十枚目の絵を隠していて、何世紀もの間、それは九枚の絵があるとしか知られていなかった。元々は十枚の絵であり、後になってから、十枚目の描写がブッダが最後に与えている記述であることが、いくつかの古い経典の中で発見された。

それは一続きの絵だ。ある男が自分の雄牛を見失う。一枚の絵の中で、彼はあたり一面を見回すが、雄牛を見ることはできない。そこには山があり、木があり、湖がある。その男はそこに立ってあたり一面を見回している。雄牛はどこにも見当たらない。二枚目の絵で彼は雄牛の足跡を見つける。彼はまだ雄牛を見ることができないが、足跡はそこにあり、彼はその足跡の後をついて行く。

三枚目で、彼は木の下に立っている雄牛の背中を見る。四枚目で、彼は雄牛を見つける。五枚目で、彼は一生懸命それを捕まえようとする。それは雄牛だ——それは難しい。雄牛は本当に力強い。だが七枚目で、彼はどうにかやり遂げる。八枚目で、彼は雄牛に乗る。雄牛はそれを許さないし、彼を振り落とすためにあの手この手を試してみる。九枚目で、彼は雄牛と共に家に到着する。

十枚目は、全世界で最も瞑想的であると、最も油断がないと言える人々によってすら抑圧されていた。おそらく彼らは、十枚目の絵は人々を混乱させるかもしれない、または、彼らが道に迷うのを手助けするかもしれない、ということを恐れていたのだろう。

なぜなら十枚目で——彼は雄牛を捕まえたので、雄牛は縛られて小屋にいる——十枚目で、彼は一本のワインと笛を持って湖の近くに戻るからだ。彼はただ自分の笛と一本のワインを持って去っている。さて、この絵は抑圧されて破壊された。それは現在修復されてきている。だがこれは最後の状態の絵だ。今や規律は全くない。彼はワインを飲むことができ、笛を演奏することができる。

雄牛は自己であり、あなたの内側の現実《リアリティ》だ。それを見つけることはニルヴァーナを意味している。論理的には九枚目で止まるべきだ。だが存在は論理的ではない。それは論理的ではないことをゴータマ・ブッダよりも誰がよく知っているだろうか？　十枚目はすべての論理を、すべての理解力を超えている。光明さえ落とされる。人は完全に普通になる。どんな規律もなく、木の下で楽しむために一本のワインを持ち、そして笛を演奏する浮浪者に、全く普通になる。

だが彼の普通であることは、私たちが気づいている普通であることではない。彼の普通であることは最も並はずれたものだ。だが彼は誤解されることになり、非難されることになる。

今、誰が彼をマスターとして受け入れようとするだろう？　誰が彼をブッダとして受け入れようとするだろう？

だが、ゴータマ・ブッダは彼を自分自身より上に置いた。

ブッダは言う、千億人の過去、現在、未来のブッダたちに食べ物を与えるよりも、知識、一面的であること、規律、そして光明より上位にいる人に食べ物を与えるほうが良い。

この経文はその人の美しさを、彼の威厳を、彼の偉大さ示している。

第29章

少し近くに来なさい

Come a little Closer

質問一

グルジェフは、自動車事故の後、彼の信奉者のために準備していた講演で言いました。「再び繰り返して言うが、教団は終わりだ。私は死んだ。その理由は、私は人々のために働きかけてきたが、結局のところ彼らに幻滅を感じたからだ。彼らはそのためにどれほどのものを私に支払ったのかを、私は見てきた。今や私の内側では、あらゆるものが空虚だ」

最近クリシュナムルティが亡くなった時、私は何となく、彼も幻滅を感じて死んだのだと感じました。あなたと一緒にいた年月の間に、私たちは砂の中に大きな城を建てて、それが壊れるのを見てきました。それでも、この貴重な朝と夕方にあなたに会う時、あなたは私たちに会うことを心から喜んでいるように見えます。あなたはいったい、私たちに幻滅を感じているのでしょうか?

それはゲオルギィ・グルジェフやJ・クリシュナムルティにとってだけではない。それは大昔からずっと、何百人ものマスターたちにとって真実であり、理由がある。彼らはみんな失望し、幻滅を感じて死んでいった。

まず、ゲオルギィ・グルジェフの最後の声明にもっと深く入ってみよう。

誰の最後の声明でも、それは彼の生涯で最も重要な声明になる。ある意味で、彼の生涯は最後の声明の中に濃縮されている。

彼が幻滅を感じたのは、弟子たちが彼を失望させ、彼を裏切り、彼に逆らうようになり、彼を傷つけるためにあらゆることをしたからだ。そして彼らは彼が自分の生涯を、それぞれの瞬間を捧げてきた人々だった。だが私は、彼の立場にあっても幻滅を感じなかっただろう。彼は、自分が非常に重大なワークをしていると思っていた。そこが彼の幻滅の種があった所だ。私はどんな重大なワークもしていない。私は全くワークをしていない。あなたと分かち合うことは私の喜びだ。さて、あなたがそれで何をするかはあなたの問題であって、私の問題ではない。

あなたは私を失望させることはできない。あなたは私を裏切ることはできる。それをした人々がいる。あなたは想像可能などんな類の害でも行なうことができる。そして人々はそれをした。あなたは私に逆らうことができ、私について嘘を言うことができる。それでも私は幻滅を感じないだろう。なぜならそもそも私は、あなたにこれまで何も期待してこなかったからだ。

失望は期待から生じる。

失望は、これらの人々は私のワークを実現しようとしている、という深い希望から生じる。私にはどんな期待も、どんな希望もない。私はただとても喜びに満ちているので、それを抑えることができない。私は無条件にそれを分かち合いたい。失望を生み出すのは条件だ。

グルジェフは大きな期待を持って熱心に働きかけた。そしてマスターからあらゆることを学んできたP・D・ウスペンスキーのような人々でさえ、彼を否定した。ウスペンスキー自身がマスターになった。彼はグルジェフのフルネームを使うことさえ止めた。彼がある点でグルジェフのことに言及しなければならなかった時、彼はただ『G』だけを使った。彼はグルジェフに会うためであっても、彼自身の弟子を彼のところに行かせなかった。そしてグルジェフは何年も、数十年にわたってこの男に働きかけてきたのだ。

そして何であれ、ウスペンスキーがグルジェフから離れた後に言ったこと――それぞれ一つ一つの言葉は、それぞれ一つ一つの洞察は借り物だった。それは彼自身のものではなかった。確かに彼には優れた才能があった。ウスペンスキーは、私が出会った最高の作家の一人だった。グルジェフは作家ではなかった。

ウスペンスキーは偉大な論理学者、世界で有名な数学者、優れた作家だった。グルジェフはこれらのもののどれでもなく、彼は全くの神秘家だった。

ウスペンスキーはグルジェフの体系からあらゆるものを集めて、まるでそれらが彼自身の体験であるかのような美しい論文を書く立場にいた。グルジェフは書くことにおいて、話すことにおいて彼とは比較にならなかった。ウスペンスキーは非常に有能な天才で、充分な教育を受けていた。

グルジェフは教育を受けておらず、ソビエト連邦の、コーカサスのまさに未開の地の部族から来ていた。だが彼は、ダイヤモンドのすべての鉱山を持っていた。それらはすべてカットされておらず、磨かれていなかっただけのことだ。宝石商人の目を持つ人だけが、それらを認知できただろう。さもなければ、それらはただの石だった。

ウスペンスキーは宝石商人の目を持っていた。彼は、この男は宝物を持っているが、それを広める才能は持っていないということを――利用できる大きなチャンスを認めた。彼はグルジェフからあらゆることを学び、今やもう充分だと感じた日――彼はそのすべてから体系を作ることができた――彼はグルジェフを裏切った。そして彼は、自分の弟子がグルジェフのところに行くのを妨げなければならなかった。賢明なウスペンスキーは単なる教師だったからだ。彼は教師のように見えた。神秘主義を教える間でさえ、黒板があった。彼は数学者だった。彼は神秘主義を教えていて、黒板の上に書いている。それはクラスに、大学のクラスに似ていた。彼の生徒はノートを取っていた――。

グルジェフは途方もなくカリスマ的だった。一度彼に会った人は誰もが、その男を忘れられなかった。何百万もの群衆の中でも、彼はそれでも際立っていただろう。もしあなたがひとたび彼の目を覗き込んだなら、その目は一生涯、あなたの後をついて来るだろう。彼は言葉の人ではなく、桁外れに力強い存在の人だった。

それがウスペンスキーの恐れだった。つまり、もし彼の弟子がグルジェフのところに行ったなら、彼がグルジェフに反対して言ったことは、何でも暴露されるだろうからだ。そして彼らがその男に耳を傾けたなら――たとえ彼がはっきり表現しなかったとしても、ある意味で彼はこれまでで最も明晰なマスターだった。単純な事を言うために、グルジェフは数百ページを要するだろう。あなたはそれがどこにあるのかを、彼が本当に言いたいことを見つけ出さなければならない。彼は彼自身の言葉を、すべての行の上に広がる大きくて長い言葉を、かつて決して聞いたことがない一つの言葉を作り上げるだろう。それは彼の発明だ。彼は書き方については何も知らなかった。一段落は数ページも続いて行った。どの出版社も、彼の本を出版する用意ができていなかった。彼は自分で出版せざるを得なかった。

グルジェフの最初の本が出版された時、それは千ページだった。それが世界で最も奇妙な本の一冊、『*ALL AND EVERYTHING*』だ。彼は九百ページを開封しないままにしておき、わずか百ページだけ――それは序文だ――が、それを買うすべての購入者への文書と一緒に開封されていた。

「序文を読み、読み続ける価値があると感じるなら、残りの九百ページを開封できます。しかし読み続けるに値しないと感じるなら、代金を取り戻すことができ、本を返却できます。だが開封されていないページを開封してはいけません。その百ページは充分な一例になります」

その百ページを理解することさえ、奇妙な体験だ。とりわけ神秘家や彼らの奇妙な方法について何も知らない人々にとっては――。

今やグルジェフは、彼自身の弟子ウスペンスキーと競い合うことは、どうにもできなかった。ウスペンスキーの本はとても明快で、とても美しく書かれていて、とても詩的なので、私は彼の近くに来ている人を、彼の近くにいる人でさえ他に誰も見たことがない。カリール・ジブラーンはうまく書くし、ミハイル・ナイーミーもうまいが、ウスペンスキーの近くにさえ来ていない。

グルジェフは、ウスペンスキーが自分のワークをやり続けるだろう、と多大な望みを抱いていた。だがやり続けるどころか、彼は全くグルジェフに反する彼自身のスクールを開いた。そこでは何もかもが教えられていた。何もかもとは、それに付け加えることが不可能であり、その体系は完全で完璧だということだ。あなたは何も取り出すことはできず、何も入れることはできない。ウスペンスキーは偉大な教師だったが、マスターではなかった。彼は世界中で多くの人々に影響を及ぼした。何百万人もの人々が、ウスペンスキーを通してのみグルジェフを知るようになった。なんと奇妙な運命だろうか！　そして彼は、一貫してグルジェフに反対しようとしていた。

それは非常に難しかった。なぜなら彼の教え全体が、その男からの借りものだったからだ。だがそれには論理的な必要性があった。ウスペンスキーのすべての教えが、グルジェフからの借りものだとは誰にも思われないように、グルジェフに反対せざるを得なかった。

自分自身がマスターになるために、マスターを裏切ってその教えを利用したいと思う弟子なら誰でも、マスターに反対せざるを得ない。マスターについて嘘を作らざるを得ない、というのは実存的な必要性だ。当然それは、グルジェフを傷つけていた。それはただウスペンスキーだけではなかった。同じことをしていた人たちが他にも多くいた。何年もの間、グルジェフは彼らに働きかけていて、それからある日、彼らは彼の敵に変わった。そしてなぜグルジェフから去ったのかを正当化するために、彼らは嘘をでっちあげねばならなかった。グルジェフに関する偽りのイメージを作る必要があった。

ウスペンスキーには戦略があった。彼は言った。

「私がグルジェフと一緒にいた間は、彼は正しかったが、彼が道から外れてしまったのを私が見た時、私は彼の元を去った」

グルジェフは道から外れてしまった、だから弟子は立ち去った、というわけだ。その時点までグルジェフは正しかったし、どんな困難もなく彼の教えを使うことができた。だがその時点を超えると、彼にとってグルジェフは全く存在していなかった。

これは多くの弟子たちによってもそうされてきた。そして、もしグルジェフが大きな期待を持って働きかけていたなら、当然彼は傷つけられ、傷を受けた。彼は、自分は彼らのために生き、彼らのために死んだ、その彼らがこの人々だったとは信じられなかった。彼は自分の生涯を犠牲にしてきた、そしてこれがその人々だった——。だから彼は「教団は終わった、それは死んだ」と言ったのだ。

彼は自分の死後に、自分の教団がまた同じ方法で利用されることを恐れていた。

「教団が死んでいるのは、私が死んでいるからだ」

そして教団の死と自分の死を一緒に言うことが、彼の人生のすべての傷を表わしていた。

この声明は彼の生涯の声明だ。

「人は狡猾で臆病で当てにならず、偽善的だ——誰も信頼できない」

これが彼の生涯の体験だった。誰も信頼できない。彼は多くの人たちを信頼し、自分が持っていたすべてを与えたが、それでも彼らは何を返しただろうか？　感謝さえない。そして彼は他に何も要求していなかった。だが彼の人々は彼に何の尊敬も、感謝も、敬意も示さなかった。それどころか、大変な敵意、反対、彼を非難しているありとあらゆる作り話――。当然彼は失望した。

しかし私のアプローチは全く異なる。私はあなたを信頼するが、あなたの信頼に値する状態が理由ではない。さもなければ、同じことが私の体験になるだろう。私は自分の死が来るのを待つ必要はない。既に私は何年間も人々に働きかけてきて、彼らは非常に良く私に返礼してきた。私があなたを信頼するのは、私が疑うことができないからだ。だからあなたに重荷はない。あなたは私を裏切れるが、私を傷つけることはできない。私はあなたを信頼したが、あなたのためではなく私のためだ。そして私はまだ存在していて、同じままだ。

その違いを見てごらん。ある人を信頼することは二つの方法で可能だ。それは彼が信頼に値するから――その時そこには危険があり、危険を冒す恐れがある――またはあなたが信頼することを楽しむから、のどちらかだ。信頼に値しているか値していないかには、何の関連性もない。

次に、グルジェフとこれらすべての人々は、自分たちのワークを非常に深刻に受け取った。人間の変容、人間社会の変容と――彼らはそれをあまりにも真面目に受け取った。

そして人々が自分たちの真面目さに応えなかった時、彼らは人間について何かが基本的に間違っていると、彼に関して為し得ることは何もないと感じた。その時、大きな絶望が彼らの中に生じた。

それは私には起こり得ない。私は全く深刻ではないからだ。存在が人間または人間社会を変えるために、私に一定の責任を負わせたと思ってはいない。このすべてを思い悩むという私は、何様だろうか？

ある日、私はここにいなかった。社会はそこにあった、人間はそこにいた、存在はそこにあった――。いつか私はここにいないだろうから、それはその間のほんの数日間だ――。そして存在は、私にどんな仕事も与えなかった。なぜ深刻でいなければならないのだろう？　まさに私は遊び好きな人間だ。もし誰もが私を裏切るなら、私は最後に笑うだろう。私はその瞬間も楽しむだろう。私は自分自身にこう言うだろう。

「すばらしい！　私は遊ぶことが大好きだ。私はうまく遊んだ。そしてこれらの人々はよかった。彼らが私と一緒にい続けられる限り、彼らはうまくやり遂げ、続けてきた――困難な中で、問題を抱えた中で。彼らがそれはやりすぎていたことに気づいた時、彼らは自ら進んで去って行った」

たとえ私が一人にされても、私は失望しない。私は単にその瞬間を楽しむ、これが素晴らしい生であったことを――とても多くの季節、とても多くの変化、とても多くの人々、とても多くの愛、とても多くの信頼があったことを。そして私は後にどんな足跡も残すことなく、生から出て行く。私は自分の生を浪費してきたとは感じない。私は生きるために、愛するために、笑うために、それより良い方法が何かあり得るとは思わない。

J・クリシュナムルティは非常に深刻だった。彼がこれまでに微笑んだとは思えない。長い人生、九十年だ。

彼の名声は非常に早く、十三歳で始まった。だから本当に、彼はワークと失望の非常に長い人生を過ごしてきた。最も近しい人たちでさえ彼を裏切った。彼の生涯は単に一連の裏切りであるように見える。残っていた人々は、彼が何を話していたのかを決してうまく理解しないままだった。彼らは半世紀にわたって彼の話を聞いてきたが、それでも彼は、彼らの分厚いマインドを横切って彼らの存在に達することはできなかった。そして毎日――もし彼の人生を見るなら、最初彼は、人間は変わり得る、新しい人間が到着し得る、と非常に希望に満ちていて、とても興奮していた。

しかしだんだんにその希望は消え、その興奮はもはやそこになかった。そして彼は年を取るにつれて、より悲しくなった。二十年間、ただ彼の深刻さのために、彼は継続的に偏頭痛に苦しんだ。どんな医学も助けることができなかった、どの医師も――そしてすべての医師は彼に言った。

「あなたはご自身のすべての脳組織を、あまりにも多く痛めています。あなたはあまりにも深刻すぎます。くつろぐべきですね。あなたは御自身に、あまりにも多くの重荷を受け負ってきたのです」

時には彼の偏頭痛は、頭を壁にぶつけたいと思うほど酷かった。

話している間は、彼はほとんど叫び、大声を上げて、自分の頭を打っていた。なぜなら彼は理解できなかったからだ。あなたはそのような単純な事を理解できない、ということを。

たとえば彼は生涯、同じ事を説明していた。瞑想は行なうことはできない、それは起こることだ、ということを。彼は、行なうことと起こることの違いについて一時間話す。するとその時、ちょうど彼の前に座って熱心に耳を傾けていた誰かが立ち上がり、「どうやって瞑想をしたらいいのでしょうか?」と尋ねる。

私は物事全体を笑ったが、彼は自分の頭を打つだろう――深刻すぎる。そして死がより近づいて来た時、彼は自分の人生が失敗であったと今知ったことで、より深刻になっていた。彼は猛烈に、非常に熱心に働きかけた。彼のアプローチは非常に清浄で、非常に明白だった。彼の働きかける方法は非常に論理的で、非常に知的で、完全に同時代的だった。それは申し分のない価値ある生で――彼は完全主義者だった。

だが最後には、その手は空っぽになる。結果に関する限り、何も起こらなかった。まるで彼はここにいなかったかのようにだ。世界は進み続ける――古い決まりきった事を、古いわだちの上を。J・クリシュナムルティが誕生して、九十年間生きたからといって、あなたは変わってきたものを何か見るだろうか？　それはかすり傷さえ作っただろうか？　当然ながら、彼は同じ状態で死んだ。

これは何千人ものマスターたちに関する事情だった。人類が進化しないままでいるのは、人間に進化を求めることにおいて、彼らがとても深刻だからだ。そして当然、彼らは失敗する。

だが私は失敗することができない。なぜなら私は、人類が進化するかどうか、新しい人間が誕生するかどうかなど、全く関知していないからだ。私はこれらの考えを楽しみ、それらを人々に伝達することを楽しむ。そこでは私は完全に勝利者でいる。私はあなたが変わるまで勝利者でいることを待つ必要はない。それはあなたの勝利になるだろう。私の勝利は、私が伝達したかったものを伝達できたことにある。さて、あなたがそれで何をするかはあなたの自由だ。

私はそれを裏切りとは呼ばないし、それを反対とは呼ばない。そして私は、あなたの物事を嘘とは呼ばない。あなたがこれらの物事をするのを楽しんでいるなら、それは完全に良い——楽しみは良い。もし誰かが私に関する嘘を作って、それについて完全に幸福を感じているなら、なぜ彼は止めなければならないのだろう？　彼には私のすべての祝福がある。


インドでそれは起こった。ある男が私に反対する本を書き、彼はその校正刷を送ってきた。私はそれを調べた——それはすべてくだらないもの、嘘、証拠のない架空の話だった。それでも私は彼に私の祝福を送り、その本の最初のページにそれを印刷するようにと彼に告げた。彼には信じられなかった。彼はとても心を乱された。これは何という類の男だろうか？

彼は私から千マイル離れたバローダに住んでいたが、私に会うためにやって来た。彼は一度も私に会ったことがなかった。彼はただ、三流の俗悪な新聞と切抜きとゴシップ、噂を収集していただけで、それでどうにかして本を作った。そして彼は私に尋ねた。

「あなたは中身を見たのですか？　それとも単に祝福を送っただけなのですか？」

私は言った。「私は一語一語、目を通した。それはすべてデタラメだが、あなたはデタラメを集めるというとても大変な仕事をしてきた。あなたには祝福が必要だ」

彼は言った。「しかしあなたの祝福と一緒では、これは奇妙に見えます。私にはこの本がわかります。私が集めて書いていた間でさえ——。私の目的はお金を得ることです——この本はベストセラーになろうとしています——それでも今、あなたとあなたの反応を見て、私はたぶんこうすべきではなかったと感じています」

私は言った。「いや、続けなさい。この本を市場に流通させなさい。もっと集めなさい。なぜなら私が生きている間は、ますます多くの嘘がそこにあるだろうからだ、ますます多くのゴシップ、噂が——あなたは常にお金を得ることができる。これはよい方法だ。それは私にどんな害も及ぼしていない。そしてあなたが表紙のために選んだ写真は本当に美しい」

彼は言った。「何ということだ！　私はあなたが怒っていると、凶暴になっているだろうと思っていました」

私は言った。「なぜ怒らなければならないのだろう、なぜ私が凶暴にならなければならないのだろう？怒ったり凶暴になるには生は短すぎる。さらに私たちがどうにか喜びに満ちていられるなら、それは充分なものだ。私たちがどうにかして祝福できるなら、それで充分だ。あなたの行為はあなたの仕事だが、あなたはうまくやってきた。あなたの著作は良い。あなたが書いたものは馬鹿げているが、あなたが表現して提供した方法は本当に良い。そしてあなたは、ほとんど一年を私への奉仕に捧げてきた。私はあなたに支払うことはできないが、私の祝福を与えることはできる」

その本は私の祝福と共に出版され、その本に関する新聞紙上のすべての批判は、「ＯＳＨＯがそれを祝福するとは奇妙だ」と言及していた。まさにその単純な祝福が、本全体を打ち消している。

私のすべてのアプローチは異なる、それはこれまで一度も使われたことがないほど完全に異なっている。私は起こったことを、起こっていることをすべて楽しんでいる。おそらく明日には、私は追放されて逮捕されるだろうが、私はそれを楽しんできた。それからハシャは新しい場所を見つけなければならない。そこで私は再び追放され得る！　私たちは祝福されないまま、一つの国から離れるつもりはない。

実際、私は自分にとって失望するような状況を考えられない。あなたは私を許さなければならない。私は単にとても満たされていて、とても幸福で、とても中心が定まっているので、何も私に影響を及ぼすことはできない。そしてどんな新しい類の状況でも、本当に大きな刺激になる。どんな条件付けもなしに生きることは、自分たちがそうありたいようにあるための、完全な自由を持つ人々と共に生きることは、既に一つの変容になっている。すべての古いアプローチは失敗した。さて、私のアプローチに何が起こるのか見てみよう。

私に関する限り、私は失敗できない。なぜなら私は、あらゆる瞬間に生の精気《ジュース》を搾り出しているからだ。私は別の瞬間のためにそれを残すことはない。

見なければならないことは、何人の人々が私と同じくらい成功して、勝利者になれるかということだ。私は彼らにすべての手がかりを与えている。今やそれは彼らの問題だ。もし彼らが失敗するなら、彼らは失望するに違いない。なぜ私が失望しなければならないのだろう？　彼らが成功するなら、彼らは喜ぶに違いない。私は彼らの喜びに参加はできるが、私を失望させる方法は全くない。

ちょっとグルジェフ、クリシュナムルティ、そして他の人たちの部類から私を除外しなさい。

質問二

私はとても長い間、お金についてあなたに質問を書こうとしてきました。その問題はとても複雑で、私はそれを紙の上に表わすことさえできません。それは友情、自己イメージ、誠実、信頼、知性、同一化、手放すこと、しがみつくこと、罪悪感、関係性、そして最も重要な、私の弟子であることに関係しています。どうか、その問題と答えで私を助けてください。

お金は奇妙な物だ。

もしあなたがそれを持っていないなら、それは単純な問題だ――あなたはそれを持っていない。複雑さは全くない。

だがあなたがそれを持っているなら、それは確かに複雑さを作り出す。

お金が作る最大の問題の一つは、あなたが愛されているのか、それともお金が愛されているのか、あなたが望ましい人なのか、あなたのお金が望ましい物なのかどうかが、あなたには決してわからないということだ。そして理解することはとても難しいので、人はお金を持たない方を好んできた。少なくとも生は単純であった。

ほんの数日前、ハシャがアリストテレス・オナシスの娘について私に話していた。オナシスが生きていた頃、たぶん十年前だが、私は彼女の写真を見たのを覚えている。彼女は美しく、均整のとれた、魅力的な若い女の子だった。だがオナシスは死んで、多くのお金と共に彼女を後に残し、それは彼女に対して地獄を作り出した。それ以来、彼女は三回結婚した。そしてそれぞれの結婚が失敗したのは、彼女がその人は彼女ではなく、彼女のお金を愛していると思ったからだ。

そしてこれはまさに最初から始まっている。結婚の日は、本当は離婚の日だ。

結婚の日に、彼女はその人から、彼は彼女のお金を受け取らないという保証書を、法廷の前で法的文書を受け取る。離婚する場合には彼はお金を要求しない。さてあなたは、彼女のお金にではなく彼女に興味があり、離婚する場合にはあなたはお金を要求しない、という文書の法廷への提出を最初の日に女性から求められたら、その結婚に価値があると思えるだろうか？　離婚は既に起こっていた。

四番目の結婚で、彼女はもっと面倒な事に巻き込まれた。私が四番目の結婚を説明する前に、その傍で起こった他のことを言わなければならない。彼女はより太り、より醜くなった。まるで自分の心理の深い底で「あなたは、私が美しいか醜いか、スタイルが良いか太っているかにかかわらず、私を愛しています。あなたは私のお金を愛していません」と証明したかったかのようにだ。

そして、彼女は今やとても醜くなったので、写真家や報道機関を避けている。彼女は隠れていて、自分の写真を撮られることを望んでいない。たぶんそれは、自分は愛されているのか、それとも彼女のお金が愛されているのかどうかが、彼女には確かでなかったからだ。そして九分通り、彼女と一緒にいた人々は、彼女のためにではなくお金のためだった。彼女は愛を受け取らなかった。その証拠は、彼女があまりにも多く食べ始めたことだ。もし愛されているなら、愛にとても満ちていて、愛でとても満たされているので、あまりにも多く食べ過ぎることはない。

私はインドを旅していて、違う家族の所に泊まっていた。そして私は、私に同じ事を話した少なくとも三人の女性に出会った。それは、私が彼女たちの家に滞在している間は、彼女たちは食べることができない、ということだ。初めてこれを聞かされた時、私は言った。

「これは奇妙だ。なぜあなた方は食べることができないのだ？」

彼女たちは言った。「よくわかりませんが、私たちは空腹だとも感じていません。私たちはこれまで感じたものよりもっと幸せでいるために、完全に気分よく感じています。あなたが三日間居ると、私たちは食べることができません。そして私たちは、あなたが三日間この街に戻る時を、再び丸一年待っています。それらの三日間は美しい思い出になります」

私が別の女性に、それからもう一人の女性に言われた時——私はその事実を調べなければならなかった。どうなっているのだろう？　彼女たちはとても愛されたと感じていて、彼女たちは途方もなく私を愛していたので、どんな食べ物も全く必要なかったのだ。まるで愛が充分な栄養であったかのように。そして三日後、彼女たちは空腹そうには見えず、飢えているようではなかった。この三人の中の一人はジャイナ教徒の女性であり、彼女は、「今私は、真の断食はどうあるべきなのかがわかります」と言った。彼女はほぼ十年間、断食してきた。毎年十日間の長い断食を、だ。

ジャイナ教徒の伝統で、非常に正統的なジャイナ教徒たちは、毎年雨期に十日間断食をする。ほぼ十年間、毎年十日間の断食をしていたこの女性は私に言った。

「今私は、それは断食ではなかったこと、単なる飢えだったことがわかりました。なぜなら私は食べ物、食べ物、食べ物ばかりを絶えず考えていたからです。飢えのせいで夜眠れませんでした。わずかな瞬間、または数時間眠りに就いても、食べ物の夢を見ていました。食べ物について考えていて、食べ物の夢を見ていました。食べ物以外に、私の中には何もありませんでした。あなたが私の家に滞在していた三日間で、断食とは何かがわかりました。私は食べ物について決して少しも考えていません。何の飢えも感じないことは、ただ自然に生じてきます。私はとても満たされたと感じています」

オナシスの莫大な富は、かわいそうな女の子に対して地獄を、自分は愛されていないという感覚を作り出した。そして彼女に話すことができた私のような人間と接触しないことで――。問題は、あなたは愛されるべきだ、ということではない。問題は、あなたは愛するべきだ、ということだ。他人があなたを愛する理由について、なぜ悩まされるのだ？　あなたはなぜ他人を愛するのかについて、これまでに考えたことがあるだろうか？　何のために？　するとあなたはその状況を理解するだろう。たぶんそれは彼の髪が理由だろうか？　それならあなたはその人を愛していない。たぶん彼の目が理由だろうか？　それならあなたはその人を愛していない。

たぶん彼の鼻が理由だろうか？　それならあなたはその人を愛していない。もしあなたに何らかの愛する理由があるなら、あなたはその人を愛していない。ではなぜお金について、それほど多く騒ぎ立てるのだろう？

あなたは愛するべきだし、愛されるべきだし、お金のせいでもっと愛されるに違いない。それについて何も間違いはない。あなたは他のどんな女性にもない、より以上の何かを持っている。さもなければ、それぞれの物事は問題を引き起こし始めるだろう。あなたは美しい顔をしている、だからこの男は愛している――彼はあなたを愛していない。もしあなたが痘痕のある顔をしていたなら、この男はあなたを愛さないだろう。あなたに目があるので、この男はあなたを愛している。あなたが盲目だったら、この男はあなたを愛さないだろう。その時あなたは自分自身に不要な問題を作る。この男は確かにあなたを、あなたの全体性をもって愛している。そしてお金はあなたの一部だ。なぜそれを別々にするのだろう？

あなたはお金持ちだ、ちょうど誰かが美しいように。あなたは、ちょうど誰かがダンサーであるようにお金持ちだ。だがダンサーは、「あなたは私を愛しているのですか？　それとも私のダンスを愛しているのですか？」とは質問しないだろう。もし彼女がその質問をしたら、彼女は面倒な目に遭うだろう。

四度目の結婚で、オナシスの娘は金持ちの男を見つけた。ただ「彼自身がとても金持ちなので、彼は私を愛するでしょう。彼は私の富を愛さないでしょう。彼自身は優れた実業家です」と安心して――。そしてこれが理由で、彼女は結婚の後に法廷に行って、離婚の場合にお金を要求しないという証明書をその男から受け取る儀式を繰り返さなかった。その男がとても金持ちであるのを見ると、それを求めることは不合理に見えた。だがこの男は本当にずる賢いことが判明した。そして証明書が全くなかったので彼は彼女と離婚し、彼女の財産のほぼ半分を持ち去っていった。

今、大きな喜びであり得たお金のようなものは、計り知れない苦悶になることがわかった。

だがそれはお金ではない、それはあなたのマインドだ。お金は役に立つ。お金を持つことに罪はない。罪悪感を持つ必要は全くない。でなければ誰もが罪悪感を持つべきだ。私は罪悪感を持ち始めるべきだ。「光明を得ていないとても多くの、何百万もの人々がいる時に、なぜ私は光明を得ているのだろう？私は自殺しなければならない。なぜなら世界は、光明を得ていない人々でいっぱいでありながら、私は光明を得たために非常に利己的であるに違いないからだ」

私はあなたに、「なぜあなたは私を愛するのだ？　あなたは私を愛しているのか？　それとも私の光明を愛しているのだろうか？　もしあなたが私の光明を愛しているなら、その時は終わりだ！　それならあなたは私を愛していない」とは尋ねない。

だが、なぜこれらの分割を作り出すのだろう？　これがマインドが惨めさを作り出す方法だ。あなたはお金を持っている、それを楽しみなさい！　そしてもし誰かがあなたを愛しているなら、この問題を提出してはいけない。それはあなたが、その人を本当に悪い状況に引き込んでいるからだ。もし彼があなたを愛していると言うと、あなたは信じようとはしない。彼があなたのお金を愛していると言うなら、あなたは信じようとする。だが、もし彼があなたのお金を愛しているなら、事の全体は終わりだ。心の底であなたは、彼はあなたのお金を愛しているのであって、あなたではない、と疑い続けるだろう。しかしそこに何も間違いはない。お金はあなたのものだ。ちょうど鼻があなたのものであり、目があなたのものであり、髪の毛があなたのものであるようにだ。この男はあなたを、あなたの全体性をもって愛している。お金もまたあなたの一部だ。それを別々にしてはいけない。それなら問題は全くない。

できるだけ、複雑さと問題を少なくして生を生きようとしてごらん。それはあなたの手の中にある。私たちは不要な問題を作り続ける。少なくとも私と一緒にいることで、あなたは、すべての問題は作られていることを、現実の問題は全くないということを学ぶべきだ。

この質問はアヴィルバヴァからだ。彼女は生涯この問題に、それも全く不必要に苦しんできた。あなたのお金はあなたの人生をより豊かに、より愛らしくすべきであり、この問題はそれを難しくしている。

誰かがあなたを愛し始める時はいつでも、あなたはお金について絶えず考えている。

「この人は私にではなく、お金に興味を持っている」

たとえ彼がお金に興味を持っていたとしても——誰がお金に興味を持っていないだろう？　彼はありふれた人間だ。仏教の僧侶ではない。彼はお金に興味がある。だがこれは、彼はあなたに興味を持っていないという意味ではない。あなたはただの女性ではなくお金持ちの女性であるので、彼はあなたにもっと興味を持っている。その考えを楽しみなさい。この問題を永久に落としなさい。

質問三
あなたの蝋燭からどうやって光をつかんだらいいのですか？

ほんの少し近くに来なさい。人々は、特に私のような人により近づくことを恐れている。その恐れとは、私により近づくことで、彼らは溶解するかもしれないことだ。私により近づくことで、消えるかもしれない。だから彼らは一定の距離を保ち、ここまでだけは来る。それで彼らは彼ら自身のままでいられる。もしその時が来て、彼らのマインドが立ち去ることを決めるなら、彼らはそうすることができる。

だが、もしあなたが本当に近くに来るなら、それはあなたが完全な飛躍を、量子的飛躍をしたという意味だ。今や去ることはない。今や去る可能性は全くない。今、あなたは溶けていて、未知の中に溶解している。人々は近くに来るが、ここまでだけなので、もし逃げたいならそうすることができる。彼らが望むなら、背中を向けることができる。

あなたは「ヒッピー *hippie*」という言葉の意味を知っているだろうか？ それは単にあなたの尻 *hips* を見せる、背中を向ける、という意味だ。ヒッピーとは世界に、その問題に、その挑戦に自分の背中を向けている人だ。彼は逃げている、逃避している。

私の近くに来ることで——あなたがいる限り止まってはいけない、その時だけ、あなたの蝋燭は灯されるだろう。

これが蝋燭の美しさだ。あなたはこの部屋に一本の蝋燭を灯すことができる、またはこの部屋に千本の蝋燭を灯すことができる。蝋燭は千本であるかもしれないが、光は一つだ。だから弟子がマスターのあまりにも近くに来る時は、蝋燭は二本のままだが、光は一つになる。炎は二つのままだ。だから私は表面上矛盾した声明をしなければならない。あなたがマスターの中に溶解する時、初めてあなたはいなくなり、初めてあなたはある、という声明を。あなたはあなたの古い自己ではなく、今あなたには新しい個性がある。あなたが失ったものは、決してあなたのものではなかった。あなたが得たものは常にあなたのものだったが、偽りのもので覆われていた。

灯された二本の蝋燭は、部屋にたった一つの光を作り出すだろう。二千本であってもいいし、二百万本であってもいい。それはどんな違いも生じないだろうし、光は一つであるだろう。

だからある意味では、彼らはみんな個人であるだろうし、ある意味では、彼らはみんな大洋の存在の一部であるだろう。

第30章

古いワインのための新しい瓶

New Bottles for the Old Wine

質問一

先日の夜、あなたはミステリー・スクールについて話されました。その瞬間、私はピタゴラスについて考えました。あなたが再び話し始めて以来、私は彼についての質問をしたかったのです。彼の名前はしばしば私のところにやって来ます。

私が愛している彼の教えの主要な部分は三つのP、準備 *preparation*、浄化 *purification*、完成 *perfection* です。再びそれらについて話していただけますか?

ピタゴラスは、大西洋に消えた文明と私たちが生きている文明を、東洋と西洋を結びつける者だ。そのため彼には彼独自の意義がある。

彼は真実の断片を探すために、ほとんどすべての人生を旅に費やした。その時間のほとんどをエジプトで、アレクサンドリアで過ごした。その頃、アレクサンドリアには全世界で最大の図書館があり、特にそこには、失われたアトランティス文明で作られた意識のすべての発見を含む聖典があった。アトランティスのすべての文明は、大陸全体と一緒に大西洋に沈んだ。大西洋 *Atlantic* という名前は、その中に沈んだアトランティス大陸 *Atlantis* から来ている。それについて手に入れられる唯一の断片的な知識がアレクサンドリアにあり、おそらくピタゴラスがそれらの聖典を調べることに非常に誠実で、知性的で、創意に富んでいた最初で最後の人だっただろう。

その図書館はもはや存在していないので、私たちがアトランティスについて知ることは何でも、ピタゴラスを通して知ることになる。その図書館はイスラム教徒によって破壊された。それを破壊した男マハムード・ガズナヴィは、インド、アフガニスタン、エジプトで多くの美しい物を破壊した。

しかし最も貴重なものは、意識の頂点に達したその文明全体に関するあらゆるものを含んでいた広大な図書館だった。この男が図書館を破壊したその日、彼は一方の手にコーラン・シャリフを持ち、もう一方に燃えている松明を持って図書館に入り、そして博学な図書館員に尋ねた。

「よく聞け。お前の図書館の存亡はお前の答え次第だ。私の最初の質問は、お前の図書館の中には神聖なコーランに反するものがあるのか？だ。そして二番目の質問は、もし神聖なコーランに反するものが何もないなら、神聖なコーランだけで充分だ。なぜこの大きな図書館に気を遣うのだ？」

図書館員は窮地に陥ったに違いない。彼が言うことは何であれ危険だろう。もし彼が、コーランの中にない多くのものが図書館の中にあると言うなら、マハムードは図書館を燃やそうとする。なぜならコーランの中にないものは真実ではないから、コーランはすべての、そして究極の真実を含んでいるからだ。そして彼が、図書館にあるすべてはコーランの中に概ね、本質的に含まれていると言うなら、その時も彼は「それならそれは無駄だ。コーランにはそのすべてがある」と言って図書館を燃やそうとする。そして図書館は、あなたが想像もできないほど莫大で巨大だった——。彼はそれを燃やし、火は六ヵ月間続いた。六ヵ月間、継続的に本は燃えていた。おそらく人類の最も偉大な宝物が破壊されたのだ。

ピタゴラスは、何年もの間その図書館で勉強した。彼はギリシャ人だったが、ギリシャそれ自体がただの詭弁でしかないことに気づいた。詭弁 *sophistry* は、醜い何かだ。それは知恵を意味する「ソフィア *sophia*」という非常に美しい言葉から来ているが、詭弁はただの知恵の見せかけに過ぎない。そしてギリシャ全体は、詭弁にとても興味を持っていた。国中を動いて人々に教えている詭弁家《ソフィスト》の教師たちがいて、その詭弁の基本的な教えは、真実はない、というものだった。それは、すべてのより良い議論に関する問題だ。真実は、そのようなものとしては存在しない。それは誤った考えだ。

二人の人が議論する時、誰であれ議論の上手い人に真実があるように思えるが、それは本当により優れた議論だが、それ以外の何ものでもない。

彼らの教えは、あなたに議論するためのあらゆる方法を与えることであり、あなたを偉大な議論家にすることだった。するとあなたは、あらゆる側面から議論ができる——それは問題ではない。真実が存在しない時、あなたがどんな側面から議論するのかは重要ではない。それは都合のよさの問題だ。どの側面が、あなたを勝利者と宣言することになるのだろうか？　どの見方のために、あなたはより多くの議論をするのだろうか？

詭弁という名前は消えてしまったとはいえ、私は詭弁に興味を持っていた。ソクラテスはそれを壊すことを目的にしていた。彼は、真実はある、議論は真実を証明しない、議論はただ真実を発見するだけだ、と強調した。議論は真実を反証することもない。議論は真実の発見を防げるくらいのことはできる。たった一人の男、ソクラテスは、何百年も古い詭弁のすべての伝統を破壊した。しかしそれは水面下で広がり続けた。私はそれを神学者たちの中に、宗教的哲学者たちの中に、政治的なイデオロギーの中に見る。彼らは真実には関心がなく、唯一の関心は、ただ非常にしっかりした議論をすることだけにある。

一つの物語がある。一人の非常に有名な詭弁家《ソフィスト》の教師、ゼノン——彼は単なる詭弁家ではなかった。彼は天才だった。詭弁が一般に行なわれていたため、彼の才能が詭弁と関連付けられたことは不運だ。彼にお金を支払えば、彼は何でも、世界のどんなことでも証明することができる。あなたはただそれを言うだけで、彼はそれに値段を付ける。彼は、論理学者が二千年後の現在でさえ反証できなかった奇妙な物事を証明した。彼が証明したものは、何でもすべての常識に反している。だが論理は議論に従い、そして彼の議論はとても素晴らしく、とても改良されている。

たとえば、あなたが矢で鳥を殺す時、矢は全く動かない、と彼は言う。これは不合理だ。なぜならもし矢が全く動かないなら、どうやって鳥に届くのだろう？　あなたの弓から鳥までは距離がある。矢はそこに届いて鳥は殺される。そこには証拠がある。この質問はある王によってされた、ゼノンはこれを証明できないだろうと思ってだ――。もしゼノンが、矢は動かないということを証明したら、王はどんな金額でも与える用意ができていた。

ゼノンは矢が動かないことを証明した。そして現在に至っても、彼に反証する方法は全くない。彼の議論は、動きのためには、矢は一の地点から二の地点へ、三の地点へ、四の地点へと行かなければならない、明らかにそれは一つの場所から別の場所に動かなければならない、その時にだけそれは鳥に達するだろう、というものだ。

AからBへ、または一から二へ動くためには、それはAとBの間の通路を通過しなければならない。それはAからBへと単純に達することはできないので、二つの間に別の地点を作らなければならない。だから二つの地点があった所に、今は三つの地点がある。するとあなたは困難に陥ることになる。今、彼は三つの地点だけでなく、五つの地点に達しなければならない。なぜならこれらの二つの間隔《ギャップ》があるからだ。これは成長し続ける。これらの二つの間隔を埋めるなら、そこには五つの地点があり、間隔がある。

そしてあなたは際限なく埋め続ける――。矢は決して鳥に達しないだろう。

議論は非常にしっかりしている。彼が言うことは意味をなしている――だがそれは完全に馬鹿げている。矢は飛んで行って鳥を殺す。

ゼノンは矢や鳥には興味を持っていない。彼は「私の議論は、何も動かない、何も動くことはできない、世界に動きはない、ということを証明する」と言う。

こんな種類の人々がギリシャ中にいた。彼らはマインドを支配し、絶えず討論していた。ピタゴラスは、この種の愚かなゲームには全く興味がなかった。それはあなたの知性を鋭くするが、それはあなたをどんな真実にも、どんな発見にも、どんな実現にも導かない。そして最も偉大なソフィストたちでさえ、面倒な事に陥っていた。なぜならゼノン自身が――現実に反しているが反証され得なかった多くの議論をした者が――彼自身の生徒に敗れたからだ。

これは日常的なことだった。彼はとても自信に満ちていて、自信を持つほどの非凡な才能があったので、最初に授業料の半分を受け取り、残りの半分は学生が最初の議論に勝った時に受け取ったものだった。この学生は奇妙だった。彼は半分の授業料を払ったが、彼はゼノンに、自分は決して残りの半分を払わないと言った。ゼノンは「どうしてだ?」と言った。

彼は言った。「私は決して議論するつもりはありません! 私は議論せずに敗北を受け入れます。私は自分が持つすべてを失うかもしれませんが、あなたに授業料の残り半分を払うつもりはありません」

ゼノンは待った。だがその男は天気についてさえ話さなかった。なぜなら何らかの議論が始まるかもしれないし、面倒な事があるかもしれないからだ。そして彼は「あなたは偉大な論理学者かもしれませんが、あなたより優れた論理があり得ます」ということをゼノンに教えるために、授業料を支払わないことを固く決心していた。

だがゼノンは、静かに座るつもりはなかった。彼は学生に反対して法廷に「彼は授業料の半分を支払いませんでした」という訴訟を持ち込んだ。彼の考えでは、もし彼が訴訟に勝つなら、「授業料を支払うことをその学生に強制してください」と法廷に伝えるつもりだった。彼が敗訴しても害はない。法廷の外で彼は学生をつかまえてこう言うだろう。「君は最初の議論に勝った。私への報酬がある！」。だから彼が勝とうが負けようが、彼は授業料の半分を得ることになる。

しかし彼は、自分のすべてのテクニックと議論を知っていたのが彼自身の生徒であったことを忘れていた。

反対の立場から学生は考えていた。「結構です。もし法廷で私が勝つなら、この人は法廷の外で私を悩ませるべきではない、なぜならそれは法廷侮辱罪だからだ、と私は法廷に上訴するでしょう。そして私が敗訴しても、問題は全くありません。外で私はゼノンをつかまえて、『マスター、私は自分の最初の議論を忘れてしまいました。あなたは報酬を得ることができません』と言うでしょう」

ギリシャのすべての天才たちはそういうものに、そんな雰囲気に関係していた。ピタゴラスは非常に独特だ。彼はギリシャから出て行った。そこは適切な場所ではなかった。人々は単に議論ばかりしていたが、誰も意識を発展させることに関わっていなかった。彼はインドに来ていた。途中、彼はアレクサンドリアの図書館に数年滞在し、失われたアトランティス大陸に関する知識を手に入れた。

私たちにはその証拠しかない。他の証拠は存在しない。最近、科学者がその問題を調査し始めはしたが――。彼らが大西洋で発見してきたものは、そこに偉大な文明があったに違いないことをほのめかしている。都市全体がそこに沈んだということを。大陸全体は、完全に大洋の中に沈んでいった。そのような変化は地球上で起こる。新しい島が現れ、新しい山が現れる。

ヒマラヤは新しい山脈だ――最も新しい。リグ・ヴェーダが書かれた時、ヒマラヤはそこになかった。それはリグ・ヴェーダがそのような美しい山に、最も高くて最も華々しいものに言及しないことなどあり得ないからだ。しかしリグ・ヴェーダには、それらについての言及は全くない。そしてリグ・ヴェーダを書いた人々は、モンゴルからやって来た。確かに途中には山がなかった。さもなければ、ヒマラヤを越えてインドに来ることは不可能だっただろう。今日でさえ、ヒマラヤを越えられる所はたった二つしかない。さもなければそれは越えられない。変化は地球上で起こり続けている。

ピタゴラスはインドに到着した。だが彼は再び捕らえられた――仏教的な雰囲気にだ。それはとても現実味があった。ブッダは死んだが、国全体は躍動していた。彼の影響、衝撃は非常に深かった。ピタゴラスがインドに到着した頃、彼が学んだものは何であれ仏教大学で学んだものだ。あなたは仏教大学が世界で最古の大学であることを知って驚くだろう。オックスフォードはわずか千年にすぎない。ナーランダ仏教大学とタクシーラ仏教大学は、二千三百年前に存在していた。それらは両方ともヒンドゥー教徒とイスラム教徒によって破壊された。

しかしそれは稀な大学だった。それらは言葉の真の意味するものを成し遂げていた。誰でも大学にいることを許されたわけではなかった。大学構内の外に、人々が準備のために暮らせる場所があった。その門の門番は普通の人々ではなく、まさにその資格を持った仏教の比丘たちであり、彼らは門で人々に試験をしなければならなかった。その試験に合格すれば、大学構内に立ち入ることができた。そうしなければ、そこに入ることさえ不可能だった。ただそれを見ることさえ可能ではなかった。それはそれほど神聖だった。知恵はそれほど神聖に考えられていた。それはあらゆる人のものではなく、自分たちの生涯を探求に注ぎ込むことができた人々だけのものだった。

これらの三つのP――浄化 *Purification*、準備 *Preparation*、完成 *Perfection* ――は、仏教の知恵の源泉から来ている。もちろんピタゴラスは、彼にはギリシャ人のマインドがあったので、それらをより論理的に、より体系的にした。しかし、それらの言葉は本当に重要だ。

準備とは、言葉から成る試験や筆記試験の準備をするという意味ではない。準備とは実存的な試験の準備をするという意味だ。それは、瞑想の中へより深く入って行くという意味だ。瞑想的でない限り、それらの大学には入れなかった。それらの構内は大きかった。タクシーラには一万人の学者がいて、ナーランダには一万二千人の学者がいた。今日でさえ最大の大学にはそれより多くの人数はいない。それに彼らの質は非常に平凡だ。学生は簡単に学校の試験に合格して、それで入る用意ができる。どんな実存的な準備も必要ではない。

準備とは、すべての条件付けを落として偏見を捨て、自分は知っているとか知らないとか思っていることを落とすという意味だ。あなたは可能な限り無垢になる。

あなたの無垢がその準備になる。それはあなたが大学構内に入るのを許すだろう。

次は浄化だ――。準備において、あなたは社会から与えられた条件付けを落とし、周囲から与えられたか、またはあなたが取り入れた偏見を落とす。それは何らかの方法で借りた知識だった。あなたは子供のように進む。だが子供でさえ純粋ではない。それは理解すべき非常に重要なことだ。人々は、子供が純粋なのは当然のことだと思い込むからだ。

彼は確かに無垢だが、その無垢は無知に等しい。そして無垢の後ろにはすべての感情――怒り、憎悪、貪欲さ、嫉妬がある。あなたは子供が非常に嫉妬深いのを見ることができる。もしある子供が人形を持っていると別の子供はとても嫉妬するので、争い始めるだろう。ある子供が何かを持っていると、他の子供もそれが欲しくなる。彼らは非常に競争的だ。家族の中でさえ子供には序列がある。そして彼らは他の者より高くあるために絶えず争っている。為すべき必要があるものは何でも――もし従順でいれば家族の中でより愛されるのなら、彼らは従順でいようとするだろう。しかし彼らは従順でいることに従っているのではない。実は力の策略を試みているのだ。

だから準備とは、単に社会がマインドに加えた層を取り除くものだ。しかしあなたは誕生と共に、性質に多くの醜い本能をもたらしたので、浄化が必要になる。


競争が無意味であることを理解しなければならない。深く瞑想して、自分は他の誰かのようではないことを、認めることだ。そして競争は似通った人々の間だけであり得るもので、誰も似ていないし、誰もが独特だ。

ひとたび競争的なマインドが消えたら、多くの物事があなたの中で変わる。その時あなたは、嫉妬深くない。もし誰かが美しい顔をしていて、誰かがより多くのお金があり、誰かがより力強い肉体を持っていても、あなたは少数の木は高く、少数の木は小さいという事実を簡単に受け入れる。しかし存在はそれらをすべて受け入れている。

競争的であることの消滅は、貪欲さを取り除くのを助けたりもするだろう。人々は蓄積し続ける。彼らはあなたより多くのお金があり、あなたより優れたあらゆるものを持って、あなたより良い地位に就きたいと望む。そして彼らの生涯はそれに浪費される。

浄化はほとんど理解の火を通過していて、その中で本能的で醜いものはすべて燃え尽きる。そして醜いものだけが燃えるというのは偉大な体験だ。それは美しい開花だ。浄化においてあなたは憎しみのすべての痕跡を失い、その代わりに、突然愛の泉が湧き出す。まるで憎しみの岩がその泉を妨げていたかのように。
いったん残酷さが――そして子供は非常に残酷だ。彼らは天使だという考えは全く愚かだ。

彼らは非常に残酷だ。彼らは犬を叩くだろう。彼らは猫を叩くだろう。通り過ぎる小さな昆虫――そして子供は理由もなく簡単にそれを殺すだろう。彼はただ破壊を楽しむ。彼の中には破壊性がある。いったんそれがなくなると創造性が生じる。

だから浄化は準備よりも深い瞑想になる。準備は非常に単純だったが、浄化は瞑想――最も深い可能性の中へより深く入るので、人間に値しないあらゆるものは変容される。すべてはその――憎悪、嫉妬、貪欲さの中にエネルギーがある。これらの物事が変化すると、そのエネルギーは浄化された形で利用できるようになる。それらは変容できる。貪欲さは同情に、分かち合うことに変容できる。憎しみは愛に変容できる。あらゆるものが、あなたのハートを庭園にさせる何かに変わるだろう。

そして浄化が完全で、全く完全で、あなたの存在のどんな片隅も暗闇の中に残っていない時、すべては軽くて良い香りを持ち、新鮮になる――。私たちが目覚めた人、光明を得た人と呼んだものを、ピタゴラスは完成と呼ぶ。完成した人、それは全く異なる名前だ。

最初の二つをしなければならない。三番目はそれの究極の結果だ。これらの三つの単純な言葉で、彼は人間の変容のすべての錬金術を要約した。

ピタゴラスは、ギリシャが世界に与えた最も重要な人々のひとりだ。だがとても奇妙なことに、ギリシャが世界に与えた最も優れた天才すべてに関しては、あまり何も語られていない。ピタゴラス、ソクラテス、ヘラクレイトス、エピクロス――これらが語られるべき人たちだ。だがその代わりに、大学ではプラトンが研究され、アリストテレスが研究されている。

プラトンは単なる記録保存者に過ぎない。彼には彼独自の考えは何一つない！　彼はソクラテスの忠実な恋人であり、ソクラテスが言うことは何であれ記録し続け、書き続ける。ソクラテスは何も書かなかった。ちょうど、どの偉大なマスターもこれまで何も書いてこなかったように。そしてプラトンは確かに優れた作家だ。たぶん、ソクラテスはそれほど美しく文章を書けなかったのかもしれない。

プラトンはソクラテスの教えをできるだけ美しくしたが、彼自身は何者でもなかった。現在、同じ仕事はテープレコーダでできる。そしてアリストテレスは単なる知識人にすぎず、存在についての理解もなく、それを探求したいという願望さえない。このような人々が大学で教えられている。


私は教授との絶え間ない争いの中にいた。彼らがプラトンを教え始めた時、私はこう言った。

「これは全く馬鹿げています。プラトンには、彼自身に関して言うべきものが何もないからです。ソクラテスについて教える方がまだましです」

プラトンは参照することができる――彼はそれをすべて編集した。しかし、ソクラテスの名前はほとんど虚構になっていて、プラトンが現実になってきた。ちょうど私が昨晩あなたに、ウスペンスキーがマスターになったのは、彼が本を、美しい本を書いたからだ、と言っていたようにだ。いつかグルジェフは忘れられるだろう――彼は既に忘れられている――そしてウスペンスキーは、何世紀にも渡って思い出されるだろう。遅かれ早かれ、彼が書いたものは彼自身の考えであると思われるだろう。そのどれも彼自身の考えではない。

ピタゴラスは、世界のどんな大学にも全く気に留められていない。彼が型にはまった学者ではないという簡単な理由のために。彼は独特な探求者であり、彼はどこにでも行く用意があった。

彼は、生涯旅をした――少しの一瞥を見たかもしれない人々や、彼に何かを分け与えられるかもしれない人々を見つけるために。彼は断片を収集していて、美しく管理した。

しかし、ギリシャ人たちが彼について語らないのは、彼がギリシャ哲学について話していないからだ。

彼はアレクサンドリアから、ナーランダから、タクシーラから外来思想を、奇妙な思想をもたらしている。彼はほとんどギリシャ人ではない。彼らは彼がもたらしたものに関心がないが、彼がもたらしているものは、ギリシャ人やインド人やエジプト人に何の関係もない。彼は無視されている。彼は最も重要な人間たちの一人だが、完全に無視されている。

同じことがディオゲネスに起こった。彼が無視されているのは、彼がギリシャ人にとっては恥ずかしく見えるからだ。そして彼は非常に独特だ——考えにおいてだけでなく生においても。彼の行為あらゆることにおいて、独特で非常に誠実だ。途方もなく勇気があり、アレキサンダー大王に次のように言うことのできた人だ。

「あなたは愚か者のように振る舞っている。世界を征服するというまさにその考えが馬鹿げている。何のためにあなたは世界を征服したいのだ？　その後、あなたは何をするのだろうか」

彼は言った。「その後？　私はくつろいで楽しむつもりだ」

するとディオゲネスは自分の犬を見た。彼らは友人で、一緒に住んでいた。それで彼は犬に言った。「聞いたか？　彼は世界を征服した後、くつろいで楽しむことを計画しているそうだ。そして俺たちはたった今、何も征服せずに楽しんでいる！　なぜそんなに多くの面倒な事を扱うのだろう？」

アレキサンダーに「あなたは愚か者のように振る舞っている」と言える裸の男は、根性《ガッツ》があったに違いない。アレキサンダーはそれを認めざるを得なかった。そしてディオゲネスは途方もない力を持った、優れた知性の人だった。アレキサンダーはそれを認めなければならなかった——自分はディオゲネスのような質を持つ人間とは決して出会ったことがない、ということを。

だが、ギリシャ人は避け続ける。彼らがエピクロスとの関係を断った同じ方法で——。それは非常に奇妙だが、おそらくこれが人類が最も偉大な息子たちに振る舞う人類の方法なのだろう。つまり、彼らを無視すること、彼らにどんな注意も払わないことが――。

しかしこれらすべての中で、ピタゴラスはブッダを創造するための完全な体系を作り上げた。彼自身が光明を得た人になった。それは、ただ理論的なだけではなかった。彼がギリシャに戻った時、彼はギリシャを去った同じピタゴラスではなかった。彼は新しい人間だった。それが最大の困難の一つだった――彼自身の国は彼を認めなかった、ということだ。実のところ、彼らには光明、目覚め、仏性《ブッダフッド》という区分が全くなかった。では、ピタゴラスをどこに帰属させたらいいのだろう？

その区分は彼らのマインドの中に全く存在しないので、彼は分類されないままだった。二千年間、誰も彼について述べてこなかった。

私はこの独特な個人の、偉大な天才的才能と認識について述べた最初の人間だ。彼はあなたがインドの聖典の中に見出すよりも、完全な提示の方法を持っている。なぜならインドの聖典はより詩的だからだ。そして何といっても彼はギリシャ人だ！　非常に論理的で、非常に科学的だ。

質問二

あなたはご自身の矛盾ゆえに有名です。

しかし、あなたはご自身がそうあるものである、という最も力強い確証の一つは、あなたが数十年に渡って世間一般や後世の人々に対して自発的に話された何百万ものすべての言葉に関しては、本当に、決してあなた自身とは全く少しも矛盾していなかった、ということです。

その通りだ！

私は自分自身とは決して矛盾したことがない。私はそうすることができない。そもそも私は、自分が以前話したことを何も覚えていない。どうすれば矛盾するだろう？

次に、それは私の思考ではない。それは私の体験だ。矛盾は思考においては起こるが、体験においては起こらない。私は人々にとって矛盾していると思われるかもしれない事を話してきたが、それらは本当は進化的なものだ。私が異なる方法で表現した私の体験は、私は矛盾しているという考えを引き起こすかもしれない。私は異なる方法で表現していたので、あなたが一つの方法を取り逃がしても、おそらく他の方法でそれを得るかもしれない。

私は、ただ人々を助けるために、可能なすべての側面からそれを説明しようと試みてきた。なぜなら時には、一つの側面はあなたに届かないが、別の側面はあなたとより調和している、ということが起こるからだ。私はすべて可能な、多様な次元の表現を使ってきたが、私に対して矛盾する方法は全くない。

それは私の体験だ。私は他人の体験については取り上げていない。

たとえ私が他人について話していても、それは常に私の体験に一致したものだ。彼らはそれと合致するかもしれないし、それと合致しないかもしれない。だが私は、自分の体験に逆らうことはできない。

その年月の間、あなた方と話していて、私は自分の矢を、自分の言葉を鋭利にしていた。それらがあなたのハートを直接貫くことができるようにだ。だが、矛盾は全くなかった。そしてあなたは正しい。私の言葉のすべてが理解されるその日、それらのすべてを貫通し、それらに結合している底流が見つかるだろう。それらは花の環のようなもので、見えない細い糸がすべての花を貫通している。それが私の一貫性であり、それは私の体験だ。

それは真実だ。そんなに多く話してきた人が他に誰かいるとは思えない。その多くは記録されなかったため、失われている。そのほぼ半分は失われているが、何であれ残っているものは、それでも他の誰かがこれまで伝えようとしてきたものより多い。

その理由は単純だ。私はそれを楽しみ、それを愛している。言葉があなたのハートに落ち着くのを私が見る時、私の喜びには限りがない。あなたの目の中に、あなたは意味を把握した、と垣間見る時、私は非常に幸福だ。

そして私がそれほど多く話さなければならなかったのは、私より前の誰も、世界全体に向けて話さなかったからだ。

彼らは人類の小さな断片に向けて話していた。イエスはユダヤに制限されたままだった。ブッダはビハールに制限されたままだった。ソクラテスはアテネに制限されたままだった。幸運にも、彼らは私を一つの場所に留まらせないので、私は世界中にいなければならない。そして私は同じ体験について、異なる角度を通して何度も話さなければならない。なぜなら、それにおいても私の生は独特だったからだ。人々は私のところに来ては、私から去って行く。新しい人々が来て、古い人々は去る。それは美しかった。それは、水がただ蒸発するだけで、すぐに泥だらけの汚物以外の何も残さない死んだ池のようなものではなかった。

それはほとんど、まるで私が川岸で話していたようなものだ。それはとても速く流れているので、私がそれを見るたびに、再び話さなければならない新しい顔がある。三十年でとても多くの人々が変化した。それはソクラテスやブッダや老子に関しては、真実ではなかった。彼らは生涯、一つのグループに働きかけた。私はとても多くの新しい人々に働きかけてきて、常に新しい様式、新しい様相、新しい表現、古いワインのために、新しい瓶を見つけ出さねばならなかった——だがそのワインは古い。そして私がすべての人たちに提供していたのは、同じワインなのだ。

第31章

無知であることの勇気

The Courage to be Ignorrant

質問一
真実の探求者の質とは何ですか？

すべての子供は、生まれながらに真実の探求を持って生まれる。それは生において、後で学んだり取り入れられた何かではない。真実は単に「私は在るが、自分が誰なのかを知らない」という意味を持つ。すると問いは当然「自分の存在の真実を知らねばならない」ということになる。それは好奇心ではない。

次に言うこれらが三つの違い、または三つの部類であり、世界はそれらに分けられる。そこには在るものがあるが、彼らは自分たちが在ることを知らない。彼らは閉じられていて、彼らの存在には窓がない。そのためどんな問いかけも始まらない。それから動物がいて、彼らは自分たちが在ることを知っているが、彼らには自分たちとは何かを問うための知性がない。彼らの窓は開いているが、彼らの知性は星や空や鳥や木を見渡すのに充分ではない。彼らの窓は、開かれていようと閉じられていようと、大した違いにはならない。

おそらく時たまだが、珍しい動物が窓を使うようだ。

シュリ・ラマナ・マハリシのアシュラムで――彼は今世紀で最も重要な人々の一人だった。彼はマスターではなかった。だから人々は、ゲオルギィ・グルジェフやJ・クリシュナムルティを知るほどには彼を知らないのだ。彼らはただの教師にすぎない――学識が深い教師だが神秘家ではない――シュリ・オーロビンドや、P・D・ウスペンスキーを知るほど彼を知らない。

ラマナ・マハリシは静かなエネルギーの貯水池だった。毎朝、彼は沈黙のサットサング、交感のために座ったものだった。彼は何かを尋ねられない限り、決して多くを話さなかった。そしてまた、彼の答えは非常に短かく、深遠さがあったが、あなたはそれを探さなければならなかった。その中には説明が全くなかった。彼の著述は、二、三冊の小冊子に限られている。

彼の教えは、そのほとんどが弟子との沈黙の交感の中にいることだった。当然、非常に少数の人々しか彼の恩恵を受けなかった。しかし毎朝彼は座っていて、人々は座っていたが、雌牛がやって来て外側に立ち、窓から首を覗かせて、サットサングが続いている間、彼女はそこに立ったままでいた。それは何年もの間続いていたに違いない。

人々は来ては去って行った。新しい人々がやって来たが、雌牛は変わらないままだった——それも正確な時間に、決して遅れなかった。そしてサットサングが解散する時、彼女は立ち去った。

ある日彼女が現れなかったので、シュリ・ラマナは言った。

「今日、サットサングはできない。それは私の真の相手が不在だからだ。雌牛は大変な病気になったのか、または死んでしまったのかもしれない。それで私は彼女を探しに行かねばならない」

彼は南インドの山アルナーチャラに住んでいた。雌牛はアシュラムの近くに住んでいた貧しい木こりのものだった。

ラマナは雌牛とよく会っていた寺院を去って木こりの所へ行き、尋ねた。

「どうしたのだ？　雌牛は今日サットサングに来なかったではないか」

木こりは言った。

「彼女は大変な病気で、おそらく死にかけているようです。でも彼女は扉から外を見続けています。まるで誰かを待っているかのように。たぶん、最後にあなたを見るためにあなたを待っているのでしょう。おそらくそれが、もう少し長く死期を延ばしている理由でしょう」

ラマナが入ると雌牛の目に涙があった。そして彼女は、頭をラマナ・マハリシの膝に置いて、幸せに死んだ。これはまさに今世紀に起こった。そしてラマナは彼女が光明を得たことを宣言し、彼女のために美しい記念碑が作られるべきだと彼の人々に言った。

光明を得ることは人間にとって非常に稀だ。動物が光明を得ることはほとんど不可能なほど稀だが、その雌牛は達成した。彼女は二度と誕生しないだろう。雌牛の身体から、彼女は人類の世界全体を迂回し、前方に跳んで、ブッダたちの仲間になった。だから時たま――ほんの二、三の例だけはある――それは起こった。しかしそれは慣例と呼ぶことはできない。それはただ例外にすぎない。

物は在るが、物は物が在ることを知らない。動物は在り、彼らは自分が在ることを知っているが、動物には自分が誰であるかを尋ねるための知性がない。それは驚くべき何かではない。何百万人もの人間は決して質問をしない。それが三番目の部類だ。

人間は在り、自分は在ることに気づき、自分が誰であるかを問う生まれながらの能力がある。だからそれは学ぶこと、教化、教育という問題ではない。あなたは自分自身と共に、探求を持って来る。あなたは探求だ。

あなたの社会はあなたを破壊する。それはあなたの探求を破壊するための、あなたの存在から疑問を取り除くための、あるいは少なくともそれを覆い隠すための、非常に洗練された方法であり手段だ。それを使う技法はこのようなもので、子供が自分は誰なのかを尋ねる前であっても、その答えは与えられる。そして質問がされる前に与えられる答えは、どんなものでも役に立たない。それはただ重荷になろうとしている。

彼は、自分は魂であり霊であり、身体ではなく物質ではないと言われる。または共産主義国では、彼は身体であり単なる物質だと言われ、そして古い時代においてのみ、恐怖と無知から、人々は自分には魂があると信じていた、それはただの迷信だ、と言われる。しかし両方の場合において、子供は自分が尋ねなかった答えを与えられつつある。そして彼のマインドは繊細で純粋だ——彼は自分の母親、父親を信頼している。彼にとって信頼しない理由は全くない。

彼は信じるという旅を始めるが、信じることは探求を殺す。彼はますます物知りになる。それから教育がそこにあり、宗教教育があり、知識の収集には終わりがない。しかしこのすべての知識は無駄だ。無駄なだけでなく有毒だ。それは最初の段階が間違っていたからだ。質問はされず、答えは彼のマインドに植えつけられ、それ以来彼はますます多くの答えを収集する。質問が見つけたものではない答えは、どんなものでも無意味であることを、彼は完全に忘れてしまった。

だから真実の探求者の唯一の質は、信じないこと、信者ではないこと、物知りであるよりも無知であるための用意ができていることだ。無知は少なくとも自然で単純で、無垢だからだ。そして無知からはほとんど確実に、質問が生じるだろう、旅が始まるだろうという可能性がある。しかし知識を通すと、あなたは言葉、理論、教義、教理のジャングルで道に迷う。そこにはとても多くのものがあり、それらは互いにとても矛盾しているので、すぐにあなたはますます混乱している自分自身に気づくだろう——より多く物知りでいることで、より多く混乱するのだ。

私に関する限り、真実の探求者の基本的な質は、すべての信念体系から、すべての借りられた知識から自分自身を切り離すことだ。言い換えれば、借りものの知識を持つよりも、無知である勇気を持つことだ。無知には美しさがある。それは少なくともあなたのものであり、本物で誠実だ。それはあなたと一緒にやって来た。それはあなたの血であり、骨であり、あなたの骨髄だ。

物知りであることは醜く、全くの屑だ。それは他人からあなたに注がれてきた。あなたはその積荷を持ち運んでいる。その積荷は、真実とは何かをあなた自身で問うための機会は何ひとつ与えないものだ。あなたの知識の収集は、これが真実だと直ちに答えるだろう。あなたが聖書で一杯になっているなら、質問は聖書によって答えられるだろう。あなたがヴェーダで一杯になっているなら、質問はヴェーダから生じるだろう。だがそれは、あなた自身の外側の源泉からやって来ている。それはあなたの発見ではない。そしてあなたの発見ではないものは、あなたのものではない。

真実が自由をもたらすのは、それがあなたの発見だからだ。それはあなたを完全に人間にさせる。さもなければ動物のレベルのままだ。あなたは在るが、あなたは自分が誰なのかを知らない。


真実の探求は、本当はあなたの存在のリアリティの探求だ。

ひとたびあなたが自分の存在に入るなら、あなたは全体という存在の中に入る。なぜなら私たちは周辺では異なるが、中心で私たちは出会うからだ。私たちは一つだ。あなたは円の周辺から中心に向けて多くの線を引くことができる。周辺上の線はお互いに一定の距離がある。しかしそれらが中心により近づくにつれて、距離は短くなり続ける。そしてそれらが中心に達する時、距離は消える。

中心では私たちは一つだ。

周辺の存在では私たちは別々であるように現れる。

そして自分の存在の真実を知ることは、全体の真実を知ることだ。

そこにはただ一つの質、一つの勇気があり、それは無知であることを恐れないということだ。その点に関して妥協はあり得ないし、賢人のように自分自身を飾り立てるための、安っぽい借りものの知識もない。それだけで充分だ！　ただ純粋かつ自然でありなさい。そうすればその純粋さ、自然であること、無知、無垢から、探求は必ず生まれる。

すべての人間は、もし社会が子供を妨げていなかったなら、真実の探求者であっただろう。

子供という階層はすべての階層において最も傷つけられ、圧迫され搾取され、歪められた階層であり、最も無力だ。そしてあなたは、小さな子供の無力さを利用している。しかしあなたにも責任はない。同じことがあなたにされてきた。誰が最初に責任があったのかを見つけ出すことは難しい。しかし私たちが振り返ることのできる限り、これがその状況だった。つまり、すべての世代は新しい世代を堕落させて、この堕落を防ぎたいと望む者は誰でも、若者を堕落させているとして非難される、ということだ。

ソクラテスは、若者を堕落させているために非難された。そして彼がしていたすべては、借りものの知識を取り除いて弟子が自分自身であるように、それから『汝自身を知ること』ができるように助ける単純なプロセスだった。もし誰かが、最も誠実に真理のために尽くしてきたとするなら、それはソクラテスだった。だが彼は法廷によって、法律や権力の中にいた人々によって、堕落させているために、若い精神を堕落させるというために非難された。

奇妙にもソクラテスの国で、私も人々の精神を堕落させているとして非難された。それは若者を堕落させる技術が、二千年で非常に発達したように見える。なぜならソクラテスは堕落させるために彼の全人生を要したことになるが、私はたった二週間しかそこにいなかったからだ！　そして大司教は既に、私の家を燃やし、私を石で殺すと脅していた。

なぜ彼らは恐れているのだろう？　彼らは自分たちには根拠が全くないことを、完全によく知っている。だからもし誰かが、彼らは質問を持ってさえいないという理由で、彼らはオウムのように物事を繰り返しているだけだが、自分が話すことに何の理解もないという理由で、彼らの知識には根拠がないこと、彼らの答えはすべて偽物であることを若い人々に示すなら――少しでも知性がある人なら、誰でもすぐにそれを理解できるだろう。

　これが若者の堕落なのだろうか？

　真実の探求へ人々を連れて来ること――これが堕落なのだろうか？

　それが、あいにく、私たちが生きている世界での最大の犯罪であるようだ。

質問二
おそらくどんな光明を得たマスターたちも、真実について、あなたと同じほど多くの、何百万もの言葉を話しませんでした。老子は「話すことができる真実は真実ではない」と言います。愛するマスター、あなたはどう思われますか？

　老子は正しい。話すことができる真実は、もはや真実ではない。それは言語の構造が、体験やマインドを超えて、言葉を超えて起こるものを歪めるからだ。言語というより暗い谷まで真実を引き寄せることは、確かに真実を歪めている。

　一方では、真実は話せないというのは本当だ。もう一方では、真実は話すことができないので、何千もの方法で話さなければならないのだ。問題は、真実が何千もの方法を通してあなたに達するだろうということではなく、あなたは探求することに感化されるかもしれない、ということだ。もし人が真実について話そうとしても、彼は話せないかもしれない――だがあなたは彼の目から一瞥を得ることができる、彼の身振りから何かを得ることができる、言葉からではなく、言葉が話される方法から、その強調、間隔から何かを――。そのような人が話すことの存在は、あなたが彼の現存のシャワーを浴びられるようにさせるための、単なる口実であるかもしれない。

老子は真実を話すことができない。だが老子と共にいることで、あなたは正しい方向を得るかもしれない。彼の現存は、あなたが何も知らない何かが存在するのを、あなたに証明するかもしれない――それはとても貴重なので、あなたが知るものとあなたにあるものはすべて捧げる価値がある、あなたがマスターの、実現した人の現存の中に見たものはとても貴重なので、それは発見されるべきだし、あなたの体験にもならねばならない、という証明になるかもしれない。

私はあなたにただ風味を、感触を与えるために何百万もの言葉を話してきた。私はあなたに真実を与えることはできない。誰もそれをあなたに与えることはできない。だが私はあなたに、私のハートを開くことはできる――真実を知ったハート、真実を生きたハートをだ。その開くことは、あなた自身の巡礼に出かけるように、非常に間接的な方法であなたを助けるかもしれない。それはあなたに確信を与えるかもしれない――真実についての話はすべて単なる話ではなく、それは人々を変え、彼らの存在そのものを変え、特定の芳香や特定の力、特定の権威を与える、という確信を。

光明を得たマスターたちは、他の人たちのようには話さない。

彼らは演説者ではなく、講演者ではない。彼らは単に自分のハートを開くだけだ。おそらく彼らのハートのリズムは、あなたのハートのリズムを変えるだろう。

彼らに耳を傾けることでは真実を得ないかもしれないが、あなたは別の世界に転送されるかもしれない――沈黙の世界、広大な平和の世界、祝福の世界に。それらはすべて非常に探求の役に立つ。

だから老子は正しくて間違っているの両方だ。正しいのは、彼が言うことが正確にそうだからだ。話された真実はもはや本物ではない。だがそれがすべてではない。もし真実がある人によって話されるなら、そしてそれが体験からのものなら――それは体験からのものでしかあり得ない――まさにその人は、彼のあらゆる行為は何かを放射する。それは伝染性のものだ。そのため、真実があなたに伝わるかどうかは重要ではない。重要なことは、もしあなたが、真実のような何かがあり、存在の完全な開花をもたらす一定の変化を確信するなら、言葉や言語は期待以上のことを為す、ということだ！

だから私は再び言うのだ、老子は正しくて正しくない、と。そして正しくないことへの私の強調は、老子が正しくあることについてよりも大きい。そうでなければ私は何百万語も話さなかっただろう、私は沈黙したままだっただろう。

しかし私は、それは話すという問題だけではないことがわかった。より多くの事が関わっている。それは人間の歴史全体で、なぜどの神秘家もこれまで何も書いてこなかったのかを示している。その理由は、書かれた言葉は話された言葉が持つものをすべて取り逃すだろう、ということだ。それは同じ言葉だ。話されようと書かれていようと、大した違いにはならない。書かれていようと話されようと、それは同じ声明であるだろう。だが、なぜどの神秘家も書くことに同意しなかったのだろう？　その理由は、彼らはみな、話された言葉に生きた質があることに気づいていた、ということだ。それは体験がその言葉の後ろにあり、ハートがその言葉の後ろで鼓動していて、一つの意識があなたに届くための困難な努力をしているからだ。

書かれた言葉は死んでいて、単なる死体だ。それを崇拝はできるが、それはあなたに何も与えることはできない。すべての聖典は死んでいる。たぶんそれらが話された時、それは異なる現象だっただろう。もしそれらを話した人が彼自身の成就から話していたなら、何かが、まさにその雰囲気が、言葉によって我を忘れさせる。

真実は表現されないかもしれないが、真実は現実になる。マスターに会い、成就した人に会うことで、あなたは確信するようになる。もしあなたが闇の中を手探りしているなら、心配しなくていいし、絶望的に感じなくていい。手探りし続けなさい！　それぞれの夜はそのための朝を持っている。そして遅かれ早かれ、あなたは扉を見つけるだろう。あなたはその地点に達するだろう。もし一人の人が達したのなら、人類全体が達することができる。彼は充分な証拠だ。

だから問題は、真実は話すことができるかどうかではない。問題は、一人の現存が、そこにはあなたが取り逃している何かがある、という確信を作り出せるかどうかになる。そしてあなたがそれを見つけない限り、あなたの生は完成されないだろうし、完全ではないだろう。

質問三

この頃、私にとってあなたは、とても強く道を指し示しているように思えます。そして私はほとんどその指に執着しなくなりました——。それでもそこには腕、輝く目、あなたの声の響き、そしてあなたを取り囲む美しくて優雅な雰囲気があります。あなたと一緒だと、月に向かって、いつかそのうちに、と言うことはとても簡単です。何をすべきでしょうか？

すべきことは何もない。

月に向かって、いつかそのうちに、と言いなさい！

ただ強烈に、そして全面的にその瞬間を生きなさい。可能な限り多くの喜びをもって、可能な限り多くの愛をもって、恐れもなく、罪悪感もなしにそれを生きなさい。

この存在はあなたのものであり、この瞬間は贈り物だ。それを無駄にさせてはいけない。

そして光明や月について心配してはいけない。

この瞬間に、全面的に生きること、それが光明だ。

つい先日、私は仏教の経文についてあなたに話していた——。ゴータマ・ブッダは本当に奇跡だ。なぜなら彼は自分自身さえ下に置くからだ。彼は自分自身を超えた部類を作り出す——知識を、規律を、光明を超えた人を。そのため何十億ものブッダたちは彼と同等ではない。その経文の最後の部分は、特にあなたにとってとても貴重だ。なぜならここには何の知識もなく、何の規律もない人間が、あなたの前にいるからだ——。

ちょうど私たちがここに来た時、私は一日に二十時間眠っていた。誰も以前にはそのようなことをしなかったし、どんな宗教的な人も私を許さないだろう——一日に二十時間だ！　私は入浴し、食事を取るために朝の二時間起床して、それから再び眠りに就く。そして夕方の二時間、再び入浴し、食事を取り、それから眠りに就く。そして私はそれを愛していた。

私には規律はない。だから私はあなたにどんな規律も課さないのだ。それが超越されなければならない時、そもそもなぜそれをわざわざ課すのだ？　私はあなたに、あれやこれやの神聖な本を読むようにとは言っていない。最終的にそれは超越されなければならないからだ。たった今それを超越しなさい！

光明さえ超越されなければならない。

私はこれまで誰にも言ったことがないが、私は光明をはるか後ろに残してきた。私がそれを言わなかったのは、あなたは理解しないだろうからだ。光明を理解することは難しく、もし私が、それを超えても何かがあると言い始めたら、あなたはすべての希望を失うかもしれない。あなたはこう言うだろう。

「これはあんまりです！　最初、光明は手に余る物でした。そして私たちは懸命に試みていましたが、何も起こりませんでした。そして今、光明を超えるとは――それなら普通でいて、これらの物事に悩まされない方がましです」

だから私は言わなかったのだ。だが昨日、その経文が、突然――私には何の願望もなかったが、私はブッダが言っていることの真実を否定できなかった。体験は、光明という最高の体験でさえ、まだ二元性がある。体験する者と体験されるものがある。そしてその二元性も落とされなければならない。しかしあなたが体験を落とす瞬間、体験する者も消える。それらは一緒でしか存在できない。

それがニルヴァーナの状態だ。

すべては消えてしまった。すべての劇――演技者、聴衆、あらゆるものは消えた。ただ絶対的な沈黙だけが行き渡る。

だから心配してはいけない。ただ、過去や未来に邪魔されることなく、可能な限り本当に、完全にこの瞬間に生きようとしてごらん。気を散らさず、その中に深く入って行きなさい。それで充分だ。それが光明だ。

いつかそれは爆発するだろう。それを待つ必要はない。あなたの待つことさえ気を散らすものになるだろう。

光明のすべてを忘れなさい。だから私の現存において、あなたは気分良く感じるのだ。そこには昨日も明日もないからだ。ただここに――今はこれが私たちのすべての世界だ。ある日、あなたの内側でその原子的な爆発が起こる。そして最終的に、ある日あなたは光明をさらに超えて行く。その時すべては消える。

だから私は、スピリチュアルな成長に関する限り、東洋で起こったことは比類のないものだと何度も言うのだ。他のすべての宗教は、はるかに遅れている。現在、どの宗教も、知識は消える、規律は消える、光明は消える、と言うことはできない。その時にだけ、あなたは我が家にいる。

ブッダは、何十億ものブッダたちは光明を超えることに値しない、と言っている。それはそれほど貴重で、究極の価値だ。

それはすべてに関して、あなたの生のあらゆる瞬間に手に入れることができる。どうやってあなたはそれを取り逃し続けているのか、それはとても不思議だ。それは取り逃されるべきでない一つの事柄だ。しかし何世紀も古い間違った躾が、あなたの小さくて貴重な瞬間を破壊している。

そのすべての躾を廃棄し、この小さな瞬間がすべてであるようにすることは、あなた次第だ。それであなたはすべてを達成したことになる。

その時あなたは心配する必要がない。存在が世話をする。存在は非常に同情的だ。

質問四

私の質問はどこに消えているのですか？　それは一分間そこにあり、私がそれを書きたい時、それはなくなり、空白になります。それは私の潜在意識の中に隠れようとしているのですか？　そしてどうしてでしょうか？

それはあなたの無意識に入ろうとしているのではない。それは無意識から来ているが、あなたがそれを書き始める時、それは意識的になる。これは単純なプロセスだ。意識的になっている無意識のものは何でも消え始める。それは意味を失う。

この単純な原理の上に、すべての精神分析は立脚している。あなたの夢は無意識だ。それを精神分析医に言ってごらん。それを言うことで、あなたはそれらを意識的なものにさせている。そしていったんそれらが意識的であるなら、それらは消える。

無意識とは一種の地下室で、そこへあなたは物事を投げ続け、物事を抑圧し続ける。あなたが見たくない物、聞きたくない物、受け入れたくない物を、あなたは無意識の中に投げ続ける。それはあなたの拒絶された部分だ。それらが明るみに出ることを許しなさい。それこそが、あなたが質問をしている間に起こっていることであり、私があなたに問い続けることを強く主張している理由だ。

私の答えはあなたを助けるかもしれないし、助けないかもしれないが、あなたの問いは確かにあなたを助けようとしている。もし光の中に入りたいものが無意識の何かであり、あなたがそれを書き始めるなら、あなたはそれが意味を失っていることに気づく。そのすべての意味は抑圧にある。抑圧されていないそれは、シャボン玉のように破裂する。

だからそれは途方もなくいいことだ。それをやり続けなさい。ただ知的な質問だけは消えないだろう。知的な質問は残るだろう。だが質問が無意識から来ていて、それが意義深いなら——。知的な質問はクズだ。それらはあなたの存在やあなたの変化とは何の関係もない。あなたの無意識を明らかにさせなさい。するとあなたは変化を見始め、質問が消えているということではなく、あなたの態度、アプローチ、振る舞いが変化している、あなたの夢さえも変化する、ということを見始めるだろう。

あなたのマインドの、暗闇のどこかに潜んでいると感じるものを何でも書くことは、美しい実習だ。それはあまり明白ではない。そこではそれは暗い。それを光の中に持って来なさい。そしてあなたが無意識のすべての内容を意識に持って来ることができるなら、あなたの無意識的マインドと意識的マインドは一つになるだろう。それらは両方とも意識的になる。

それは素晴らしい贈り物だ。なぜならたった今は、マインドの十分の一は意識的で、十分の九は無意識だからだ。当然それは九倍強力だ。だからあなたは意識的マインドで何かを決めるが、無意識的マインドはそれを取り消すことができる。無意識的マインドは、意識的マインドを取り消すだろう！　あなたは明朝五時に起きようと決める。朝はとても美しく、とても健康で非常に新鮮だ。正確に五時に目覚まし時計はあなたを起こす。すると何かが起こる。あなたは起床したくない。あなたはこう言う。「明日にしよう。たった今、毛布の中はとても素晴らしくて、とても居心地が良い」。そしてあなたは向きを変えて眠りに就く。

起きる時、あなたは自分自身を非難し、罪悪感を抱くだろう。しかしあなたは何が起こったのか理解していない。あなたの意識的マインドは、五時に起きると決めていた。無意識は決して同意していなかった。あなたは決して同意を求めなかった。同意を求める方法はない。

もしあなたが催眠術をかけられて、あなたの無意識的マインドが「五時に起きなさい」と言われるなら、変化はないだろう。あなたは五時に起きるだろう、目覚まし時計が鳴ろうと鳴るまいとだ。しかしたった今、あなたは意識的マインドで決定する。そしてあなたが眠っている時、意識的マインドはもはや機能していない。

あなたの深い睡眠において力があり、機能しているのは無意識的マインドだ。だから五時に目覚まし時計が鳴る時、あなたは目覚まし時計を取ってそれを投げ捨てるのだ。なぜなら無意識的マインドは、意識的なマインドが決めたことなど全くわからないからだ。それは無意識的マインドにとってとても愚かに、不要な騒動に見える。あなたは簡単に眠りに戻る。しかしあなたが起きる時、無意識的マインドは退く。意識的マインドが機能するようになる。それは思い出す。

「私は五時に起きると決めていたが、自分を騙してしまった」。意識的マインドは罪悪感を感じる。だがそれは何もしなかった。それには責任がない。

あなたは怒るべきではないと決心する、緊張するべきではないと決心する。あなたは千の物事を決心するが、無意識的マインドはそれらを取り消し続ける。無意識的マインドは、それが常にしていた方法でやり続ける。しかし無意識的マインドのすべての内容が消えるなら、あなたは、明けても暮れても、ただ一つのマインド、意識的マインドだけを持つ。あらゆる決定は追従されるだろうし、どの決定も全く取り消されないだろう。あなたの生は完全性を持つだろう。

それこそが、私が「完全性」という言葉を使う時に意味することだ。あなたはある種の単一性を持つだろう。あなたは約束ができるし、自分の約束を当てにすることができる。それは約束を取り消すことができる者が、あなたの中に誰もいないからだ。それはあなたのマインド全体の決定だ。そしてマインド全体の決定は非常に強力だ。

それは良い——それをやり続けなさい。もし質問が充分でないなら、ノートに書き留めればいい。無意識的なことを、何でもただ書きなさい。誰かがそれを見るだろうということを、心配してはいけない。そこにはあなたが誰にも見せたくない多くの物事があるだろう。だからあなたはそれらを闇の中に隠している。心配しなくていい。ただそれらを明るみに出しなさい。何も間違っていない。

それを闇の中に隠しておくことは間違っている。それを光の中に持って来ることが、すべての質を変える――それは消える。

質問五
先日起こった沈黙――それはあなたが指し示しているところの味だったのですか？

その通りだ！

第32章

生は小さなことからできている

Life consists of small things

質問一

なぜ私は、特に自分の仕事で、人に感心されたり、人から認められたりする必要を感じるのでしょうか？　それは私を罠に落とし入れます——私はそれなしで何かをすることはできません。自分がこの罠にはまっていることはわかっていますが、私はそれに捕まっていて、それから抜け出せるようには思えません。

私が扉を見つけられるように助けていただけますか？

質問はケンドラからだ。

人に感心されたり認められたりしなければならないということが、みんなの問題であることを思い出すことだ。私たちの生全体の構造が、そこに承認がない限り自分は取るに足らない者だ、自分は無価値だと教えられてきている。仕事が重要ではなく、認められることが重要になっている。これが物事を逆さまにしている。仕事が重要でなければならない——それ自体が喜びであるべきだ。あなたは、認められるためではなく、創造的であることの喜びのために、仕事それ自体を愛しているがゆえに、仕事をすべきだ。

社会が人を落とし入れるその罠から逃れた人々が、非常にわずかにいた。たとえばヴィンセント・ヴァン・ゴッホのように。彼は絵を描き続けた——腹を空かし、家もなく衣服もなく、薬もなく病みながら——しかし彼は描き続けた。たった一枚の絵も売れなかったし、誰からも認められはしなかったが、不思議なことには、そういう状況にありながらも彼はなお幸せだった——彼が幸せだったのは、自分が描きたいものを描くことができたからだった。認められようと認められまいと、彼の仕事には内在的な価値があった。

三十三歳の時に、彼は自殺した——それは不幸のせいでも、苦しみのせいでもなかった。そうではない。それはただ、彼がほとんど一年間取り組んできた最後の絵を、日没の絵を描いたからだった。何十回と試みていたのだが、彼の望む基準には達せず、それを破棄していた。ついに彼はその日没の絵を、自分の望んでいたように描くことができた。

彼は弟に次のような手紙を書いて自殺した。

「私は絶望から自殺するのではない。私が自殺するのは、今やもう、生きることに意味がないからだ——私の仕事は終わった。生計の道を見つけるのは難しかったが、私には為すべき仕事があったし、現実のものにするために必要な潜在的な力が私の中にあったため、それは問題ではなかった。それは開花した。だからもう、乞食のように生きることに意味はなくなった」

「今日まで、私はそれについて考えたこともなかったし、それを問題にすることもなかった。だが今やそれしかない。私は自分の能力の限界まで花開いた。私は成就した。だから今となっては、生計の手段を求めてだらだら生きることは、ただただ馬鹿げているように思える。いったい何のために？　だから私に言わせればこれは自殺ではなく、ただ私が充足に至ったということ、完全に終わったこと、そして私は喜んでこの世界から去ってゆくということだ。喜びを持って私は生きた。喜んで私はこの世界から去ってゆく」

現在、ほぼ一世紀後になって、彼の絵はどれも一枚何百万ドルもの価値がある。二百枚の絵しか手に入らない。彼は何千枚も描いたにちがいないが、それらは破棄され、誰も注目しなかった。

今、ヴァン・ゴッホの絵を持っていることは、美的感覚があるという意味になる。彼の絵はあなたに承認を与える。世界は彼の仕事にどんな承認も決して与えなかったが、彼は決して気にしなかった。そしてこれが物事を見る方法であるべきだ。

あなたがそれを好きなら取り組みなさい。承認を求めてはいけない。承認が生じるなら、それを気楽に受け取りなさい。それが生じないなら、それについて考えてはいけない。あなたの満足は仕事それ自体にあるべきだ。そしてもし誰もが、自分の仕事を愛するというこの単純な技《アート》を学んだら、何であろうとどんな承認も求めずに、それを楽しむという技を学んだら、私たちはより美しくて祝祭に満ちた世界を持つだろう。現状では、世間はあなたを惨めな型にはめ込めてきた。あなたがしていることは、あなたがそれを愛しているから、それを完璧にするから良いのではなく、世間がそれを認めたから、それに報酬を与えたから、あなたに金メダルを、ノーベル賞を与えたから良いということになる。

彼らは創造性の中に内在する価値をすべて取り去り、無数の人々を破滅させた。何百万人という人々にノーベル賞を与えるわけにはいかないからだ。そしてすべての人の中に、承認欲求を作り出した。そのため、誰も自分のしていることが何であろうと、平和に静かに、楽しんで取り組むことはできない。そして生は小さなことからできている。そういう小さなことに対しては報酬もなく、政府から与えられる称号もなく、大学から与えられる名誉学位もない。

今世紀の偉大な詩人の一人、ラビンドラナート・タゴールは、インドのベンガルに住んでいた。彼は自分の詩とその小説をベンガル語で出版した――だが、全く認められなかった。それから彼は一冊の小さな本『ギータンジャリ』、唄の捧げもの、を英語に翻訳した。そして彼は、その原文が翻訳文にはない、そして持つことのできない美しさがあることに気づいた。なぜならその二つの言語、ベンガル語と英語は構造が異なり、表現方法が異なるからだ。

ベンガル語はとても耳に心地良い。たとえ口論しても、それは素敵な会話をしているように聞こえる。それは非常に音楽的で、それぞれの言葉が音楽的だ。そのような質は英語にはないし、それを英語に持ち込むこともできない。英語には異なる質がある。だが、どうにかして彼はうまく翻訳した。そしてその翻訳が――それは原文に比べたら貧弱なものだが――ノーベル賞を受けた。すると突然、インド中がそれに気がついた――。その本は何年もの間ベンガル語で、他のインドの言語で手に入ったが、誰もどんな注目もしなかった。

あらゆる大学が、彼に文学博士号を贈りたがった。彼が住んでいたカルカッタ大学が、むろん、彼に名誉博士号を贈ろうとした最初の大学だった。彼は拒絶した。

「あなた方は私に学位を贈ってはいない。あなた方は私の仕事を認めてはいない。あなた方が認めているのはノーベル賞だ。あの本は、よりはるかに素晴らしい形でここに存在していたのに、誰もその批評文を書くことさえ気にかけなかったからだ」と彼は言った。

彼はどんな文学博士号も、受け取ることを拒絶した。彼は「それは私にとって侮辱的だ」と言った。

偉大な作家の一人であり、人間心理への途方もない洞察力を持つジャン・ポール・サルトルは、ノーベル賞の受賞を拒否した。彼は言った。

「私は自分の作品を生み出している間に、充分な報酬を受け取った。ノーベル賞はそれに何も加えることはできない――それどころか、それは私を引き下ろす。承認を求めている素人にとってはいいが、私は充分に年を取っているし、充分楽しんだ。私は何であれ、自分がしたことを愛してきた。それ自体が報酬だったので、私は他のどんな報酬も求めない。私が既に受け取ったものより良いものなどあり得ないからだ」

そして彼は正しかった。だが世界に正しい人はごくわずかしかいない。世界は、罠にはまって生きる間違った人々でいっぱいだ。

なぜあなたは、認められることを気にしなければならないのだろう？　認められることを気にすることは、あなたが自分の仕事を愛していないのであれば意味を持つ。それならそれは意味のあるものだし、代用するものであるように見える。あなたはその仕事が嫌いで好きではないが、あなたがそれをしているのは、そこでは認められるし、あなたは評価されて受け入れられるからだ。認められることを考えるよりはむしろ、あなたの仕事を考え直しなさい。あなたはそれを愛しているだろうか？――それならそれで片付く。もしそれを愛していないなら――それを変えなさい！

親や教師は、あなたは認められるべきだ、受け入れられるべきだ、と常に強弁している。これは人々を支配下においたままにする非常に狡猾な戦略だ。

私は大学で、何度も何度も言われた。

「君はそういう行為を止めるべきだ――君は答えられないことを、自分でもよく知っているような質問をし続けている。それは教授をきまりが悪くなる状況に陥れている。君はそれを止めなければならない。さもなければ、これらの人々は仕返しをするだろう。彼らには権力がある――君を落第させることができるのだぞ」

私は言った。「僕はそんなこと気にしませんね。僕はまさに今質問をして、彼らに無知を感じさせることを楽しんでいます。彼らは単に『私は知らない』と言うだけの勇気がありません。それならきまりが悪くなることはありません。でも彼らは、自分は何でも知っている、というふりをしたいのです。僕はそれを楽しんでいます。僕の知性は研ぎ澄まされてゆきます。試験など誰が気にするものですか？　僕が試験を受けなければ、落第させることはできません――誰が受けようとするでしょう？　もし彼らが僕を落第させられると思っているのなら、僕は試験を受けに行かないで、同じクラスに残るつもりです。彼らはもう一年僕と顔を合わせざるを得ないという恐怖で、僕を合格させてしまいますよ！」

そして彼らはみんな私を合格させたし、私が合格するように助けた。それは彼らが私を追い払いたかったからだ。彼らの見るところでは、私は他の学生たちも駄目にしていたからだった。どんな質問もなく何世紀もの間受け入れられてきた事を、他の生徒たちが質問し始めたからだった。

私が大学で教えていた間も、同じことが異なる角度から起こってきた。今度は私は学生たちに、彼らが集めてきた知識はすべて借り物であり、彼らは何も知らない、ということに注意を向けるような質問をしていた。私は彼らに、私は彼らの学位には関心がないことを、彼らの本物の経験に関心があることを告げた――だが彼らにはどんな経験もなかった。彼らはずっと前に間違いだと証明されている時代遅れの本の知識を、ただ繰り返している。今度は大学当局が、「もし君がこんなやり方を続けて学生たちを悩ませるなら、君は大学から追放されるだろう」と言って私を脅した。

私は言った。「これはおかしいでしょう――学生だった時、私は教授たちに質問ができませんでした。今度は私が教授で、学生たちに質問ができないとは！　では、この大学はいったいどんな機能を果たしているのですか？　そこは質問がなされて探求が始まる所であるべきです。解答は本の中で見つけるのではなく、生と存在の中で発見されなければなりません」

「あなた方は私を大学から追放できますが、覚えていてください。これらの同じ学生たちは、あなた方が私を大学から追放するという理由で、大学全体を焼き払うでしょう」

私は学長に「あなたは私の授業を見に来るべきです」と告げた。

彼はそれが信じられなかった——私の授業には、少なくとも二百人の学生たちがいた——そして場所がないため、見つけられるところならどこにでも——窓の上や床の上に座っていた。彼は「これはどういうことだ？　君には十人しか学生がいないはずだが」と言った。

私は言った。「これらの人々は聴講するために来ています。彼らは自分たちの授業を捨てました。彼らはここにいる方が好きなのです。この授業は対話です。私は彼らより偉くありませんし、私は自分の授業に来る人を誰も拒絶できません。私の学生であろうとなかろうと、問題ではありません。私の講義を聞くために来るなら、その彼は私の学生です。実のところ、あなたは私に講堂の使用を許可すべきです。この教室は私には小さすぎます」

彼は言った。「講堂だと？　それは大学中が講堂に集まるという意味なのかね？　そうなったら他の教授たちは何をしたらいいのだ？」

私は言った。「それは彼らの考えることです。首を吊りに行けばいいでしょう！　彼らはずっと昔にそうすべきでしたよ。彼らの学生が自分の講義を聴きにこないのを見れば、充分明らかになります」

教授たちは腹を立て、学校当局も腹を立てた。結局彼らは、私に講堂を与えなければならなかった。だが非常に気が進まずに、だった。なぜなら学生が教授たちを強制したからだ。

だが彼らは「これは奇妙だ。哲学にも宗教にも心理学にも何の関係もない学生たちが、なぜそこに行かねばならないのだ？」と言った。

多くの学生たちが、学長にこう言った。

「私たちはそれを愛しています。哲学や宗教や心理学がとても興味深くて、それほど好奇心をそそるものだとはちっとも知りませんでした。もし知っていたら選んでいたでしょう。私たちは、これらは無味乾燥な科目だと、本の虫みたいな連中だけが、こんな科目を選ぶのだと思っていました。そうした科目を選ぶ生き生きした人たちなど、一度も見たことがありません。でも、この人がその科目をとても意味ありそうなものにしたので、たとえ私たちが自分の科目に落第しても、大したことがないように思えます。私たちの行動自体は自分にとって正しく明確なので、それを変えるという問題はありません」

認められることに逆らい、受け入れられることに逆らい、学位に逆らって――だが、結局私は大学を去らねばならなかった。それは彼らの脅迫のためではなく、何千人もの学生たちが私の助けを得ることができても、それは浪費であることがわかったからだ。私は外の世界で、何百万人という人々を助けることができる。なぜ、小さな大学に所属し続ける必要があるだろう？　全世界が私の大学であることができる。

そしてわかるだろう。私は非難されてきた。

それこそが私が受け取った唯一の承認だ。

私はあらゆるやり方で誤って伝えられてきた。人に対して言えることは、すべて私に言われてきた。人に対して可能なことすべてが、私になされてきた。あなたはこれが承認だと思うだろうか？　だが、私は自分の仕事を愛している。それをとても愛しているので、私はそれを仕事とすら呼ばない。私はただ、それを私の喜びと呼ぶだけだ。

そして良く認められている、何らかの意味で私より目上の人たちはみんな私に、「あなたがしていることは、世間でのどんな尊敬もあなたに与えることにはならない」と言った。

しかし私は言った。「私は決してそんなものを求めないし、尊敬で何をしたらいいのか、私にはわからない。それは食べることもできないし、飲むこともできない」

一つの基本的なことを学びなさい。何であれあなたがやりたいことを、することが好きなことをやりなさい。そして決して認められることを求めてはいけない。それは乞い求めている。なぜ人は、承認を求めなければならないのだろう？　なぜ人は、受け入れを切望せずにいられないのだろう？

あなた自身の心の底を見てごらん。おそらくあなたは、自分がしていることが好きではないのだろう。おそらくあなたは、自分が間違った道にいることを恐れているのだろう。〝受け入れ〟は、あなたが自分は正しいと感じる助けになる。〝承認〟は、あなたが正しい目的に向かって進んでいると感じさせるだろう。

問題は、あなた自身の内なる感覚に関するものだ。それは外側の世界とは何の関係もない。そしてなぜ人に依存するのだろう？　これらの事はすべて他人に依存している――あなた自身が依存するようになっている。

私はどんなノーベル賞も受け取らない。世界中の国々からの、すべての宗教からのこういう非難のすべてが、私にとってより価値がある。ノーベル賞を受け取ることは、私が依存するようになっていることを意味する――今、私は自分自身を誇りにするのでなく、ノーベル賞を誇りにすることになる。たった今、私には自分しか誇れるものはない。私が誇れるものは他に何もない。

このようにしてあなたは個人になる。そして完全な自由の中で、自分自身の足で生きて、自分自身の源泉から飲んでいる個人で在ることが、人間を本当に中心に定めさせ、根付かせるものだ。それがその人の究極の開花の始まりだ。

いわゆる認められた人々、名誉ある人々は、ガラクタで一杯で他には何もない。だが彼らは社会が彼らに満たすように求めているガラクタで一杯で、社会は報酬を与えることで彼らを償っている。

自分自身の個性という何らかの感覚を持つ人は、他の人がそれをどう思うかなど全く気にすることなく、自分自身の愛によって、自分自身の仕事によって生きる。自分の仕事に価値があればあるほど、そのために何らかの尊敬を得るという可能性は少ない。そしてもし、あなたの仕事が天才の仕事であるなら、あなたは生涯でどんな尊敬も見ることはないだろう。あなたはあなたの人生では非難される――それから、二、三世紀後に、あなたの銅像が作られ、あなたの本は尊敬される――なぜなら天才が今日持っているほどの知性を人類が身に付けるためには、だいたい二、三世紀はかかるからだ。その隔たりは広大だ。

白痴たちに尊敬されるためには、あなたは彼らの作法に従って、彼らの期待に従って振る舞わなければならない。この病んだ人類に尊敬されるためには、あなたは彼ら以上に病まなければならない。そうすれば彼らはあなたを尊敬するだろう。だがあなたは何を得るのだろう？　あなたは自分の魂を失って、しかも何も得ることはない。

質問二

愛と信頼の違いについて話して頂けますか？

私には、私たちとあなたの関係の中では、信頼の方が愛よりも大きな意味があるように思われます。私が「ＯＳＨＯ、あなたを愛しています」と言う時、私は、他の恋愛関係によって色づけされ、また定義されるようなある感覚、光明を得ていない私の状態が制限するある感覚のことを話しているのです。

私はあたかも、自分のあなたへの愛が、何を意味するのかを自分が理解しているかのように話します。「OSHO、私はあなたを信頼します」と言う時は、「必要なことは何でも私になさってください。私が想像してもいない、そして想像もできないような場所へ導いてください。私はあなたのものです」と、言っているのです。

信頼とは、自分の理解を超えたものにさえ有効だという理解を、受け入れているように思われます。愛とは、光明を得ていない愛とは、いくぶん攻撃的な、外向きのものでもあるようです。その「私」は、それ自身を一つの実体として非常に意識しています。一方信頼は――その光明を得ていない形においてさえ――その中に完全な手放しの質があるように思われます。その「私」は、ただ言語的な理由のために付着しているに過ぎません。なぜなら信頼している人は、自分自身が消えてしまうかもしれないことを認めているのですから。

これはマニーシャの質問だ。

それは全く質問ではない。彼女がそれを自分自身で、しかも見事に解答している。彼女は、まさに私が言ったであろうことを正確に話した。そしてやがては、あなたが質問をする時、まさに私がそれに答えるように、それに答えることができるような理解に至ること、それこそが私があなた方一人一人に望んでいることだ。

確かに、信頼には愛より高い価値がある。信頼においては、愛が暗に含まれているが、愛においては、信頼は暗に含まれていない。あなたが、「OSHO、私はあなたを信頼します」と言う時、あなたが愛していることがわかる。だがあなたが愛していると言う時、信頼はそれとは何の関係もない。実際、あなたの愛は非常に疑い深く、非常に信頼がなく、非常に恐れていて常に警戒し、あなたが愛する人を見守っている。
恋人たちはほとんど探偵になる。彼らはお互いに監視する。愛は、もしそれが信頼の一部として生じるなら美しい。そして信頼には常に愛がある。なぜなら愛なしに信頼はあり得ないからだ。だが愛は信頼がなくてもあり得る。そして信頼のない愛は醜い。それは内側深くに、ありとあらゆる嫉妬、疑い、不信を持っている。

あなたが「私はあなたを愛している」と言う時、それは明け渡しではなく、溶け込むことへの準備ができていない、ということも本当だ。それは未知で不可知の空間へ連れて行かれる準備ができていない。あなたが「私はあなたを愛している」と言う時、あなたは等しく立っていて、その中にはある種の攻撃的な質がある。だから人類が始まって以来、至るところで、そしてあらゆる時に、女性は率先して「私はあなたを愛しています」と言わなかった。男性が「あなたを愛しています」と言うのを待った――それは女性のハートがその攻撃性を感じていたからだ。だが男性のハートはより堅い。彼はその攻撃性を感じない――それどころかそれを楽しむ。

だがあなたが「私はあなたを信頼します」と言う時、それは深い明け渡し、開いていること、受容性であり、それはあなた自身と宇宙に対して、「今、この人が、私を地獄に連れて行っても問題ありません。私は彼を信頼しています。それが私にとって地獄のように見えるなら、それは私の見間違いに違いありません。彼が私を地獄に連れて行くことなどあり得ません」と宣言することだ。
信頼においては、あなたは常に自分自身に誤りを見つける。愛においては、あなたは常に自分が愛している相手に誤りを見つける。信頼においては、あなたはそれを言わなくとも、常に謝罪の状態にいる。

「私は無知です。私は眠っており、無意識です。何か間違ったことを言ったり、間違ったことをしたりする可能性があります。ですから私に情け深くしてください、私を哀れんでください」

信頼は、それほど多くのものを暗に含んでいる。それはたいへんな宝だ。

あなたが「私はあなたを愛している」と言う時、そこには微妙な所有欲の底流がある。言われなくても、それは理解される。「今、あなたは私の所有物であるので、他の誰もあなたを愛すべきではない」

信頼においては、あなたが信頼する人を所有するという問題はない。それどころか、あなたはこう言っている。「どうぞ私を所有してください。エゴとしての私を壊してください。私が消えてあなたの中に溶け込むのを手伝ってください。あなたと一緒に行くことに抵抗は全くありません」

愛は絶えざる奮闘、争いだ。それは要求する。

「私はあなたを愛している」とは、「あなたも私を愛さなければならない。実際、私があなたを愛しているのは、ただ私を愛してほしいからだ」という意味だ。それは単なる取引だ。そのため恐怖がある。「あなたは他の誰も愛すべきではない。誰もあなたを愛すべきではない。私は自分の愛に誰も仲間なんかいらないし、自分の愛を分かち合う人を誰も望んでいないからだ」

人の無意識のマインドは、愛をまるでひとつの量であるかのように、愛には一定の量があるかのように考え続ける。私があなたを愛したら、あなたはその愛の量をすべて所有しなければならない。私が他の何人かの人々を愛すると愛の量は分配され、あなたにはそのすべては手に入らない。そのために嫉妬や監視、争いや小言がある。そしてあらゆる醜いことが、愛という美しい言葉の後ろで起こり続ける。

信頼においては、どんな争いの問題もない。それは本当の明け渡しだ。

あなたが「OSHO、私はあなたを信頼します」と言う時、それは「この瞬間から、私のあなたとの争いは止みます。今や私はあなたのものです。あなたは望むことを何でもできます。あなたは私を殺すことができますが、私は抵抗しないでしょう。なぜなら私はもういないのですから——私は自分自身をあなたに与えました。今、それはあなた次第です。あなたが正しいと感じることは何でもしてください」という意味だ。そして信頼は競争するものではない。だからそこに嫉妬はない。あなたは私を信頼することができ、何百万人もの人々が私を信頼できる。実のところ、人々が私を信頼すればするほど、あなたはより幸せになる。あなたは、それほど多くの人々が私を信頼していることを喜ぶ——愛ではそうはいかない。だが信頼においては、愛における美しいものはすべて暗に含まれている。

あなたが「OSHO、私はあなたを信頼します」と言う瞬間、あなたは「私はあなたを愛しています」とも言っている。だが今は、その信頼のため、その「私」はもはや存在せず、ただ愛だけが存在している。そしてエゴのない愛は、どんな問題も引き起こさない。

「多くの人々があなたを愛することができる。そして人々があなたを愛すれば愛するほど、私はより幸福になる」。だがこれは、信頼のためにそうなる。

信頼は、おそらく人間の言語で最も美しい言葉だ。そして信頼は真実にとても近いので、もしそれが完全なら、まさにこの瞬間にあなたの信頼は解放になり、革命になる。

質問三

この週末に、フィレンツェでダンスと瞑想と音楽の大きなサニヤシンの祝典があります。あなたのハートは、これら数千人のサニヤシンたちすべてと共にあるのでしょうか?

まず第一に、それを組織している人々がもう私と一緒にはいないという単純な理由のため、数千人のサニヤシンたちがそこにいることはない。彼らはサニヤシンを騙そうとしている。三百人のサニヤシンだけがそのための予約をした。そして組織者はそれを、アメリカのオレゴンのコミューンにおける最後の祝典以来、最初の世界的祝典であると宣言している。

しかし、私の名前はそこで言及されていない。それは私の祝典ではない。それはサニヤシンを搾取したい少数の人々の、その少数のセラピストたちのものだ。しかし彼らは面倒な目に遭っている。それはやって来る三百人のサニヤシンだけが、経費を賄うことになるからだ。彼らは数千人が来るだろうと見込んでいた。そしてまた、三百人もの人たちが来るのは、これらの人々が私に反対して働き始めたことに、彼らは気づいていないからだ。

私のハートは私の人々がどこにいようとも、彼らと共にある。私は私のサニヤシンたちと一緒にいる――そして私はそうでなければならない。特に、これは私の祝典ではないことを、彼らは欺かれていることを、そのステージにいる人々は醜い考えを持っていることを彼らに示すために。彼らはみんなマスターであるふりを、自分は光明を得たというふりをしている。

だがその祝典は、大失敗になろうとしている。なぜならそのステージの上には、私の存在ではなく私の完全な不在があることになるからだ。私は観衆の中に存在するだろう――。やって来る三百人の人々は、「何の権利によってあなた方は自分自身がもはやサニヤシンではない時に、世界的祝典のためにサニヤシンたちを呼び寄せたのだ？　誰の権限でだ？」と尋ねることになる。

しかしそれはサニヤシンが、三十枚の銀貨のために、彼ら自身のマスターを売ったユダの役割をしている人々は誰なのか、を見るための良いチャンスだ。

サニヤシンに関する限り、私は常に彼らと一緒にいる。このいわゆる世界的祝典において、彼らにステージは空っぽであること、ステージは暗くて明かりが全くないことを感じさせるために、私は観衆の中によりしっかりといるつもりだ。ふりをしている人々は、表に曝されることになる。彼らはこのようなことなど決して二度と試さないだろう。

だから、あなたの友人たちみんなに知らせなさい。そこに行ってステージにいる人々に尋ねなさい。「どんな権限において、あなたはサニヤシンたちを呼び寄せたのだ？　あなたはサニヤシンではない。あなたはマスターではなく、光明を得ていない。そしてあなたには、コミューンの中でこれを言うための根性《ガッツ》が全くなかった。しかし今、ＯＳＨＯが臨席していないため、あなたは光明を得たマスターという役割を演じようとしているのだ」

実際のところ、私はそこに行って、突然ステージに上り、何がそのセラピストたちに起こるのかを見たかったが、私はイタリアに入国できない。政府は強情だ。たとえ異なる職業の非常に著名な、世界的に知られている六十五人の人々が、「ＯＳＨＯが妨害されなければならない理由など全くない」と断言したとしても。

だが政府は全く黙っている。それは法王が重圧的で、政治家たちは乞食だからだ。政治家たちは知識人、画家、音楽家、彫刻家、建築家、作家などを恐れていない――彼らはこれらの人々を恐れていない。彼らは法王を恐れている。それは彼が投票権を握っているからだ。しかしより多くの抗議文が、政府に提出されようとしている。そして本当に著名な人々は、なぜ国に害を与えることもなく、一度も国にいたことがない一人の個人が妨害されなければならないのか、ということに途方もない関心を示している。だから私はそこに行くことができない。しかし私の存在は私のサニヤシンと共にある。たとえ彼らがどこにいようともね。そしてあなたは、イタリアにいるすべての友人たちに手紙を書かねばならない。
「これらの人々に、あなた方はサニヤシンを搾取することができない、と明らかにさせてください。もしあなた方がもうサニヤシンでないなら、ただここから出て行ってください。これはサニヤシンの祝典です――私たちがそれを管理します。ステージから出て行ってください！　空っぽのステージは、裏切った人々でいっぱいのステージよりもずっとましです」

質問四
世界で最も痛みに満ちた経験とは、あなたに腹を立てるということです。これは質問ではありません――再び気兼ねなくあなたを愛せることの、純粋な喜びの表現にすぎません。

そのとおりだ！　これはチェタナからのものに違いない！　私に腹を立てるというのは、最も難しいことの一つだ。

ヴィヴェックに尋ねてみたらいい。彼女は私のために、私の安全のために何度も苦しんだからね。そして私にはわかる。彼女が腹を立てたとしても、それは私に対してではない。だがその時は、彼女はその怒りのためにひどく苦しむ。あなた方は私を非常に愛している――私に対して腹を立てることなど、考えることもできない。だが時には、ちょっとした味わいはいいものだ。それはあなた方が、将来こんな状況に入って行くのを防いでくれるだろう。

もちろん、ヴィヴェックにとってそれは難しい。私が絶え間なく、警察や刑務所当局、政府にひどく虐待され、一方の場所から別の場所へと追い立てられているものだから、今では彼女は絶え間なく悲しんで心配している。それを防ぐために、自分には何もできないことを彼女は知っている。このすべての悲しみが時には怒りに変わる。今や彼女は、そういう政府に腹を立てることすらできない。彼女は私にしか腹を立てることができない。だがそれでも、私に腹を立てることは本当に難しい。それはほとんど不可能な仕事だ！　それを通り抜けなければならない人たちは、その地獄を知っている。

だが、それについて一つ良いことがある――たとえ最悪の状況でも、常に何か良いことはある――それは、何も永久に残らない、ということだ。あなたはそれから出て来て、その時あなたは途方もない自由と喜びと理解を感じる。

第33章

祈り――あなたの心理的な鎧

Prayer — Your Psychological Armor

質問一

先日、あなたにより近づくことについて話されていた時、私は自分が、より近づくことから自分を守っている自分の周りの薄い鎧を、まだ感じていることに気づきました。この鎧はあなたに対して自分を開くことには似合わないものです。私はそれがどこからやって来るのかわかりません。どうか、それを消せるように助けてください。

誰もがその類の鎧を持っている。

それには理由がある。まず、子供は自分が何も知らない世界へ完全に無力で誕生する。当然、彼は自分に直面する未知のものを恐れる。彼はまだその九ヶ月の絶対的な安心、安全を、何の問題もなく、責任もなく、明日への何の心配もなかった頃を忘れていない。

私たちにとってそれらは九ヶ月だが、子供にとっては永遠だ。彼はカレンダーのようなものは何も知らない。彼は分、時間、日、月について何も知らない。彼はどんな責任もなしに、絶対的な安全と安心の中で永久に生きていた。それから突然、彼は知られざる世界の中に、他の人たちにすべてを頼る所に投じられる。彼が恐れを感じるのは当然だ。誰もがより大きくてより強力で、彼は他の人たちの助けなしに生きることはできない。彼は自分が依存しているのを知る。彼は自分の独立性を、自分の自由を失ってしまった。

そして小さな出来事が、将来彼が直面しようとしている現実についての何らかの味わいを彼に与えるかもしれない。

ナポレオン・ボナパルトはネルソンに敗れたが、実のところ、その称賛はネルソンに行くべきではない。ナポレオン・ボナパルトは幼年期に小さな出来事に敗れていた。現在、歴史は物事をこのように見ていないが、私にとってそれは完全に明白だ。

彼がほんの六ヶ月の年齢だった頃、のら猫が彼に跳びかかった。彼の世話をしていた女中が、家の中で何かをしていたのだ。彼は朝日に照らされた新鮮な空気の庭にいて、横になっていた。すると、のら猫が彼に跳びかかった。それは彼を傷つけなかった――おそらく、ほんのじゃれた行為だった――が、子供の考えでは、それはほとんど死だった。

それ以来、彼は虎やライオンを恐れはしなかったが――。彼はどんな武器もなしに、恐れることなくライオンと戦ったかもしれない。しかし猫は？――それは別問題だった。彼は完全に無力だった。猫を見ると、彼はほとんど凍りついてしまった。彼は再び、防御できず戦う能力のない六ヶ月の小さな子供になった。その小さな子供の目では、その猫は非常に大きく見えたに違いない――それはのら猫だった。その猫は子供の目を覗き込んだかもしれない。

彼の心の中の何かが、その出来事で非常に印象づけられたので、ネルソンはそれを利用した。ネルソンは全くナポレオンとは比較にならなかったし、ナポレオンはその人生において決して敗れなかった。これは彼の最初で最後の敗北だった。彼は敗北してこなかったが、ネルソンは軍隊の正面に七十匹の猫を連れて来た。

ナポレオンがその七十匹ののら猫を見た瞬間、彼のマインドは機能を停止した。彼の将官たちは何が起こったのか理解できなかった。彼はもはや、同じ偉大な戦士ではなかった。彼はほとんど恐怖で凍りつき、震えていた。彼はこれまで、どの将官にも軍隊を指揮させてこなかったが、今日彼は涙を浮かべてこう言った。「私は、考えることができない――お前が軍隊を指揮しろ。私はここにいるが、戦うことはできない。私にとって何かがうまくいかなくなってしまった」
その将官は指揮の任務に就いたが、ナポレオンなしでは軍隊はネルソンと戦えなかった。そしてナポレオンの様子を、非常に奇妙な何かが起こっていたのを見て、彼の軍隊の誰もが少し恐れるようになった。

子供は弱く無防備で、不安でいる。自主的に彼は違う方法で鎧を、保護するものを作り始める。たとえば、彼は一人で眠らなければならない。暗くて怖いが、彼は自分のクマのぬいぐるみを持っていて、自分は一人ではない、友人が自分と一緒にいる、と信じている。あなたは駅や空港で、子供が自分のクマのぬいぐるみを引きずっているのを見るだろう。それが単なるおもちゃだと思うかね？ あなたにとってはそうだが、子供にとっては友人だ。そして他の誰も助けにならない時に――夜の暗闇で、ベッドで一人でいる時に友人が――その彼がまだ一緒にいてくれている。

彼は心理的なクマのぬいぐるみを作り出すだろう。大人は自分にはクマのぬいぐるみはないと思うかもしれないが、その人は間違っていることを思い出すべきだ。彼の神とは何だろう？ ただのクマのぬいぐるみにすぎない。自分の子供時代の恐怖から、人間は全知全能であらゆるところに存在する父親的な象徴を創造した。もしあなたが彼に充分な信仰を持っているなら、彼はあなたを守るだろう。だがまさにその守るという考えが、保護が必要だという考えそのものが子供っぽい。その時あなたは祈りを学ぶ――これらはまさに、あなたの心理的な鎧の一部だ。祈りとは、あなたは夜一人でここにいることを神に思い出させるためのものだ。

子供の頃、私は常に不思議に思っていた――。私は川を愛していた。その川はすぐ近くに、私の家から歩いてほんの二分の所にあった。数百人の人々がそこでよく沐浴していて、私は常に不思議に思っていた――。夏に彼らが川でひと泳ぎしている時は、彼らは神の名前――「ハレ・クリシュナ、ハレ・ラーマ」――を繰り返さない。だが寒い冬には、彼らは「ハレ・クリシュナ、ハレ・ラーマ」を繰り返す。彼らは「ハレ・クリシュナ、ハレ・ラーマ」を繰り返して、素早くひと泳ぎする。

私は不思議に思っていた。季節が違いを生じさせるのだろうか?

私は両親に尋ねたものだった。「もしこの人たちが『ハレ・クリシュナ、ハレ・ラーマ』の帰依者であるなら、夏は冬と同じくらい良いものだよ」

だが私は、それが神や祈りや宗教であるとは思えない。それは単に冷たいだけだ！　彼らは「ハレ・クリシュナ、ハレ・ラーマ」で鎧を作っている。彼らは自分のマインドの気を紛らしている。それはあまりにも冷たいので、気を紛らすことが必要だ――それは助けになる。夏には必要がない。彼らはただ自分たちが冬の間中にしていたことをすべて忘れている。

私たちの祈り、詠唱、マントラ、聖典、神、聖職者たちは、すべて私たちの心理的な鎧の一部だ。それは非常に微妙なものだ。キリスト教徒は、自分は救われるだろうが他の誰も救われない、と信じている。それは彼を守るための取り決めだ。彼以外のあらゆる人は地獄に陥ることになる。それは彼がキリスト教徒であるからだ。だがすべての宗教が、同様に自分たちだけが救われると信じている。

それは宗教の問題ではない。それは恐怖の問題であり、恐怖から救われるという問題だ。だからそれはある意味で自然なことだ。だがあなたが成熟するある地点において、それは落とされるべきだという ことを知性は要求する。それはあなたが子供だった頃にはよかったが、ある日あなたは自分のクマのぬいぐるみを捨てなければならない。ちょうど同じように、ある日あなたは、自分の神を捨てなければならない。ある日あなたは自分のキリスト教を、ヒンドゥー教を捨てなければならない。最終的に、あなたが自分のすべての鎧を落とす日は、あなたは恐怖から生きることを落としたという意味になる。

それではどんな種類の生き方が、恐怖からのものであり得るだろう？　いったん鎧が落とされたら、あなたは愛から生きることができ、成熟した方法で生きることができる。完全に成熟した人は、何の恐怖もどんな防御も持っていない。彼は心理的に完全に開いていて無防備だ。ある時は、鎧は必要なものであるかもしれない——おそらくそうだろう。だがあなたが成長するにつれて、もしあなたが年を取っているだけでなく成長もしているなら、成熟することへ成長しているなら、自分が自分と一緒に何を持ち抱えているのかを見始めるだろう。なぜあなたは神を信じるのだろう？　ある日あなたは、自分は神を見なかった、神とのどんな接触もなかった、そして神を信じることは嘘を生きることであり、自分は誠実ではない、と自分自身でわからなければならない。

そこに誠実さや真正さがない時、どんな類の宗教が存在し得るだろう？　あなたは自分の信仰の理由を述べることさえできない。それでもあなたはそれにしがみ続ける。

よく見てみるなら、あなたは背後に恐怖を見つけるだろう。

成熟した人は、恐怖と関係のあるどんなものからも自分自身を切り離すべきだ。

そのようにして成熟は生じる。

ちょっとあなたのすべての行為を、すべての信念を見守って、それらが経験に、現実に基づいているのか、それとも恐怖に基づいているのかどうかを見つけ出しなさい。そして恐怖に基づいたものは何もすぐに、考え直すことなく落とされなければならない。それはあなたの鎧だ。私がそれを溶かすことはできない。私は、それを落とせる方法を示すことしかできない。

それは単純なことではない。それの周りに多くの物事がある——。

インドにはとても多くの寺院がある。多くの人々は家を持たない。だがとても多くの神々が、三千三百万の神々がいる。そして神々すべてに寺院が必要になる。いくつかの場所ではバラナシのように、二軒の家があってそれから一つの寺院が、三軒の家があってそれから別の寺院があるのに気づくだろう──都市全体が寺院の都市だ。破壊された都市であるカジュラホでは、いまだに百もの寺院があり、そして数百の他の寺院は廃墟となっている。かつては大都市であったに違いないが、寺院を見ると、私は人がどこに住んでいたのか理解できなかった。なぜなら、都市全体が寺院ばかりで構成されているように見えるからだ。そこには住める余地がないように思える。

私はジャバルプールで、朝に静かな通りを散歩したものだった。そして一人の男がよく私の後をついて来た。朝の散歩によく行っていたのは私たち二人だけだったからだ。彼の習慣は路上のすべての神に敬意を払うことだったので、この寺院に来ると彼は敬意を払い、その寺院に来ると彼は敬意を払う。

私は彼に言った。「ちょっと聞きなさい。私と一緒に来るのなら、あなたはこの愚かさを続けることはできない。さもなければあなたは自由だ──それをすればいい。だが私は、すべての寺院で待つことはできない。あなたはこの愚かな行為をしていて、私があなたの側に立っている、というのはきまりが悪く見えるのだ」

しかし、彼は私のことが大好きだった。彼はこう言った。

「私も無用なことだと思う。他の誰もそれをしない。けれども私の父はよくそうしていた。そして彼のせいで、それはほとんど代々続くものとなってしまった。私はそうしていて、私の子供はそうする、というようにね。そして今、そこには大きな恐れがある──私の父は私にそれを残した。おそらく彼の父が、彼にそれを残したのだろう。その恐れとは、もし敬意を払わずに神の寺院を通過すると、神は腹を立てるかもしれない、ということだ。そして神は非常に執念深い。彼らはあなたを放っておこうとはしない。あなたは苦しむだろう。だから恐れがある。なぜ不要に、他に何の防御もない者に対して敵を、強力な敵を作るのだ？　敬意を払う方がより良い——それはいくらもかからない」

私は言った。「それならあなたはそうするがいい。だがあなたは、私と一緒に来ることはできない」

すると彼は、私と一緒に来ることが大好きだったので、こう言った。

「明日やってみよう——ちょっと私に一つのチャンスを与えてくれ。なぜならあなたはどんな敬意も払わないが、誰もどんな報復もしないのが私にはわかっているからだ。他の誰も、敬意を払っていない——何千人もの人々は通り過ぎていて、私だけがそうしている——。それはすべての神々が、私が敬意を払うのを待っているように思えてしまう。そうしなければ私は報復を受けるだろう。彼らは他の誰かには関わっていないのだ」

私は言った。「それこそ私が言っていることだ——彼らはそこにいない。寺院には誰もいない。すべての寺院は空っぽだ。神はいないから恐れる必要は全くない。あなたは私と一緒に来ればいい。だが明日、この習慣を止めなければならない。そうしなければ、この朝の散歩のための私たちの友情は終わりになる」

彼は「ほんの一日だけ——」と言った。彼は一生懸命試みた。そして私は、心理的な足枷がどのように存在するのかを見ることができた。

彼は私と約束をした。そして私は彼と一緒にいたので、彼は私を欺くことができなかった。一方の側に神があった——そして彼は両側の間で捕まえられた。私は彼の足が止まっているのがわかった。私は彼の手が敬意を払う用意をしているのがわかったが、彼は私を見て手を下ろした。

その日は二倍の時間がかかった。なぜなら彼は止まっていたから——ほとんど自動的に、歩みを中断したからだ。そして私は立ち止まり、彼を厳しく見なければならなかった。彼は「わかった、私はそれをしない。だがあなたは神がいないと確信しているのだろうか？」と言った。

私は言った。「あなたはただ、神についてすべて忘れることだ。私たちは朝の散歩に来たのだが、この絶えず止まることは――。そしてとても多くの寺院がある。私はうんざりしている！」

だが、あなたは驚くだろう。夕方、彼は私に会いに来た。彼は非常に幸せそうに見えた。

彼は言った。「何だかわかるかね？　私は別の時間に行かねばならなかった。あなたと別れた時、私は敬意を払うために再び行ったのだ。私は酷く邪魔されたので、大勢の神が怒っているからだ。そして私はかわいそうな男だ。どうすればいい――？　しかし今、私はリラックスした」

それで彼は言った。「あなたと一緒に私は来るが、私は敬意を払わない。だが私は二度行くことができる――二回目はただ神に敬意を払うために。それは完璧に良い」

私は言った。「あなたは治らないようだな。あなたは毎日、一緒にいる私を見ている――誰も怒っていないし、誰もどんな報復もしていない。あなたは通り過ぎている何千人もの人々を見ているのだよ」

彼は、「私はあらゆるものを見ているが、自分自身のマインドについてはどうしたらいいのだろう？」と言った。

私は言った。「それなら、一回で行って敬意を払うほうがいい。私はその通りを行くのを止めるつもりだ。私は別の通りを行くだろう。私はあなたに二回行くことを、あなたの時間の浪費を強制するつもりはないからだ」

人々が心理的にそうした束縛状態にいる時、彼らは常に理由を見つける。ある日、彼は私のところに来てこう言った。

「今、私は一人で、あなたなしで歩いている。朝の散歩の喜びが、すべて消えてしまった。私がこれらの神々と別れない限り、あなたが私と一緒に来ないことは知っている。私は選ばなければならない。

それで今日、そうしてみた――おそらくあなたは正しいのだろう！　だから私は自分自身で試してみた。私はどんな敬意も払わなかった。そして私が家に帰った時、母親が死んでいた。さあ、私がとても多くの神々を怒らせたことは絶対に確かだ」

だが、私は言った。「誰の母親でも死ぬことになっている。あなたは、母親が死んだのは神が怒っているからだと思うのだろうか？　あなたの母親だけは特別だとでも？　誰の父親でも死ぬことになっている。誰でも病気になることがある。誰でも事故に遭うことがある！」

だが彼は言った。「私は何も考えられない――私が散歩に出かけた時は彼女は完全に大丈夫で、私が帰ったら死んでいた。医師は彼女が心臓発作を起こしたと言うが、私は、本当は敬意を払っていないことで、彼女を殺してしまったのがわかっているのだ」

私は言った。「もしあなたが敬意を払わなかったなら、あなたが心臓発作で死ぬべきであって、死ぬのはあなたの母親ではない。あなたは単純な事がわからないのだろうか――あなたの母親はそれと関係がないということが」

しかし、心理的な条件付けはあなたをほとんど盲目にする。彼は私に言った。

「これは私への警告だ。『見ろ。今回は我々はお前の母親を連れて行く。次回はお前がいなくなるのだ！』と。彼らは私に機会を、チャンスを与えてくれた――そのチャンスがあるのは、私が常に敬意を表してきたからだ。彼らは私には親切でいる。今、私はあなたの言うことを聞くつもりはない」

心理的な鎧は、あなたから取り除くことができない。あなたはそのために争うだろう。あなただけがそれを落とすための何かができるのであり、その何かとはそのありとあらゆる部分を見ることだ。もしそれが恐怖に基づいているなら、恐怖を落としなさい。もしそれが道理に、経験に、理解に基づいているなら、それは落とすべきものではなく、あなたの存在の一部にするべきものだ。しかしあなたは、自分の鎧の中に経験に基づくものを一つも発見しないだろう。それはAからZまですべて恐怖だ。

私たちは恐怖から生き続ける——だから、あらゆる他人の経験を害し続けるのだ。私たちは誰かを愛するが、それは恐怖からだ。それは悪くなり、それは害する。私たちは真実を探し求めるが、もしその探求が恐怖からのものなら、見つけることはない。

あなたが何をしようとも、一つのことを覚えておきなさい。恐怖からでは、成長することはない。あなたは萎縮して死ぬだけだ。恐怖は死のためにある。

マハーヴィーラは正しい。彼は恐れのないことを、恐れ知らずな人の必須要素にしている。そして私は、恐れがないことで彼が何を意味するのかが理解できる。彼は、すべての鎧を落とすことを意味している。恐れ知らずな人は、生があなたに贈り物として与えたいと望んでいるものすべてを持っている。今や障壁は全くない。あなたは贈り物を浴びせられ、あなたが何をしようとも、強さや力、確信、途方もない権威的な感覚を持つだろう。

恐怖から生きる人は、常に内側で震えている。彼は気が狂ってしまう地点に継続的にいる。なぜなら生は大きいし、あなたが継続的に恐怖の中にいるなら——。そしてあらゆる種類の恐怖がある。あなたは大きな一覧表を作ることができる。そして、どれだけ多くの恐怖があるのかに驚くだろう——それでもあなたは生きている！　そこには、あたり一面に伝染病、病気、危険、誘拐、テロリストたちがいる——それからとても小さな生がある。そして最終的に、避けることのできない死がある。

あなたの生涯は暗闇になるだろう。

恐怖を落としなさい！　恐怖は子供時代に、無意識的にあなたが手に取ったものだ。今、意識的にそれを落とし、成熟しなさい。すると生は、あなたが成長し続けるにつれて、深まり続ける光になることができる。

質問二

講話であなたが「その瞬間を全面的に生きなさい」というようなことを言う時、私は常に「もちろんだ！——。そのとおりだ！　これから先ずっと、常にそれをするつもりだ」と思います。そしてもちろん、一瞬おいて私は既に忘れています。すべての講話の中で私は、より瞑想的で、より宗教的で、より愛情深くて、より気づいているべき時が来た、と決心します——そして私は直ぐに忘れます。

あなたとただ座ることによって、近いうちに思いがけずにそれを得ることは、本当に可能でしょうか？

あなたが思いがけずにそれを得るかもしれない、ということは可能だ。だが、あなたの質問は非常に意義深い。もしそれを見るなら、あなたは何が間違っているのかがわかる。あなたは私が全面的に、強烈に、瞬間から瞬間へと生きること、今を生きること、ここで生きることについて話すのを聞き、そして自分自身にこう言う。「もちろん、そのとおりだ！　私はそれをするつもりだ」

それは後になって忘れる、ということではない。あなたは既に忘れてしまった。

「もちろんだ！　そのとおりだ」と言うことで、自分はそうするつもりだと決めることで、あなたは既にそれを明日に延期してしまった。あなたがこの方法で生きようとするのを決めることによって、あなたは既にその要点を取り逃がしていた。あなたは今、その要点を取り逃がした。

ほんの一瞬後に、自分がそれを忘れたことを後で自分は気づいた、とあなたは思っている。あなたはほんの一瞬後に忘れたのではない。あなたはそれを全く聞いていなかったのだ！　さもなければ「もちろんだ！　そこが大事なところだ！」とは言わないだろう。あなたは言葉なしで、それを単に理解するだろう。

あなたはそれを言葉にしなかっただろう。それを言葉にすることで、あなたはその瞬間を逃しているからだ――その瞬間は非常に小さなものだ。

あなたのマインドは本当にあなたを欺いている。あなたのマインドはこう言っている。

「私はそれを理解した。心配しなくていい。もちろん、そこが大事なところだ！　私たちはこのやり方で生きようとしている」

しかし、それはいつにだろうか？　問題は今だったが、あなたのマインドは既にそれを延期してしまった。問題はここにあったが、マインドは既に未来を持ち込んでいる。問題は、あなたが後で忘れるということではない。後になるとあなたは、自分が忘れたことをただ認めるだけだ。しかし真実は、あなたが理解さえしなかったということだ。なぜならもしあなたが理解するなら、それを忘れる可能性はないからだ。

真実には、理解されるとそれを忘れることは不可能になる、という質がある。だからあなたが真実の人であるなら、それを覚えている必要はない。だがもしあなたが嘘をつくことに慣れているなら、あなたには非常に優れた記憶力が必要になる。その時あなたは、昨日どんな嘘をこの人に言ったのかを継続的に覚えていなければならないからだ。そして同じ嘘を繰り返さなければならない。その間あなたは他の人々に対して、他の事についての嘘を言ったかもしれないからだ。嘘つきは全く非常に用心深くしていなければならない。そしてもし彼が注目を浴びるなら、彼は非常に論理的で、ほとんど詭弁家《ソフィスト》でいなければならない。そうすれば、うまくやりこなすことができる。

あるスーフィーの物語で、イラン国王の使者としてインドの王の元に行くために、二つの大国間の親交を結ぶために、ムラ・ナスルディンがイラン国王によって選ばれた、というものがある。イラン国王の宮廷にいる他の重要な人々は、みんな非常に嫉妬していた。彼らはあらゆる方法でナスルディンの旅を台無しにし、王の心にナスルディンへの敵意を生み出そうとしていた。彼らはナスルディンが何をしているのかを見つけ出すために、彼を監視していた。

ナスルディンがしたことはこれだった。彼はインドの皇帝の元に行き、皇帝のすべての廷臣たちの前でこう言った。

「あなたに会えたことは私にとって大変光栄です。私の王よ、イラン国王はただの若い月に過ぎません――月齢はたった二日だけです。あなたは満月です」

皇帝は確かに非常に感銘を受けた――イランの大使が彼を、数分間しかめったに見られない月齢が二日の月にではなく満月に匹敵させていることに！　皇帝はナスルディンの王に与えるための多くの贈り物を彼に与えて、「私はあなたの使者に大変満足している、とイラン国王に知らせなさい」と言った。

しかし、ナスルディンに反対する陰謀者である国王の宮廷のスパイたちが、彼より前に国王の宮廷に到着していた。彼らは、ナスルディンがイラン国王をただの若い月だ、月齢が二日の月だと称して国王を侮辱した、インドの皇帝は満月であり、その栄光において完璧であると言って、イラン国王をインドの皇帝と比較した、とすべての人たちに言った！

当然、イラン国王は非常に気分を悪くした。彼は言った。

「そのナスルディンを連れてまいれ！　私は彼が賢人であると思ったものだったが、彼は非常にずる賢いようだ」

ナスルディンは、大きくて高価な贈り物を持ってやって来たが、王は怒っていた。王はこう言った。「私はどんな贈り物も望んでいない。まずお前は私に説明しなければならない。私は月齢がほんの二日の月であり、彼は完全な満月のようだと言って、私を皇帝と比較したのは本当か？」

ナスルディンは言った。

「はい、そして皇帝は馬鹿者です！　彼は私の言う意味を理解しませんでした」

王は言った。「お前の意味とは何だ？」

彼は言った。「私の言った意味は、満月はその死の床にあり、明日からそれは衰え始めるだろう、ということです。月齢が二日の月は増強しています。明日、それはより大きくなるでしょう。明後日、それはさらにより大きくなるでしょう！　だから私のイラン国王はますます大きくなり、拡大しています。皇帝にはどんな未来もありません――私の王には未来があります。皇帝には過去しかなく、彼の未来は死です」

イラン国王は非常に感銘を受けた。彼はインドの皇帝から自分へ贈られたすべての贈り物をナスルディンに与え、さらに多くの贈り物をナスルディンに与えて、彼に「お前は本当に賢人だ」と言った。そしてすべての廷臣たちは、物事全体が完全に変わったことを見て静かになった。

「このナスルディンは本当に奇妙なやつだ。我々は一度も、彼がそのような方法でそれを解釈するだろうとは思ったことがなかった」

その夜、彼らは彼に会いに行った。今や彼は宮廷で最も重要な人になり、王のための唯一の補佐役になったからだ。そして彼らはみんな彼を称賛した。彼は言った。

「煩わされないでください――私はただの救い難い嘘つきにすぎません！　その状況がどうあろうとも、私は関係集団にそれが心に響くような方法で、どうにかうまく解釈します。インドの皇帝とイラン国王は両方とも馬鹿です！　私はただの救い難い嘘つきに過ぎません。私は何も意味していません！」

真実にはある性質があり、それには内在的な正当性がある。それを証明する必要はない。その体験がその証拠になる。他のどんな論理も必要ない。

だから、ただあなたの行為、思考、感情を調べなさい。あなたはどこにでも鎧を見つけるだろう。あなたがどこで恐怖を見ようと、それはあなたが作ったのだ。それはかつては必要だった——今、それはもう必要ない。それはもう必要ない——今やそれは障壁、障害物、重荷になっている、と単に理解するだけでいい。もしあなたが真実の何かに気づくなら、それにはそれ自身の正当性があるだろう。

しかしあなたは、鎧の中に真実と関係するものを何も見つけないだろう。鎧全体は恐怖で作られている——恐怖という層に次ぐ層で。

木こりや木について研究する科学者は、樹皮の層から樹齢を数える。木を切った時、幹の上に樹皮の層が見える。

毎年、木は一つの層を集める——そのようにして、その木がどれだけ古いのかをどうにか知ることができる。四千年も古い木がある。それには四千枚の層がある。

あなたの鎧にも、あなたが生きてきたのと同じくらい多くの層がある。毎年一つではない。たぶん一つか、二つか、三つか——それは、どんな種類の生い立ちで、どんな種類の教育を受け、どんな種類の人々とあなたは生きてきたのか、という条件次第だ。しかし毎年あなたは層を集めている。その鎧はより厚くなり続けて、あなたを生に触れさせない。あなたと生との間には、大変な隔たりがある。

あなたは自分自身の周りに牢獄を持ち運んでいる。しかし、あなた自身がそれを作り出したので、どんな瞬間にも、まさにこの瞬間にそれを落とすことができる。しかし、延期してはいけない。「私は明日それをするだろう」と言ってはいけない。明日は決してやって来ない。そして私が「それをしなさい――」と言う時、実際にそれをする必要はない。ただ見るだけで充分だ。あなたがそれを見たなら、それを言葉に表して「そこが大事なところだ！」と言ってはいけない。なぜならそれを言葉に表すことで、取り逃がすからだ――その瞬間はなくなる。言葉に表現することなしに、ただそれを見なさい。そうすれば牢獄は消失するだろう。それには実在性が全くない。それは現実の何かではない。あなたが作り出したものは、非現実的な何かだ。これは毎日起こり続けている。

私は、強烈に今とここに生きるようにとあなたに言うが、そこにある障害物は直ちにそれを未来に移す。あなたは自分がそれを理解したように感じる。まさに今、障害物は未来の方へそれを移して、あなたに理解している感覚を与えるだろう。しかし、次の瞬間あなたはそれを忘れてしまう。なぜなら、そもそもあなたは全く理解しなかったからだ。理解したなら、決して忘れることはない。

大学の教授たちは、私に非常に怒っていた。それは私が決して、どんなノートも取らなかったからだ。そして他のすべての学生はノートを取っていた。彼らはただ座っている私を見て、私に尋ねた。

「君はノートを取りたくないのか？」

私は言った。「必要はありません。私は理解しようとしています。私がそれを理解するなら、どんなノートの必要もありません。その理解は私と共に残るでしょう。理解は私の血の一部、骨の一部、髄の一部になります。ノートを取っているこれらの人々は、理解していない人たちです。彼らはノートを取ることで、自分は覚えられるだろうと思っています――でも、彼らは何を覚えるのでしょう？　彼らはそもそも理解していなかったのです。これらのノートは死んでいます。たぶん彼らは答案用紙でこれらのノートを繰り返すことができるでしょう。

あなたに責任があります――これらの人々は、試験にこれらのノートを書き写すからです。それから彼らは捕まるでしょう。実のところ、あなたに責任があります。あなたは彼らがノートを取ることを止めさせるべきでした。それは単純な論理です。彼らは理解せずに、ノートを取ろうとしています。彼らは同時に二つの事はできません。結局は、ノートだけが彼らの手の中にあって何の理解もありません。そして試験で、彼らは何をするのでしょうか？　彼らは数多くの異なる方法でノートを持ち込もうとするでしょう」

人々は自分の手の上に小さなメモを書くだろう、人々は自分の衣服に書くだろう――そしてインドではクルタを、非常に長いローブを身につけている。その裏側に大きなメモを書くことができる。誰もそれを見ることはできない。それを見たい時にだけ、ただそれを上にめくってメモを見ることができる。そしてあなたは、どんなノートも何も持っていない。そして危険なタイプであり、危険であると知られている人々は、ナイフと一緒に自分の原稿を持って来るだろう。

彼らは原稿と一緒にナイフをテーブルの上に置く。そして彼らは、そこに立っている教師の前で原稿から写し取るだろう。教師は、その男は危険であり、ナイフは象徴的であることを知っている。「もしあなたが私を邪魔するか、私に対して間違った何かをするなら、私は何でもできます――私はあなたを殺すことができます」。だが誰に責任があるだろう？

「そしてあなた方は、」と私は彼らに言ったものだった。

「私に腹を立てています。誰が理解しようとしているのでしょうか？」

私自身の授業では、今度は私が教授になった時、それを完全に防止した――誰もノートを取ることができなかった。私は言った。「マインドは、一度にただ一つの事しかできないので、ノートを試験にこっそり持ってくる必要がないように、理解しようとしなさい」

最初、私の生徒たちは非常に困惑した。彼らは、「すべての教授は、『ノートを取りなさい。そうすれば忘れない』と言います」と言った。

私は言った。「あなたが理解しなかった時にだけ、忘れるという問題は生じる。私は、『理解しなさい、そして忘れることについて心配してはいけない』と言っている。理解されたことは何でも、決して忘れられない。そして理解されなかったことは、何でも必ず忘れられるものだ」

だから、それこそが起こっていることだ——。私は「今、生きなさい」と言う。

あなたはこう言う。

「それが大事なところだ！　もうたくさんだ。今私は、瞬間から瞬間に生きるつもりだ」

だが、なぜ決心するのだ？

ただ始めなさい！　あなたがここでしていることが何であろうと——あなたはここで聞いている、ただ聞きなさい。それを言葉にする必要は全くない。マインドは解説者だ——それは解説し続ける——だが、もしあなたが強烈に聞こうとするなら、解説するマインドは止むだろう。それはエネルギーの問題だからだ。

あなたには一定のエネルギーがある。もしあなたが聞くことにすべてのエネルギーを与えるなら、マインドの中のこの継続的な解説は自動的に止まる。それはもうエネルギーを持っていない。あなたはそれに栄養を与えていない。

そうだ、それはあなたがどうであれ起ころうとしている。それは本当だ。どれだけ長くあなたは私に耳を傾けないようにするのだろう？　ただ疲れて、ある日あなたは、「私たちに聞かせてください！」

と言うだろう。

質問三

ゲオルギイ・グルジェフは「ブラボー、アメリカ！」と言いました。米国がどれほど非人道的にあなたを扱ったのかを見た後、私は「アメリカを葬れ！」と言います。

愛するマスター、あなたはどう思われますか？

私はグルジェフに対して、何も言うことはできない。それでも私は、アメリカが私を虐待しなかったという単純な理由のために「ブラボー、アメリカ！」と言うだろう。私を虐待した官僚の小さなグループはアメリカではない。彼らはアメリカも虐待している。「アメリカを葬れ！」と言ってはいけない。「アメリカ政府を葬れ！」と言いなさい。それをはっきり区別させなさい。

アメリカは、私についてあまり知識を持っていない。私をすべてのアメリカの人々に知らしめたのはアメリカ政府の振る舞い、虐待だった。そして私がそれらの十二日間で行ったところはどこでも――私は、ほとんどアメリカ中を通過した――私は見知らぬ人たちによる愛と敬意を持って、迎えられた。誰でも、アメリカ政府がファシスト政府のように振る舞っていたのがわかった。誰でもこれは宗教的迫害であり、これは民主主義ではないのがわかった。私と接触した官僚たち――看守、医師、看護婦、刑務所の他の付き添い人たち、囚人たち――の間でさえ、そこにはたった一人の例外もなかった。

私は驚いた。その囚人たちは、私を知る方法を全く持ち合わせていなかったからだ。彼らは私に何が起こっていたのかを、ただテレビから知っただけだった――小さな断片だ。しかし彼らは、私がキリスト教狂信者によって、官僚制によって迫害されつつあったのを確信していた。政府はいくつかの理由のために恐れていて、教会はいくつかの理由のために恐れていた。

彼らは単に、私をアメリカに入国できないように何らかの口実を望んでいた。なぜなら彼らは、もし私がアメリカの外にいたなら、当然、私の人々は分散するだろう、と知っていたからだ。

しかしアメリカの人々から、私は大きな愛を経験した。私が入っていた最初の刑務所では、とても多くの電報と、とても多くの電話が――何千もの数だ。私は看守に、「あなたは疲れているに違いないだろう？」と尋ねた。

彼は言った。「いいえ、私たちは電話を受け取り、電報を開封するために、あと三、四人の人々を任命しなければなりません」

最初の日、ドイツから誰かが電話して看守に尋ねた。

「おそらくＯＳＨＯはあなたの刑務所で、国際的な地位を持つ最初の人になるに違いないでしょう？」するとと看守は、「いいえ、私たちの刑務所には閣僚、政党の指導者、そして多くの有名人たちがいました」と言った。

私は何が起こったのか全くわからなかったが、二日目になった時、花が届き始めた――。そこには多くの人たちがいたので、その刑務所には、大きな刑務所には――それは六百人以上の囚人たちを抱えていた――彼らには花を収容する場所がなかった。彼らには、たった一つの空の部屋、大きな部屋、この部屋より大きな部屋しかなかった。そしてそこは花で一杯だった。

看守は私のところに来て、「花をどうするつもりですか？」と言った。

私は言った。「それらを都市の学校、大学、総合大学、病院、病人たちに届けなさい――どこであれあなたが感じるところへ、私から、ただそれらを送り届けなさい」

彼は言った。「もう一つのことが私は残念ですし、私は謝りたいのです。私はドイツから電話した人の番号を知りません――あなたは最近来たばかりで、私はあなたがどんな種類の人なのか、全く気づいていませんでした。今、二日間で、私は全世界があなたに関心を持っていることがわかりました。私たちが電話と電報と花を受け取っていない所は、世界でたった一つの国もありません。そしてアメリカのあらゆるところから人々は、なぜあなたが逮捕されてきたのかを、ただただ知りたがっています。

ですから私は、その人に電話して謝ることはできませんが、私は自分が彼に言いたいことをあなたに話すことができます。どうか私を許してください。それらの閣僚たちや政治指導者たち――あなたは彼らの部類に属していません。たぶん私たちは、この刑務所であなたのような人を他には決して扱わないでしょう。これらの二日間は、私の人生で最も貴重な日でした」

看守は毎日、私を法廷に連れて行ったもので、戻ってから彼はこう言った。

「それは全く不法なものです。私は一度も、それほど不法なものを見たことがありません。彼らはあなたに反する物事を証明できませんが、それにもかかわらず保釈を与える用意ができていません。これは前代未聞のことです」

彼は言った。「私の生涯で――そして私は、二十年間ここにいます」

通りで人々は両側に立っていて、私が法廷に来たり、法廷から戻っていた時はいつでも――おそらく数時間の間そこにいた。なぜなら彼らは、何時に私が連れ出されるのか、何も知らなかったからだ――叫び声を上げ、勝利のための二本の指を示して、花をパトカーの上に投げていた。

いや、アメリカは私を虐待しなかった。政府――それは全く異なる物だ――。政治家と教会は共謀した。両方とも危機の中にあった。そして今、彼らは、何らかの圧力をかけられる他のすべての国に恐怖を植えつけようとしている。彼らはお金で貧しい国を援助しているからだ。貧しい国は債務の下にあるので、アメリカが彼らに何を言おうとも、彼らは従わなければならない。彼らのすべての努力は、私を再び落ち着かせないことと、コミューンを作り出させないことだ。なぜならそのコミューンは、彼らのすべての告発、主張が完全に間違っていることを証明する答えになるだろうからだ。

しかし、その土地の人々に関する限り、彼らは素晴らしい。そしてグルジェフは正しかった。

この政府は永続することはない。彼らは既に自殺的な行為をし始めた。

リビアへの攻撃によって、彼らは自分たちの本当の顔を示した。リビアのような小さな国とアメリカのような原子力——比べものにならない——。リビアを攻撃する唯一の理由は、リビアを導く人、カダフィが本当に勇敢な人で、率直であり、彼が何であれ真実を言うからだ。彼は政治家ではない。

そして彼は、ロナルド・レーガンがアドルフ・ヒトラーのナンバー・ツーだと言った。この声明がリビアを攻撃する根本原因だった。他のすべての物事は、どんな考慮の対象にもならなかった。しかし彼はリビアを攻撃する前に私を——幸運にも私にはどんな国土もないが——攻撃するべきだということをわかっていない。それは私がすぐにカダフィを訂正したからだ。

「あなたは間違っている。ロナルド・レーガンはアドルフ・ヒトラーのナンバー・ツーではない。彼はナンバー・ワンのアドルフ・ヒトラーそのものだ」

第二次世界大戦の哀れなアドルフ・ヒトラーは、ナンバー・ワンではあり得ない。彼は今やナンバー・ツーだ。ロナルド・レーガンはアドルフ・ヒトラーより、百万倍以上の力があるという単純な理由のためにだ。現在、彼はカダフィを「中東の狂犬」と呼んでいて、彼を「悪臭」と呼んでいる。

ロナルド・レーガンと彼の政府は、彼らが私を逮捕した日に死に始めた。それには少し時間がかかる。

彼らにさらにいくつかの愚かな事をさせなさい。そしてアメリカの人々に、どんな種類の政府を彼らは得たのかを理解させなさい。それは民主主義ではない。それは人々のためではない。それは人々に関するものではない。それは人々によるものではない。

アメリカを支配しているのはファシストの一群であり、アメリカの人々がそれを取り除くのが良いだろう。そうしなければ――。人々は当然、政府といわゆる政治指導者たちは、人々の指導者だと考えている。それはそうではない。

つい最近、私はクレタ島から、彼らが私を逮捕した後に起こった少しの出来事に関するニュースを受け取った。ちょうど私が警察と一緒に家を出た時、五十歳から六十歳までの十一人の高齢者たちが、家に到着してこう言った。

「これは我々なしで起こるべきではない。なぜあなたは我々に知らせなかったのだ? 我々は自分の猟銃を持っている。我々はそこに来て、それが不作法な意味だということを、そこにいる警察の人々に見せつけるだろう」

一人のジャーナリストが私に尋ねた。「ここに住んでいる人々へ、何かメッセージがありますか?」

私は言った。「ただ彼らに、夜間に空港に到着するように伝えなさい。彼らが私と共にあり、政府や教会と共にはいないことを示すために」

空港には三千人の人々がいた。彼らは私を支援するために、そして警察がしたことと政府がしたことは正しくなかった、と言うために数時間待っていた。五十人の人々が一人のサニヤシンに会った。彼らは起こったことについて非常に怒っていて、「私たちに何ができますか?」と尋ねていた。

単なる貧しい人々、率直な人々だ――。四十人の人々がいる別のグループは別のサニヤシンと会い、彼らは尋ねていた。「私たちに示してください――私たちは何かをしたいのです。このような物事は起こすべきではありません。そして、ＯＳＨＯが教会について語っていたあらゆることは正しかった。何も間違いはありませんでした」

これらの率直な村人たちは、私が教会について話したことが真実であることを理解した。その中に何も間違いはなかった。そして私がギリシャを去った時でさえ、クレタ島からの人々は、「警察と政府のこの行動は我々を汚した」と言うために、大統領の元へ代表団を派遣した。

だから、政府と人々の間に区別をつけることを常に覚えていなさい。

政府は必ずしも人々の代表者ではない。ほとんどの場合、それは人々を騙し、人々を搾取してきた。それは彼らのためではない。

わかっている――質問はミラレパからだ。私はあなたの怒りが理解できる。すべてのサニヤシンは、「アメリカを葬れ！」と言いたいだろう。しかしただ、「アメリカ政府を葬れ！」と言いなさい。アメリカははるかに大きく、よりはるかに重要になっている。そして私はそれでも、新しい人間がアメリカで誕生することを望んでいる。

これらの政府は移り変わる。人々は残る。その人々はまさにその魂だ。国は土地で作られるのではなく、それは人々で作られるのだ。その刑務所での十二日間で、一つの刑務所から別の刑務所に動いて、私は民衆と、そして最低の者たち――犯罪者たちと接触するようになり、そして私は彼らのハートの中にとても多くの愛を見てきた。私が新しい刑務所に入った時はいつでも、私は受け入れられた――私はそこが刑務所だとは感じなかった。なぜなら歓迎がとても温かかったからだ。

もちろん、それらの人々は柵の後ろにいたが、彼らは、「ＯＳＨＯ、私たちはあなたを知っている、そしてあなたは正しい！」と、看守、医師、他の役員の面前に向かって叫んでいた。彼らは整列して、私が自分の独房に到着した時はいつでも、すぐに囚人たちは果物を持って来始めた――ある者はミルクを持って、ある者は石けんを持って、ある者は歯ブラシを持って、ある者は練り歯磨き粉を持って。彼らはこう言う。

「これらの人々は、あなたに何も与えないでしょう。彼らはあなたを苦しめたいのです。しかし、ちょうど前日にあなたがここに連れて来られることを耳にした時、私たちは保管していました。これらの物はすべて新鮮です」

これらの人々は犯罪者だ。では、ロナルド・レーガンは犯罪者ではないのだろうか？

そして彼は不要にカダフィの娘を殺し、一般人の地域にある彼の三棟の家を爆撃した。彼自身は狂犬だ――そして彼は、カダフィを狂犬と呼んでいる！

私はあなたの怒りが理解できるが、犯罪者だけが打たれて、率直で、貧しく、無垢な人々は打たれないような、申し分ない境界線を引くことに注意することを常に覚えておきなさい。

第34章

岩、大地——それらはみんな生きている

Rocks,the Earth‥They are all alive

質問一

もし、自分の誕生と子宮の中にいた時のことを思い出せるなら、前生での死の記憶が蘇ってくるだろう、とあなたがおっしゃるのを聞きました。私はそれを思い出そうとしてみたのですが、そこには想像しかありません。またあなたは、赤ん坊にはマインドがないから、三、四歳くらいまでのことを思い出すのは不可能だともおっしゃっています。

マインドのものではない記憶というものはあるのでしょうか？

マインドではない記憶というものはないが、あなたはマインド全体を知らない。思い出そうとする時、あなたは意識的なマインドしか使っていないし、意識的なマインドは、四歳までしか遡ることができない。だがこの意識的なマインドの下には、無意識のマインドがある。

時々あなたは夢の中で、意識的なマインドが連れて行けるところよりも、もっと深く行く。夢の多くは過去生の記憶だが、あなたには過去生のものだと確認する方法がない。そこで催眠のような特別な技法がある。それは他の誰かがあなたに行なえるものだ——それがより簡単なのは、あなたは完全にくつろぐことができ、また相手は容易に、あなたを過去生の中へより深く連れて行けるからだ。

催眠では、または仏教やジャイナ教徒の用語では——というのも、彼らがこの方法を最初に発見したからだ——それはジャティ・スマラン、過去生の想起と呼ばれる。催眠においては、あなたは自分に催眠をかけている人物以外の声は聞くことができない。彼はあなたに話しかけ、あなたは彼に答えることができるが、それでもあなたは深く眠ったままだ。あなたが意識的なマインドに来ることはない。だから催眠においてのみ、あなたの無意識は意思疎通ができ、質問に答えることができる。

これは、何度も何度も繰り返すことができる。そして例外なく同じ事実が浮かび上がり、同じ記憶、同じ物語が浮かび上がってくるなら、それが想像ではないことは確かだ。

もう一つ——相手の人物は催眠を通してあなたに達するが、それはあなたの意識的なマインドを通っていない——なぜなら意識的なマインドには、何をするにせよ努力や緊張がある。それは無意識のマインドが明るみに出るのを防げるからだ。無意識が明るみに出るには、意識的なマインドは完全にくつろがなければならない。催眠においては、他の誰かと始めた方がいい。それは誰にでもできるごく簡単な技法だ——どんな専門的な知識も必要ない。あなたが互いを助けることができる方法を、その技法について話そう。

あなたが良い媒体になった時に、非常に簡単に無意識の中に滑り込んで行くことができる。その時、無意識ははっきりと、あなたは過去生に達することができると告げられる。意識的なマインドを完全に回避するためのある象徴が与えられる。たとえば、「オーム、オーム、オーム」と三回唱えたらあなたは催眠状態に陥るだろう、と告げることができる。このマントラを使う前に——「一、二、三」のように、どんなものでも使える。それは重要ではない。言葉に意味はない——それをやる前に、あなたは自分の意識的なマインドに、「十分後に私を起こしてくれ」と言わなければならない。相手の人物が同じことをしてもいい。あなたは何もしていないから、その方が簡単だ。だがいったんあなたが、自分の過去生やその多くの過去生の層の中により深く入って行けるようになったら、相手の人物はその無意識にこう言うことができる、「『一、二、三』、これがあなたのマントラだ。そして私がそれを言う時はいつでも、あなたは無意識の状態に落ちるだろう」。だが、意識的なマインドに、自分を起こすように言うことを覚えておきなさい。さもないと、誰があなたを無意識から起こすのだろう？　それは昏睡状態に陥ることがあり得る。

無意識のマインドは、意識的なマインドより九倍も大きい。そこには途方もない宝が、あなたの過去のすべての記憶がある。その無意識の下には集合的無意識がある。人はこの集合的無意識の中にも、降りて行くことができる――もっとも最初は誰かの助けがいるが。それは、かつては神秘学派《ミステリー・スクール》の仕事だった――そこでマスターはゆっくりと、あなたを無意識へ、集合的無意識へと連れて行く。集合的無意識の中には、あなたが動物や鳥だった頃の過去生の記憶がある。

この集合的無意識の下には、宇宙的無意識がある。ゆっくりゆっくりと、人はますます深く進むことができる。宇宙的無意識は、あなたの存在が木やバラの木、石であった頃の記憶を持っている。

だから、マインドはあなたが知っているものだけではない。そこにはあなた自身のマインドの中に発見される多くのものがある。それはあなたのものであり、それはそこにある――だが、容易に手に入れることはできない。それが容易に入手できない理由がある。自然は障壁を作る。もし意識的と無意識と集合的無意識と、そして宇宙的無意識の間に障壁が全然なかったなら、あなたを混乱させるからだ。この小さなマインド――意識的なマインドですらとても混乱し、非常にかき乱されている。もしあなたが自分の生きてきた千年期のすべてを、そのまさに原初から知っていたなら、当然あなたは大変な混乱に、大変な狂気に陥るだろう。

たとえば、あなたはある女性を愛する。彼女は過去生であなたの母親だったかもしれない。もしそれを思い出したら、あなたは面倒な目に遭うだろう。だが彼女は、あなたの集合的無意識においては、あなたを殺した人物だったかもしれない。それなら物事はさらに複雑になる。しかもそれらの現実性は、あなたの生の現実性と同じくらい本物だ。あなたは混乱させられるだろう。あなたは自分の妻であり、母親であり、殺人者でもあった女性に、どのように振る舞うつもりなのだろう？　この女性に何をしようと、あなたの中には罪悪感が生み出される。あなたはくつろげないだろう。自然があなたの過去の存在の間に障壁を置き続け、今生の記憶しかあなたに許さないのはそのためだ。

催眠の科学はすべての宗教から非難されてきたが、その理由は、もし催眠現象が科学的研究として受け容れられるようになったら――そしていったん調査されたら、それは容認されなければならないからだ。なぜなら催眠は、科学としてのあらゆる要件を満たしているからだ――すると面倒な事が起こる。キリスト教徒はただ一つの生しかないとは言えなくなるし、イスラム教徒もただ一つの生しかないとは言えなくなる。ダーウィンも、人間は猿から進化したのだと言うことができない。それは何千もの人々のマインド全体を通して行われた研究と、彼らが何を言っているかにかかっている。

ヒンドゥー教徒たちは、人間の意識は牛の意識から進化したものだと信じている――だから彼らは牛を「母」と呼ぶ。私は猿が父親であるよりも、牛が母親である方がより適切だと思う。ヒンドゥー教徒たちはこれを、東洋で何世紀にもわたって役立ってきたマインドへの一定の研究に、過去生に入って行くための方法に基づいて語っている。そこにはたった一つの例外もなかった――集合的無意識の境界線を越える時はいつでも、あなたは猿の身体ではなく牛の身体を通り抜ける。

それは仮説という問題ではない。ダーウィンのそれは仮説でしかなく、単なる推測だ。そして今や彼は、科学者たちからも論駁されつつある。現在ダーウィン主義者たちはあまり多くない。彼らは時代遅れだ。

進化についての最新の研究は、ダーウィンと彼の理論を援護していない。彼らが言うには、ここ数千年の間、私たちは人間に進化するどんな猿も見たことはないし、その退化も――猿に退化する人間も見たことはない。それにダーウィンは、『ミッシングリンク』（猿と人間の間の失われた連鎖）を提供できなかった――それを彼は、生涯に何度も尋ねられた。それは彼にとって悪夢だった！　猿から人間への単なるジャンプはあり得ない、この瞬間あなたは猿で、次の瞬間には人間になる決心をして、そして人間になる、ということはあり得ない。そこには失われた連鎖があるに違いない――たった一つの連鎖ではなく、おそらく多くの連鎖、ゆっくりとした多くの段階が――だがそれらは手に入れなければならない。

ダーウィンは、その連鎖の証明となる死骸すら見つけられなかった。

私たちは死骸を探してきた。そして中国で九万年前のものが、人間の身体が見つかった。だがそれはやはり人間で、猿ではなかった。それは雪によって保存されていた。それはやはり人間、あなた方と同じ人間だった。

しかし、ヒンドゥー教徒には全く異なる方法論がある。インドで生れた三つの宗教すべてが同意する点は、ただこれだけだというのは覚えていた方がいい。他のあらゆることについて彼らは独自の哲学を持っているが、輪廻転生についてはみんな同意している。これはただの偶然ではない。というのも、これら三つの宗教はすべて同じ傾向に沿い、人間の無意識を調べる方向で働きかけていて、彼らはみんな同じ結果を見つけたからだ。牛を「母」と呼ぶことは――全世界がそれを笑っているが、私にはヒンドゥー教徒がなぜ牛を「母」と呼ぶのか、誰もその理由を理解しているとは思わない。もし彼らが正しいなら――牛には母性の質があるし、猿よりも牛と関わりがある方がはるかにいい！

だから、思い出そうとしてはいけない。それは思い出すという問題ではない。あなたは、意識的なマインドでその障壁を越えることはできない。あなたは想像しかできないし、それは毎回変わるため、ただの想像に過ぎないことを知るだろう。それであなたは、自分が想像しているということを完全によく理解する。催眠のプロセスを通り抜けなさい。そして催眠のプロセスは非常に単純な、最も単純なものだ。

マインドは、意識的なマインドは、ほんの数秒間、何かに焦点を合わせなければならない——たとえば電灯に。マインドがあちこちをさ迷わないように、部屋には何も置いてはいけない。たった一つのものが、暗闇の中に点灯している電灯だけがある、がらんとした部屋を用意しなさい。

横になってくつろぎなさい。そしてあなたが信頼する人の手助けを受けなさい。それは最も重要なことだ。意識的なマインドは、信頼がない限りくつろがないからだ。それはそれ自身を油断がないままに保つだろう。その人は何かをするかもしれないし、あなたをどこかへ連れて行くかもしれず、あなたはそれに気づかないだろうからだ。だから私は、催眠は、人々が信頼していたマスターたちか、またはあなたを助けた一人の偉大なマスターがいた神秘学派《ミステリー・スクール》の一部であったと言ったのだ。

あなたは彼を信頼し、そして彼はあなたに言う、「催眠術師があなたを催眠へと導くことになる。あなたの私への信頼は、この催眠術師への信頼でもなければならない。私が彼を選んだのだ」

あるいは、もしそれがマスター自身にとって可能だったら、その学派《スクール》が小さかったら、ときたまマスター自身がそれをするだろう、何が起こるのかを他の人たちにただ示すために。

そのプロセスは非常に単純だ。あなたは横になってくつろがなければならない、身体全体がくつろがなければならない。身体の内側を見ることをつま先から始め、そこに緊張があるのを確かめる。もし膝のそばや胃のあたりに、あるいはどこであれ緊張があったら、それをくつろがせる。そのくつろぎを頭までもってきて、眼を電灯に焦点を合わせたままにしていなさい。

あなたが、意識と無意識の境界線上の地点に来た時を確認するのは簡単だ——あなたの顔が変わる。

その顔は眠そうに見え始め、目覚めの質を失う。

その瞬間にマスターは言う。「眠りがやって来ている――深い眠りがやって来ている――あなたはこれまで落ちたことのない眠りに落ちている」

そして、眼を開けていようとしても開けていられない瞬間が訪れる――。知らず知らずに眼が自然と閉じるまでは、開けたままにし続けなさい、と言われる。それは意識的なマインドを引きつけたままにさせる。

まもなく――それは二分か三分、長くても五分かかるだろう――あなたの目は伏し目になり始める。それはあなたが、まさにその境界を越えているという意味だ。

マスターは言う。「あなたは落ちている。そして私は七つまで数えよう。それぞれの数と共に、あなたはより深く進むだろう」

そして彼は数え始める、「一つ――」、そして繰り返し続ける、「眠りは、より深くなっている。二つ――眠りはより深くなっている。三つ――」。そして七つで彼はそれを止める。

七つめで彼は言う。「あなたは無意識に落ちている。今やあなたは私の思い通りになる。他の何も、他の誰の声も聞こえない。今や世界とのコミュニケーションは、私を通したものでしかない。あなたは私の言うことが聞こえるし、私に答えることができる――」

そして無意識の美しさは、決して嘘をつかないことだ。なぜならそれは、一度も文明の一部ではなかったからだ。それは一度も教育を受けたことがなく、一度も偽善者になったことがない。それは非常に純朴で、非常に無垢だ。それは何であれ、ありのままのことを言う。そこでマスターは、あなたがその状態に落ち着くことができるよう、数秒間あなたをそのままにしておく。それから彼は、あなたはどこにいるのかと尋ね始める。たぶんあなたは母親の子宮の中にいるのかもしれないし、妊娠するところなのかもしれないし、前生のどこかで死につつあるのかもしれない。あなたは自分がどこにいるのかを答えるだろう。彼は求める、「それを詳細に説明しなさい」。するとあなたは、それを詳細に説明する。それはテープに取って録音できる、あなたが戻ってきた時にそれを聞くことができるように。

このプロセスは何度も繰り返さなければならない。というのもこれが証明になるからだ。もしそれが空想や夢だったら、それはあなたがそれをするたびに変化する。だがもしそれが現実なら、何もそれについてすることはできない。あなたは毎回その場所に来るたびに、それは何かを正確に言い表すだろう。そしてあなたが言うことは、すべて録音することができる、そうすれば後であなたが意識的になった時に、聞き比べることができる。もしあなたが何度も何度も同じ事を言うなら、それは夢ではないし想像ではない。あなたは本物の記憶に出くわしている。あなたはそれを再び生きている。それはただ思い出されるだけではなく、再び生きられる。

ひとたびあなたが一つの生に戻ることに成功したなら、その同じプロセスを用いて、他の多くの生の中により深く入って行くことができる。人間の生が終わって動物の生が始まるところに、一つの障壁があるだろう。それは、あなたが集合的無意識にやって来たという意味だ。

今、マスターはあなたをさらに深い無意識に入らせる必要があり、それはあなたの無意識状態の中でなされる。最初の段階はあなたが意識的な時になされた。それはあなたを無意識に連れて来た。第二段階も同じ方法でなされる。

「私は、あなたは集合的無意識の中により深く落ちている、と七回繰り返すだろう。するとあなたは落ち始める」

少しの休息を与え、彼は再び、あなたがどこにいるのかを尋ねる。あなたは「私はバラの繁みだ」と言うかもしれないし、あるいは何か他のことを言うかもしれない。あなたはそれを再び生き、すべての詳細な説明ができる。あなたが動物や植物から物質と呼べるものへ移り変わる時、再び障壁が生じるだろう。なぜなら物質はぐっすり眠り込んではいるが、それもまた意識だからだ。

そしてそれがあなたの、マインドの下層の深みにある旅の終着点だ。もしこれが完了するなら、あなたの意識は変わり続けるだろう。それぞれ新たな開示と共に、あなたの意識はより豊かになる。それからあなたが後方へ、下方へと降りる道をすべて旅した時、ある地点がやって来る。そこはあなたが意識から超意識へと、宇宙的意識に達するまで進むことができる地点だ。私たちは正確にその真ん中にいる。意識的の両側には三つの段階がある。その下には無意識、集合的無意識、宇宙的無意識が、その上には超意識、集合的超意識、宇宙的超意識がある。

私たちのマインドには七つの世界がある。過去を知り、私たちの背景を知ることは、この瞬間までの意識のすべての歴史とその進化を知ることだ。だがそれを知ることは、これが最後の段階ではないことを明らかにさせる――それはそうあることはできない。それほどのものがあなたの後方にあるのなら、あなたの前方にも何かがあるに違いない。だから、西洋の心理学がやり続けていることは一つの事――無意識、梯子の一番目の低い段に働きかけることでしかない。東洋の心理学は、その七つのすべてに働きかけてきた。

あなたが意識的なマインドから移動する時、催眠がその技法となる。催眠がいまだに科学者に認められていないのは、彼らがそれを一度も試したことがないからだ。これは非常に奇妙だ。おそらくその理由は、科学が西洋で発達したものであり、西洋の人々がキリスト教の条件付けを受けているため、この生以外に他の何かがあるということは簡単に否定してしまう、ということなのだろう。だから、まさに最初からその人は偏見を持っている——なぜ催眠について煩わされるのだ？　と。

わずかな人々があえてそれを試みたが、彼らはみんな社会から非難された——それも徹底的に。メスメルは試みたが、彼は非難された。そして、キリスト教が魔女として攻撃してきた女性たちの伝統があった。彼女たちは催眠を試みて、これまでのキリスト教よりもはるかに真実に近づいた。だが何千人もの魔女たちが、生きたまま火あぶりにされた。彼女たちのすべての伝統は完全に一掃され、すべての著述は焼き捨てられた。それぞれの本の一部だけが、バチカンに保存されてきた。

バチカンの図書館を接収することは国連の義務だ。それは地下にある。そこにはキリスト教が破壊してきた途方もない宝がある。彼らはいまだに、これらの書物を白日の下に曝すことを恐れている。なぜなら、その時キリスト教は徹底的に非難されるからだ。キリスト教徒からでさえ「あなた方の言ったことは真実ではなかった。それどころか真実を告げていた人々が殺され、火あぶりにされてきたのだ」と言うだろう。

だが彼らは、その広大な図書館に少なくとも一部を保存している。誰もその広大な図書館に立ち入ることを許されていない。あなたが枢機卿（ローマ教皇の最高顧問）になる時にだけ、その図書館に入ることを許されるが、その頃までにはあなたはすっかり条件付けられている。これらの書物は、とりわけキリスト教徒たちの注目を避けるために、異なった方法で書かれた。彼らは寓話、図形、その他のものを使っていた。まるでそれらは宗教に関するものではなく、他の何かに関するものであるかのように。

バチカンにこう主張するのは、世界のすべての知識人たちの義務だ。

「その図書館はあなた方に帰属するものではない。あなた方は充分な害を及ぼしてきた。今、少なくともこの図書館を国連に引き渡し、学者たちにあなた方がどんな素晴らしい文学作品を破壊してきたのかを知らせるべきだ。それは再び出版され、それを望む者は誰でも手に入れられるようにすべきだ」

このようにして破壊されたものの一つが催眠――その技法、その科学、その研究成果だった。それは今や全く非難を込めた言葉になっている。あなたが私を愛するなら、あなたが私を信頼するなら、誰もが「あなたはただ催眠をかけられているだけだ」と言うことができる。彼はその言葉の意味すら知らない。彼はその含意を知らないのに、あなたを非難するためにそれを使う。だが本当は、催眠をかけられて自分の存在のより暗い領域に入って行くことは、あなたの存在のより明るい領域に入る最初の段階になる。

あなたはすべての進化を、過去、現在、未来を含んでいる。あなたにはそれほど巨大な存在があるが、意識的なマインドの小さな窓しか許されていない――これがあなただ。

あなたの広大さは否定されている。あなたの宇宙性は否定されている。

だから本当に思い出したいのなら、ただ思い出すだけではなく、再び生きることだ。そこであなたは催眠の技法を使わなければならない。私たちがどこかに落ち着いたら、私は催眠とその応用に、全面的に捧げられる部門を始めるつもりだ。そして私は、あらゆるサニヤシンたちがそれを体験することを望んでいる。

私は二つの出来事を思い出す。――一つはゴータマ・ブッダの生に起こったことであり、もう一つはヴァルダマン・マハーヴィーラの生に起こったことだ。ある男が出家して、ブッダの教団の一員になった。しかしそれは厳しく、難しくて辛いことに気づいた。彼は悲しみ、打ちひしがれて、何度もそこを去ろうと考えた。ある日ブッダは彼を呼び寄せ、自分の前に座らせて、ジャティ・スマラン――すなわち催眠の技法に入るようにと告げた。

彼はまだそれを試したことがなかったので、ある人が過去生に入って行くための指図を彼に与えた。

それは驚くべき意外な事実だった。過去のほとんど五回の生において、彼は出家してはそれを落としていた。それは彼の意識の習性になっていた。それでブッダは言った。

「今また、あなたはそれをしている。それはあなた次第なのだが、あなたはいままでに五回もそうしてきた。それは単なる繰り返しになっている。あなたは時間を浪費している。出家するのを止めて、何であれ自分のやりたいことをするか、または勇気を持つか、どちらかにしなさい。あなたが出家を受け入れるのなら、今回はその中に入って行きなさい。そんなことを繰り返すべきではない。五回もの生が無駄に費やされてしまっている」

自らの五回の生を見ると――同じパターンで、ほとんど機械的に、同じ車輪が回っていた。まず最初に偉大なマスターに魅了されて、大変な熱狂をもって入門し、それから自分自身を変容させることの過酷さ、困難さを見て逃亡し、出家そのものを放棄する。そして何度も何度も同じ状況に戻って来る。

ブッダは言った。「あなたは自分が望むだけ長く、そうすることができる。次の生でもまたそれをやるだろう。それにこの五回の生で、誰もそういうあなたに気づかなかった。なぜなら、あなたが働きかけていたマスターたちは、ジャティ・スマランのマスターではなかったからだ」

その男は留まった。それは彼の姿勢全体を変えてしまった。「これは愚かだ。もしそれが厳しいなら直面しなければならない。それが挑戦であるなら受け入れなければならない」

そして彼は、ブッダの光明を得た弟子たちの一人となった。

マハーヴィーラの生にも同様の話がある。ある王子がマハーヴィーラの個性に魅きつけられたが、彼はマハーヴィーラの生活が、実に耐え難いものであることを知らなかった。誰もマハーヴィーラが生きたようには生きなかった。彼は冬や暑い太陽の下を裸でいて、何ヶ月も飢え、断食し、ごくたまにしか食べず、灼熱の太陽に焼けついた地面を裸足で歩いていた。

彼は靴を履かなかったが、それはその当時の靴が革だけでできていたからだ。靴を履くということは、間接的に暴力の産業を支持することになった。最上の革は、若い牛を殺して生産されるからだ。本当に完璧な革が欲しいなら、その子牛が生きているうちに皮を剥がねばならない。まず殺すのではない。最初に皮を剥ぐ。そしてもちろん、皮を剥ぐことでその子牛は死ぬ。その革は最も柔らかで極上のものだ。マハーヴィーラは、多少なりとも暴力に基づくものを支持することには絶対的に反対していた。

この王子は――そして当然、あなたは理解できる――マハーヴィーラに、彼の統合、権威、教えに感銘を受けた。彼はマハーヴィーラと共にある生が、途方もなく厳しいものになることに気づかなかった――しかも彼は非常に贅沢に生きてきた。だが一時の熱狂で彼は出家し、マハーヴィーラの教団に入った。

さて、一万人の出家僧たちはマハーヴィーラと共によく移動していて、彼らは大きな隊商宿に滞在していた。そして、年長の者が――つまり、より長く出家僧でいた者が良い場所を取り、他の人たちはそれに従う、というのが決まり事だった。この王子はほんの一日目の出家僧だったので、その夜彼は中央扉のすぐ近くに、人々が靴を脱いだり、傘やその他のものを置いたりするところに場所を得た。彼は王の息子だったので、その扉のそばで眠ることは不可能だった。人々は絶え間なく往来していた。一万人もの出家僧がいる時――。彼はこれまでそんな状況で眠ったことはなかったので、すぐさまこう思った。「これは私が望んでいた生き方ではない。翌朝、私は謝罪してこう言おう、『これは私の人生ではありません』と」

しかし、彼がマハーヴィーラのところに到着する前に、マハーヴィーラ自身が赴いて、彼にジャティ・

スマランを受けてみるようにと勧めた——そしてそれは同じ成り行きだった。彼は三つの生でその同じ事をしていた。磁力を持った人々、カリスマ性のある人々に感銘を受け、それから小さな問題に困難を見つけて彼らのもとを去る。その三回の生のすべてで、彼は光明を得ることが可能だった。なぜならその三人の人々は、光明の過程を誘発する能力があったからだ。

マハーヴィーラは言った。「あなたは三度の生で取り逃し、四度目も取り逃そうとしている。あなたが決めるがいい。しかしあなたは王子であるだけではなく、戦士でもある。自分は王子であって、贅沢な暮らししかして来なかったことだけを強調してはいけない。自分が戦士だったこと、戦争を戦ってきたことを思い出すがいい。あなたより優れた剣士、優れた射手はこの地域にはいない。自分を蔑んではいけないし、自分に屈辱を与えてはいけない。それは逃避だ」

それでその男は留まった。だがこの二人の男が留まることを助けた要因は、彼らの過去の経験を再び生き直すことだった。この手法には途方もない有効性があるのだが、西洋ではそれは酷く非難されているので、その非難は東洋にも達している——なぜなら今や東洋は、ただのオウムになっているからだ。今の東洋はかつての東洋ではない。それは単なる西洋の影にすぎない。すべての東洋の学者たちは、西洋から生み出されている。彼らは西洋の学問の中心地であるパリ、ロンドン、オックスフォード、ケンブリッジ、ハーバードなどで学んでいる。

私はインドの多くの大学で、これらの学者は東洋の学者と呼ばれるべきではない、と絶えず論議を戦わせてきた。何であれ彼らの学んだことは西洋のもので、たとえそれがインド哲学についてであれ、彼らはオックスフォードで学んできたからだ。これは馬鹿げている——インド哲学を理解するためにオックスフォードに行かなければならないとは。これらの学者たちは、いずれにせよ東洋人ではない。彼らのアプローチ全体が西洋のものだ。だからもはや、東洋は本当には存在していない。いまやそれはすべて西洋だ。東洋の人々は西洋の成功に、物質主義に、科学技術にとても興味を持つようになったので、東洋もまた異なる世界で――内面の世界で成功してきたことを、そして啓発の最も高い頂に到達したことを忘れてしまっている。

だから思い出そうとするのではなく、信頼することができ、あなたに催眠をかけることができる誰かの助けを受けたほうがいい。

まもなく存在が私をどこかに落ち着かせる時、誰もが過去に入って行き、それらの瞬間を体験して再び生きるのを手助けできる人々を、私は創り出すつもりだ。彼らは、あなたのあらゆる姿勢を変えてしまうだろう。彼らはあなたが輪の中を動いていること、それはそこから抜け出すべき時期であることをあなたに気づかせるだろう。なぜならこれは無意味だからだ、それぞれの生であなたは同じ事をしていて、同じ輪の中を動いている。そしてあなたは、それを永遠にやり続けることができる――誰もあなたを邪魔しようとしない――あなたがこの悪循環から跳び出すことを決意するまでは。

質問二

サニヤシンたちのグループとギリシャを旅していた時、私たちは古代の神託の地であり、かつてはピタゴラスも暮らしていたことがあるデルフィを訪れました。廃墟の周りを巡って歩いている間、安らぎに満ちた幸福感を感じていたのですが、最後にみんなで円形劇場の一番高い所に集まり、互いに静かに座りました。私たちに何が起こったのでしょうか？

なぜ人は、異なる場所にそのような違った感覚を持つのでしょう？

ピタゴラス、ソクラテス、プロティノス、ゴータマ・ブッダ、老子、荘子のような人々――そのような状態にある人々は、絶え間なく放射している――どんな努力もなく、無努力かつ自発的に。彼らの経験は、まるで蝋燭のように光を放っている。彼らの意識は光になっている。彼らの存在は芳しい香り、開花を達成しており、彼らの周りのあらゆるものがそれを捕らえる。何世紀にもわたって、それは振動し続けるだろう。

私はデルフィには行ったことがない。行こうと思っていたのだが、デルフィに出発する前に逮捕され、ギリシャから追放されてしまった。しかしデルフィは訪れてみたい場所の一つだ。

私はインドでいくつかの場所を訪問した――ゴータマ・ブッダが光明を得た地は、ブッダ・ガヤと呼ばれている。それは小さな寺院だ――ある信奉者が、ブッダがその下で光明を得た樹のわきに、記念として寺院を建てた。その樹はいまだに何かを覚えている。そして私は、菩提樹には他の樹にはない特殊な物質が含まれていて、それは人間を天才にさせる物質だ、ということを後になって知るようになった。唯一天才たちだけが頭脳の中にその物質を持っていて、樹木の世界では菩提樹だけがその物質を持っている。おそらくそれはより知覚力があり、より受容的なのだろう。それにはある非凡な才能がある。

ブッダはその樹の下に何年間も留まった。そのすべての地域はいまだに良い香りがして、その樹のすぐそばには、よくブッダが歩いた場所がある。彼は座ることや瞑想することに疲れると、そこで歩きながら瞑想したものだった。それでその場所は大理石で区画されている。だがその樹の下に座ったり、その大理石の上を歩いていると、あなたは自分がこの世界にいないように、この場所には他の場所にはない何かがあるように感じることができる。おそらくブッダが光明を得た瞬間に、何かが彼の中で爆発して、それを捕まえることができるすべてのものに捕まえられたのだろう。私たちは以前にはそう考えたものだ——だがそれは真相ではない。今では樹々が非常に敏感であること、人間よりも敏感であることが充分に証明されている——それらの感受性は、ただ異なるレベルにあるだけだ。

ある科学者が樹木について研究していた。彼は樹に一定の機器を、ちょうど心電図のようなものを取り付け、その樹の感情をグラフに記録した。すると彼は、庭師がやって来た時に驚いた——。彼は庭師に告げていた、「その樹の枝の一本を切りに行ってほしい。その影響を見たいのだ」

だが枝を切る必要はなかった。庭師が斧を持ってやって来た時、グラフは既に動揺を示していた！

科学者は言った、「それをしてはいけない——その樹はあなたが枝を切って彼女を傷つけようとするその考えを既に察知している」

後になって、彼はもっとびっくりするようになった。それは一本の樹を切る時、周辺の他のすべての樹木が、そのグラフが動揺を示したからだ。その同じ庭師が樹に水をやりに来た時は、グラフは完璧なバランスを保っていた——それはなおいっそう調和するようになった。それは樹木があなたの思考や考えを察知できるように思える。

おそらく同じことが、岩石や大地についても発見されるかもしれない。それらはすべて生きているからだ。それらの生は異なるレベルにあるかもしれないが、それらはすべて生きている——そして確かにそれらはより素朴でより無垢だ。人々は保存してきた——。チベットでは、光明を得た人々の身体を保存してきた。なぜなら樹木や岩石や大地がその偉大な体験の深い印象を刻むなら、確かにその人の身体、彼の骨は印象を刻むに違いないからだ——それらはより近くにある。

たぶんそれを最初に理解したのは、チベット人たちだったのだろう。彼らは黄金に覆われた九十九人の偉大なマスターたちの身体を有している。そこは、チベットで最も神聖な地であった。それはまさに

——。

ダライ・ラマの宮殿であるポタラの写真を見たことがあるだろうが、それはちょうどその真下にある。ポタラは山の高所にあり、その下には多くの洞窟がある。その一つの洞窟が、この九十九体のためだけに捧げられている。

なぜ彼らは、九十九で止めてしまったのだろう？　奇妙な数字だ！　百の方がより適切だっただろう。彼らがそこで止めなければならなかったのは、ダライ・ラマの系統がかつての高みから凋落し、国が、その神聖な秘密の寺院で百番目の座を占めるにふさわしい人物を生み出せなくなったからだ。その寺院は年に一度だけ人々に公開され、ただそこを通過することで、それは別世界を通過することになった。

現在それは共産主義者たちに発見されないように、完全に閉じられている。なぜなら彼らはその身体には興味がなく、黄金に興味を持つだろうからだ。彼らはそれらの身体を破壊して、黄金を奪うだろう——それは莫大な量の黄金だ。だからダライ・ラマは共産主義の侵入のためにラサを去る前に、彼らがそれを発見できないように、あらゆる可能な方法でそれを封印した。それで彼らは、いまだに発見できていない。

ゆっくりゆっくりと、スピリチュアリティが開花したすべての国々で、人々は何かが起こっていることに気づくようになった——。そこで彼らは、そういった人々が使っていた日用品を保存したり、彼らの身体のための記念碑を建てたりするようになった。インドでは遺体は焼かれてしまうが、あなたは遺体を焼いた後に残るものが「花」と呼ばれることを知って驚くだろう。普通の人々の灰は聖なる河に投げ捨てられるが、光明を得た人々の「花」はサマーディ——美しい大理石の記念碑に保存される。そこに行って座るだけで瞑想になる。だが問題は、こういうことを何も知らない者たちによって、世界が支配されていることだ。

たとえば、デルフィは万人に公開されるべきではない。彼らはその微妙な波動を破壊してしまうからだ。しかし、政府は観光にしか興味がない！

デルフィは選ばれた少数の人々に——そこに存在すべき神秘学派《ミステリー・スクール》によって選ばれた少数の人々にだけ開かれるべきだ。デルフィはミステリー・スクールだった。ピタゴラスやソクラテスの時代には、デルフィは神殿であり、最も有名な知恵の神殿だった。巫女たちはトランス状態に入ったものだ。その神殿の中で祈り、踊り、歌っているうちに彼女は入神状態に入り、そのトランス状態で物事を語るが、それは真実であることが常に証明された。彼女自身、そのトランス状態から戻った時は、何も思い出せなかった。おそらくそのトランス状態が、彼女をマインドよりも高いところまで、たぶん宇宙的マインドにまで連れて行ったのだろう。

彼女はそのようなトランス状態で、ソクラテスは世界で最も賢い人であると宣言した。アテネから彼女を訪ねた数人の人々は大いに喜んだ。それは、ソクラテスがアテネ人だったからだ。

彼らはソクラテスの元に到着すると——彼は老いていた——それは彼の死の前、彼が殺される前だったが、彼にこう言った。

「喜んでください。デルフィの神託が、あなたは世界一の賢人であると宣言しました」

ソクラテスは言った。「それは遅すぎた。私が非常に若かった頃は、自分は非常に物知りで非常に賢いと思ったものだ。だが私が知るようになればなるほど、私はますます無知になった——私は何も知らないことに、私はそれほど多くは知らないのだということに気づくようになった。今、この老齢になって、私は何のためらいもなく、自分は何も知らないのだと言うことができる。神託は、おそらくこれが初めてのことだろうが、誤ってしまったのだ」

人々は非常に驚いた。ソクラテスはそれを聞いて喜ぶだろうと思っていたからだ。彼らは戻って、巫女はまた踊り、トランスに入った。彼らは入神状態の彼女に尋ねた、「ソクラテスが世界一の賢人であるというお告げでしたが、彼はそれを否定しています。彼は『私は何も知らない――』と言っているのです」

するとトランスに入っていた巫女は言った、「だからこそ彼は世界一の賢人なのです。愚か者だけが自分は知っていると言うものです。賢い者はそれを言うことができません」

このような場所や、あるいはブッダ・ガヤは、観光客に利用されるべきではない――彼らは、カメラや双眼鏡やくだらない物を持った醜い人種だ。彼らはその場所には少しも興味がない。彼らは写真を撮って、あちこちへ大急ぎで駆け回っている。後になって、自宅に座って、彼らはその写真を見ながら言う、「すごい！ この旅行は実に素晴らしかった。私たちは美しい場所を訪れたんだ――見てごらんよ」

しかし、彼らは決してそこにはいなかった。彼らは自分のカメラに関わっていた。彼らはそこに座るべきだし、自分自身にその場所の微妙な波動を吸収させるべきだ――。ゴータマ・ブッダの何かがそこにあるに違いない。それはそこにあるはずだ！

第35章

マインドより上に落ちること

Falling above the Mind

質問一
狂気とは何でしょうか?

二つの可能性がある。

狂気は、文字どおり正気《マインド》から出て行くという意味を持つ。それゆえ二つの可能性がある。あなたは正気より下か、正気より上の方にマインドから出て行くことができる。

普通、人々が正気より下に行くのはどんな努力も必要なく、何もしなくていいからだ。どんな衝撃でも、あなたの正気の安定性を打ち砕ける。あなたが愛していた誰かが死んだ、あなたの仕事が破産した――そのショックはとても大きいので、あなたは自分を正常に保てない。あなたは正気より下に堕ちる。あなたの振る舞いは不合理になる。

しかし、あなたは惨めさを超えて行く――もしあなたが正常なマインドに留まっていたなら、そのショックは大きな惨めさを生み出しただろう。それはショックを避けるための自然な方法だ。それは簡単にあなたを引き降ろす。今、あなたは何が起こったのかわからなくなる。あなたの仕事は破産した、あなたの妻は死んだ、またはあなたの子供は死んだ――それはどうでもよくなる。実際のところ、あなたは覚えてさえいない。

あなたは新しい局面に入り、新しい人物になった。だがそれは不合理に、異常に、予知できないものになろうとしている。これが通常、世界中で狂気、異常と呼ばれているものだ。

東洋においてのみ、私たちは深い瞑想から生じる、正気《マインド》を超えて行く別の種類の狂気もあることに気づいていた。両方ともマインドの外側にある。そのため何らかの類似性がある。だから時には狂人が時たま、ほとんど賢人のように振る舞うことに気づくだろう。彼は洞察力がある——彼には洞察への支配力はない。それは単なる閃きにすぎないが、時々彼は、あなたには見えない物を見ることができる。

マインドが何世紀もの間すべての研究の唯一の中心だった東洋で、私たちはあなたがマインドより上に行けることを発見した。スーフィズムはその状態を受け入れて、それをマスタ *masta* ——神性なる狂人——の状態と呼ぶ。彼は狂っているが、超人的に狂っている。彼の振る舞いは、私たちの論理に関する限り不合理だ。だがおそらくそこには、高次の論理があるのだろう。それによると、彼の振る舞いは不合理ではない。

インドで、そのような人はパラマハンサと呼ばれる。ラーマクリシュナは、前世紀にパラマハンサと呼ばれた一人だった。パラマハンサの挙動は全く狂っているが、強烈に美しく、最も偉大な天才たちのマインドにさえない深みを持っている。

それはラーマクリシュナの時代に起こったことだった——。彼はコルカタの郊外の、ガンジス河の岸にある小さな寺院に住んでいた。今は多くの寺院が建ち並んでいる。そしてコルカタでは——その時代のコルカタはインドの首都であり、ニュー・デリーではなかったので、選りすぐりの知識人たちや創造的な人々がコルカタにいた。そしてとにかく、ベンガル人はインドで最も知的な人々で、大部分が知性的だ。

ケシャヴ・チャンドラ・センは、知性に関する限り偉大な天才であり、彼はブラフマサマジ——神の社会という宗教の共同創設者で、インド中に知られていた。ラーマクリシュナは、コルカタでは彼が住んでいた川岸の少数の人々を除いては無名だった。彼は教育を受けておらず、人々——知的な人々は、彼が狂っていると思っていた。彼の振る舞いは、知的な概念では説明できなかったからだ。だが次第に彼の影響力は強まっていった。とりわけ、非常に近くて人々が彼に会いに来ることができたコルカタではそうだった。

そしてケシャヴ・チャンドラ・センは、村人たち、つまり教育を受けていない人たちのことが心配になった——。そして大学の教授たちでさえ信奉者になっていた。彼らは彼の足に触れた。そして彼が言っていたことは、何であれとても普通のことだった。その男は並外れたものを何も持っていなかった。ある日、ついに彼はこの男のところで議論をし、すべての事柄を終わらせようと決意した。

彼は出かけた。ケシャヴ・チャンドラを知る数百人の人々と、ラーマクリシュナを知る少数の人々はみんな、何が起こるのかを見るために集まった。ラーマクリシュナの信奉者たちは、もしそれが合理性のある問題だったなら、ケシャヴ・チャンドラは誰でも論破できることを知ってとても恐れていた。彼はインド中で、その気概を何百回も証明してきた。彼はたいした努力もなしに、偉大な学者たちを論破してきた。さて、哀れなラーマクリシュナは、彼の前にどのように立とうとしていたのだろう？

信奉者たちは誰もが神経質になっていたが、ラーマクリシュナはそうではなかった。

彼は何度も「ケシャヴァはまだ来ていないのか？」と尋ねていた。彼はその名前全体を、ケシャヴ・チャンドラ・センとさえ言わなかった。彼は単に「ケシャヴァはまだ来ていないのか？」と言う。

ついにケシャヴ・チャンドラは、彼の大きな信奉者グループと一緒に到着した。ラーマクリシュナは彼を抱きすくめた。

ケシャヴ・チャンドラは、そのための準備ができていなかった。彼は戦うためにやって来て、彼はそのことをラーマクリシュナにはっきりさせた。

「こんな事は助けにならないでしょう。私はあなたの哲学の、ありとあらゆる要点を議論するために来たのです。親交を結ぼうとしないでください。私は敵としてやって来ました。あなたが私を論破して私があなたの信奉者になるのか、それとも私の信奉者になる用意ができているのか、のどちらかです」

ラーマクリシュナは言った。

「私たちはすぐにそうするでしょう――抱きすくめることは、それとは何も関係がありません！　私は常にあなたを愛していました。私があなたやあなたの考え、あなたが神は全くいないと言う考えについて聞く時はいつでも――そして私は神がいることを知っていますが、それでも私は楽しみ、あなたを愛しています。実のところ、あなたの優れた知性こそが、存在が知性的であることの証拠です。そうでなければ、知性はどこからやって来るのでしょうか？　あなたは私にとって、神が在ることの証拠です――でもそれを、私たちは後で議論することになるでしょう。何を急いでおられるのですか？　それにどんな敵意の必要もありません。議論は深い友情をもってすることができます。そしてわかっているでしょう。私は貧しい男です。どんな論理も知りません。これまで誰とも、議論したことがありません。それはあなたにとっては非常に簡単な事であろうし、そんなに緊張する必要はありませんよ！　私はあなたのために、いくつかの甘い物を用意しました。まず甘い物を頂いてください。私は大きな愛を持ってそれを用意しました。それからあなたは、ご自身のいわゆる議論を始めることができます」

ケシャヴ・チャンドラはそれが少し難しいことに気づいた。その男は奇妙だった。彼は甘い物をケシャヴに提供し、ケシャヴを抱きすくめた。彼は既に敵意を、攻撃性を破壊していた――非常に微妙な方法で、言葉を発することもなく。そして最も奇妙なことには、私の存在――すなわちケシャヴ・チャンドラの存在――は神の充分な証拠であり、他の証拠の必要はないと彼は言う。神なしで、どうしてそのような知性が可能だろう？　神なしだと世界は死んでいるだろう。世界は知的であり、神とは存在の知性以外の何ものでもない。

甘い物を食べた後、ラーマクリシュナは言った。

「さて、あなたのゲームを始めましょう！」

そしてケシャヴ・チャンドラは、何であれ彼がラーマクリシュナの小さな本の中に見つけたことに逆らって論じた。その本は、ラーマクリシュナの信奉者が、彼の語ることや彼の人生からの物語、逸話を集めたものだった。そしてラーマクリシュナはそれを楽しみ、彼の信奉者たちに、「見なさい、何と素晴らしく彼はそれを批判するのだろう！」と言った。そして何度も、ラーマクリシュナは立ち上がって彼を抱きすくめ、「あなたは天才です！　あなたの批判は完璧です」と言った。

ケシャヴ・チャンドラは言った。

「私は、あなたの承認を得るために来たのではありません。議論するために来たのです」

ラーマクリシュナは言った。「私はそこにどんな議論の問題があるのかわかりません。あなたがその証拠になります。私には他のどんな証拠も与える必要がありません。私は神が存在していることの証拠として、あなたを全世界に連れて行くことができます。ケシャヴ・チャンドラがその証拠です！」

ケシャヴ・チャンドラはこれまでそのような男に出会ったことがなく、彼が言うことは多大な意義を持っていた。それはケシャヴ・チャンドラのハートに浸み込んでいた。そしてその男の存在と彼が振舞った方法、彼の愛する状態も――。彼の信奉者には信じられなかった何かが、ケシャヴ・チャンドラに起こった。

議論の終わり頃までに、ラーマクリシュナは言った。

「誰が敗れるのか、そして誰が勝つのかを私に言ってください。私はそれに従うつもりです。そしてあなたが勝つなら、私はあなたの信奉者になります。しかし私は議論の方法を知りませんし、その判断がわかりません。あなたが判断してください。あなたは判断をすることにかけては全く有能です。あなたは私に『あなたの負けだ』と言うことができます。それで私は敗れます」

するとケシャヴ・チャンドラの信奉者たちは、ケシャヴ・チャンドラがラーマクリシュナの足元に伏したことを見てショックを受けた。彼らは自分の目が信じられなかった！　彼らが立ち去った時、誰もが「ケシャヴ・チャンドラ、あなたに何が起こったのですか？」と尋ねていた。

彼は言った。「わからない。一つのことは確かだ。それはその男が、私が話すだけだったことについての体験をしていたということだ。私は効率よく話すことができるが、彼はそれを持っている。彼はそれを放射している。私にはその男のオーラを見るための知性はある――彼の愛の放射を感じるための、彼の実直さ、誠実を見るための、彼が私に、『あなたが決めてください、もし私が敗れるなら――』と言う彼の信頼を見るための、少なくともそれくらいの知性はある。そして彼は全く議論しなかった。あなたは全く議論しなかった人を、どうやって負かすことができるだろう？　それどころか、彼は私の批判の真価を認めていて、彼は自分の弟子に『聞きなさい、これが物事を批判するべきやり方だ』と言っていたのだ」

「そして私が彼の傍に座っていた時、ゆっくりゆっくりと何かが――敵意が、攻撃性が――私の中で和らいでいった。これが誰かに対して起こったのは初めてだ。人々は彼は狂っていると考えるが、もし彼が狂っているなら、私も狂いたいと思う。彼は私たちのいわゆる正気よりも、ずっと優れている」

ラーマクリシュナを、一つの場所から別の場所に連れて行くことは非常に難しかった。なぜなら道路のどこでも、道路の真ん中でも――。コルカタは非常な過密都市で、一つの都市に一千万以上の人々がいる。そして交通渋滞は世界で最も酷い。何千人もの人々が歩いているため、そうならざるを得ない。そこにはすべての類の乗り物――車、路面電車、バスがある。何かが彼に神を思い出させたため、彼は道路の真ん中で踊り始めるだろう。そしてどんなものでも、彼に神を思い出させることができる――美しい子供がいる、すると彼は踊り、歌い始めるだろう。彼の信奉者たちは非常にきまりが悪い思いをする――彼らはあらゆる面から、この交通の中で、彼を守らなければならなかった。そして警察が必ずやって来た。その男は交通渋滞を引き起こしていた。

しかしインドの外でなら、彼は狂人保護施設にいただろう。なぜなら西洋では狂気は狂気だからだ。そこには二つの部類はない。インドでは、彼はほとんど神性な存在に、神になった。それは人々がだんだんと、彼は不合理に見えるが、彼の不合理さの中には神性な何かがあることを認識してきたからだ。

彼はまさに子供時代からそのような事をしていた。彼の家族は心配していた――何がこの子供に起ころうとしているのだろう？　人々は提案した――それがインドで慣習的であり、そして他の国でもそうであるように――彼を結婚させる方がいいだろう、そうすれば彼は、神に関するすべてと瞑想に関するすべてを忘れるだろうし、世俗的な事に従事するようになるだろう、と。しかし彼らは、彼が拒絶するだろうと思っていた――それは普通の予想だった。だが彼は狂人だった。あなたの予想には従わない。

彼の父が、彼が嫌だと言おうとすることを恐れて尋ねた時、ラーマクリシュナは大変な喜びを持って「はい！　でも女の子はどこにいるのですか？」と言った。

彼らは言った。「この少年は狂っている！　これは正しいやり方ではない。彼は全く用意ができている――直ちにだ！　そして彼は尋ねている。『女の子はどこにいるのですか？　誰と私は結婚することになっているのですか？　すぐにそれをしてください！』」

ほんの近くの村へ、別の村へ、彼は特別な日に、女の子に会うために連れて行かれた。

そしてインドでは、女の子は自分の皿に置かれたいくつかの甘い物を持ってやって来る、そしてそれは彼女に会える唯一の瞬間であり——ほんの一瞬だ——そして決める、というやり方になっている。

彼が自分の未来の妻に会おうとしていた時、彼の母親は彼に三ルピーを与えた。ただ彼がそれを必要とする場合に備えてだ。女の子が甘い物を持ってやって来た時、彼は女の子を見て、三ルピーを取り出してそれを彼女の足元に置き、彼女の足に触れて、「お母さん、あなたはふさわしい女の子です。私はあなたと結婚するつもりです」と言った。

彼の父親は言った。「馬鹿者、お前は、自分の妻を母親と呼ばないことを理解していないのか」

しかし誰でも、彼は少し風変わりだったのを知っていた——まず、その三ルピーを女の子の足元に置いている——誰もがショックを受けた。それから彼女の足に触れ、その場でその女の子に言っている。「お母さん、あなたは本当に美しい。私はあなたと結婚するつもりです——それは決められています」

しかし、まさに非常に奇妙な巡り合せによって、女の子の家族全体はこの結婚を否定したかった。それは彼らが、「この少年は狂っている。そしてもし彼がこのように始めるなら、彼らの結婚生活で何が起こるのか誰にもわからない」と言ったからだ。しかし女の子は、もし自分が誰かと結婚するのなら、自分はこの人と結婚するだろうと強く主張した。

彼は美しい男だった。それで家族は結婚に賛成すると決めなければならず、結婚する手はずになった。彼らは生涯一緒に暮らした。ラーマクリシュナは彼女を母と呼び続けた。

彼らの間には、決してどんな夫婦関係もなかった。それどころか——。ベンガルでは、彼らは母なる女神カーリーを礼拝する。だから、彼らがベンガルの至る所で母なる女神を礼拝するその頃では——そして他の場所でも、ベンガル人がインドにいるところはどこでも——彼らはまだ、神を母と考えるインドに残っている唯一の人々であった。

その頃、毎年彼は自分の妻シャーラダを裸にして玉座に着かせ、そして彼女を礼拝した——ちょうど母なる女神の彫像が寺院にあるのと同じような裸の姿にして。彼は寺院に行かなかった。彼はこう言っただろう。「私には自分と一緒に生きている母がいるのに、なぜ石の彫像のところに行って礼拝しなければならないのだ？」

誰もが、これは狂気だ、全くの狂気だと言うだろう。しかしとても多くの意味において、彼の狂気は他の狂った人々のそれに分類することはできない。彼の狂気は正気《マインド》より下にあるのではなく、マインドを超えている。彼のそれぞれの声明は、途方もなく重要なものであり、素朴だが意味に満ち溢れている。ちょうど村人のように、彼は小さな物語を話す。だがそれらの物語はとても美しいので、あなたはすべての経典からより、もっと多くの意味を得る。そして彼の人生は――もしあなたが注意深く見守るなら、彼が普通の人間ではないことに、超人であることに気づくだろう。

ある日、ラーマクリシュナと彼の信奉者たちは、舟でガンジス河を渡っていた。すると突然、その河の真ん中で彼は叫び始めた。

「私を打たないでください！　私は何も間違ったことをしていません。なぜ私を打つのですか？」

そして涙が流れ始めた。

彼の人々は言った。「誰もあなたを打っていませんよ――あなたは何をしているのですか？」

彼自身の信奉者たちでさえ、時には、彼は異常ではないかと疑っていた。彼らはただの信奉者にすぎなかったからだ。

誰も彼を打っていなかったが、彼は泣いていた。そして彼らは、彼が非常に酷く鞭で打たれつつあったのを、彼の顔から見ることができた。

そして彼は言った。「あなた方は私を信じないのか？　ちょっと私の背中を見てみなさい」

彼らは彼の衣服を脱がせたが、それを信じることができなかった。そこにはとても多くの切り傷があり、血が滲み出ていた。彼は酷く鞭打たれていた。彼らは信じられなかった――どうなっているのだろう？　この男は狂っていて、彼は自分の信奉者たちを狂わせている。

だが彼らが対岸に到着した時、彼らは打たれてきたある男を見つけた。そこには群衆がいた。そして彼らはその男の背中を見て驚いた。その打たれた傷跡は、ラーマクリシュナとこの男の両方の背中で正確に同じだった。他の誰かが打たれつつある時――彼には何の罪もなく、何もしていなかったが――ラーマクリシュナはその人の一部になり、彼らは一つになる、というような一つであることの感覚がある。

これは狂気ではない。これは途方もない体験であり、ヒマラヤほどの高みを持つ人間だ――。そして彼は伝道師でも学者でもなかったが、彼が語るすべての中に、あなたは地上を歩いた最も偉大な人たちの洞察を見つけることができる。もちろん彼のやり方は村人のそれだ――。

一人の男がラーマクリシュナのところに来て言った、「私は自分の罪を取り除くために、ガンジス河に浸るためにバラナシに行こうとしています」――それはヒンドゥー教徒の信仰だ。

ラーマクリシュナは言った。「非常に良い考えだ。行けばいい。だがガンジス河の岸の上に、大きな、巨大な樹があるのを知っているだろうか？」

その男は「はい、知っています」と言った。

彼は言った。「ガンジス河に浸る時、あなたの罪はあなたから離れるだろうが、それはその樹の上に座るだろう。そしてどれだけ長く、あなたは水中に留まれるだろうか？　あなたは出て来なければならないし、家に帰らなければならないだろう。あなたが服を着て家に帰る用意ができると、それらの罪は背後からあなたの上に跳びつく。だからそれは無駄になるが、それはあなた次第だ」

彼は、これは愚かだ、ガンジス河は罪を取り除くことができない、とは言わない。しかし彼はその人の感情を傷つけずに、彼自身の方法でそれを言う。彼は美しい方法でそれを言った。

「行けばいい。ガンジス河はその仕事をするだろう、それはあなたを清めるだろう——だが、どれだけ長くあなたはガンジス河に留まるのだろうか？　遅かれ早かれ、出て来なければならない。そしてあなたは何を思うのだろう？　その樹はそこに立っている、それらは罪にとっての安息所だ」

「そして時には、他の人々の罪さえあなたに跳びつくということが起こる。より善き人を見ると、彼らは変化する。だから私はそれを提案しないだろう。他の方法を見つけなさい。これは危険だ。とても多くの人々がガンジス河で沐浴していて、彼らのすべての罪はその樹の上にある。それらは混同される。その時、選ぶのは彼らに任されている。あなた自身の罪を持つ方がましだ。少なくとも、あなたはそれをよく知っている。あなたはいくつかの新しい罪を、より危険なものを持って戻って来るかもしれない。しかし、私はあなたの邪魔をするつもりはない。私は決して誰の邪魔もしない。あなたは行って試すことができる。だが私はすべての話をあなたに伝えた。誰も樹について話さないのは、もし人々がその樹とその現実の秘密を知るようになるなら、ガンジス河の岸に座っている聖職者の、彼らのすべての仕事は失業するからだ。そして罪は、誰も見ることができない、それらは目に見えない。そう、それらは樹に座って待っている」

インドで、この男はパラマハンサになった。パラマハンサは文字通り『最も偉大な白鳥』という意味だ——なぜならインド神話では、白鳥は真珠だけを食べる、それが彼の食べ物だ、と考えられているからだ。そして白鳥は、もし彼の前に水と混ざったミルクを置くと、ミルクを飲んで水を残すという存在する中で唯一の鳥だ。彼には水とミルクを区別する能力がある。

パラマハンサとは、暗闇と光、善と悪の区別ができるようになった『最も偉大な白鳥』を意味している。それは彼の側での努力ではない。それは全く彼の本性になった。しかし彼の振る舞いは狂っているように見えるかもしれない。

これは私の感じだが、インドには本当に狂っている、マインドを超えなかった多くの狂人たちがいる。私はわずかな人たちを見てきたが、彼らはパラマハンサとして崇拝されている。

彼らの不合理な行為は、偉大な学者たちによって、彼らが意味を持ち始めるような方法で解釈される。私はこれらの人々を見守ってきたが、彼らは本当に狂っていてパラマハンサではない。

おそらく、その事情は西洋でも同様かもしれない。狂人保護施設で生きている少数のパラマハンサたちがいるかもしれない。なぜなら他にはどんな部類もないからだ。いったん人が奇妙に、狂暴な方法で振る舞い始めたら、彼は狂っている。そのように両側に混乱がある。だが私はそれでも、東洋の混乱の方がよりましだと思う。狂人を崇拝することには何の害もない。あなたはどんな害も及ぼしていない。しかしパラマハンサを精神病院に入れて、薬や注射や治療を通して正気のマインドに戻ることを彼に強制することは、本物の害になる。

西洋心理学には、まだ二番目のものの範疇がない。それは必要なものだ。しかしその範疇は、西洋心理学が超マインドを受け入れる時にだけ生じるだろう。ジークムント・フロイト以前では、それは無意識のマインドを受け入れることさえなかった――ただ意識だけだった。西洋での数千年間、そこには無意識のマインドという考えは全くなかった。

ジークムント・フロイトによって、無意識のマインドが確立された。ユングによって集合的無意識のマインドが確立された。今や誰かが、宇宙的無意識のマインドを確立する必要がある。天才たちは宇宙的無意識のマインドを確立するために、途方もない領域を利用できる。東洋の心理学ではこれらの三つがすべて受け入れられているため、数千年もの間受け入れられてきた。

そしてこれは意識より下にある。意識より上にも三つある。超意識、集合的超意識、そして宇宙的超意識だ。それらに対しては、どんなワークさえも始められてこなかった。私が話している第二の範疇の狂人たちは、これらの三つの範疇のどこかにいる。確かに超意識にはいるが、おそらくもしそれがより深く成長するなら、集合的超意識になるかもしれない。そしてラーマクリシュナのような人の中では、それは宇宙的超意識になる。彼は死にかけていた時、喉の癌に罹っていた。彼にとって何かを食べることや何かを飲むことは不可能になった。そして彼の信奉者たちは、何度も彼に言っていた。

「ただ目を閉じてください。そして存在に言ってください――それはあなたの言うことを聞くでしょう」

彼は目を閉じるが、それをすべて忘れるだろう。しばらくして彼が目を開ける時――弟子たちは待っていた。彼らは「何が起こったのですか？」と言う。

彼は言った。「何もない。私が目を閉じると、あらゆるものが静かになるからだ。あなた方は、何が起こることを期待しているのだ？」

彼らは言った。「私たちはあなたに、存在に求めるようにと頼みました――」

最終的に彼らは彼の妻、シャーラダに強いた。「たぶん、あなただけが彼を説得できます」

不本意に、しぶしぶ彼女は彼に求めた。目に涙を浮かべて彼女は言った。

「私はあなたに、何かするように言いたくありません。それは干渉することですから。そして私の生涯で、ただの一度も干渉するような言葉も言ったことがありません。あなたははるか上位にいます。私の手は届きません。でもこれらの人々が、とても深く心を痛めておられるので、私はただ一度だけあなたに言うことにしました。目を閉じて、存在に求めてください、『あなたは私に何をしているのですか？　この癌を喉から取り除いてください』と」

彼は言った。「お前がこれまで何も求めてこなかったため——あらゆる妻は、毎日、どんな日でも、あらゆることを求めていて、お前は生涯決して何も求めたことがない——そしてこれはたぶん、私の最後の日、または末期だから、私はその求めを満たそう」

彼は目を閉じ、目を開いて言った、「シャーラダ、私は求めた。そして私は、ある声が私にこう言っているのを聞いた。『ラーマクリシュナ、お前は他の人々の喉で飲むことができないのか？　お前は他の人々の喉で食べることができないのか？　お前自身のものが是が非でも必要なのか？　お前はまだ自分自身の身体に執着しているのか？』

それで私は『いいえ』と言った。私は真実を言わなければならなかった。

そこでその声は言った、『これから先、お前はあらゆる人の喉で飲み、あらゆる人の喉で食べるのだ』と」

これが宇宙的意識の段階だ。この人は狂っているように見えるかもしれない、私たちの正常な精神状態に合っていない何らかの方法で振る舞うかもしれない——そして心理学は、私たちが知る狂人とは別の、この人のための場所を見つけなければならない。

だからそこには正気《マインド》より下に狂ってしまう可能性があり、それによってもあなたは三つのレベルにいることができる。あなたは狂うことができ、ただ無意識でいることができる。あなたは集合的に無意識に狂うことができる。そして各段階が下がると、あなたはますます狂うようになる。あなたは宇宙的無意識のマインドのレベルで狂うことができる。それは人間に起こり得る最悪のものだ。

彼はちょうど石のように、岩のように生きるだろう。彼はすべての感触を失った——彼は意識から非常に離れている、何マイルも離れている。

心理学は、これらの人々を正気の状態に引き戻そうとしてきた――非常に首尾良くではないが、それでも、もしその人が一つの段階に落ちただけなら、心理学は彼を引き戻すことができる。第二段階からはより難しくなる。そして第三段階からは、私は心理学がそれでも人を引き戻すための何らかの方法を見つけられるとは思わない。

超意識から人を引き下ろすことは非常に難しいが、それは可能だ。

そして心理学はそれをしている――少なくとも西洋では――普通の感覚において、狂っていないかもしれない少数の人々に対して。


たとえばフィンセント・ファン・ゴッホは、精神病院に一年間拘留された。私は彼が狂っていたとは思わない。彼は物がそうあることを、私たちが知らない方法で物を描いていた。精神病院でのその一年間に、彼は自身の最高の絵画を描いた。それは、彼がおそらく普通のマインドより高い状態にいたことの証拠だ。

おそらく彼は、超意識に達していたのだろう。その一年で、彼は星々が螺旋状になっている一枚の絵画を描いた。そして誰もが笑った。

「これは完全に狂っている！ 誰が星々を螺旋状のように見たのだ？」

そしてつい最近、数日前、物理学は、星々は螺旋状であるという同じ結論に至った。私がそれを見ることができないのは距離のためだ。ファン・ゴッホの百年後では――。おそらくその人は、私たちが彼を狂っていたと思った時には意識のより高いレベルにいて、どんな機器もなしに、何も用いずに、一世紀先の科学を見ることができた――ただ彼の純粋な意識をもって、星々は螺旋状であるということを具象化することができた。

そこには、彼が奇妙な物を描いた他の絵画がある。おそらくやがて私たちは、それらが奇妙ではないことを、それらは正確に彼がそれを描いたようなものであることを知るようになるかもしれない。

彼の生涯では――この一年後、彼は長く生きなかったが、彼は木が星より高く伸びている一枚の絵画を描いた。星はただその途中にあり、木はそれらを通過してより高く伸びている。画家の友人たちでさえ笑った、「君は今や馬鹿なことをしている！　木は星より上に伸びるのかい？」と。

ファン・ゴッホは言った、「わからない、だが私が木の側に座る時はいつでも、私は木の野心を感じるのだ。それは星を超えて行こうとする大地の野心だ。私はそれらの木が私に嘘をついているのか、それとも私が欺かれているのかどうかは知らないが、これは私が木の側に座るたびに起こる。そして私は突然、木が私にこう言うのを感じる、『私は、星を超えて行こうとする大地の熱望だ』と」

問いつめるために、調査するために月や火星に、星に行く人もまた、おそらくは大地ができる限り遠くへ行きたいという同じ野心の一部なのだろう。

さて、ファン・ゴッホは狂っているように見えるが、彼が言うことは絶対に非常識ではない。それには一定の信憑性がある。もし人間の中に星に達したいという願望があるなら、木の中にも星を超えて達したいという願望があるに違いない。私たちはすべて、一つの生命の一部だからだ。

木は異なる表現であり、私たちは異なる表現だが、生命は同じだ。

あなたは「狂気とは何ですか？」と尋ねている。狂気は、正気《マインド》より下に落ちるか正気より上に落ちるものとして定義できる。正気より下に落ちることは病気で、正気より上に落ちることは健康であり、全体であることだ。

質問二

過去七年間、私はあなたが真実について話すのを聞いてきました。しかし、これはいまだに私にとっては空虚な言葉です。しばしばあなたは、人は内側で沈黙している時に真実を知ると言います。私は、自分が目を閉じて内側で静かになる時、私を乗っ取るこの快い感覚を知っていますが、真実はそれとどんな関係があるのですか?

それが真実だ。

真実は、あなたが沈黙している時にどこかで見つけるような対象ではない。真実はあなたの主観性だ。ちょっと理解しようとしてごらん。あなたはそこにいて、全世界はそこにある。あなたが見るものは何でも対象だが、それを見ている者は主体だ。

沈黙においてはすべての対象が消える――そして「対象 *object*」という言葉は覚えておくべきだ。それは「反対 *objection*」と同じ言葉だ。「対象」とは、あなたを妨げるものを意味する。

だからすべての防害、すべての対象、すべての反対は消える。あなたはすべての無限性を持ち、そしてただ沈黙している。それは意識で満ちている。それは存在で、あなたの実存で満ちている。しかしあなたは、真実のような何かを見つけないだろう――それは対象になる。真実は決して対象ではない。

真実は主観的だ。

その完全な無限性と永遠であることにおいて、どんなものによっても妨げられず、反対されないあなたの主観性を発見することが真実だ。

「真実」とは、ただの言い方にすぎない。そこには、ある日あなたが箱を見つけて、それを開けて、その内容を見て、「すごいぞ！　私は真実を見つけたのだ」と言うような「真実」というラベルが貼られた何かがあるわけではない。そのような箱はない。

あなたの存在が真実だ。そしてあなたが沈黙している時、あなたは真実の中にいる。もしその沈黙が絶対なら、あなたは究極の真実だ。しかし、真実を対象のように考えてはいけない――それは対象ではない。

それはそこにはない、それはここにある。

質問三

あなたと共に在ってから、とても多くの成長と成熟が私に起こりました――私はすべての面で変わりました。同時に、自分自身を覗き込む時、自分が小さな子供だった頃に感じた同じものを感じます。

これは私の目撃者ですか、それとも他の何かですか？

それはあなたの目撃者だ。

一つのことをちょっと覚えておきなさい、子供でいるという感覚は、二つの方法で経験できる、ということを。あなたは目撃者でいることができ、子供時代の体験は目撃の対象になることができる。その時、もう一歩が必要になる。あなたは清浄に、子供の無垢にならなければならない――別々ではなく、あなたはそれになる。

それは生じるだろう。このようにそれは生じる。まず、それは対象として生じる。あなたはまだ別々であり、それを見ている。これは美しくてすばらしい体験だ——すべての屑は捨てられて、あなたは非常に純粋で、無垢な状態を感じている——だが、あなたはまだそれから離れている。ただそれを目撃し続けなさい。そうすれば、すぐに子供時代さえも消えるだろう。そこには目撃者だけがいて、主観性だけがある。そこには何も映すことのない鏡だけがある。その時、あなたは家に到着した。

あなたは美しい物を映すことができる。それは良いことだが、鏡が完全に空っぽである時は——。仏教経典の一つに「空っぽの鏡」という名前のものがある。それはあなたがただ単に在り、そこに何もない時の、意識の究極の状態を正確に記述している——子供時代さえなく、沈黙さえなく、平和さえなく、至福さえない——あなたがそれを観察できるものは何もない。

あなたを取り囲んでいるこの無の大海がニルヴァーナだ。

探求すべきものはもう何もない。

見つけるべきものはもう何もない。

だがそれが進んでいる時は、それは良い。あなたは変化している。その人の子供時代を感じることさえ素晴らしい体験だ。だが、より素晴らしい体験が前方にある。止まってはいけない。別のものがなく、あなただけが一人で残されるまで、ただ続けなさい。

第36章

目覚めなさい、
あなたはそれだ

Wake up & You are it

質問一

あなたが光明へ至る途中の多くの状態について話される時、私は自分がその途中のどこにいるのかもわかりません。

私は自分が最高の状態から離れたままで、何千もの生涯を生きているに違いないと常に思っています。他方では、あなたは私たちみんなに対して、それは今とここで起こり得ると語っています。私は、私自身のような気づきのない状態から完全に意識している状態への、即座の変化が可能であり得るとは想像できません。私の現実においては、しばしば自分自身を大馬鹿者だと、非常に愚かだと見ています。私は理解の味わいを、とりわけあなたのいわゆる矛盾した事柄を通して持ち合わせていますが、この理解は、私の中により多くの不合理なものさえ作り出します。

たとえば、「最高の自由は最高の奴隷状態の中にある」というものを。

私はすっかり混乱していません――そして同時に、私はそうではありません。自分は今ここでの予期しない出来事を信じていないと私が言う時でさえ、自分の信じていることを信じていません。なぜならそれは、光明は望むことができない唯一のものだと、あなたが言うその記憶を持ち運んでいた、まさに手の込んだマインドであるかもしれないからです。

ですから私はここにいて、あなたの存在とあなたの言葉をただ楽しみ、それに感謝しています。世界で最も美しい人の足元に座ることを許されている世界の中の、大勢の人々の一人であることは、存在は途方もなく私の世話をしているので、私は本当は大馬鹿者ではあり得ない、少なくとも私は祝福された馬鹿であるに違いない、という洞察を与えます。

私は誰なのかをわずかでも知るために、どうか私を助けてください。

眠っている人は、宇宙のどこでも夢を見ることができる。その意味から、目覚めることは何千もの生の彼方にあるように見えるだろう。しかしそれは夢だ。現実の睡眠に関する限り、目覚めはまさにすぐ近くにある。

どんな瞬間にも、あなたは目覚めることができる。

どんな状況でも、あなたを目覚めさせることができる。

そしてマスターのワークは、あなたが目覚めることができる方策を作ることだ。時には非常に小さな事が——あなたの目にちょっとかける冷たい水が、あなたを目覚めさせるだろう。眠っているあなたはとても遠く離れていたが、目覚める時、その距離を作っていたのは夢だったとわかるだろう。夢を見ることが距離になる。もちろん、夢を見るために睡眠は必要なものだ、が、あなたが目覚める瞬間に睡眠は消える。それと共に夢の世界全体も消える。

真実は、目覚めはあなたの最も近い現実であり、まさにあなたのそばにある、ということだ。それは遠く離れていない。そのために、それはゴールにできない。すべてのゴールは夢見であり、すべての成就は夢見だ。目覚めがゴールであり得ないのは、眠っている人は、目覚めることが何であり得るのかを考えることさえできないからだ。自分の眠りの中では、光明というゴールを作ることはできない——それは不可能だ。または、彼が作るものは何でも、光明の真実《リアリティ》とは全く異なっているだろう。

光明は、あなたの目覚めている意識の一部だ。

東洋では、私たちは意識に関して四つの層を持っている。

一番目、私たちが知っているものは、いわゆる起きている状態と呼ばれるものだ。それは本当は起きてはいない。なぜなら、まさにその下に夢が流れているからだ。目を閉じると、あなたは空想にふけるだろう。目を閉じるとあなたは直ちに見るだろう――想像が引き継ぎ、あなたはここから、この瞬間から離れ始める。現実においてはあなたはどこにも行っていないが、あなたのマインドの中では、あなたはどこにでも行くことができる。

だから一番目の状態は、いわゆる起きている状態だ。

二番目の状態は睡眠と呼ばれる。私たちはこれらに気づいている。

三番目は夢見る状態と呼ばれる。睡眠は夢見ることがなくてもあり得るからだ。その時、それは異なる質を持つ。それは非常に平和で、非常に静かで、暗くて深い――非常に若返るものだ。

だから睡眠は二番目の段階で、いわゆる起きている段階より下にある。

それから三番目の段階、夢見がやって来る。あなたは睡眠中のほとんどの時間で夢を見ている。もし八時間眠るなら、六時間は夢を見ている。小さな島々のように、ただあちらこちらであなたは眠っている。さもなければ、それは連続的に夢を見ている。

あなたはそれを覚えていない。だから人々は、夢を見ることが六時間もあって、睡眠はたった二時間しかないというのはあんまりな事のように思うのだ。あなたは、自分が目を覚まそうとしている時の最後の夢だけを覚えている。目を覚ますことによってのみ、あなたの記憶は機能し始めるからだ。

だからそれは、あなたの夢の世界の最後の部分だけをつかんでいる。あなたはすべての夢を覚えているのではなく、目を覚まそうとするそのすぐ前に起こる夢だけを、朝の夢だけを覚えている。

夢を見るこの六時間が、その二時間の静かな睡眠と同じくらい不可欠であることは、東洋では常に理解されていた。しかし西洋では、この十年内に初めて新しい研究が、東洋の洞察は全く正しいことを証明した。それどころか、新しい発見は、夢を見ることの方が、眠ることより以上に不可欠であると言っている。夢を見ることで、マインドの屑を捨てているからだ。

一日中、マインドはすべての類の言葉を、すべての種類の欲望や野心を集めている――あまりにも多くの塵を！　それは捨てられるべきだ。日中、あなたにはそれを捨てるどんな時間もない。あなたはますます多く集めている。そこであなたが眠っている夜に、マインドはそれ自身を掃除するチャンスを持つことになる。夢を見ることは一種の大掃除だ。しかしそれは毎日の仕事だ。再びあなたは集める、再びあなたは夢を見る、再びあなたは集めるだろう――。これらが私たちに知られている状態だ。

四番目は東洋では名付けられていないが、単に四番目と、トゥリヤと呼ばれている。それは数であって言葉ではない。あなたがそれを解釈できないように、あなたのマインドがそれで遊んだりあなたを欺けないように、どんな名前も付けられていない。マインドは、ただ四という数を聞いて、何をすることができるだろう？　マインドはただただ無力に感じる。意味を持ったどんな名前でも付けてごらん。するとマインドはある道筋を持つ――意味がその道筋になる。しかし四という数字にはどんな意味もない。

四番目の状態は本当の目覚めだ。四番目の状態は、他の三つの状態と関連して理解すべきだ。それは一番目に、いわゆる起きている状態に類似している何かを持っている。

いわゆる起きている状態は非常に薄っぺらなもので、ほとんど取るに足らないが、それには何らかの質がある――。四番目はその質だけで成り立っている。それは純粋な目覚めだ。あなたは完全に目覚めている。

それには二番目の段階――睡眠との何らかの類似性もある。睡眠には沈黙、深さ、平穏さ、くつろぎがあるが、非常にわずかな量で、ただその日のために、その日の仕事に必要な分だけだ。

だが四番目にはその全体が、全面的なくつろぎ、完全な沈黙、底知れない深さがある。

それには夢に関する何らかの質もある。夢はあなた自身から遠くへあなたを連れて行く。あなたは夢の中で月に行くかもしれない、夢の中で星に行くかもしれない。たとえここに、ベッドに留まっていてもだ。現実的にはあなたはどこにも行かないが、想像の中では——あなたが夢を見ている限り——それは完全に現実のように見える。あなたは夢の中では、それは夢だと思うことができない。もし夢の中でそれは夢だと思うことができたら、夢は壊れるだろう——あなたは目覚め、再び夢をつかむことはできない。


ムラ・ナスルディンに関する一つのスーフィーの物語で、ある夜彼は、天使が彼に「あなたはとても徳が高くてとても賢明だから、神はあなたにいくらかの報酬を送りました」と言って、いくらかのお金を与えている夢を見る。しかしマインドがそうであるように、天使は彼に十ルピーを与えるが、ムラは、「これは報酬ではない——私を侮辱しないでくれ」と言う。そして次第に彼は、天使に九十九ルピーまで値を上げさせる。だがムラは頑固で、彼は言う、「私は百ルピーを受け取るつもりだ。でなければいくらも受け取るつもりはない。それは何とけち臭い申し出だろう、しかも神からだとは！　あなたは神の代理人でありながら、それを百ルピーにできないのか？」と。

彼はとても騒々しく「百ルピーか、または何もないかのどちらかだ！」と叫んだので、それは彼を起こした。彼はあたりを見回した——そこには誰もいなくて、ただ彼はベッドで眠っていた。

彼は言った。「何てこった、不要に九十九ルピーを失ってしまった。ただあと一ルピーのために頑固になっていたせいで」

彼は目を閉じて一生懸命試みた。「あなたがどこにいようとも、どうか戻って来てくれ。九十九でオーケーだ。九十八でさえいい――九十七でも大丈夫だ――いくらでもいい。ちょっと戻って来てくれ！あなたはどこにいるのだ？」

彼は一ルピーにまで戻した。「私はただ一ルピーだけ受け取るだろう――神からのものは何でも偉大だ。私は神をけちん坊と呼んで愚かだった。実のところ、私は欲張っていた。私を許してくれ。そして私にほんの一ルピーだけでも与えてくれ」

しかし天使はそこにいなかった。

再び同じ夢をつかむことはできない。いったん起こされたら、同じ夢をつかむ方法は全くない。夢はあなたを、あなた自身から連れ去る。それが基本的な性質だ。おそらく、だからそれはあなたを浄化し、あなたが一定のくつろぎを持つように助けるのだろう。あなたは自分の心配事を忘れる。しばらくの間、少なくともあなたは楽園にいることができる。あなたは自分が常にいたかった状況にいることができる。

四番目の段階にも類似した何かがあるが、ただ類似しているだけだ。それもあなたをあなた自身から連れ去る――だが永久に、だ。あなたは自分自身に戻ることはできない。夢の中では、あなたは同じ夢に戻ることができない。四番目の段階では、あなたは同じ自己に戻ることはできない。それはあなたを本当に遠く離れたところへ連れて行くので、あなたは宇宙全体であることができる。それこそが東洋の神秘家たちが言ったこと、アハム・ブラフマスミ *aham brahmasmi* ――私は全体になった、だ。

だが、あなたは自己を失わなければならない。

あなたはそれに戻ることができない。

この四番目の段階は、違う名前を与えられている。これは最も数学的な名前、四番目だ。それは、非常に科学的で数学的な神秘家だったパタンジャリによって与えられた。

彼の論文は、数千年間ヨーガの唯一の源泉だった。何も書き加えられてこなかった。なぜなら何の必要もないからだ。一人の人物が完全な体系を作り上げ、その中で何かを変更することが不可能であるほど完成させ、完璧にさせるということは非常に稀だ。

西洋では、アリストテレスがそのような人物であったと考えられたものだった――彼は論理を、論理だけのすべての体系を作り上げ、二千年間、同じままだった。だがこの世紀で物事は変わった。なぜなら物理学における新しい発見が、アリストテレス以上に優れた何かを見つけることを、絶対に必要とさせたからだ。物理学における新しい発見は、問題を引き起こした。もしアリストテレスの論理に従うなら、それらの発見を受け入れられないからだ。それらの発見はアリストテレスの論理に反対しているが、現実を否定することはできない。

現実は現実だ！　あなたは人工物である論理を変えることができるが、電子の動作を変えることはできない。それはあなたの力の及ぶところにはない。それは実存的だ。そこで非アリストテレス論理学が成長してきた。

二番目の事例は幾何学だった。幾何学に関する限り、ユークリッドは完全なマスターとして何百年もの間君臨してきたが、今世紀においてそれも問題を引き起こした。

非ユークリッド幾何学が発達してきた。それらは物理学の新しい発見が理由で、進化せざるを得なかった。

たとえば、二つの点の間の最短距離は直線になる、というのをあなたは聞いた事がある。だが物理学者の発見は、直線は全く存在しない、というものだ。球状の地球の上にあなたは座っているという単純な理由のために、直線は不可能になる。

あなたは床の上のここに直線を引くことができるが、それが直線ではないのは、それが円の一部だからだ。それを両端から引き続けるなら、いつかそれらはどこかで出会うだろうし、あなたはそれが円になったのがわかるだろう。だからあなたが直線だと考えていた小さな部分は、直線ではなかったのだ。まさにそれは、円の非常に小さな一部にすぎなかったので、あなたは曲線を見ることができなかった。曲線は目に見えなかった――それはとても小さかったが、それはそこにあった。

あなたは、どこで直線を引こうとしているのだろう？ すべての星、すべての惑星、あらゆるものは球状で丸いからだ。だからあなたがどこに線を引いても、たとえそれがどれほど短くて、完全に真っ直ぐに見えても――科学的機器を用いてさえ、それが真っ直ぐであるのを見ることができるが――それをますます大きくし続けると、それは円の一部になるだろう。だからそれは円弧であって、直線ではなかった。同じ方法で、ユークリッドから来ているあらゆることは取り消されてきた。

パタンジャリはいまだに、一人ですべての科学を作り上げ、そしてどんな方面からのどんな挑戦もなしに五千年間残ってきた唯一の人物のままであり、おそらく唯一の人物のままでいるかもしれない。彼はそれをトゥリヤ、四番目と呼ぶ。彼は、人がただただ驚嘆するほどの科学的な男だ。

五千年前、彼には神はただの仮説にすぎないと言うための勇気、洞察、自覚があった。神はあなたが目覚めるための助けにはなり得るが、それは現実のものではない。それはただの方策にすぎない。達成されるべき神などいない。それはただの仮説にすぎない。

少数の人々は仮説によって助けられ得る――彼らはそれを使うことができる――が、覚えておきなさい、それは現実のものではない。そしていったんあなたが目覚めたら、それは消える。あなたが起きる時に夢が消えるのと同じようにだ。それらはまさに現実であったので、時にはあなたが目覚めた後でさえ、夢という現実からの何らかの残された影響がある、ということが起こる。あなたの心臓はより速く鼓動し、汗をかき、震えて、まだ恐れている。今あなたは、それが夢だったと完全に知っているが、あなたはまだ泣いていて、涙はそこにある。夢は非実存的だったが、それはあなたに影響を及ぼした。なぜならその間、あなたはそれを現実だと受け取っていたからだ。

だからそれは可能だ。神の前で泣き、神の真理から感情的にとても影響を受け、踊り、歌い、礼拝して、それを感じている帰依者たちを見ることができるが、それはただの仮説にすぎない。そこには何もなく、神はいない。だがこれらの人々は、仮説を現実として受け取っている。ある日彼らが目覚める時、それがただの仮説であったことで、自分自身を笑うだろう。

しかし、自分自身の哲学的背景に従って異なる名前を付けてきた他のマスターたちがいる。少数の人たちはそれを光明と呼んだ。それは光に満ちるようになること、すべての暗闇が消えて、すべての無意識が消えて、完全に意識的になることだ。

それを解放、自由と呼んだ他の人たちがいる――自分自身からの自由、想起と。他のすべての自由は政治的、社会的だ。それらはある人からの、ある政府からの、ある国からの、ある政党からの自由だ。しかしそれは常に――からの自由だ。

宗教的な自由は他の誰かからのではなく、自分自身からの自由だ。

あなたはもはやいない。

あなたはもはやいないため、東洋の少数のマスターたちはそれをアナッタ、無我と呼んだ。

ブッダはそれをニルヴァーナ――単なるゼロ、あなたを取り囲んでいる深遠な無――と呼んだ。それはアナッタ、無我、または無私の状態に非常に近い。だがそれは虚空ではない、それは満ちた状態――在ることに、究極の喜びに満ちた状態、祝福されることに満ちた状態、優美さに満ちた状態だ。あなたが以前に知っていたものは、すべてもうそこにはない。そのためそこでは、そのようなものがすべて空っぽになる。だがあなたが夢に見ることとさえない新しい何か、完全に新しい何かが発見される。

ある人はそれを宇宙的存在と呼んだが、あなたがどんな名前を付けるのかは重要ではない。私は四番目がまだ最も好ましい名のままであると思う。なぜならそれは、あなたをマインドの戯れに導かないからだ。さもなければ、あなたはそれについて考えようとする。「虚空とは何だ? 無とは何だ?」と。そして無は恐れを引き起こし得る。虚空は恐れを引き起こし得る。アナッタ、無我は恐れを引き起こし得る。四番目は完全に正しい。

三つの段階をあなたは知っている。四番目はほんのもう少し深い。それは遠く離れていない。何生もそれから離れているという考えは夢だ。現実においては、それはほんのそばにある――。目覚めなさい。あなたはそれだ。

質問二

私はあなたが、光明とはマインド――意識、無意識、潜在意識――の超越であり、人は生という海の中に、宇宙の中に、無の中に溶け込むと言われるのを聞きました。私はあなたが人間の個性について話されるのも聞きます。もしその人が全体の中に溶け込むのなら、光明を得た人の個性はどうやってそれ自身を明らかにできるのでしょうか?

普通、無意識な人間には個性が全くない。彼には人格しかない。

人格は他人によって――両親によって、先生によって、聖職者によって、社会によって――何であれ彼らがあなたについて言ったことで与えられるものだ。そしてあなたは、立派であること、尊敬されることを望んできたので、評価される事をしてきた。社会はあなたに報い続け、ますますあなたを尊敬し続ける。これが人格を形成するその方法だ。

しかし人格は非常に薄く、皮一重だ。それはあなたの本性ではない。子供は人格なしで誕生するが、潜在的な個性を持って生まれる。潜在的な個性とは単に、他の誰かとは違う彼の独自性を、彼は違うということを意味している。

だから最初に、個性は人格ではないことを覚えておきなさい。あなたが人格を落とす時、あなたは自分の個性を発見する――そして個人だけが光明を得ることができる。偽りは究極の真理の実現になることはできない。真実だけが真実と出会うことができ、同じものだけが同じものと出会うことができる。あなたの個性は実存的だ。そのためあなたの個人的な開花がある時、あなたは全体と一つになるのだ。ここに問題がある。もしあなたが全体と一つになるなら、どうしたらあなたは個人のままでいられるのだろう？

問題は単なる理解のなさにある。全体になるという体験は意識に関するものであり、その表現は身体を通した、マインドを通したものだ。体験は身体‐マインドの構造を超えている。人が完全に沈黙するようになり、サマーディに入り、四番目の段階に達する時、彼は身体ではない、彼はマインドではない。それらはすべて静かだ――彼はそれらよりはるか上位にいる。彼は純粋な意識だ。

ちょうど、これらすべての電球の中にあるこの光が一つであるように、この純粋な意識は普遍的だが、それは異なって表現される。電球は青色であり、または緑色であり、赤色であることができる。電球の形は異なることができる。身体‐マインドはまだそこにある。そしてもし、体験の人が自分の体験を表現したいなら、彼は身体‐マインドを使わなければならない。他に方法はない。そして彼の身体‐マインドは独特だ——彼だけがその構造を持ち、他の誰にもその構造はない。

そこで彼は普遍的なものを体験し、彼は普遍的なものになったが、世界にとっては、他の人たちにとっては、彼は独特な個人でいる。彼の表現は、他の悟った人々とは異なったものになろうとしている。それは彼が異なりたいということではない。彼には異なる仕方があり、彼はその仕方を通してしか、あなたの所に来ることはできない。

光明を得た画家たちがいた。言葉が彼らの芸術ではなかったので、彼らは決して話さなかったが、絵を描いてきた。そして彼らの絵画は普通の絵画とは全く異なり、偉大な巨匠たちのものとも違っていた。最も偉大な画家の巨匠たちさえ、無意識な人々だ。彼らが描くものは彼らの無意識を反映している。だが悟った人が絵を描くなら、彼の絵画には全く異なる美がある。それはただの絵画ではない、それはメッセージでもある。それには発見されるべき意味がある。その意味は暗号で与えられてきた。なぜならその人は描くことしかできなかったからだ。だから彼の絵画は暗号だ。

あなたはその暗号を発見しなければならない。そうすると絵画は膨大な意味を明らかにするだろう。それらの意味の中に深く入って行けば行くほど、あなたはより多くのものを見つけるだろう。他の絵画はただ平板なものだ。それらは巨匠たちによって制作されるかもしれないが、それらは平板なものだ。悟った人によって制作された絵画は多次元的で、平板なものではない。それらは何かをあなたに言おうと望んでいる。

もしその人が詩人で、カビールのようであるなら、彼は歌う。彼の詩は彼の表現だ。

もしその人が言い難いことをはっきりと話すことができるなら、彼は話す。だが彼の言葉は全く異なる影響を及ぼすだろう。同じ言葉はあらゆる人に使われるが、そのような影響を及ぼさないのは、それが同じエネルギーを持ち運んでいないから、同じ源泉から来ていないからだ。

体験の人は、自分の体験に満ちた言葉をもたらす——それは乾いていない。それらは雄弁家や演説者の言葉ではない。彼は話す技《アート》を知らないかもしれないが、彼が言葉を用いて為し得ることは、どんな雄弁家にもできない。彼はただ人々に彼の話を聞かせることで、彼らを変容させることができる。ただ彼の現存の中に在ることで、ただ彼の言葉を雨のようにあなたの上に降らせることで、あなたは変容が起こっているのを感じるだろう。新しい存在があなたの中で誕生し、あなたは生まれ変わる。

だから私が、光明を得た人々でさえ個性があると言う時、彼らが独特なままであることを意味している——彼らが独自の身体-マインドの構造を持つという単純な理由のために。そしてあなたのところにやって来るものは何でも、その構造を通して来なければならない。

ブッダは一つの方法で話し、マハーヴィーラは別の方法で話す。荘子は不合理な物語を話す——彼は偉大な物語の語り手だ——が、彼の話はあなたのハートと結託して遊び続ける。その話はとても不合理なので、あなたのマインドは何もすることができない。それが彼が不合理な話を選んだ理由だ。そうすれば、あなたのマインドは間に入って来ることができない。その不合理な話を用いて、彼はあなたのマインドを止める。それから彼の存在はあなたにとって、そしてあなたのハートにとって利用可能になる。あなたは、彼があなたのために持って来たワインを飲むことができる。そして彼は不合理な話をあなたに語ることで、あなたのマインドを処分したのだ。マインドは困惑し、機能していない。

多くの人々は、なぜ荘子はそのような不合理な物語を書くのか、と思っていた。だが、彼がその物語

あなたは利用可能に、あなたの心から完全に利用可能になる。彼はその方法であなたと接触できる。

がわからないという単純な理由から、誰もその事実を説明できなかった。マインドの機能が止まる時、

をなぜ書いているのかを考えてきた人々は、それがマインドの機能を停止させるための方便であること

だが、ブッダは不合理な物語を話すことができない。彼は寓話を使うが、それらは非常に意味深いものだ。彼はマインドを避けたくない――これらは人々の独自性だ。彼は納得するマインドを望んでいて、それからそのマインドの納得を通して、彼はあなたのハートに行くことを望んでいる。もしマインドが納得するなら、それは譲歩する。そしてブッダの寓話は、彼の講話はすべて論理的だ。マインドは遅かれ早かれ、譲歩しなければならない。

違うマスターたちは――。たとえば、ジュラルディン・ルーミーは回転すること以外に何もしなかった。彼は全く止まることなく、三十六時間の継続的な回転の、無停止の回転の後に光明を得た。実際、すべての子供は回転が好きだ。両親は彼を止める。彼らはこう言う、「倒れるぞ。気を失うかもしれないし、何かが当たるかもしれない。そのような事をしてはいけない」。しかし世界中のすべての子供たちは、回転することが大好きだ。なぜならどういうわけか、子供が回転する間、彼は自分の中心を見つけるからだ。中心を見つけずに回転することはできない。身体は回転し続けるが、回転は中心の上で起こらなければならない。そこでだんだんと、彼は中心に気づくようになる。

三十六時間の継続的な回転の後、ルーミーは自分の中心について完全に明白になった。それは彼の究極の、四番目の体験だった。それから彼は生涯、人々に回転を教えること以外に何もしていなかった。それは仏教徒にとって不合理に見えるだろう、他のどんな宗教にとっても不合理に見えるだろう――なぜなら、回転から何を得られるだろう？　それは単純な技法であり、最も単純な技法だが、それはあな

たに適合するかもしれないし、適合しないかもしれない。

たとえば、私にとっては適合しない。私は揺れるところに座ることはできない。それは私の中に吐き気を催させるのに充分だ。そして揺れるところに座って、何を言ったらいいだろう？　私は他の誰かが揺れているのを見ることができない！　それは私に吐き気を催させる感覚を与えるのに充分だ。さて、ルーミーは私のためのものではない。

そして回転が吐き気を与えて、吐いてしまう多くの人々がいるかもしれない。そのことは、それが彼らのためではないことを意味している。

私たちは個々に違っている。そこに矛盾はない。人は普遍的なものを体験できるが、それでも表現という問題が生じる時、彼は個人でなければならない。

質問三
先日の朝あなたは、いわゆる自己とは単なるマインドの考えにすぎない、なぜなら私たちの存在はただの純粋な無でありながら驚くほど全体を含んでいる、と受け入れるのはマインドにとって厳しいように思えるからだ、と言われるのを聞きました。それでは、あなたがとてもよく話されている目撃者とは誰なのですか？　それは何ですか？　それはある地点で落とさなければならない巧妙な方策なのでしょうか？

その通りだ。あらゆるものは方策だ。なぜなら真理は話すことができないからだ。だから方策しか与えることはできない。あなたはその方策に納得しなければならないが、それらは最後の瞬間に落とされなければならない。だがそれは、今それを落とさなければならないという意味ではない！　今それを落とすことは、助けにならないだろう。今、あなたはそれをその最大限の可能性に応じて、使わなければならない。するとその時、その瞬間はひとりでにやって来る——方策が頂点に達した時、それは消える。そしてあなたは四番目の体験をしている。

すべての問題が生じるのは、真理は話すことができないからだ。そこで、あなたを真理へと連れて行く何かが考案されなければならない。そして方策は、それがそれ自体において障害にならないようなものでなければならない。だから偉大なマスターとは方策をあなたに与える人であり、その方策は自動的に、自発的に消えるようになり、その瞬間あなたは、真理の近くに来るような方法で作られる。

優れてはいるが、それらが障害になり得るため危険でもある多くの方策がある。たとえば私はあなたに、パタンジャリは神は方策であると言う、ということを話した。これまで彼より以前に、または彼より後に、そのようなことを言った人は誰もいない。神は真理であると言った人々はいたし、神は全くいないと言った人々はいたが、パタンジャリの態度は両者とは完全に異なっている。彼は有神論者ではないし無神論者でもない。彼は全く科学的なマインドの持ち主だ。

彼は、神とは仮説であると言う。それが存在するか存在しないかについての争いは、根拠のないものだ。あなたは他のどんな仮説についても争うことはない。しかしそれは危険な仮説だ。ラーマクリシュナのような人の生においてさえ、それは障害になった。

そう、その方策は、正しい瞬間に自動的にあなたから離れようとはしない。それは危険だ——それはしがみつき、あなたの視野を遮るだろう。それはあなたを最終段階に連れて行くだろうが、あなたが最終段階を受け入れるようにはさせないだろう。方策そのものへの大きな執着は障壁になる。

ラーマクリシュナは母なる女神カーリーの帰依者であったが、普通の帰依者ではなく、形式的ではなかった。彼は本当に彼女を愛していた。時には朝から夕方まで、彼は寺院で踊り、歌い続けた。そして時々、彼は数日間ぶっ続けに寺院に鍵を閉めて、それに入りさえしなかった。それは報告された——なぜならその寺院は非常に金持ちの女性、ラニ・ラスマニに属するものだったからだ。彼は雇われた使用人であり僧侶だった。人々は数日間、寺院が開きもしないことは正しくないと言った。ラーマクリシュナが扉を開ける雰囲気ではないので、他の帰依者たちは来ても帰らなければならない。そして時には、ラーマクリシュナがあまりにもその雰囲気に浸っているので、帰依者はうんざりしてしまう——。寺院に入る時、あなたはプラサードを待つ。それは神に供えられる食べ物で、そこにいるすべての礼拝者たちに分配されなければならない。プラサードとは恵みという意味で、それは神の恵みであり、彼の贈り物という意味だ。だから人々はそれを待つ。だがどれだけ長く、待つことができるだろう？　この男は踊り、歌い続ける、朝から夕方まで——礼拝者たちは来ても去って行く。なぜならプラサードは、僧侶が礼拝するのを止めた時にだけ分配できるからだ。

そしてすべての僧侶は報酬を受ける。だから彼らは常に急いでいる。実際に、一人の僧侶は多くの寺院に行くだろう。そうすれば、彼はすべての寺院から給料を得ることができる。そのように彼はとても急いでいるので、彼は可能な限り、または容認できる限り短い礼拝をして、直ちにプラサードを分配し、そして別の寺院に駆けつける。インドにはとても多くの寺院があるので、僧侶はとても簡単に五つか六つの寺院を管理できる。しかし、ラーマクリシュナはそのような僧侶ではなかった。彼は本当に愛する人だった。彼にとって女神はただの彫像ではなかったし、礼拝は単なる儀式ではなかった。それは現実であって、夢ではなかった。寺院の所有者であるラスマニは、彼を呼んで尋ねた。

「何事ですか？　私はあなたに関して異なる種類の不満を耳にしてきました。一つは時々あなたが一日中礼拝することです。どの経典にこれが書かれているのですか？」

ラーマクリシュナは言った。「私はどんな経典も知らないし、あなたが私を雇う前でさえ、自分が教育を受けていないことをはっきりさせてきた。私はどんな経典も知らない。私は祈祷の歌しか知らない。だから私は歌うのだ。そして私にとって、それは特定の時間の間、礼拝するという問題ではない。時間は消える。私にはどんな考えもない。いったん私がその中にいるなら、私はいつ朝が夕方になったのかはわからない。だからもしあなたが私を望んでいないなら、私は去ることができる。だが私はこのようにするつもりだ」

ラスマニは言った。「これが唯一の不満ではありません。なぜならこれは許せるからです。一日中礼拝すること――そこには何の害もありません。だが時々あなたは、寺院の扉を開けていないではないですか」

彼は言った。「それは本当だ。時々私は、女神に腹を立てる。私は彼女を愛しているが、彼女は私の言うことを聞かない。そして時たま――結局のところ、私は人間だ――私は不機嫌になり、それで私は言う、『わかった。二、三日の間、閉めたままにしよう。それはあなたを正気に戻すだろう』。食べ物もないし、礼拝もない！　だが、もしあなたがこれのせいで何らかの問題を持つなら、私は去ることができる」

ラスマニは、彼に去るようにと告げることができなかった――その男はとても美しく、とても真正で、彼が言ったことにはそれ自体の美しさがあった。扉を開けないことすら恋愛関係の一部であり、単なる恋人同士の口論にすぎなかった。彼女は言った。

「それも許すことはできます。私はあなたにここにいてほしいからです。でも一つのことは非常に悪いです。私は、食べ物を女神に供える前に、あなたは自分自身ですべての甘い物を味わっているということを耳にしています」

彼は言った。「それは本当だ。私の母親がこれらの甘い物をよく作ってくれたからだ」——そしてベンガル人は、インドで最高の甘い物を作る——「彼女は甘い物を作り、それを味わう。もしそれらが本当に美味しいものなら、彼女はそのいくつかを私に与え、そのいくつかを私の父親に与えるだろう。美味しくなければ与えない——彼女は再びそれを作る。私の妻は甘い物を用意する。彼女は私を妨げる。『これは正しくありません。まずそれは女神に供えなければなりません。それから分配できます』。しかし私は、味のないものや美味しく作られていないものは、何であっても供えることができない。私はまずそれを味わわなければならない。もしあなたがそれを望まないなら、私は去る用意ができている。だが、私は同じやり方で続けるだろう」

その男は非常に素朴で、彼が言うことは素晴らしい事だった。彼は最上ではないかもしれないものを女神に供えることはできない。最上のものだけが供えられるべきだが、どうやって見つけ出したらいいだろう？　人はそれを味わわなければならない。

彼は生涯、カルカッタの近くのダクシネーシュワルで礼拝した。彼の人生の晩年、死ぬほんの数年前に、ある朝彼は女神に話した。

「今、医者が、私は喉の癌にかかっていると言っている。それは成長してはいないが、今にも増大し始めることができる。そして私は死ぬ前に真理を体験したい。私は用意ができていて、あらゆることをするつもりだ。私は今日あなたの前で踊り、あなたの前で歌うだろう」

母なるカーリーのあらゆる寺院では、常に大きな剣が掛けられている。それは過去においてその剣が供物として動物の頭を切り落とすために使われていたからだ。それは今でも、カルカッタの主要な寺院で使われている。

ラーマクリシュナはそれをしていなかったが、剣は寺院の一部になっていた。彼は言った。「もし夕方まで私が真理の体験をしないなら、私は剣を取って自殺するだろう。その責任はあなたにある」

少数の礼拝者たちがそこにいた。彼らは飛び出してすべての人たちに話した。「その狂人が何かをしようとしている――。さてこれはやりすぎだ。彼が以前にしていたことはすべて問題なかったが、今、彼は自殺しようとしている！」

大群衆が寺院に集まった。そしてラーマクリシュナは一日中狂ったように踊り、狂ったように歌った。そして太陽が沈んでいた頃、彼は剣を抜いて女神に言った。

「では私は、あなたへの供物として自分の頭を切り落とすつもりだ。体験か、または私の頭があなたの足元にあるか、だ」

そして彼が剣で自分自身を切ろうとした時に、剣は彼の手から落ちて、彼は床の上で倒れた。彼は六時間そこに留まった。外側の世界に対して彼は無意識だったが、彼自身の経験においては、彼はサマーディの中に、美しい状態にあり、全く沈黙して至福に満ちていた。そして六時間後に彼が起こされた時、彼は涙と共に目覚めて、それから言った。

「なぜ私を起こしたのだ？　あなたは私を同じ状態のままにするべきだった」

ほんの数日後、ラーマクリシュナについて、彼が六時間のサマーディに入ったということを、通りすがりに耳にしたマスターがいた。そのマスターがやって来た。ラーマクリシュナは非常に控えめな男だった。彼はマスターの足に触れて、「私を助けてください。私はその体験を達成しましたが、それはたった六時間だけで、それから私は自分の古い場所に戻ったからです」と言った。

マスターは言った。「あなたは理解していない。それは現実の体験ではなかった。あなたは自殺しようとしていたので、あなたの頑固さによって、その体験をあなた自身に押し付けたのだ。一日中踊り、歌った後、あなたのマインドは全く止まった。『その男は自殺しようとしている！』――その状況を見てみなさい。それはカーリーとも誰とも関係がなかった。それは単に、マインドの停止にすぎなかったのだ。その体験は、ただマインドがお喋りしていない時の体験に過ぎない。そしてあなたは計り知れない沈黙と美と喜びを感じる。もしあなたが本当に究極の体験を、四番目を望んでいるなら、あなたは非常に厳しい一つの事をしなければならない。それは母なる女神とのすべての愛着を断ち切ることだ。

それはあなたの問題だ。あなたは他の障壁をすべて通過したが、今この最後の障壁が最も難しいのは、あなたがあらゆるものを彼女に賭けてきたからだ。だから私が言うようにしなさい。瞑想して座り、目を閉じなさい。そしてあなたが自分の第三の目の近くに現われる母なるカーリーを見る時、それが起ころうとしている時――」

彼は言った。「はい、それは起こります。私が目を閉じる時はいつでも、彼女はそこにいます」

そこで彼は言った。「それはけっこうだ。それがその瞬間だ――この時、あなたの頭を切断してはいけない。剣を取って、母なる女神を二つの断片に切断しなさい」

ラーマクリシュナは言った。「何ということだ、それは非常に難しい！　私は彼女を傷つけることはできません――それなのにあなたは、私に彼女を殺せと言うのですか！」

だがその人は言った。「あなたがそれをしない限り、あなたは決して達成しないだろう。それをやってみて、それから見てごらん」

彼は目を閉じて、涙が目から流れた。そして彼の顔には、大きな喜びと輝きがあった。彼は目を開けた。マスターが尋ねると彼はこう言った。

「はい、私は彼女を見ましたが、私は彼女を殺すことをすべて忘れてしまいました――彼女はとても美しく、その愛着はとても長い——思い出せる限り長いものです」

彼は僧侶になった頃は非常に幼かった。
二、三度、彼は試みた。
マスターは言った。「これが最後だ。もしあなたがそれができないなら、私がそれをするだろう。私はこのガラスの破片を持って来た。涙があなたの目から流れ始めたのを私が見る時、私はあなたが母なる女神を見ているのがわかる。私はあなたに、これがその時であることを思い出させるために、ガラスの鋭い破片であなたの額を切るつもりだ。あなたは同じことをすればいい。彼女を二つの断片に切断しなさい。それは単なるあなたの観念にすぎない——そこには他に誰もいない。それは単なる仮定だ」

マスターは彼の額を切らなければならなかった。その傷跡は、彼の生涯にわたって残っていた。血が彼の顔に流れ始めたが、心の底では彼はどうにかして勇気を奮い立たせて、母なる女神を二つの断片に切断した。そして彼女が二つの断片になって落ちた時、それはまるで扉が開いて宇宙全体が彼のものになったかのようだった。

彼が戻って来るのに六日かかった。彼が戻った時に発した最初の言葉は、非常に重要だ。彼は「最後の障壁が落ちた」と言った。

どんな方策でも障壁になり得る。それはあなたが他の物事を取り除くのを助けるかもしれないが、最終的には取り除かなければならない——それは困難な事であるかもしれない。それはラーマクリシュナにとってはとても難しかった。それは最後の日だった——二度と再び、彼が寺院に入ることはなかった。

その後、彼は三、四年生きた。彼はカーリーに関するすべてを本当に忘れていた。

だが、そのような問題を引き起こさない方策があり、自動的に落ちる方策がある。あなたが自分の存在の最高潮に達している瞬間、それは簡単に地に落ちるだろう。

その人が究極を体験するところに来た瞬間、勝手に落ちようとする方策を作り出す人を、私はマスターと、偉大なマスター、完全なマスターと呼ぶ。他の方策はより小さな人々によって作り出される。おそらく彼らは、これらの方策がそれ自体で愛着になり得ることをわかっていないのだろう。

だから私が言うあらゆることは方策だ。私があなたと話すことは、あなたがただここにいられるようにするための方策だ――あなたのマインドは引きつけられ、私の言うことを聞き、目に見えない何かが私とあなたのハートの間で発散し続けることができる。それが真の事柄だ。

言葉は、マインドが引きつけられたままでいるのを助けるだろう。それらはちょうど玩具のようなものだ。あなたが勉強していて、子供に自分の邪魔をさせたくない時、あなたは彼らに玩具を与える。すると彼らは玩具で遊び始める。そうすればあなたは自分の仕事や勉強を、またはあなたがやりたいことを何でもできる。子供はあなたを悩ませたり、あれやこれやを質問するためにあなたのところへやって来ないだろう。

マインドはちょうど子供のようなものだ。

言葉はまさにマインドのための玩具だ――それは真理ではなく単なる玩具だ。だがマインドが引きつけられている間に、何かが私の深みから、あなたの深みに対して起こることができる。あなたはそれを理解しないかもしれないが、それはあなたの中に変化を、あなたの存在に変容をもたらし始めるだろう。

時々、私と一緒にただ静かに座るだけで――だがその時、あなたのマインドがあなたの邪魔をするという問題が常にある。私はあなたと一緒に静かに座ろうとしてきたが、私はあなたのハートに少ししか達することができず、あなたのマインドはあまりにも多くあなたの邪魔をしている、という問題があるのを私は見てきた。

話すことはよりよい方策であるように思える。あなたのマインドは引きつけられたままで、時たま、私が二つの言葉の間に隙間を与えるなら、マインドは邪魔をしない。マインドはただ単に見て、待つ。「何が起ころうとしているのだろう？　何が言われようとしているのだろう？」

そしてその間、真のワークが起こっている。

真のワークは、私のハートからあなたのハートへのものだ。

第37章

それぞれの瞬間は不安定だ

Each Moment is Insecure

質問一

まさに今、あなたのセラピストたちが働きかけている方法は、私にとって非常に危険に感じます。彼らはあなたと同じレベルにあると、そして同じワークをしていると主張しています。彼らが提供しなければならないと言っているもの——飛翔スクールと「自由」——はエゴにとって非常に魅力があるように聞こえますが、あなたのワークと何らかの関係があるようには見えません。

私は、あなたとより親密でありたいと望んでいる、スピリチュアルな導きを望んでいる無垢な人々が、あなたの選ばれたセラピストとしての権限を持つこれらの人々に自らの信頼を寄せるだろう、ということを心配しています。

私たちはシーラによって、世俗的な権力の乱用のせいで何が起こるのかを見ました。スピリチュアルな権力の乱用は、それが人々のまさに存在に作用する時、よりはるかに大きな脅威のように思えます。あなたは常に、これこそがマスターがその身体から去る時に起こることだ、と言われてきました。歴史が今回それ自体を繰り返さないようにするために、今あなたが提示できる助言が何かあるでしょうか？

無意識な人間のマインドが、すべての問題の原因だ。

私の周りには、あらゆる類の仕事をしていた人々がいた。医師がいて歯科医がいて、配管工がいて大工がいた。だが彼らの誰も、セラピストとして働いていた人々のようなエゴはなかった。

セラピーは、基本的にスピリチュアリティとは何の関係もない。私はマインドが大昔からずっと集めてきた屑をきれいにするためだけに、セラピーを使っていた。私にとってセラピストの仕事は正確に掃除人のそれであり、いずれにせよ掃除人より優れているものは何もない。しかし西洋では、セラピーにはスピリチュアリティを暗示するものがある。スピリチュアリティの名では、何も存在していないからだ。そこには空白があり、セラピストがそれを満たしているように見える。

それはただ、見た目がそうであるだけのことだ。彼らはその隙間を満たさない。彼らにはできない。彼ら自身がスピリチュアルな体験を全くしていないのだ。彼らが知っていることのすべては、あなたのマインドがきれいになり得るある一定のテクニックだ。しかしそのマインドの掃除でさえ、数日間しかあなたを新鮮に感じさせない。それは土台を、あなたの存在の基礎を変えないからだ。それは単に外面を掃除するだけだ。あなたは同じ人のままだ。あなたは再び同じごみを集めるので、セラピーは何度も何度も必要になるだろう。

同様に、他のあらゆる種類の心理療法、精神分析、分析的心理学についても真実だ。それらはただ異なる名前にすぎない。心理学者が主張できることで浄化されて、今やその人にとって分析やセラピー、またはどんな種類の療法も通過する必要はない、というような人は全世界でたった一人もいない。

セラピストや精神分析学者でさえ、時々はあるセラピストの下で、セラピーや分析を経験しなければならない。それは彼らもごみを集めているからだ。実際のところ、彼らはより多く集めている。非常に多くの人々が、彼らのセラピー・セッションで自分自身の重荷を下していて、それは必ずセラピストに悪影響を及ぼすからだ。人々はより少し軽くなるだろうが、セラピストはより少し重くなる。彼はセラピーを必要とするだろう。これは悪循環だ。

私の努力は、西洋を東洋のより近くに連れて来ることだった。東洋はスピリチュアルなテクニックを開発してきたが、そのテクニックが開発された頃の人々は、知識や地位などあらゆる種類の無意味なごみでそれほどの重荷を負わなかった。それらのテクニックは、無垢な人々のために開発された。

現在の状況は違う。もしそれらのテクニックを直接人々に与えると、人々はとても重荷を負わされているので、彼らのごみの中でテクニックは失われるだろう。

私の理解は、セラピーは良い始まりであり得るが、それは終わりではなく答えではない、ということであったし、今でもそうだ。それは短い期間だけマインドをきれいにできるが、その短い期間の中で、マインドが再び重荷を得る前に、スピリチュアルなテクニックをあなたに取り入れることができる。

スピリチュアルなテクニックがあなたに手ほどきされたら、そのごみはあなたを妨げることはない。それは混乱を引き起こすことができないし、あなたはもうこれ以上どんなセラピーも必要ではなくなる。あなたはその道の上にいる。今やこの普通のごみは、あなたを妨げることはできない。

だが、もしあなたが既に重荷を負っているなら、スピリチュアルなテクニックの手ほどきをすることは無駄だ。それは石の上に種を蒔くことになる。種は生きることもなく、植物になることも、木になることも、開花することもない。

だから私は、地面をきれいにして私に種を植えさせるために、ほんのさしあたりこれらのセラピーを使っていた。それからは、私たちはあなたが集めるであろうごみについて心配していない。種は充分な力を持っている。いったんそれがその土を見つけたら、問題はなくなる。それは周辺のすべてのごみにもかかわらず、その枝や葉、その果実やその花をもたらすだろう。それはたいした問題ではない。

だが、私はその危険に気づいていた。それは、これらのセラピスト自身にはスピリチュアリティが全くなくて、彼らは自分たちが指導者で、スピリチュアルな指導者であるかのように、彼らは道の上にいるとても多くの人々を助けているかのように感じ始めるだろう、ということだ。あなたのエゴを、ますます大きく膨らませることはとても簡単だ。

これらのセラピストたちが西洋から私の所に来たのは、西洋ではセラピーが廃れていたからだ。人々は飽き飽きしていた。なぜなら何の意味があるだろう？　数日間、あなたは凄いと感じて、それから意気消沈する。あなたは以前より悪く感じる。そして再びセラピストの元に行くことは一種の中毒になる。

それには終わりが全くない。人々は生涯、一つのセラピーから別のセラピーに動き続けて、常に「これは効果があるようだ」と感じる。それはしばらくは効果があるように思えるが、基本的なものは何も変えず、ただ表面的な接触だけなので、あなたは再びゼロに戻る。

これらのセラピストたちは、みんな西洋で失敗してきた。誰も彼らの所に来ていなかった。彼らが私の所に来た時、患者を探す必要はなかった。何千人ものサニヤシンたちが来ていて、私はセラピーという西洋式の技法と、スピリチュアルな成長の間に一定の統合を望んでいたので、私は彼らにそのワークを割り当てた。

しかしこれらのセラピストたちは、人々が彼らのセラピーのために来たのではなかったことを、完全に忘れていた。それどころか人々は、彼らのセラピーを受けることに非常に気が進まなかった。私は彼らを説得しなければならなかった。しかしゆっくりと人々は、ほんの少しの掃除が瞑想への長い跳躍をさせることに役立つという事実を理解し始めた。だからセラピーを通過した人々は、セラピストたちより瞑想の中に深くいた。セラピストたちは、自分のエゴの中により深く入っていた。

セラピストたちは瞑想していなかった。彼らは質問をしていなかった。なぜなら質問をすることは、あなたは無知である、あなたはその答えを知らない、という意味だからだ。彼らは質問をするのに充分な謙虚ささえなかった。そして今や、人々を見つけるという重荷が彼らになかったので、彼らは幸福だった。途方もなく幸福だった。人々は自分からやって来て、私はその人たちを彼らのセラピーに送っていた。

私は彼らを優れたセラピストにさせた。私は彼らを考えられる最高のセラピストにするために、彼らの技法を洗練しようとした。私はすべてのセラピー・グループと会って、参加した人々に、彼らがどう感じていたのか、何が起こったのかを尋ねたものだった。そして間接的に——セラピストは出席していた——私は、何をもっとすることができたのか、何が為されるべきだったかを提案していた。私はセラピストにも、どんな困難を彼は見つけていたのか、どんな問題が人々に生じていたのかを尋ねていた。間接的な方法で、だ。なぜなら私は、助言を与えることによってさえ、誰も傷けたくないからだ。

数年を通して、私はこれらのセラピストたちと、彼らのセラピーに働きかけてきた。すると彼らは自分たちがグルの、マスターの類になったと感じ始めた。そして心の底では、彼らの間に大きな競争があった。ソメンドラは、誰がより優れたセラピストであるかというティアサとの競争が理由で、去って行った。ただのエゴの戦いで、だ。

心の底で無意識に、彼らは、遅かれ早かれ私は死ななければならないだろう、と考えているに違いない。ティアサは、自分が私の後継者になろうとしていることを、誰もそれを彼に言っていなくても、当然のことと思っていた。おそらく彼は、自分が私の後継者になろうとしているという考えを広めていた。私が、「誰も私の後継者になることはない」とコミューンで発表した日、ただ二人の人物だけが不幸になった。そして私はその両者を見た。一人はシーラであり、もう一人はティアサだった。誰もが幸福で喜んでいたが、この二人は悲しんでいた。それは彼らの目的だった——たぶん意識的ではなく無意識的に。それが、違う方法でコミューンを破壊しようとしていたシーラの始まりだった。

そしてその時アメリカ政府は——。今や世界のすべての政府は、一緒に共謀してたった一人の人間に反対している。彼らは私をそれほど重要に、それほど強力にさせた。彼らはただ、非常に馬鹿げた方法で振る舞っているだけだ。彼らはすべての権力を握っている。私には権力はない。そして彼らはみんな共謀して私に反対している。彼らのすべての努力は、私のワークを止めること、私をどこにも居住させないこと、別のコミューンが生まれないようにすることだ。

私たちのセラピストたちは、今や私にはコミューンがない、そしてあらゆる政府は私に反対している、おそらく私は世界のどこにも場所を見つけないだろう、という機会を見て非常に幸福でいる。これは彼らにとって大きなチャンスだ。

そしてすべてのサニヤシンたちは空白の状態にいるので、これらのセラピストたちはその空白を利用しようとしている。今、彼らは人々に、自分たちは自由を彼らに教えるだろう、自分たちはスピリチュアリティを彼らに教えるだろう、自分たちはあれやこれやを彼らに教えるだろう、と言っている。彼らのすべての努力は、この機会を逃さないことにある。

人々がそれを必要としているのは、突然——彼らは働きかけていて、成長していたが、そのワークが止ったからだ。私はあらゆる方面から妨害されつつあるため、働きかけることができない。そしてセラピストたちは非常に幸福だ。彼らは突然、スピリチュアルなマスターになった。彼らはスピリチュアルについて何も知らず、そのＡＢＣさえ知らない。

しかし心配することは何もない。彼らは自由について話せるだけで、それも彼らが私から聞いたことをあなたに言う単なる繰り返しになるだけだ。彼らには話すための独自なものは何もないし、彼ら自身の経験から生じたものは何もないので、彼らは単に話すことしかできない。彼らに話させなさい。その話は人々を変えることはない。そしてすぐに人々は、これらのセラピストが状況をただ利用しているだけなのを感じ取るだろう。

その間、どこかで私たちはミステリー・スクールを作り出そうとしている。存在は、本当に真理のために、ただただ存在のために働きかけてきた人に対して、そんなに無慈悲であるはずがない。

私の信頼は絶対だ。

これらの政府や教会は、全く問題ではない。彼らは全力を尽くすかもしれないが、ミステリー・スクールは設立されるだろう。たとえそれには少し時間がかかるかもしれなくても、少し苦労があるかもしれなくてもだ。そして今回、物事は全く異なる方法で為されるので、このようなグルの地位という考えを持つようになる人は、誰もいなくなる。

歴史は繰り返されないだろう。私はまだここにいるからだ。私はそのすべてのセラピストたちを知っている。私は彼らの問題を知っている。私は彼らが、自分たちの患者と同じ舟に乗っているのを知っている。彼らはいずれにせよ、意識の高い者たちではない。彼らは相談を受けることができて、いくらか明晰になるように人々を助けることができるが、それは彼らの知識からのものだ。同じ状況において、彼らはその明晰さを持っていない。

他のあらゆる人に対して、彼らは明晰な道を示すことができる。彼らが困難な目に遭っていない時、それは非常に容易だ。彼らは誰にでも「それは簡単だ。このやり方でそれをしなさい」と、単に助言できる。本当のところは、彼らが同じ困難な目に遭った時、彼らに明晰さがあるかどうか、彼らが自分自身の助言に従えるかどうか、ということだ――それらのセラピストたちは、そうすることはできない。だからそこに害はない。彼らに数日の栄光を楽しませなさい。

彼らは私の名前にさえ言及していない。それは、何であれ彼らが言うことやしていることは私と関係があり、もし彼らが私の名前に言及するなら、彼らは直ちに二番手になるのを知っている充分な証拠になる。そして初めて、彼らは頂点にいるための好機を得た。私と一緒では、それは不可能だった。

だから私は、そこに何か問題があるとは思わない。それはいいことだ――彼らに数日間楽しませなさい。彼らの楽しみは長い間続くことはない。すぐに彼らは人々を失うだろう。

いったんミステリー・スクールが機能し始めたら、誰も彼らについて思い悩もうとはしない。彼ら自身でさえ、ミステリー・スクールに来なければならないだろう。それも今回はセラピストとしてではなく単に弟子として。そこではどんなセラピーもないだろう。今、スクールは全く異なる方法で機能するだろう。

質問二
成熟した人の質とはどういうものですか？

成熟した人の質は、非常に奇妙だ。

まず、彼は人ではない。彼はもはや自己ではない。彼はある存在を持っているが、彼は人ではない。

第二に、彼はより子供のようで、素朴で無垢だ。

だから私は、成熟した人の質は非常に奇妙だと言うのだ。それは成熟が、まるで彼は体験してきたかのような、彼は年老いた、老人のような感覚を与えるからだ。肉体的に彼は老齢であるかもしれないが、精神的には彼は無垢な子供だ。彼の成熟は、単なる生を通して得られた体験ではない。

それなら彼は子供ではないし、存在感はないだろう。彼は経験豊かな人で、物知りではあるが成熟していない。物知りではあるだろうが、彼は成熟していない。

成熟は、あなたの生の体験とは何の関係もない。それはあなたの内的な旅と、内側の体験と関係がある。

彼が自分自身の中により深く入って行けば行くほど、彼はより成熟する。彼が自分の存在のまさに中心に達した時、彼は完全に成熟している。しかしその人が消えるその瞬間、存在だけが残る――。

自己は消えて、ただ沈黙だけが残る。

知識は消えて、ただ無垢だけが残る。

私にとって、成熟とは悟りの別の名だ。あなたは自分の潜在可能性が成就するところにやって来た。それは現実になった。種は長い旅を経てきて、それは開花した。

成熟には芳香がある。それは途方もない美しさを個人に与える。それは知性を、あり得る最も鋭い知性を与える。それは彼を愛以外の何にもさせない。彼の活動は愛であり、彼の不活動は愛だ。彼の生は愛であり、彼の死は愛だ。彼はまさに愛の花だ。

西洋には非常に子供っぽい成熟の定義がある。西洋が成熟によって意味するものは、あなたはもはや無垢ではない、あなたは生の体験を通して熟してきた、あなたは容易に騙されないし、搾取されない、あなたは自分の中に硬い岩のような何かを、保護するもの、安心させるものを持っている、というものだ。

この定義は非常に平凡で、非常に世俗的だ。そう、世界であなたは、このタイプの成熟した人々を見つけるだろう。しかし私が成熟を見る方法は完全に異なり、この定義とは正反対の見解だ。成熟はあなたを岩にさせない。それはあなたをとても無防備に、とても柔らかく、とても素朴にさせるだろう。

私は思い出す――ある泥棒がマスターの小屋に入った。それは満月の夜で、間違って彼は入ってしまった。さもなければ、マスターの家で何を見つけることができるだろう？　泥棒は物色していたが、何もないことに驚いた。それから突然、彼は手に蝋燭を持ってやって来た人を見た。

その人は言った、「あなたは闇の中で何を捜しているのだ？　なぜ私を起こさなかったのだ？　私はちょうど玄関の近くで眠っていて、あなたに家全体を見せることができたのに」

その人はとても素朴で、とても無垢に見えた。まるで彼には、誰かが泥棒であり得る、とは思えなかったかのように。

彼の素朴さと無垢さの面前で、その泥棒は、「たぶんあんたは俺が泥棒なのを知らないのだ」と言った。

マスターは言った。「それは問題ではない。人は誰かであるに違いない。要点は、私は三十年間家の中にいたが、何も見つけなかったということだ。だから一緒に捜させてほしい！　そしてもし何かを見つけられたら、私たちは仲間同士になる。私はこの家で何も見つけてこなかった――全く空っぽだ」

泥棒は少し恐れた。その男は奇妙に見える。彼は狂っているのか、それとも――彼がどんな種類の人なのかが誰にわかるだろう？　泥棒は逃げたかった。泥棒は他の二軒の家からの物を持っていて、それをその家の外に置いていたからだ。

マスターには、たった一枚の毛布しかなかった。それが彼が持っていたもののすべてだった。そしてそれは寒い夜だったので、彼はその泥棒に言った。

「このように去ってはいけない。このように私を侮辱してはいけない。さもなければ、貧しい人が真夜中に私の家に来たのに、手ぶらで去らねばならなかったことを、私は決して自分自身に許せないだろう。ちょっとこの毛布を受け取りなさい。それは心地良いだろう――外はとても寒い。私は家の中にいる。ここはより暖かい」

彼は泥棒に毛布を掛けた。泥棒はただ、正気を失っていた！

彼は言った。「何をしているのだ？　俺は泥棒だぞ！」

マスターは言った。「そんなことはどうでもいい。この世界では誰もが誰かでいなければならないし、何かをしなければならない。あなたは盗んでいるかもしれない。それはどうでもいいことだ。職業は職業だ。私のすべての祝福をもって、ただそれをうまくやりなさい。それを完璧にやりなさい。捕まってはいけない。さもなければあなたは面倒な目に遭うだろう」

泥棒は言った。「あんたは変わっているよ。あんたは裸でいて、何も持っていないじゃないか！」

マスターは言った。「心配しなくていい、なぜなら私はあなたと同行するからだ！　ただ毛布だけが私をこの家に引き留めていた。さもなければこの家には何もないが、私があなたに与えた毛布がある。私はあなたと同行する。私たちは一緒に暮らすだろう。そしてあなたは多くの物を持っているようだ。それは良い協力関係だ。私は自分のすべてをあなたに与えた。あなたは私に、ほんの少し与えることができる。それは申し分ないだろう」

泥棒はそれが信じられなかった。彼はただ、その場所とその男から逃げ出したかった。

彼は言った。「いや、俺はあんたを連れて行くことはできない。俺には妻がいて、子供や隣人がいる。彼らは何と言うだろうか？『あなたは裸の男を連れて来たのか！』」

彼は言った。「もっともだ。私はあなたをどんなやっかいな状況にも置くつもりはない。だからあなたは去ることができる、私はこの家に残るだろう」

そして泥棒が去った時、マスターは叫んだ。「こらっ！　戻ってこい！」

泥棒はこれまで、そのような強い声を聞いたことがなかった。それはちょうど、ナイフのように突き刺さった。彼は戻らなければならなかった。

マスターは言った、「礼儀についていくつかの方法を学びなさい。私はあなたに毛布を与えたが、あなたは私に感謝さえしなかった。だからまず、私に感謝しなさい。それはあなたをずっと助けるだろう。二番目に、外へ出てからは扉を閉めなさい！　あなたは中に入った時、扉を開けたのだ。夜はとても寒いことがわからないのか？　そして私はあなたに毛布を与えたので、私が裸でいるのがわからないのか？　あなたが泥棒であることはかまわないが、礼儀に関する限り、私は気難しい男だ。私はこの種の振る舞いを大目に見ることはできない。ありがとうと言いなさい！」

泥棒は「ありがとうございます」と言わなければならず、彼は扉を閉めて逃げ出した。彼は何が起こったのか信じられなかった！　彼は一晩中眠れなかった。何度も彼は思い出した――彼は決してそのような強い声を、そのような力で聞いたことはなかった。そしてその男は、何も持っていなかった！

彼は次の日に尋ねてみて、これが偉大なマスターであることを知った。彼はうまくやれなかった。その貧しい男の所に行くことは、完全に見苦しかった。彼は何も持っていなかったが、偉大なマスターだった。泥棒は言った。

「俺が理解できることは、彼は非常に奇妙な類の男だということだ。自分の全人生で俺は最も裕福な人から最も貧しい人まで、異なる種類の人々と接触して来たが、このようなことは決してなかった――彼を思い出すことさえ、震えが俺の身体を通り抜ける。彼が俺を呼び戻した時、俺は逃げることができなかった。俺は完全に自由だったし、物を取って逃げることができたが、俺はできなかった。俺を引き戻した彼の声の中に、何かがあったのだ」

数ヶ月後に泥棒は捕まえられて、法廷で判事は彼に尋ねた。

「この付近で、あなたを知っている人の名前を言うことができますか？」

彼は「はい、一人の人が俺を知っています」と言った。そして彼はマスターの名前を言った。

判事は言った。「よろしい、マスターを呼びなさい。彼の証言は一万人の人々のそれに値します。彼があなたについて言うことは、判決を下すのに充分なものでしょう」

判事はマスターに尋ねた。「あなたはこの者を知っていますか？」

彼は言った。「彼を知っているかですって？　私たちは仲間同士です。彼は私の友人です。彼はある夜の真夜中に私を訪れさえしました。とても寒かったので、私は彼に自分の毛布を与えました。ご覧の通り、彼はそれを使っています。その毛布は国中で有名なものです。誰でもそれが私のものであることを知っています」

判事は言った。「彼があなたの友人ですと？　それなのに彼は盗むのですか？」

マスターは言った。「あり得ません！　彼は決して盗むことができません。彼は、私が彼に毛布を与えた時に、私に『ありがとうございます』と言ったほどの紳士です。彼が家から出て行った時、彼は静かに扉を閉めました。彼は非常に礼儀正しく、良い人です」

判事は言った。「あなたがそう言うのなら、彼は泥棒であると言った証人のすべての証言は、取り消されます。彼は釈放されます」


マスターは外に出て、泥棒は彼について来た。

マスターは言った。「何をしているのだ？　なぜ私と一緒に来るのだ？」

彼は言った。「今、俺はあなたと別れることなど決してできません。あなたは俺をあなたの友人と呼び、俺をあなたの仲間と呼びました。これまで俺に対して、誰もどんな敬意も与えたことがありません。あなたは俺を紳士と、良い人だと言った最初の人です。俺はあなたの足元に座り、あなたのようになるための方法を学ぶつもりです。どこからあなたはこの成熟を、この力を、この強さを、このように全く異なる方法で物事を見ることを獲得したのですか？」

マスターは言った。「あなたは、私がその夜どれほど不愉快に感じていたのかわかっているのかね？

あなたは立ち去った。その日はとても寒かった。毛布なしで眠ることは無理だった。私はただ窓側に座って満月を見ていた。そして詩を書いた。『もし私が充分に金持ちだったなら、私はこの完璧な月を、貧しい人間の家で何かを捜すために闇の中をやって来たその哀れな仲間に与えただろう。もし私が充分に金持ちだったなら、私は月を与えただろうが、私は貧しい』。私はあなたにその詩を見せるつもりだ。私と一緒に来なさい」

私はその夜、涙を流した。泥棒たちはわずかな物事を学ぶべきだ、ということに。少なくとも彼らは、私のような人間の所に来る一日か二日前に知らせるべきだ。そうすれば私たちは何かを用意できるし、彼らは手ぶらで去らなくていい。

そしてあなたが、法廷で私を思い出したのはいいことだ。さもなければこれらの判事たちは危険になり、彼らはあなたを虐待したかもしれない。私はまさにその夜、あなたと同行することと、あなたと仲間同士であることを申し出たが、あなたは断った。今、あなたは望んでいる――。問題はない。あなたは来ることができる。私が持っているものは何でも、あなたと分かち合うだろう。だがそれは物質的なものではない。それは目に見えない何かだ」

泥棒は言った。「それを俺は感じることができます。それは目に見えない何かです。しかしあなたは俺の生を救ってくださいました。今やそれはあなたのものです。あなたがそれで作りたいものは何でも作ってください。俺はそれを簡単に浪費してきました。あなたに会って、あなたの目を見て、一つの事が確かです。それは、あなたは俺を変容させることができる、ということです。俺はまさにその夜から恋に落ちました」

私にとっての成熟は、スピリチュアルな現象だ。

質問三

しばしば私はあなたが、私たちはどんな瞬間にも目覚めることができる、と言われるのを聞きます。あなたの言葉やあなたがそれを言われる方法は、私をとてもぞくぞくさせるので、私はしばしば震え始めます。何が本当に、私が目覚めることを妨げているのでしょうか？　無意識は本当にそんなに強力なのですか？　私にはもっと多くのドライクリーニングが必要なのですか？

無意識は確かに非常に強力で膨大だ。それはまさに、その始まりからのあなたのすべての過去だ。存在において起こったものは、すべてあなたの無意識の一部になる。それはあなたの過去と同じくらい長くて無限だ。だがあなたの超意識もそうだ。それはあなたの未来と同じくらい長くて無限だ。あなたはちょうどその真ん中にいる。あなたは常に中間にいる。

過去が非常に強力なのは、それが既に起こってしまい、それでそれがあなたにその印を残したからだ。未来がそんなに強力ではないのは、それがまだ起こっていないからだ。それはただの可能性にすぎない。過去は現実だ。それは歴史だ。あなたの無意識はあなたの歴史であり、途方もなく広大だ。目覚めを意味しているあなたの超意識は、ただ起こりそうなことにすぎない。あなたはそれを延期し続けることができる。

そしてそれこそがあなたの過去がうまくやり遂げていることだ。過去はあなたに、その考えは良い、人は目覚めなければならない、あなたはそれを試さなければならない、と言い続ける。だが、これらはすべて延期する方法だ。過去はどうやって目覚めるのかと質問し続ける。その考えは心を動かすが、どうやって目覚めたらいいのだろう？　その「どうやって」もまた、延期する方法だ。だから私が「目覚めなさい！」と言う時、あなたの超意識の中の何かが奮起させられて、身震いがあなたを通り抜けるのだ。

無意識は非常に厚い壁だが、それはあなたが目覚めるのを妨げることはできない。それは、ただそれを延期できるだけだ。そしてそれも、あなたがただ聞いているだけなのか、それとも耳を傾けているのかどうかは、あなたがどれほど深く私に耳を傾けているかに依る。これらの二つの言葉の区別を覚えておきなさい。

聞くことは簡単で、耳がある人は誰でも聞くことができるが、耳を傾けることは、聞くことより以上の何かだ。耳を傾けることは、間に入るあなたのマインド、干渉、解釈なしに、あなたが耳を傾けたものに対して独自の色を与えることなしに、あなたが自分の過去から、すなわち無意識から含意やそれに関連するものをもたらさずに、耳を傾けるという意味を持つ。

私が「目覚めなさい！」と言う時、私は一つの意味を持っている。もしあなたがそれを聞くなら、あなたは違う意味を持つかもしれないが、あなたがそれに耳を傾けるなら、あなたは私が持っている同じ意味を持つだろう。耳を傾けることは、マインドを脇へ置くことを意味するので、あなたに伝えられつつあるものはまさにあなたのハートに、まさにあなたの存在に直接行く。

その時おそらくあなたは、どんな瞬間にも目覚めることができる。どんな小さな事でも、それにきっかけを与えるかもしれない。それは予測できない。人はいつと言うことはできないし、何が助けになるのかを言うことはできない。私は目覚めの手段があなたの周りに集まるように、異なる方法で説明し続けることしかできない。その時にはどんなものでも――。

人々は奇妙な状況で光明を得るようになり、目覚めてきた。そこに因果関係はない。老子は、木の下に座っていて、木から枯葉が落ち始めた時に光明を得た。強風が吹いていなかったので、葉は羽根のように非常にゆっくりと落ちていた。そして彼はそれが落ちるのを単に見ていた。そしてそれが地面に静止した時、葉とは何の関係もない何かが彼の中で起こった。

彼は葉の方法を、木にもう少し長くしがみつこうとするどんな努力もない、その手放しをただ見ていただけだ。それは生涯木と共にあったが、後ろを振り返ることさえなく、どこかに達しようと急ぐこともなく、風がそれを連れて行くところはどこでもという、まさに途方もない手放しが――。大いなる信頼だ。これらのすべての物事は、枯葉の落下によって、老子の中に起こった。その日から彼は違う人間になった。

マスターは、ただ一つの事しかできない。彼はあなたの周りに、千種類もの手段を仕掛け続けることができる。おそらくそれらの一つは、そのプロセスを誘発するかもしれないが、何がそのきっかけであったかについては何も言うことができない。それはとても多くの物事に依存するので、それは予測できない。しかし無意識がどれほど大きかろうとも、その価値は無だ。

たった一つの瞬間でさえ、目覚めることには途方もない価値があり、目覚めたままでいることで、あなたは存在における皇帝になる。

無意識的に生きることは、ただ乞食であることだ。

質問四

「あなたはあなたが食べるもので決まる」という古い諺があります。しかし、カリフォルニアではそれは「あなたはあなたが運転するもので決まる」であり、イタリアでは「あなたはあなたが着るもので決まる」であり、フランスでは「あなたはあなたが飲むもので決まる」です。

先日、ある人は、「あなたとはあなたがそうであるものだ」と言いました。それで私は「あなたとはあなたが自分はそうであると思う者ではない」と思いました。

OSHO、私は混同しています。私とは誰なのですか？


あなたは全くいない！

混同してはいけない。なぜならそこには誰もいないからだ。これらのすべての定義が無駄な行ないであるのは、それが存在していないものを定義しているからだ。あなたはいないので、どんな定義もあなたを定義できない。あなたの無は、あなたの定義不可能なものだ。それはあなたを無限にし、あなたを永遠にし、あなたを存在の知られざる神秘の一部にさせる。

定義され得るものは何でも無価値だ。

質問五
過去数ヶ月間の様々な国への訪問で、あなたと共にいるという幸運に恵まれた私たちの何人かは、あなたと共にいる私たちの時間がどれほど貴重であるか、と絶えず思い出させられました。あなたは無限に私たちと一緒にいるだろうという安心感や想像に陥ることは、不可能でした。
そのような不安の中で生きることは、私たちをパニックに、自滅的な反応へと送り込みました。なぜなら、私たちがあなたと持つそれらの瞬間が手に入らないように思われるからです。選択肢は、私たちの気づきを研ぎ澄まし、ハートを和らげて、これまでそうであった以上にあなたに対してより開いているために、私たちが生きている不確実性に乗って行くことです。

私はあなたを見ます――世界に寄与されるべき価値のあるあらゆることを言い表す、存在の成就の最も壮麗な表現であるあなたを――その同じ存在が定めるものは何でも、優雅さと威厳とユーモアをもって受け入れるあなたを。

その時私は、そうであったものに対して、まさに今そうであるものに対して、そして未来にそうであるかもしれないものに対して、たとえそれが私たちの選択ではなくても、好意的であり、感謝に満ちていること以外に何であることができるでしょうか？


それはあなた方みんなにとって重大な機会だ。

私は、私たちはみんな不安定に生きていると生涯言ってきた。あなたはそれを聞いてきて、それを理解したと思っていたが、それは事実ではなかった。

今やそれは現実だ。私はそれぞれの瞬間は不安定であると、あなたに言う必要さえない。実のところ、それこそが常にそうある方法だ。これらのすべての愚かな政府は、それぞれの瞬間が不確かで、不安定であることをあなたに対してよりはっきりさせた。あなたは私を、当然のものと受け取ることはできない。

だがこれはあなたを恐れさせたり、うろたえさせたり、悲しませたり、心配させたりしない。なぜならそのすべての物事は、不安定さを変えないだろうからだ。そのすべての物事は、ただ単にあなたに不安定さを忘れさせるだけで、あなたが既に得てきたものや安全なものは、あなたが現在の瞬間を取り逃すのを助けるだろう。次の瞬間は不安定であるかもしれない。

だから私はあなたに言いたい。精一杯、安全な瞬間を使いなさい。そして次の瞬間を心配してはいけない。それはいつも不安定だ。私たちの状況において、それはより明白になった。それがより明白になったことは良い。それはあなたを、現在の瞬間の中に投げ入れるだろう。さもなければ人は眠ることができる。人は明日があるのを知っている。

しかし私たちがいる状況においては、明日は確実ではない。どんなことでも明日には起こる可能性がある。しかしうろたえてはいけない。それは状況を変えることにはならないからだ。それは単に機会を取り逃しているだけだ。

そして私は理解できる。そのような不安定さの中で生きることは難しい。しかしこれは現実であり、特別な事例ではない。

全世界は不安定さの中で生きている。私たちだけが不安定さはとても明白で、それについて何も言う必要がないような状況にいるのではない。それはそこにある。それはどこにもある。そこには全く差異もなく、区分もない。ただあなた方だけは幸運だ。なぜならあなた方は、この瞬間を取り逃すことができないからだ。あなた方は明日にでも、私があなた方から連れ去られるかもしれないとわかっている。あなた方にはこの瞬間を取り逃す余裕はない。これはすべてあなた方が得たものだから、あなた方は私を飲まなければならない。

ここに来たり、ここから去ったりする時に、私は最後の晩餐の美しい彫刻がある部屋を通り過ぎている。イエスと彼の信奉者たちは、深い不安定さの中にいたに違いない。明日はどんなことでも可能だ。だがあなた方は、さらにもっと不安定な中にある。なぜなら彼らは、明日何が起ころうとしていたのかを知っていたからだ。イエスが磔にされるだろうということは、よく知られていた。そのため、これはマスターとの最後の晩餐だった。彼らは再び彼と食べることはないだろう。だからある意味で、それはそれほど不安定ではなかった。それは確実だった。明日、彼は磔にされようとしている。そこには確信があった。

ここにはその確信さえない。どんなことでも明日には起こり得る――私に、あなたに。私に関する限り、これは起こらざるを得なかった何かであることを私は知っている。遅かれ早かれ、全世界は私に反対しようとしていたのだ。なぜなら私は、すべての腐敗した世界と戦っていたからだ。

彼らがとても寛大に扱ってきたことは驚きだ。彼らは非常に簡単に私を破滅させることができ、私を撃つことができるが、彼らは恐れている。もし彼らが私を殺すなら、彼らは世界でこれまでに最大の宗教を作るだろう。イエスには一ダースの信奉者しかいなかったが、彼の磔はとても多くの同情を得た。もし彼らが私を殺すなら、それは彼らに逆らうことになるだろう。だから彼らは私を殺すことができないのだ。

彼らが望んでいるすべては、私を活動不能にすることであり、そのような状況を作り出すことにある。つまり、私はどんな国にも入ることができない、人々は私に会いに来ることができない、私は報道機関から隔離される、私のために働いている人々は疲れて、彼らは「これはあんまりだ」と考え始めるほど酷く悩まされ、それですべてのワークは止まる、それは私がすべてのワークができないから、という状況を作り出すことにある――。ワークは止められ、私は隔離される。なぜなら、もし彼らが、どこであれ私が行くそのすべての国の扉を閉めるなら、もし彼らがそこで扉を閉め始めるなら――。

現在彼らは、ここでそれをしている。そして私は驚いている。私は司法省でさえ狡猾な政治家以外の何でもないと、これまで思ったことはなかった。彼らはどんな逮捕状もなしに、ノースカロライナで私を逮捕した。彼らは自分たちが私を逮捕していた理由さえ、私に話さないだろう。それは絶対的に違法だ。彼らは私が私の弁護士に知らせることを許さないだろう。それは民主主義ではあり得ないことだ。そして結局、彼らはその訴訟を証明できなかった。彼らは私に反することを何も証明できなかった。彼らは私と一緒にいた人々を釈放した。三人が簡単に退去されたのは、彼らが違う飛行機にいたからであり、私と一緒にいた三人は七万五千ドルの保釈金で釈放された。

ちょうど昨日、私たちは司法長官の事務所から、司法省の印がついた手紙を受け取った。それは非常に狡猾な手紙だ。想像すらできないものだ！　彼らは完全に失敗しようとしていることが、彼らには証明するものが何もないことがわかっていて、彼らは訴訟を取り下げたいと望んでいる。

彼らは私を十二日間苦しめた。彼らは機内にいたすべての人々の個人的な物を取り上げ、それらの物を解放しなかった。そして彼らが何も証明できないことがわかって——彼らは何も持っていない——彼らは訴訟を取り下げたいと望んでいる。しかし訴訟を取り下げることは、彼らが三人の保釈のために預けられた七万五千ドルを戻さなければならないことを意味していた。なぜならそこでどんな審理も行なわれなくて訴訟を取り下げるなら、そのお金は戻されるべきだからだ。なぜそのお金は保管されなければならないのだろう？

しかしあなたは、その貪欲さと狡猾さを見ることができる——。彼らはお金を返したくなかったが、訴訟を取り下げたかった。だから司法長官の印を用いて彼らがしたことは、これらの三人の証人を呼ぶという要求だったが、その三人の証人たちは法廷に現われなかった。そのため彼らの七万五千ドルの預金は政府に没収されて、訴訟は取り下げられた。

彼らはそこでどんな審問があったのかを私たちには決して知らせなかったし、彼らは私たちが承認しなかったことについての、どんな証拠も持っていない。私たちの人々は去る用意ができていて、私たちは尋ねていたし、私たちの弁護士は継続的に尋ねていた、「期日はいつだ？」と。彼らは決して私たちの弁護士に話さず、決して私たちに知らせなかった。法廷さえ、連邦裁判所でさえ、彼らは私たちに知らせたという嘘をついている。そして私たちが法廷に現われなかったため、私たちはお金を失った。そして彼らは所持品にさえ言及しない。それらはだいたい三百万ドルくらいに値する。彼らはそれらも返さなかった。

彼らは手紙をここに送った。私に関して、彼らは私に対するどんな告訴も持っていないと言うが、将来に対して彼らは何も言うことができない。もし私がある米国の役人を暗殺するなら、私に対する告訴があるだろう。そして彼らは、私のサニヤシンの一人が殺人か暗殺を企てたため、私を告訴する可能性がある、と言う——。彼らはその人物の名を言わない。それはシーラだ。

私は彼女を摘発した。私は政府を招き、彼女が犯したすべての犯罪を政府に話した。そして今、彼らは彼女を私と関連付けている。まるで一人のキリスト教徒が殺人をすると、それは法王の責任だという意味になるかのように。コミューンの中の五千人のサニヤシンの中から、一人のサニヤシンが何らかの犯罪を犯しても、それは私が同じ事をしてしまう人物であり得るという意味にはならない。

そしてとても奇妙なことに、それは単に「米国の役人」と言っているだけだ。もし私がある米国市民を殺すなら、その時はどうなるのだろう？　その手紙に従うなら、私が米国の市民を殺すのは自由で、それは私に対する告訴にはならないだろう、ただそれは米国の役人であってはならない！となる。

それはとても愚かに見える。それならその人間が犯し得るすべての可能な犯罪の全リストを述べるべきか、たった一つの犯罪さえも述べるべきでないか、のどちらかしかない。たった今は、私へのどんな告訴もない。単に「私たちには彼に対するどんな未解決の告訴もない」と言うことができた。それで充分だ。これは、将来私があなた方の大統領を殺しても、それは米国の役人ではないため、あなたは私に告訴をしないだろうという意味になる、などと誰が言っているのだろう？　しかし今それは、私がある米国の役人を暗殺するなら告訴があるだろう、それは、私は他の誰でも暗殺できるが、ただその相手は米国の役人であるべきではない、という意味になる、と言ってきた。

この一つの階級を含めることは、私にどんな犯罪でも犯すことを自由にさせ、それは私に対してどんな告訴も提出できなくなる。さもなければ、なぜそれ（その人間が犯しうるすべての可能な犯罪の全リスト）を手紙に含めなかったのだろう？

しかしただ恐れを、病的な疑り深さを引き起こすことが──。手紙が私たちに届く前に、それは大統領のところへ行き、それで彼は動揺し、恐れるようになった。

これらの人々は同じ人種、政治家に属している。彼らは同じ方法で考える。彼らの集まりは違うかもしれないし、彼らの国は違うかもしれないが、彼らの基本的な論法は同じだ。もし彼らが、アメリカにはそのような大きな力がありながら恐れていることを見るなら、このような小さな国は危険を冒すべきではない。

ドイツは、私が危険な男であることをこの政府に、すべての政治組織に強く主張している。それは間違いではないが、彼らが「危険な男」に与える意味は──おそらく私が彼らの大統領を殺すか、テロリスト運動を引き起こすか、爆弾を人々に投げ始めて彼らの飛行機をハイジャックするか、ということだろう。彼らは「危険な男」によって何を意味しているのだろう？

有名な作家であるスペインの一人の男は、私に大変興味を持っていた。それは彼が、スペイン語に翻訳されている私の本の何冊かを読んだからだ。彼は私に、スペインに行くようにと一か月間継続的に働きかけていた。そして彼は、スペイン語を話すすべての世界において有名であり、政治家からさえも充分に尊敬されていた。彼は大統領に、総理大臣に、王族に話をしていて、彼らはみんな私がそこに来ることを望んでいた。

それからアメリカから、ドイツから、ギリシャから、イタリアからこれらの手紙が殺到し始めた。ちょうど昨日、彼は私に知らせてきた。

「今や、それは難しくなりました。大統領さえ私に言いました。『あなたはそれに巻き込まれてはいけない。その男は非常に危険だ。あなたのその男との親密な関係でさえ、あなたに問題をもたらすかもしれない。ただ立ち入らないことだ。彼の名前に言及してはいけない！』」

だが彼は、「どんな危険がそこにあるのですか？」と尋ねた。

大統領は言った。「尋ねてはいけない！　それは非常に危険な状況だ」


とても多くの国々が――。欧州議会は、私はヨーロッパのどの空港の利用も許されるべきでないという議案を可決している。バハマのような国々や他の国々――パナマ、そしてパナマの近郊にある他の少数の島々、私はそれらの名前さえ聞いたことがない――そして彼らの議会は、私を彼らの国に入るようにさせるべきではないと議論し、そう決定し始めた。

あらゆる人の生は不安定な中にあるが、あなたはそれほど気づいていない。あなたは眠そうに先へ進む。そう、人々は死ぬ、人々は殺される、あらゆることが起こる、癌やエイズやあらゆることが。だがそれでもあなたは、それはあなたに起ころうとしていない、と思い続ける。しかし私に関しては、それは起ころうとしていないという問題ではない。それは既に起こっている。

だから、それぞれの瞬間は不安定だ。

そしてあなたは勇敢で、用心深くいなければならないし、どんな瞬間にも、切り捨てられるかもしれない機会を利用する能力がなければならない。他の人たちに対して隠されるその現実が、私たちに対してはもはや隠されていないのは良い、ということを重要視しなさい。それは明白で開放されている。それに直面しなさい！　それに直面する唯一の方法は、可能な限り全面的に、そして強烈に瞬間から瞬間へと生きることだ。

あなたには眠ったり無意識的でいたり、ただだらだら長引かせる余裕はない。あなたは用心深くならなければならない。次の瞬間に起こることが何であろうと問題ではないように、炎にならねばならない。あなたは可能な限り全面的に、私の存在を、私の愛を生きてきたのだ。

第38章

時間を超えた世界

A World beyond Time

質問一

あなたのビジョンはとても美しく、そしてとりわけ、とてもシンプルです。しかし人が浄化しなければならないものについて私が考える時、それは複雑になるようです。私は、これまでそうであるあなたのビジョンに対して、人が最も落とし難いものは、世俗的であれスピリチュアルであれ、その人のいわゆる権力であるように思います。私にとってそのような人々は、彼らの貴重な権力を手放すよりも、彼らの世界が破滅するのを見たいのでしょう。これはそうでしょうか？

それはそうだ。人々はとても無意識なので、彼らは自分の権力、自分の体面を保つために何でもすることができる。たとえそれが、全世界を破滅させることを意味していてもだ。彼らは自分のエゴを守るために、どんな危険でも冒すことができる。そして当然これらは、権力の地位に達する人々だ。なぜなら彼らは、単なる力の探求者にすぎないからだ。

どんな創造的な、知的な人も力を探さない。どんな知的な人も、他人を支配することに興味を持っていない。彼の一番の興味は自分自身を知ることだ。だから最高の知性の質を持つ人々は神秘主義に進み、最も平凡な人は力を追いかける。その力は世俗的で、政治的であり得る。それは金銭に関するものであり得る。それは数百万人の人々への、スピリチュアルな支配力を保つことに関するものであり得るが、基本的な衝動はより多くの人々を支配することだ。

この衝動が生じるのは、その人が自分自身を知らないからであり、自分自身を知らないということを知りたくないからだ。その人は自分の存在の、まさに中心に行き渡っている無知に気づくことをとても恐れている。その人はこれらの方法――金銭欲、権力欲、体面や名誉への欲望を通して、この暗闇から逃げる。そして自分自身の中に暗闇を持つ人は、どんな破壊的なことでもできる。

創造性はそのような人からは不可能になる。創造性はあなたが意識的であること、少し用心深くあること――光、愛から生じるからだ。創造性は、誰かを支配することには全く興味がない。何のために？他人は他人だ。その人は誰も支配したくないし、誰からも支配されたくない。自由とは、ほんの少し用心深く在ることの、まさにその味のことだ。

しかし、これらの人々は完全に眠っている。その眠りの中で、彼らは原子爆弾や核兵器を造っている。自分たちが何をしているのか知らずにだ。たった一つの事が彼らを動かし続ける。それは、もっと力を、もっと力を、だ。そして彼らの道に入って来る人は、誰でも消滅されなければならない。彼らは他の何も知らない。彼らは人間に進化しなかった未開人だ。そう、彼らは全世界を破壊できる。彼らは既に、そうするための準備をしている。

彼ら全員が私に反対しているのは、私が彼らを暴き出しているからだ。

そして私は驚いている。この大きな世界の中で、私と手を組む者が他に誰もいないことに。それは人々が権力的な人たちを恐れているからだ。そういう人たちは、彼らを破滅させることができる。人は自分が不滅であることを知っている時にだけ、恐れなしでいられる。あなたは彼を殺すことができるが、彼の存在を破壊することはできない。しかしそのような人々は、ゆっくりと地球から消えていった。私たちは彼らを育まなかった。私たちは彼らを殺し、それから彼らを礼拝する。

これもまた理解されなければならない。なぜ私たちが殺したすべての人々は、たとえばイエス、ソクラテス、アル・ヒラジ・マンスール、サルマッドなどは、彼らが殺された後、非常に尊敬されているのだろう。彼らが生きていた頃、彼らはあらゆる人に非難されていた。権力を持った人々によってだけでなく、権力を持たなかった人々によってさえもだ。権力を持たなかった人々は権力者に「私たちはあなたと共にいる」と示すために彼らを非難した。そして権力者が彼らを非難したのは、これらの人々がビジョンをもたらしていたからだ。もしそれが成功したら、世界を支配するということは全くないだろう。その時そこには人間がいて、誰もが独特で、彼自身の方法で開花しているだろう。

しかしこれらの人々はみんな、彼らが死んだ時に礼拝される。それは罪悪感から生じる。まず人々は彼らを殺す――。彼らを殺すのは権力者で、彼らを支持するのは権力のない人、支配されている人だ。それも不本意に、だが非常に狂信的に、だ。なぜなら権力のない人たちは、あらゆる人たちにこう示したいからだ。

「私たちはあなた方以上に彼らに反対していて、あなた方以上に権力者を支持しているのだ」

しかし、いったんその人が殺され、磔にされ、毒殺されるなら、この人たちは罪悪感を感じ始める人々になる。それはまさにその始まりから、彼らにはその人を殺す用意ができていなかったからだ。彼らにはその人に関して何の問題もなかった。彼は彼らのどんな既得権も壊していなかった。彼らが簡単に権力者を支持したのは、もし彼らが支持しなかったなら、黙ったままでいたなら、彼らは殺された人物を支持したという疑いをかけられるだろう、と心配していたからだ。

イエスのある弟子は、イエスが磔にされた時に群衆の中にいて尋ねられた。彼は他人とは違って見えていて、同じ場所からの者ではなくよそ者であり、誰も彼を認めていなかったからだ。彼は何度も尋ねられた。

「お前は誰だ？　お前は磔にされようとしているこの男を知っているのか？」

するど彼は言った。「いや、私はこれまで彼について聞いたことはない。ただ、とても多くの人々がこちらに行っているのを見て、何が起こっているのかをちょっと見るために来たのだ」

彼でさえ、自分はイエスの信奉者であると認めることができない。なぜなら彼は、その結果がもう一つの十字架になるだろうと知っているからだ。

だから最終的に、これらの人々が磔にされる時、不本意にもそれを支持した人々は非常に罪悪感を感じ始める。

「私たちは、誰にも何の害も与えなかった無垢な男に対して何をしてきたのだ？　そして彼が言っていたことは、何であれ正しかった」

彼らは権力を持つこれらの人々が、あらゆる人を搾取しているのを理解できた。

それは奇妙な世界だ。現在、王や女王として知られている人々は、彼らの祖先を辿るなら、最初彼らは盗賊だった。どこから彼らは自分たちの王国を得たのだろう？

彼らは多くの人々を殺し、お金や土地を蓄え、自分自身をその国の君主と宣言した偉大な盗賊たちであり、そして現在、彼らは王族の血筋を持っている。彼らは犯罪者の血統にある。それも普通の犯罪者でなく、大きな犯罪者だ。だが彼らには権力があり、お金がある——当然、彼らの血は特別だ。

普通の人々は自分たちが押し潰されつつあり、ゆっくり殺害されようとしているのを、ずっと知っていた。彼らは一生懸命働くが、一日に一回の食事さえ、うまく摂ることができない。彼らは生産する。だがそれはすべて、権力を持つ人々の所に行く。だから彼らがこれらの人々を支持する時、それは不本意なものだ。その不本意さは、その人が死んだ時、罪悪感に変わる。彼らは自分たちが犯罪行為の関与者であったと感じ始める。彼らは何もしなかったが、ある意味で関与者だった。彼らは、自分たちが権力的な人々を擁護していることを示していた。

その罪悪感を取り除くために、礼拝が生じる。礼拝は単なる罪悪感の除去であり、罪悪感を洗い落とすためのものだ。それこそが、キリスト教のような大きな宗教のやり方であり——そうでなければ、イエスはそのような大きな宗教を作り出す天才にはなれなかった。そこには何百人もの彼以上に知的な、より以上に博学なラビたちがいた。彼は単なる無教育な若者にすぎなかったが、磔は状況全体を一変させた。彼らが彼を磔にするやいなや、彼らは彼を神にした——何百万もの人々、磔を支持した人々、そのすべての人々にとっての神にした。彼らは罪悪感を感じ始めた。

そしてあなたにはそれがわかる。もし深く見るなら、イエスは、ユダヤ人の寺院の大祭司の同意を持って、ローマ皇帝の命令によって、彼の総督によって、ユダヤのポンティウス・ピラトによって殺された。今日、ローマは二十世紀にも渡ってキリスト教の拠点であったが、その男を殺す命令はローマから来たものだ。ローマ文明全体がキリスト教文明に変わった時代があった。今日、法王は小さな土地——八平方マイルしか持っていないが、それは独立国だ。それはゆっくり縮小していった。かつて彼は、イタリア全土を持っていた。彼はその国家より高い地位にいた。

人々はキリスト教徒であるために、ローマで殺された。キリストは最初の人であり、そのためキリスト教徒に改宗した者は、誰でも同じ方法で殺された。数百人の人々が磔にされた。そしてこのすべての磔が、人々の中にとても多くの罪悪感を引き起こしたので、大きな宗教がそれから生まれた。だがそのような宗教は、心理的な隠蔽でしかあり得ない。それは真の宗教ではあり得ない。それは単にあなたの罪悪感を覆い隠しているだけだ。宗教的な人が狂信的であればあるほど——あなたは彼の狂信によって彼がどれほど罪悪感を感じているか、その後ろに何を隠しているのかを推し測ることができる。

だがキリスト教は、キリストだけでなくキリスト教徒に改宗した他の多くの人々が、どんな裁判もなしに磔にされたという単純な理由のために、世界最大の宗教になった。そして大衆は権力的な人々を支持していたが、心の底では不快に感じていた。起こっていることはただただ非人間的で、起こるべきではない、と。だが彼らは貧しくて力がない。彼らは礼拝すること以外、何もできない。

真の宗教は、常に瞑想の宗教だ。

偽りの宗教は常に礼拝の宗教だ。

礼拝は、あなたが自分の手に見ることができる血を、自分の手から洗い落とすための心理的な方法だ。ポンティウス・ピラトでさえ——彼がイエスの磔を命じた後にした最初の事は、自分の手を洗うことだった。なぜなら彼は、この無実の男を殺すことに気が進まなかったからだ。彼はイエスと話したことがあり、イエスが自分の弟子に語っていた所では、彼は変装して耳を傾けていた。そして彼はその男の中の何かを愛し始めた。イエスは無実だ。彼はいくつかの気違いじみた事を言うが、それを言う言い方は美しい。彼は教育を受けていないが詩的に話している。彼は多くを知ってはいないが、彼が知っているものは何であれ、途方もない権威を持ってそれを提供する。そして彼は誰に対しても、どんな害も及ぼしていない。もしあなたが彼の言うことを聞きたくないなら、聞かなくていい。あなたが彼に従いたくないなら、従わなくていい。彼はどんな危険な考えも人々に説教していない。

ポンティウス・ピラトは、イエスを解放させたかった。彼は、イエスは無罪であるように思えるため解放されるべきだ、と司祭たちに納得させようとした。だがユダヤ人たちは、彼を解放する用意ができていなかった。そして彼らは大きな誤りを犯してしまった。彼らがキリスト教を作り出す原因になっている。だからキリスト教徒が為してきたすべての流血は、本当はユダヤ人に責任があり、それでキリスト教徒はユダヤ人に復讐し、ユダヤ人を苦しめ、ユダヤ人を殺し、彼らを宿無しにさせてきた。何世紀もの間、それは起こってきた。

キリスト教徒になった人々とは誰だろう？　少数のユダヤ人はその人物の無実を感じていたが、聖職を、権力を持つ宗教的階層を恐れていた。だがさらに多くの人々が、ローマで磔にされた。そしてさらに多くのローマ人たちが、キリスト教徒になった。

それは毎年ユダヤ人が、ポンティウス・ピラトに一人の命を救うように求めることが許された集会だった。それは彼らの宗教上の祝日のちょうど前日だったからだ。それは宗教的な慈悲と同情の日だった。

ポンティウス・ピラトは、彼らは求めるだろう、と期待していた――そこには磔にされようとしていた三人の人々がいたからだ――彼らはイエスが解放されるように求めるだろう、なぜなら他の二人は重大な犯罪者だったからだ、と。だが司祭とラビの聖職団は、「我々はバラバの解放を望む！」と叫んだ。バラバとは七つの殺人を犯した犯罪者だ。バラバでさえ、自分が解放されるとは信じられなかった。そしてこのかわいそうなイエスは――彼はイエスを知っていた――彼らはイエスが解放されることを求めていなかった。そしてイエスは何もしてこなかった！

バラバは救われた。キリスト教徒はバラバについてあまり語っていないが、彼は途方もなく力強い人物であり、非常に重要だ。なぜなら奇跡がイエスにではなく彼に起こったからだ。神はイエスを救うだろうと期待されていた。神は自分の標的を外した。バラバはそれが信じられなかった。彼らが彼を解放した時、彼は何度も振り返った――何らかの誤りがあるに違いない、と。彼は大変な犯罪者だった。彼がしなかった犯罪は何もなかった。レイプ、殺人――。そして彼はいつも酔っぱらっていて、大酒飲みだった。

しかし、イエスの顔は彼のマインドに残っていて、彼を苦しめた。彼もまた罪悪感を感じ始めた。「私は解放されるべきではなかった。私が十字架の上にいるほうが完全に正しかった。その哀れな男は――私は彼の場所を占めていて、彼は私の場所を占めていた」

彼はイエスに優しい側面を感じた。そして六ヶ月以内に彼はレイプを犯し、殺人を犯し、彼は再び捕まえられた。

しかしこれは規則だった。つまり、いったんローマ皇帝が誰かを磔から解放したら、彼を再び磔にすることはできない。だから彼らは、そのような人々のために選択肢を見つけなければならなかった。なぜならもしその人々が、それほどの筋金入りの犯罪者であるなら、彼らは必ず何かをするはずだからだ。ローマに彼らは危険な炭鉱を持っていた。彼らはそれらの人々を、その炭鉱へ石炭を掘らせるために送った。彼らは時たまよく崩壊するような場所に到着し、その下で働いていた数多くの人々は殺された。それは磔を避けるための彼らの方法だった。

バラバはローマの炭鉱に送られた。三ヶ月以内に炭鉱は崩壊した。そこには少なくとも三千人の人々がいた。バラバだけが生き残っていて、他のみんなは死んでいた。それは二番目の奇跡だった！　彼は何が起こっていたのか信じられなかった！　彼は十字架に掛けられ、それから降ろされた。彼はその日それを信じることができなかった。彼は磔にされる用意が完全にできていた。そして彼は自分がとても多くの罪になる事をしてきたので、それは完全に正しいことがわかっていた。彼が解放されるという問題は全くなかった。

さて、何が起こったのだろう？　三千人の人々は死に、彼だけが救われた。ローマの皇帝やローマの皇后でさえ、この男は神の人のように見えることに気づいた。二度、彼は死から戻ったのだ。そこで彼はローマに呼ばれた。彼はとても有名になったので、人々は彼に触れ始めた。彼はほとんど神になった。

ただ彼に触れることが偉大な経験になった。皇后でさえバラバに触れたかった。

だが皇帝は言った。「もう一つテストをする。これらの二つの物事はただの偶然であったかもしれない」

そして最後のテストは――。毎年彼らには、犯罪者が空腹のライオンと戦うために、どんな武器もなしに、ライオンの前に投げ出されるというゲームがあった。バラバは空腹のライオンの前に放り投げられて、彼は三度目も何とかうまくやり逃れた。彼は空腹のライオンを殺した。その時、皇帝でさえ「今やそれは偶然ではあり得ない」と思った。彼は以前には決して見たことがなかった――。すべての犯罪者たちはライオンに食べられてきた！　人間がライオンを殺したというのはこれが初めてだった。ひっかき傷を負うことなく、彼は勝利を得た。

彼は解放されて市民権を与えられた。彼はもはや奴隷ではなかった。その時代には二つの部類の人々――奴隷と市民がいたからだ。彼は市民権を与えられた。それは大きな名誉であり、特に犯罪者にとってはそうだった――だが彼は、自分が死から戻れることを三回証明した。

キリスト教徒は、イエスが奇跡の人であることを証明するのに大変な苦労をする。バラバは奇跡の人だ。彼らはイエスが神のもうけた唯一の息子であることを、懸命に証明する。そこにはいくらかの誤りがあるように思える。バラバは神のもうけた唯一の息子であるようだ！

しかしこれらのすべての年月において、彼は無実のイエスの顔が心から消えなかった、彼が救われたことに罪悪感を感じていた。

「そこにはいくつかの誤りがあった。そして私は三度救われてきた！」

彼は地下の洞窟でキリスト教徒と会い始めた。そこで彼らは、誰にもわからないように会ったものだった。彼はイエスがよく言っていたことを初めて聞いて、それでキリスト教徒になった。キリスト教徒になった日に彼は捕まえられて、磔にされた。それからはどんな奇跡も起こらなかった！　それは非常に奇妙な話だ。

しかし現在、イタリア人であるローマの人々は、何千人もの人々が磔にされてきたのは、ただ彼らがイエスと彼の教えに巻き込まれていたからだ、と感じ始めた。ローマ帝国は消えて、ローマ人のすべての国はキリスト教になった。そしてそこから、キリスト教は世界中に動き始めた。

罪悪感の感覚は、キリスト教徒であるための、偽りの宗教的な人であるためのまさに基本になっている。真の宗教的であることは罪悪感からではなく、沈黙から、愛から、瞑想的であることから生じる。

権力を持つこれらの人々は、自分の権力を失うよりも、ほとんど今にも世界を破壊しようとしている。私は彼らの論理が理解できる。彼らは気づいていないかもしれない。

彼らの論理はこうだ。私たちはとにかく死のうとしている、では全世界が死んだとして、それがどうしたというのだ？　私たちの死は確実だ。ではなぜ私たちは、世界が私たちの後に生きているかどうかについて心配しなければならないのだ？　私たちがここにいる限り、権力を持って生きるべきであり、世界が第三次世界大戦で爆発するのなら、何が起こるだろうかということに思い悩む必要はない。

内側の論理は、人が死ぬその日、全世界は彼のために死ぬ、というものだ。あなたはある日、ここにいなかった。世界がここにあったかどうかは、あなたにとって何の違いにもならなかっただろう。あなたはある日、ここにいないだろう。世界がそこにあるか、または核兵器によって爆破されているかは、あなたにとって何の違いにもならないだろう。彼らにとって違いになるものは、彼らが権力を持っていること、自分たちは最も力強い人々であることを全世界に証明したいということだ。

今や競争は自殺的な地点に達し、アメリカは第三次世界大戦を起こらせるために急いでいる。ロシアは少しそれを延期したい。なぜならアメリカが、国全体のあちらこちらに一定のマイクロ波爆撃を展開させたからだ。何十億ドルもの金が、それに注ぎ込まれてきた。あなたはそれを見ることはできない。それはどんなものも遮らない。それは核兵器だけを遮る。もし核兵器がアメリカに発射されるなら、ミサイルがアメリカに飛んで来るなら、それは戻されるだろう。それは国に入ることができない。だからアメリカは安全だと感じている。だからこのリビアのエピソードは起こったのだ。

ソビエト連邦は、まだそうすることができなかった——彼らは国中に防衛設備を作るために熱心に働いている。彼らの国は大きく、広大だ。彼らの財政はアメリカの財政ほど大きくないが、それでも彼らは準備している。他に方法はない。

それらの二つの核保有国は、自分たちの防衛を準備している。そしてアメリカはミサイルをソビエト連邦に飛ばせるが、それらもまた戻って来るだろう。今やミサイルが落ちる所は誰にもわからない。それはどこかに落ちるだろう。しかしそれらの二ヵ国は防衛されていて、全世界は無防備だ。だから全世界は危機の中にある。たった今、ソビエト連邦はその防衛を準備していない。リビアは、ロシアの準備ができているかどうかを確認するための手段にすぎなかった。もし彼らに準備ができていたなら、第三次世界大戦は始まっていただろう。

ソビエト連邦はリビアを支援する用意ができているが、それが自国のためのどんな防衛もまだ持っていないという単純な理由のために、支援することを恐れている。それはいくらかの時間を必要とする。だからソビエト連邦の指導者は、今世紀の終わりまでにすべての生産が完全に停止し、全世界がそれに感銘を受けるような方法で、核兵器の製造を段階的に削減することについて話しているのだ。

アメリカがそれを受け入れられないのは、防衛装備に注ぎ込んだ何十億ドルもの金が、核兵器への何十億ドルもの金が無駄になり——それらを使う機会がないからだ。

アメリカは急いでいる。それはどんな口実でも望んでいる。そしてその隔たりは大きくない。おそらく一年以内に、ソビエト連邦は準備できるだろう。だからもし戦争が起こるのなら、アメリカは迅速にそれを望んでいる。

カダフィの娘が死んだのは、アメリカが彼の家を爆撃したからだ。砂漠の中の彼のテントでさえ、彼らは後に残さなかった。そしてカダフィは静かにしていて、どんな行動も取っていなかった。それどころか彼は、もしアメリカが他のどこかを爆撃するとしても、彼らのすべての戦略はその場所を爆撃するだろう、そしてそれに対してリビアは非難するだろうと言った。リビアは小さな国だが、リビアはソビエト連邦を挑発するための単なる口実にすぎない。そしてカダフィは、「次回、リビアが爆撃されるのは確実だ。それは第三次世界大戦の始まりだ」と言った。しかし、なぜ次回なのだ？ ソビエト連邦は少しの時間を必要としている。

もし世界に何人かの知的な人々がいるなら、彼らは国連に対して一緒に抗議するべきだ。「今やそれは耐えられない。忍耐には限界がある。すべての核兵器は禁止されるべきであり、海に投じられなければならないか、あるいはそれらが無用なものにされたり、何らかの創造的な力に代えられる何らかの方法を見つけるべきだ」

おそらく私たちは今、時間的にそう遠く離れてはいないだろう、十年か十五年でさえない――。アメリカは非常に急いでいる。そしてその急ぎには理由がある、ソビエト連邦がその防衛計画を完成する前にという理由が――。なぜならその防衛の後、その二つの国は安全になるだろうからだ。その時は、戦っていない人が、戦いと関係のない人が、戦争の外にいるが、どんな防御もない他のあらゆる人が殺される。戻ってくる核弾頭ミサイルは、世界中に落ちるだろう。

世界の知識階級は、今やそれはソビエト連邦とアメリカの問題ではない、それは世界全体の問題だ、という雰囲気を世界の中に作らなければならない。

全世界が苦しむことになるため、世界全体はこれらの両方の国家に対して一体となり、この核兵器と権力の狂った競争を止めることを、これらの両方の国家に強制するべきだ。

だがそこには、抗議が全くないように、心配が全くないように見える。世界は決まりきったやり方で進み続ける。それは人々が、問題についてどんな注意深さも持っていないように、どんな明晰さも持っていないように見える。

私は、世界は守られるよりも、爆破される多くの可能性があるのをはっきりと見ることができる。なぜならそれを守るための何も為されていないし、それを爆破するためのあらゆることが為されつつあるからだ。そして私がそれに反対して話すため、アメリカは私に反対し、ソビエト連邦は私に反対する。これは稀な現象だ。さもなければ、もしアメリカが私に反対であるなら、ソビエト連邦は私に好意的になるということが起こるだろう。そしてその逆も真実だ。しかし両方とも私に反対している。それは、私が本当はアメリカやソビエト連邦に反対してはいないからだ。私はこの権力のゲームに反対している。それはただただ馬鹿げている。

質問二

私たちは、東洋と西洋の両方でコミューンを用いて実験しましたが、それは持続しませんでした。ブッダや他の光明を得たマスターはコミューンを作り、それは持続しました。その違いは何でしょうか?

ゴータマ・ブッダや他のマスターたちは、私たちがコミューンを作った方法では決してコミューンを作らなかった。ブッダには信奉者たちがいたが、一つの場所に滞在するのでなく――継続的に移動していた。

マハーヴィーラには信奉者たちがいたが、一つの場所に滞在するのでなく――継続的に移動していた。だから誰も、私たちがコミューンを作ったようには作らなかった。一緒に生きる五千人の人々は、一方の場所から別の場所に移動していて、一つの場所に三日だけ滞在する五千人の仏教の僧侶とは、全く異なる体験を持つ。そしてその中にさえ、人の狡猾さは入って来る。

ジャイナ教の僧侶は、雨期の間を除いて継続的に移動しなければならない。インドでは核実験が始まる前、季節は非常に固定されたものだった。どんな日に雨は始まるだろうか、どんな日に雨は止むだろうかについて、日付や日時さえも固定されていて、それぞれ四ヶ月ある三つの明確な季節があった。だから雨期の四ヶ月間、彼らは停泊しなければならなかった。しかしそれもまた、何千人もの遊行僧がその一つの場所に停泊しているではなく、彼らがどこにいようと、そこに停泊しているという意味になる。

しかし人のマインドの狡猾さは、私が出会ったムンバイで生涯を送っていたジャイナ教の僧侶に見ることができる。ある人は五十年間そこにいる――。

私は問いかけた。「どうやってそれをうまくやっているのだ？　なぜならそれは、彼らの基本的な規則や修行に反しているからだ。三日後に彼らは移動しなければならない」

すると、マハーヴィーラの時代にはムンバイのような大都市はなかった、と私は聞かされた。現在ジャイナ教の僧侶は、ムンバイの一つの地区からムンバイの別の地区へ移動する。そしてこの方法で彼はムンバイ中を、ムンバイの中で一方の場所から別の場所へ移動し続ける。しかし彼はムンバイに留まっている。彼は決してムンバイから去らない。巧妙な考えだ！　一つの郊外から、彼は別の郊外に引っ越す。それは別の場所だ。そしてマハーヴィーラの時代には、そのような大都市が全くなかったので、これらの郊外は違う都市であり、違う町だ。だから――「私たちは移動している！」となる。そして彼らは一周し続ける。

ムンバイの一日の人口は、ほとんど一千万の人々になる。四百万人の人々が、働くために近くの町から毎日やって来て、彼らは夕方に帰る。六百万人の人々がその町に住んでいる。マハーヴィーラの時代には、それほどの人口の都市は全くなかった、と言う彼らは論理的に正しい。しかしすべての要点が逃されている。その要点は、単に一定の場所に執着しないこと、友情や好き嫌いを持ち始めないことだった。三日では、あなたは多くのことをすることができない。ある日あなたはやって来て、ほんの一日あなたは本当に滞在し、そして三日目に移動しなければならない。それはどんな政治も、またはどんな地方の問題も入り込むのに充分な時間ではない。権力政治を避けるため、地方の問題や執着を避けるため、三日後に移動するという方策が作られた。

しかし、三日後に彼らは同じ都市の中を動き続ける――五十年間、六十年間も。

彼らは人々との膨大な接触を持っている。彼らはほとんどムンバイの居住者だ！　彼らを好む人々は彼らがどこにいようとも、彼らの言うことを聞くためにやって来る。

誰も、私たちが試みたようなコミューンを持っていなかった。そして両方の実験とも人間の性質に大きな洞察を与えたので、何も失敗ではなかった。私たちは多くを学んだ。だから今、私はコミューンを作ろうとはしていない。私は全く異なるものを、ミステリー・スクールを作ろうとしている――四十、五十人の人々がスクールを運営するためにそこにいるだろう。そして二百人、三百人、五百人の人々が一ヶ月コース、または二ヶ月コース、または三ヶ月コースのためにやって来て、それから移ることができる。そしてだんだんと私たちは人々を、彼らが世界中でミステリー・スクールを開くことができるように訓練することができる。スクールは異なるものだ。あなたは何かを学ぶために、いくつかの体験を通り抜けるために三ヶ月間やって来て、それからあなたは世間に、自分の仕事に、自分の職に戻る。

　コミューンの実験は、もし五千人の人々がコミューンで暮らしているなら、彼らは多くの事をしなければならないことを明白にさせた。彼らは道路を造り、家を造り、五千人の人々のために、そしてフェスティバルのために来る客のために他の施設を造る。

　これらの人々には、そもそも彼らがそのために来た真の探求のために残されたどんな時間もないだろう。彼らには瞑想のための時間がない。自分自身の内側に行くための、テクニックを見つけて自分に働きかけるための時間がない。なぜならそのワークは、ただ一日に五時間、一週間に五日だけではすまないほどのものだからだ。それでは決して完成されないだろう。あなたは一週間に七日、一日に十か十二時間働かなければならない。あなたは疲れる。そしてさらに、あなた方がしていることは、ただあなた方自身のために必要な施設だけだ。すぐにあなたは生産を始めなければならない。さもなければ、どこからあなたは食べ物、衣服を得ようとするのだろう？　だからこれは悪循環だ。

　そして五千人の人々がそこにいる時、そこには権力政治があるに違いない。それからあなたはグループのリーダー、まとめ役を見つけなければならない。「あなたが好きなことを何でもしなさい」と、五千人の人々に自由を与えることは不可能だ。なぜなら彼らはみんな泳ぎに行き、旅行をして、ギターを弾くからだ。だが誰が道路や家を造り、農業をするのだろう？　そして準備すべき食べ物や衣服はどうするのだ？　どれだけ長く、私たちは寄付金に依存できるだろう？　遅かれ早かれ、工場を造らなければならないだろうし、何かを作らなければならないだろう。その時このコミューンは、単なる普通の世界になる。ではなぜそんなに、多くの不要な問題を作り出すのだ？　私たちの基本的な動機は、あなた自身への洞察をあなたに与えることだった。それは不要なつまらないものの中で、完全に忘れられてしまう。

そこで私のワークの新しい段階は、ミステリー・スクールになる。あなたは世間で働く。道路が既にそこにあり、家が既にそこにある所で働く。あなたはそれらを作る必要がない。工場は既にそこにある――数千年で世界はそれをすべて造ってきた。だからあなたはうまくやっていくことができる。一週間に五日、五時間の仕事で充分だ。週末にあなたは瞑想することができ、沈黙の中に入ることができる。あるいはある隔離された場所に行って、ただくつろぐことができる。そして一年で、あなたはとても多くのお金を得るだろうし、とても多くのお金を貯蓄できるので、あなたはここに一ヵ月、二ヵ月、三ヶ月の間――あなたがうまくやりこなせるだけ多く来ることができる。

その時、私と共に在ることは、仕事という含みを全く持っていない。その時私と共に在ることは、ただただ喜び、お祝い、瞑想、踊ること、歌うことになる。それらの三ヶ月は全く休日だ。あなたはそれらの三ヶ月の間、世間を忘れる。それは純粋な真理の探求だ。そして三ヵ月後、あなたが学んだものは何であれ、それを家で続けなさい。そこではあなたには時間がある。五時間あなたは働く。あなたには充分な時間がある。あなたは少なくとも、自分自身のために二時間を得ることができる。

これだけではない――あなたが私と共に暮らし始める時、あなたは私を当然のことと、私は常にここにいると受け止め始めるかもしれない可能性がある。九ヵ月離れていることは、あなたを私のより近くに連れて来るだろう。なぜなら距離は憧れを作り、愛を引き起こし、理解を引き起こすからだ。そこで毎年あなたはやって来て、そして去って行く。何であれ、あなたはうまくやりこなすことができる――あなたは再度来ることができる。あなたは誰の重荷にもならないだろうし、誰もあなたを支配する必要はない。どんな厳格な訓練も必要ない。仕事はそれを必要とする。まとめ役の必要はないので、私たちは力の誇示《パワートリップ》を避けることができる。

だが私たちの両方のコミューンは、私たちがミステリー・スクールを始められるこの地点に私たちを連れて来るための助けになった。それらの二つのコミューンがなければ、それは不可能だっただろう。これが物事を見る私のやり方だ。失敗さえ、あなたを成功のより近くに連れて来る。なぜならそれぞれの失敗は、何が間違ったのか、どうしてそれは間違ってしまったのか、ということについての洞察をあなたに与えるからだ。だから両方の実験とも、非常に意義深かった。

今、私たちは全く異なる種類の場所を創造する立場にいる。そこは一年中、ただ単に祝祭である所だ。人々はやって来て、そして去って行く。彼らは何であれ自分が学ぶものを受け取り、世間でそれを実践するだろう。そして彼らは再び新しくなるため、リフレッシュするため、さらに先へ、より深く進むために再び来るだろう。ただ最小限度の仲間だけが、あなたを世話するためにここにいるだろう。

質問三

私は二週間、今あなたとここにいて、私が以前に一緒にいた人々やその場所について、考えたり話したりしていない自分自身に気づいています。私はまるで自分が三ヶ月間かそれ以上ここにいて、とても多くの事が起こったかのように感じています。

私たちがあなたと一緒にいる時、どういうわけで、時間はそのすべての意味を失うのでしょうか？

時間は相対的な現象だ。それは絶対的なものではないので、異なる状況では違う意味を持つだろう。あなたが苦しんでいると、時間はより長く感じられる。あなたの歯は痛んでいる。数秒は数分のように感じられるだろう。数分は数時間のように感じられるだろう。それは、どれほど酷く歯が痛んでいるかに依る！　苦痛の中であなたはそれを終わらせたい、この苦しみを終わらせたい、何とかしてそれを取り除きたい。

あなたはそれを長引かせたくないので、時間は長いように感じられる。

キリスト教徒は、なぜ彼らの地獄が永遠であるのかを、決して説明できなかった。彼らがそれを説明できなかったのは、彼らがそれを永遠にさせた根拠が馬鹿げているからだ。もしそれが罰であっても、誰かがとても多くの罪を犯したので、その罰は永遠なものになってしまう、ということを証明するのは絶対に不可能だ。

私たちの時代の天才的頭脳の一人バートランド・ラッセルは、『なぜ私はキリスト教徒ではないのか』という本を書いた。そしてこれは、彼がはっきりさせている要点の一つだ。

「私は永遠の地獄という考えに絶対的に反対だ。なぜなら私が知る限り、もし私の長い人生における私のすべての罪を」――そして彼は長く、ほとんど一世紀生きた――「集積することができても、そして私は犯さなかったが、ただ犯そうと思っただけのこれらの罪でさえ、私は夢には見たが、本当には犯さなかったそれらの罪でさえ――。それらをすべて結合してみても、最も厳しい裁判官でも、刑務所での四～五年よりも多くの年数を私に与えることはできない。それで、永遠の地獄だと？　それは非常に不合理で非論理的だ。それは私をうんざりさせる」

それから彼は、他の要点を詳しく話している。キリスト教徒は、間違った事柄に自分たちの議論の根拠を置いたという単純な理由のせいで、答えることができなかった。

私の答えは、地獄が苦しみという、莫大な苦しみという観念であるために――それはただ一瞬の間だけであるかもしれないが、それは永遠であるように、終わりがないように現われるだろう、というものだ。それは相対的な概念だ。そしてバートランド・ラッセルは直ちにそれを理解しただろう。なぜなら彼は『相対性のＡＢＣ』という本を書いたからだ。彼は相対性の観念を理解している。あなたが友人と、恋人と一緒に喜んでいて、幸せでいる時、時間は短くなる。それはより速く進むように感じる。数時間が過ぎて、突然あなたはとても多くの時間が過ぎていたのがわかるが、それはほんの二、三分が過ぎていたように感じる。苦痛の中では、時間は長くなる。それは非常に融通性がある。喜びの中ではそれは非常に短くなる。

しかし、私と共に在ることは喜びより以上の何かだ。それは平和であり、沈黙だ。それは言葉を超えた何かだ。しかし私の現存は、あなたにそれを感じさせることができる。時間は完全に消えることができる。それはまるで、時間が止まったかのように感じることができる。これは美しい体験だ。

時間が止まることは、時間を超えた世界に入っていることを意味する。

そしてそれこそが、私がしようとしていることだ。

あなたが利用できるようになるために、私と共に在るためにあなたをここに呼ぶことは、私はあなたに喜びより高いものに関する何らかの味を与えたい、ということを完全に意味している。そしてその瞬間に、時間は止まる。

第39章

あなたのマインドは
あなたのものではない

Your Mind is not yours

質問一

西洋社会が標準から逸脱している個人に対して、特にその人の精神状態に関する限り、とても強く反応するのはなぜでしょうか？　それは正気《マインド》より下に落ちた人を、汚名を浴びせるような方法で見て、マインドを超えて行く可能性――光明を懐疑的態度をもって考えます。それはその創造的な人々や天才の中に社会から逸脱するわずかな余地を許します。それゆえ、そのような人々は彼らの「風変わりさ」が許されます。

それはマインドが、その人が社会と整合するための試金石のようなものにみなされ、そして現状を脅かすかもしれないどんな常軌を外れることでも、恐怖をもって見られます。病的なマインドと光明を得たノー・マインドの両方に対する、その恐怖とは何なのでしょうか？

マインドはあなたの内側にあるが、それは本当はあなたの中にある社会の投影だ。それはあなたのものではない。

どの子供もマインドを持って生まれてこない。彼は脳を持って生まれてくる。脳は装置であり、マインドは観念だ。脳は社会によって養われ、あらゆる社会は、それ自身の条件付けに従ってマインドを作る。だから世界にはとても多くのマインドがあるのだ。ヒンドゥー教徒のマインドは確かにキリスト教徒のマインドとは別で、共産主義者のマインドは確かに仏教徒のマインドとは別だ。

しかし、マインドはあなたのものであるという誤った考えが個人の中に作られるので、個人は社会に合わせ、社会に従って行動し始める。だが、彼はまるで自力で機能しているかのように感じてしまう。

これは非常に狡猾な策略だ。

ゲオルギィ・グルジェフは一つの物語をよく話していた――。ある魔術師が、山深いところに多くの羊を飼っていた。そして使用人を雇わないようにするためと、羊の世話をすることや、羊が森で道に迷った時に毎日彼らを捜しに行く手間を省くために、彼はすべての羊に催眠術をかけて、それぞれの羊に異なる話を言った。彼はそれぞれの羊に、異なるマインドを与えた。

一頭に彼は言った。「お前は羊ではない、お前は人間だ。だからお前は他の羊のように――彼らはただの羊だ――いつか殺されることを、犠牲になることを恐れる必要はない。だからお前は家に帰ることを心配する必要はない」

ある羊に彼は「お前は羊ではなくライオンだ」と言い、ある羊には「お前は虎だ」と言った。

そしてその日以来、魔術師はくつろいでいた。羊たちは、与えられたマインドに従って振る舞い始めた。彼は羊を殺すことができた。彼は自分自身の食べ物のために、家族の食べ物のために毎日羊を殺していた。そして自分はライオンだ、人間だ、虎だと信じていた羊は単に「これは羊に起こることだ」と見てくすくす笑った。彼らは恐れておらず、昔の日々のようではなかった。

彼が以前に羊を殺した時、すべての羊は震えて、恐れていた。

「明日は我が身だ。どれだけ長く私は生きられるだろう?」

だからこそ彼らは、魔術師を避けるために森に逃げ込んだものだった。だが今や、誰も逃げていなかった。そこには虎がいて、ライオンがいた――あらゆる種類のマインドが彼らに教え込まれた。

あなたのマインドは、あなたのマインドではない。これは覚えておくべき基本的な何かだ。あなたのマインドは、あなたが偶然生まれてきた社会の教え込んだものだ。もしあなたがキリスト教徒の家に誕生したとしても、直ちにイスラム教徒の家族に移されて、イスラム教徒に育てられたなら、あなたは同じマインドを持たないだろう。あなたは自分には想像できない全く異なるマインドを持つだろう。

私たちの時代の天才の一人であるバートランド・ラッセルは、キリスト教的マインドを一生懸命取り除こうとした。それがキリスト教であったからではなく、単にそれが他人から与えられたからという理由でだ。彼は、物事についての彼自身の新鮮な見方を望んでいた。彼は他の誰かの眼鏡から、物事を見たくなかった。彼は直ちに、直接的に現実との接触に入りたかった。彼は自分自身のマインドを望んでいた。

だからそれは、キリスト教的マインドに反対するという問題ではなかった。彼がヒンドゥー教徒であっても同じことをしただろう。彼が共産主義者であっても同じことをしただろう。彼がイスラム教徒であっても同じことをしただろう。

問題はマインドがあなた自身のものであるか、それとも他人から教え込まれたものであるかどうかだ。なぜなら他人は、あなたの役に立つのではなく、彼らの目的に叶うマインドを教え込むからだ。現在ソビエト連邦全体では、それぞれの子供は共産主義のマインドで育てられつつある。

私の友人の一人、ラフル・サンクリタヤーナがソビエト連邦を訪問した。彼は学校を見に行って、小さな少年に尋ねた。「君は神の存在を信じているかい？」

小さな少年はショックを受けて彼を見て、そして言った。

「今世紀に、あなたの年齢でそのような質問をするのですか！　人々が無知だった過去においては、彼らは神の存在を信じたものでした。神はいませんよ」

さて、この子供はこれが自分の発言であることを生涯信じるだろう。それはそうではない。それは社会の発言であり、それは社会の既得権の目的に叶っている。

あなたは両親によって、先生によって、聖職者によって、あなたの教育制度によってある種のマインドを持つように準備され、生涯あなたは、そのある種のマインドを通して生き続ける。それは借りものの生だ。それが世界にとても多くの惨めさがある理由だ。なぜなら誰も真正に生きていないし、誰もその人自身の自己を生きていないからだ。彼は自分に教え込まれた命令に、ただ従っているだけだ。

バートランド・ラッセルは熱心に試み、「なぜ私はキリスト教徒ではないのか」という本を書いた。だが友人宛ての手紙の中で、彼はこう書いた。

「私はその本を書いた。しかし私は自分がキリスト教徒であるとは信じていないが、私はそのマインドを落としたが、それでも、心の底では——。ある日私は、『歴史上で最も偉大な人は誰だ?』と自分に尋ねた。理性的に私は、それはゴータマ・ブッダであることを知っているが、私はゴータマ・ブッダをイエス・キリストより上位に置くことができなかった」

「その日私は、自分のすべての努力が無駄であったと感じた。私は今でもキリスト教徒だ。私はイエス・キリストがゴータマ・ブッダには匹敵しないことを理性的に知っている。だがそれはただ、理性的に、であるだけだ。感情的には、感傷的には、私はゴータマ・ブッダをイエス・キリストより上位に置くことができない。イエス・キリストは私の無意識に残っていて、いまでも私の態度、私の取り組み方、私の振る舞いに影響を及ぼしている。世界は、私はもはやキリスト教徒ではないと考えているが、私は知っている——。このマインドを取り除くのは困難に思える! 彼らはそれほどの洞察力をもって、それほどの技能をもって、それを洗練してきたのだ」

それは長い過程だ。あなたはそれについて決して考えない。人はせいぜい七十五年生きる。そして二十五年間、彼は学校、大学、総合大学にいなければならない。生の三分の一は、ある定まったマインドを洗練することに捧げられる。バートランド・ラッセルが失敗したのは、彼がどのようにそれを取り除くかについての知識を全く持っていなかったからだ。彼は戦っていたが、闇の中を手探りしていた。

マインドからあなたを連れ去ることができる絶対的に確かな瞑想の技法があり、もしあなたがそれを落とすことを望むなら、それは非常に簡単だ。しかし、まずマインドから分離せずにそれを落とすのは不可能だ。誰が誰を落とそうとしているのだろう？

バートランド・ラッセルは、自分のマインドのある半分に対して、もう一つの半分をもって戦っている。そして両方ともキリスト教だ。それは不可能だ。そして現在それは、科学的に証明されている。最も重要な科学的貢献の一つは、デルガドからのものだ。彼は脳の中に七百のセンターを発見した。各センターは膨大な量の知識を含むことができる。それはまさに記録するようなものだ。そして彼の実験は非常に衝撃的だ。彼は電極を用いて脳の中の一定のセンターに触れる。するとその人は話し始める。彼が電極を取り除くと、その人は止まる。彼は同じセンターの上に電極を戻す。するとその人は再び話し始める。まさにその最初からだ。

デルガド自身は、その人が常に最初から話し始めるので、どうやってテープが巻き戻されるのか、まだ理解できなかった。彼の話をどこで止めさせようと、何の違いも生じさせない。

彼の話を止めさせた所で話し始めるのではない。マインドの中のある自動的な行程が、発見されるだろう――。

ある電極は永久にマインドに植え付けることができて、それは遠く離れたところから遠隔操作によって支配できる。デルガドはスペインで、闘牛の中でそれを公開した。彼は電極を最も強靭な雄牛の頭脳《マインド》に移植し、赤い旗を示している場に彼は立った。

雄牛は獰猛に彼に向かって突進した。人々はほとんど呼吸を止めた。「雄牛は私たちの最も優れた天才たちの一人を殺そうとしている!」。しかし彼らは、彼がポケットに遠隔操作のスイッチを、スイッチのあるほんの小さな箱を持っていたことを知らなかった。

まさに雄牛が一フィート向こうから攻撃しかかっていた時、彼はボタンを押した。すると雄牛は止まり、ただ固まった。そして彼は何度もそれをした。何度も雄牛は同じ獰猛さをもってやって来て、デルガドがボタンを押した時はいつでも、何度も雄牛は止まった。

デルガドは言う。「遅かれ早かれ、この発見は人類にとって恩恵になり得るか、または呪いになり得るかのどちらかだ」

あらゆる子供のマインドは、容易に電極を植え付けられ得る。あなたは非常に従順な人々を得るだろう。あなたにはどんな反逆者もいないだろうし、どんな革命家もいないだろうが、生のすべての魅力はなくなるだろう。人々は単なる野菜になり、科学的に奴隷にされるだろう。そして彼らはそれを知らないだろう。なぜなら遠隔操作装置は首都に、政府の手の中にあるかもしれないからだ。

それは役に立つことができる。犯罪者を防ぎ、殺人者を防ぎ、泥棒を変えることができ、強姦者を変えることができる。だがそれは危険でもある。権力を持つ者は誰でも、国全体を単なる奴隷の群衆にすることができる。そしてあなたは知らないので、何もすることができない。一つのことを覚えておきなさい。頭蓋骨の内側の、脳がある所では、あなたはどんな敏感さも持っていない。たとえ石があなたの頭蓋骨に入れられても、あなたには決してわからないだろう。あなたに知らせることができる敏感な神経は、そこには全くない。

これは第二次世界大戦で知られるようになった。ある男が銃弾で撃たれたが、どういうわけか医師たちは銃弾は彼の体内にないと思った。しかし医師たちは見逃していたのだ。銃弾はただ彼の頭に触れただけという診断だったので、彼らはその傷を治療し、それは治ったが、銃弾は彼の頭の中に十年間残っていた。そして彼は決して気づいていなかった。彼がエックス線検査を受けたのは他の理由のためであり、それで彼らは彼の中に銃弾があったことに気づいて驚いた。

それから傷口が開かれて銃弾が見つかった。それは、どんなものでもマインドに植え付けられ得ることをはっきりさせた。

デルガドの仕組みは科学的だが、社会は観念を植え付けることによって同じことをしてきた――。それは古い牛車の方法だ。それはとても長く、二十五年かかる。それは確実ではない。なぜなら少数の革命家が逃げ出し、それでも少数の反逆者が誕生するからだ。そして社会の奴隷化構造から逃げ出す人々がいるのはいいことだ。これらは進歩的な知識を持った、すべての科学的な進歩を与えてきた、すべての迷信を変えてきた人々だからだ。

だが社会はあなたに、決して独自ではなく、ただただ複製であってほしいと望んでいる。

あなたの中にマインドを作り出すための戦略は、継続的に一定の物事を繰り返し続けることだ。

そしてたとえ嘘が継続的に繰り返されても、それは真実になり始める。あなたは、最初それが嘘であったことを忘れる。

アドルフ・ヒトラーは、彼らの国のすべての惨めさはユダヤ人のせいだと、ドイツの人々に嘘を言い始めた。さて、これは非常に馬鹿げたことだ。それはまるで、国のすべての惨めさは自転車のせいだ、だから私たちがすべての自転車を破壊するならすべての惨めさは消えるだろう、と誰かが言っているようなものだ。

実のところ、ユダヤ人はドイツのまさに中枢そのものであり、彼らはドイツのすべての富を生み出した。そして彼らは他の国家を持っていなかったので、どんな国家でも、彼らがいるところはどこでも彼らの国家だった。彼らは自分たちのマインドの中に、他の選択肢を持たなかった。彼らは裏切ることができず、他のドイツ人が国の福祉厚生のためにしていた事をすべてしていた。

しかしアドルフ・ヒトラーは自伝に書いている。

「何を言うかは問題ではない。なぜなら真実のような物は全くないからだ。真実とは、それがしばしば繰り返されてきたため、あなたはそれが嘘であることを忘れてしまった嘘のことだ」

だから彼による真実と嘘の唯一の違いは、嘘は新鮮で、真実は古い、ということだ。さもなければ違いは全くない。そして彼はその点について、何らかの洞察を持っているようだ。

たとえば、キリスト教、ヒンドゥー教、イスラム教、これらの三つの宗教は、「神はいる」ということを彼らの子供に繰り返す。ジャイナ教、仏教、道教など、他の三つの宗教は、「神はいない」と言う。最初の三つの宗教のグループは一定のマインドを持っている。彼らの生涯は神、地獄、天国、祈りの観念で満たされる。二番目の三つの宗教のグループには祈りはない。なぜなら祈るための誰もいないから、神がいないからだ。まさにその問題は生じない。

現在、世界の半分は共産主義者だ。彼らは人間の魂さえ信じていない。そしてあらゆる子供は、人間は物質である、人間が死ぬと彼は単に死んで何も残らない、魂はなく意識は副産物だ、と継続的に言われる。現在、人類の半分はそれを真実として繰り返す。

アドルフ・ヒトラーを、完全に不合理であるという理由で告発することはできない。それは、あなたが人々にどんなことでも繰り返すなら、彼らはだんだんとそれを信じ始める、という事のようだ。そしてもしそれが、何世紀もの間繰り返されてきたなら、それは遺伝的性質になる。

あなたのマインドはあなたのものではない。そしてあなたのマインドは若くない。それは何世紀も古く、三千年も五千年も古い。だからあらゆる社会は、マインドについて疑いを引き起こす者を誰でも恐れるのだ。

それが私の罪だ。それは、あなたのマインドに関する疑いをあなたの中に引き起こさせている、という罪だ。そして私はあなたに、それはあなたのマインドではない、と理解してほしい。そしてあなたの探求は、あなた自身のマインドを見つけるためにあるべきだ。他の誰かの影響下にあることは、心理的に奴隷のままであることだ。生は奴隷状態のためにあるのではない。それは自由を味わうためにある。

真実のようなものはあるが、決してこのマインドを用いて真実を知ることはできない。なぜならこのマインドは、何世紀にも渡って繰り返されてきた嘘で一杯だからだ。あなたがこのマインドを完全に脇へ置き、生まれたばかりの子供のように、新鮮な目で存在を見る時、真実を見つけることができる。その時あなたが体験するものは、何でも真実だ。そしてあなたが自分の内側の成長について、他人に干渉させせないために絶えず用心深いままでいるなら、あなたが存在ととても調子が合うようになる瞬間が、存在と一つになる瞬間がやって来る――。

この体験だけが宗教的な体験だ。それはユダヤ教的ではなく、キリスト教的ではなく、ヒンドゥー教的ではない。どうしたら何らかの体験がユダヤ教的、ヒンドゥー教的、またはイスラム教的であり得るだろう？　あなたは決してその滑稽さを見ない。あなたは何かを食べて、それは美味しいと言う。だがそれはキリスト教的だろうか、それともヒンドゥー教的、仏教的だろうか？　あなたは何かを味わって、それは甘いと言うが、それは共産主義的だろうか？　それは物質主義的だろうか、それとも精神主義的だろうか？　これらの問題はナンセンスだ。それはただ単に甘く、ただ単に美味しいだけだ。

あなたが、どんな間に立つ人もなしに、他の誰かによって与えられたどんなマインドも持たずに、直ちに存在を感じる時、あなたは自分を変容させる何かを味わう。それはあなたが光明を得るように導き、あなたを目覚めさせ、あなたを意識の最も高い頂点に連れて来る。

それより偉大な成就はない。それより高い満足はない。それより深いくつろぎはない。

あなたは我が家に帰った。

生は喜び、歌、ダンス、祝祭になる。

そして私はこの生を宗教的と呼ぶ。

私は誰もが宗教的であってほしいが、誰もキリスト教徒、ヒンドゥー教徒、イスラム教徒であってほしくない。それらはあなたを決して宗教的にさせない障壁だからだ。あなたはそれをはっきり見ることができる。ゴータマ・ブッダは仏教徒ではない。彼は決して仏教徒の言葉を聞かない。イエス・キリストはキリスト教徒ではない。彼は決してキリスト教徒の言葉を聞かないし、確かに彼はユダヤ教徒ではない。さもなければ、ユダヤ教徒たちは彼を磔にしなかっただろう。

もしユダヤ教徒たちがイエスを磔にすると決めたなら、その単純な意味は、イエスは彼らが生涯持ち運ぶように彼に与えてきたマインドを落とした、彼は彼らが与えたマインドの一部ではない事柄を言っている、ということになる。そしてイエスは絶えず彼らにそれを思い出させる。彼は「それは昔の預言者たちによって言われてきた」と言う。ではその昔の預言者たちとは、誰だったのだろう？　すべてユダヤ人たちだ。「それは『目には目を、が戒律だ』と言われてきた。しかし私はあなた方に言う、もし誰かがあなたの一方の頬を叩くなら、もう一方の頬も彼に差し出しなさい、と」

これはユダヤ人のマインドの一部ではなかった。ユダヤ人の神はこう宣言する。「私は好ましい人物ではない！　私は非常に怒った神であり、非常に嫉妬深い。私はあなた方の叔父ではないことを覚えておきなさい」

これらは実際には次のような言葉になる。「私は叔父ではない、私は好ましくない、私は嫉妬深い、私は怒っている」

そしてイエスは「神は愛だ」と言う。

私は彼がユダヤ人のマインドを落としたことを、そして磔が、それが彼が得た報いであることをあなたに示そうとしている。磔は、ユダヤ人のマインドを落とすことに対する報いだった。彼は他の人々のマインドの中に、疑いを引き起こすだろうという意味で危険だった。

「私たちの神は、自分は怒っている、嫉妬深い、と言う。彼は自分に反対する人々を破滅させるだろう。それなのにイエスは、神は愛だ、と言う。彼は私たちの既得権に逆らっている」

彼は殺された。彼はユダヤ人ではなかった。彼がキリスト教徒ではなかったのは、「キリスト教徒」という言葉が、ヘブライ人の言語に存在しないからだ。「キリスト」という言葉はヘブライ人の言語には存在しない。彼は救世主《メシア》と呼ばれた。それは「キリスト」に等しい。「キリスト」はギリシャの言葉だ。

イエスの言うことがギリシャ語に翻訳されたのは、三百年遅れてだった。それから救世主はキリストになり、信奉者たちはキリスト教徒になった。

私があなたに言おうとしていることは、ゴータマ・ブッダはヒンドゥー教徒ではなかったということだ。ヒンドゥー教徒の家族に生まれたが、彼はそれを放棄した。自分の真理の探求を始めたまさにその日、彼はそれを放棄した。その単純な要点を見てごらん。ヒンドゥー教徒は真理を探求する必要がない。ヒンドゥー教徒は既にそれを既製品で手に入れた。それは伝統によって、宗教によって、経典によって与えられてきた。彼は探求しに行く必要がない。

ゴータマ・ブッダが真理を探求しに行ったその日、彼はヒンドゥー教徒のマインドを落とした。そしてもちろん、彼は仏教徒ではなかった。それは区別を保つために、後になってヒンドゥー教徒によって彼の信奉者たちに与えられた名前だった。しかし彼には彼自身のマインドがあった。

世界でその人自身のマインドを持つことは、起こり得る最も豊かなことだ。しかしどの社会もそれを許さない。あらゆる社会はあなたを貧しい状態に保つ。あなたの言うように、あらゆる社会は、特に権力を持つ者たちは――お金を通して、政治を通して、宗教を通して、または知識を通してであれ、どんな理由のためであれ、これらの権力を持つ者たちは、人々が自分自身のマインドを持つことを望んでいない。それは彼らの利権にとって危険だ。彼らは人間ではなく羊を、個人ではなく群衆を望んでいる。常に導かれる必要がある人を、常に何をすべきか、何をすべきでないかを言われる必要がある人を望み、彼ら自身のマインドや彼ら自身の洞察、彼ら自身の意識を持たない人を望んでいる。彼らは常に依存している。

様相が違い、よそ者であり、部外者である誰かに対する恐れは、どの社会にもその人を受け入れる勇気がないという単純な理由のために常に同じだ。なぜならその社会は、その人のマインドを作らなかったから——その社会は、その人は常にそれに従順でいるだろう、決して何にも反対しないだろう、また は何についても疑いを作らないだろう、何についても懐疑的ではないだろう、ということを信頼できな くなるからだ。

たとえば、インドでは雌牛は母として崇拝されている。ヒンドゥー教徒に育てられてこなかった人は誰でも率直に「これはナンセンスだ！」と、懐疑的であろうとする。そしてこれがすべてではない。ヒンドゥー教徒は、誰も思いつくことすらできない事をする。彼らは雌牛の尿を飲む——それが神聖であるためにだ。彼らは牛糞を食べる——それが神聖であるために。

それは村人や無学な人々、または教養がない人々だけのことではない。マハトマ・ガンジーのアシュラムには、雌牛の尿と牛糞だけで、他の何も飲まず、他の何も食べずに六ヶ月生きた人、教授がいた。そしてマハトマ・ガンジーは、彼は聖人だと言って彼を賞賛した。

今、ヒンドゥー教徒は私に対して怒っている。それは私がこの類の愚かさを、それが誰かを聖人にできるということを受け入れないからだ。それは単に、その人は馬鹿だったということを証明している！しかしマハトマ・ガンジーは政治家だ。彼も聖人ではない。彼が聖人であったなら、彼も、「これはナンセンスだ。あなたは牛糞を食べることで神聖にはなれない」と言うだろう。しかし彼は、宗教的な聖人を装った一段と優れた政治家だ。この人は聖人であると言うことで、すべてのヒンドゥー教徒の共同体を満足させた。現在、彼はすべてのヒンドゥー教徒たちの唯一の指導者だ。ヒンドゥー教徒によって育てられてこなかった人は、誰もそれを受け入れられないだろう。

だから、どんな社会の標準からのどんな逸脱も——。そこには狂っているとみなされる多くの人々がいるが、彼らは狂っていない。彼らは単に、あなたの狂気と一致していないだけだ。彼らには彼ら自身の私的な狂気がある。あなたには集合的な狂気がある。
今たとえば、もし四億人のすべてのヒンドゥー教徒たちが、雌牛の尿を飲むことはあなたを神聖にするという考えをどんな疑問もなく受け入れても、誰かが馬の尿を飲み始めるなら、彼らは彼は狂っていると言う。私は単に、彼は私的に狂っていて、あなたは集合的に狂っていると言う。だが両方とも狂っている！

私はこの集合的狂気より以上である人を好む。少なくとも彼は私的な、個人的な何かをする勇気を持っている。それはすべてのヒンドゥー教徒にとって愚かに見えるだろうが、彼らは自分自身にとっては、彼ら自身のマインドにとっては愚かには見えないだろう。

どんな社会も、よそ者や部外者を望んでいない。なぜ全世界は私を恐れているのだろう？　私はテロリストではない。私は爆弾を作っていないし、人々を殺していない。私は非暴力的な者だ。だが彼らはテロリストを受け入れることはできる。

ドイツでそれは実際同時に起こった――。彼らは私がドイツに入ることを妨げて、私は危険な人間であり、私はドイツへのどんな入国も許されるべきではない、と決議した。そして同時に彼らは、世界会議を催すためにヨーロッパのすべてのテロリスト・グループを容認した。

私は全く驚いてしまった！　人々を殺し、飛行機をハイジャックし、大使館を爆撃し、人々を誘拐したすべてのテロリスト・グループの国際的協議は許されるのに、私にはその国の四週間の観光客であることが許されない。

それらのテロリストたちは異なるマインドの人ではない。

それは非常に奇妙な現象だ。

ポンティウス・ピラトが尋ねた時——。三人の人々がイエスと同じ日に磔けられようとしていて、それは一人を許すことができるという協議だった。それは人々が決定するものだった。そしてポンティウス・ピラトは、彼らが「イエスを解放しろ」と要求することを絶対的に確信していた。彼は無実だった。彼は誰にも何の害も及ぼさなかった。しかしユダヤ人は叫び、大祭司は叫んだ、「我々はバラバを望んでいる」と。そしてバラバは常習犯だった。彼は七つの殺人を、強姦を犯してきた——あなたが名付けるどんな種類の犯罪をも犯してきた。

だがあなたは驚くべきではない。それはバラバがユダヤ人に属しているからだ。彼は殺人者であるかもしれないが、彼のマインドはまだユダヤ人のそれだ。このイエスは無実であるかもしれないが、彼のマインドはもはやユダヤ人のそれではない。彼は部外者であり、彼は危険だ。バラバは危険ではない。バラバに何ができるだろう？　せいぜいもう二、三件の殺人くらいだ。しかしこのイエスは、社会の構造全体を破壊できる。それは迷信の上に立っているだけだからだ。

バラバでさえ、それを信じることができなかった。彼は何かが間違ってしまったに違いないと思った。「国全体で、俺に匹敵するほどの他の犯罪者はいない。なのに、あちこちでわずかな人々と話すこと以外に何もしていないこの哀れなイエスは——。そして誰も彼を要求していない」

たった一つの声も、イエスを解放するようにとは叫ばなかった。そして数千人の人々は「バラバだ！　我々はバラバを望んでいる！」と叫んだ。

その心理を研究するなら、それは非常に簡単だ。ドイツで協議を催しているそのすべてのテロリストたちは容認できる。彼らは同じマインドを、同じ政治を持っている。彼らは同じ腐った社会に属している。だが私は許され得ない。私に対して彼らは、私は人々を堕落させるという考えを持っている。同じことが、ソクラテスについての非難だった。つまり、彼は人々を堕落させるということだ。そしてソクラテスがしていたことのすべては、彼ら自身のマインドを持つことを人々に教えることだった。世界のすべての偉大なマスターたちは、何世紀にも渡ってただ一つの事だけを言ってきた。

「あなた自身のマインドを持ちなさい。そしてあなた自身の個性を持ちなさい。群衆の一部であってはいけない。広大な社会の機構全体の中の車輪であってはいけない。個人で、あなた自身で在りなさい。あなた自身の目で生を生きなさい。あなた自身の耳で音楽を聞きなさい」と。

しかし私たちは私たち自身の耳で、私たち自身の目で、私たち自身のマインドでは何もしていない。あらゆることは教えられつつあり、私たちはそれに従っている。

逸脱は腐った社会にとって危険だ。そしてとりわけ西洋において、光明という観念がこれまで何も存在したことがないところでは、より以上に危険だ。なぜなら光明とは、単にマインドを超えることを意味しているからだ。そしてマインドを超えると、あなたは自分自身になる。

西洋はこれまで、光明という観念を培ってきたことがない。それは社会に反対し、宗教に反対する。彼らはそれについて決して思い悩んだことがない。

真実について考えること、それは許される！　だから西洋では、哲学が偉大な高みと深みに成長したのだ。だがそれは真実について常に考えている。それは正気について考えている狂人、光について考えている盲人のようなものだ。どれほど盲人が光について考えようとしても——彼は光とは何かについての考えの大きな体系を構築するかもしれないが、それは光のような何かであることはない。光に対しては、あなたは目を必要とする。

あなたは真実について考えることはできない。考えることは、あなたのマインドによってされるだろうからだ。それは嘘に満ちていて、嘘以外の何でもない。あなたは真実について、どう考えようとしているのだろう？　あなたがマインドを脇へ置いた時にだけ、真実を見つけることができる。

東洋で私たちは、真実とはノー・マインドの状態において、またはマインドを超えた状態において起こる体験だ、と言う。だが西洋では、まさにその考えそのものが存在しなかった。それはあなたに対して一つの事を明白にさせるだろう。哲学は西洋のものだ。東洋には哲学のようなものは何もない。

それは非常に奇妙だ。東洋ははるかに古く、少なくとも一万年古いが、東洋に哲学のようなものは何もない。東洋哲学と呼ばれているものは、間違って名付けられている。東洋では、それはダルシャンと呼ばれる。ダルシャンとは「見ること」という意味だ。それは考えることとは何の関係もない。まさにそのダルシャンという言葉が「見ること」を意味する。

私はそのために、私自身の言葉を作り出さなければならなかった。私はそれを哲学に反対するものとしてフィロシア *philosia* と呼ぶ。なぜなら哲学 *philosophy* は「考えることへの愛」を意味していて、フィロシアは「見ることへの愛」を意味しているからだ。哲学は「考えることへの愛」を意味している。だがあなたは何を考えることができるだろう？　ただ、マインドを超えている人々の危険を、社会に対して危険になることを避けるためだけに、代用品が、玩具が作られてきた。

それが哲学だ。

どんな哲学者も、何かを体験するところには至らない。どんな哲学者も、光明を得たり目覚めることはない。彼はあなたと同じ地面の上に、あなたと同じくらい無意識に留まっている。

ダルシャン――フィロシア――は全く異なるアプローチだ。そのアプローチは、あなたのマインドを目撃することによるものであり、考えることによるものではなく、あなたのマインドの観照者になることと、あなたとあなたの思考の間に距離を作ることによるものだ。まるであなたは丘の上にいて、マインド全体とその往来が谷間を進んでいるかのように、ただそれらを見ることで、思考が消え始める瞬間が訪れる。マインドの生は同一化の中にあるからだ。その生は寄生虫の生だ。それはあなたの血を吸う。もしあなたがはるか遠くにいて、自分の思考にどんな生気も与えないなら、マインドは縮少し、死に始める。そしてあなたの周りに思考が全くなくて、広大な沈黙が、途方もない無がある時、ただ見守る者だけがいて見るべきものが何もない時——これが、あなたがマインドの足鎖から解放される瞬間だ。そしてこれは、新しい生の始まりの瞬間だ。

しかしあなたは、人々からは狂っているように見えるかもしれない。なぜならこの瞬間からあなたの振る舞いは異なるだろうからだ。この瞬間からあなたは独自性を持つだろう。あなたは群衆の一部であることはできない。人々はあなたが、どこかで道を間違えてしまったのだと思うだろう。それは奇妙だ。人々が間違っているのだ！　だがある意味でそれは奇妙ではない。もしあなたが目を持って目が不自由な人々の社会の中に行くなら、誰もあなたには目があることを信じようとしない。あなたは何か狂った幻覚を持っているに違いない。目は存在していない。誰も目を持っていないなら、どうやってあなたが持つことができるだろう？

西洋で光明を得た人は、狂っているものとして非難されるだろう。

西洋では狂っている人々は狂っている。それはあなた方が、とても多くの緊張や不安や苦悶を引き起こしてきたからだ。そしてあなた方は、彼らに非常に腐った考え《マインド》を与えてきた。マインドはどうすることもできない。それが崩壊する時、あるポイントが生じる。マインドが崩壊する時、人はマインドより下に堕ちる。このため精神分析は西洋的な現象だ。東洋には精神分析に匹敵するものは何もない。東洋では、私たちは崩壊 *breakdown* ではなく突破すること *breakthrough* を試みてきた。突破することはあなたをマインドより上に連れて来るが、崩壊はあなたを全く人間以下のレベルに引き下げる。しかしそれに対してさえ社会に責任がある。それはあなたにあまりにも多くの野心を、満たすことができないものを与える。

それはあなたに、お金に対する、権力に対するあまりにも多くの欲望を、満たすことができないものを与える。それはあなたに、成功への階段をますます高く登り続ける方法を教えるだけだ。そしてあなたに迅速であるように告げる。なぜなら、あなたにはほんの小さな人生しかないのに、とても多くの事をしなければならないからだ！　そこには生きるための時間がなく、愛するための時間がなく、歓喜のための時間がない。

人々は、有意義なあらゆることを延期し続ける。明日、彼らは笑うだろう。今日はお金を集めなければならない——より多くのお金を、より多くの権力を、より多くの物を、より多くの道具を。明日、彼らは愛するだろう。今日は時間が全くない。だが明日は決してやって来ない。ある日、彼らは自分自身がすべての種類の道具を負担に感じていることに、お金を負担に感じていることに気づく。彼らは梯子の頂点に来た。そこは湖に飛び込むこと以外に、行くべきところがどこにもない。

しかし彼らは他の人々に、「わざわざここに来るな。何もないぞ」と言うことさえできない。なぜならそれは彼らを愚かに見させるからだ。あなたは国の大統領になって、こう言っている。

「ここには何もない。思い悩むな。これは全くどこにも導かない梯子だ」

あなたは愚かに感じるだろう。

だから彼らは、自分は達成した、自分は見出した、というふりをし続ける。そして心の底では彼らは空虚で無意味でいる。彼らは自分の全人生を浪費した。もし彼らがそのような圧力の下で崩壊するなら、社会に責任がある。社会は人々を狂気に駆り立てている。

東洋ではそんなに多くの狂った人々を、そんなに多くの自殺した人々を見つけないだろう。そして東洋は貧しく、とても貧しいので、人々は一日に一回の食事を摂ることができない。論理的にはより多くの自殺している人々が、より多くの狂っている人々がいなければならない。だが違う。彼らは狂うことはない。彼らは自殺しない。彼らは満足しているように見える。なぜなら野心が社会から与えられたマインドの一部になっていないからだ。彼らの社会も野心を与えるが、この世に対するものではなく、あの世に対するものだ。この世界は非難される。

理解しようとしてごらん――。彼らの社会も野心を、神を実現しようとする、楽園に達しようとする野心を彼らに与えるが、その野心はこの世界の野心に反対している。

「この世界を放棄しなさい！　ここには影の他に何もない。それは幻影だ」

何千年間も彼らは、それは幻影だ、と考えてきた。それについて悩まされることは無益だ、なぜ本物を探さないのだ？と。だから彼らは狂わないのだ。全くの貧困の中で、病気の中で、死において――それでもあなたは、彼らの中に緊張や不安を見つけないだろう。彼らにはどんな心理療法も必要ない。

心理療法は完全に西洋的だ。それは西洋人のマインドに必要なものだ。まず西洋人のマインドは、すべての種類の欲望と野心を生み出す。それは遅かれ早かれ、崩壊を引き起こそうとする。その時、心理療法が入って来る。それは現在、最も高給取りの職業だが、最も奇妙なことは、心理療法医が他のどんな職業の人々よりも、自殺しているということだ。他の職業の二倍だ。そして心理療法医は他の職業の二倍も狂うようになる。そしてこれらは、他の人々を正気であるように助けている人々だ！　それは本当に錯乱状態だ。

それは掃除することができる。それは単に、私たちが持つマインドは現実に遭遇する能力がない、ということを理解するという問題にすぎない。なぜなら現実は同時代のものであり、マインドは二千年古いからだ。その隔たりは大きく、それでマインドは現実に遭遇することに失敗する。マインドは一歩一歩、現実と共に行かなければならない。それは遅れを取るべきではない。そしてもし、各個人が自分自身のマインドを、自分自身の個性を持っているなら、それは可能になる。

私は基本的に個人主義者だ。なぜなら個人だけが魂を持っているからだ。グループは魂を要求することができない。それらはすべて死んだ取り決めだ。ただ個人だけが、生きている現象だ。私たちは生きている現象を同時代であるように、同時代であり続けるように助けなければならない。なぜなら、今日同時代のものは、明日は同時代ではないだろうからだ。だからあなたは各瞬間に、存在と一緒に川のように流れる技法を学ばなければならない。過去に対して、一瞬一瞬死になさい。そして新しいものに対して、一瞬一瞬生まれなさい。

それがあなたの宗教にならない限りあなたは困難に陥ることになり、社会は困難に陥ろうとしている。

質問二

あなたがあますところなく話される広大な範囲の、おそらくこれまでに生きてきたどんな人よりも広い範囲の主題にもかかわらず、私が報道機関や他の何らかの関係筋についてあなたと話し合う時はいつでも、それがたった一つの主題、セックスに気を取られているように思えるというのはなぜなのですか？

私はジョンソン博士を思い出す。彼はその時代で最高の辞書の一冊を作った。

それは非常に大きくて膨大な量の、千ページ以上もある本だった。三人の老婦人は、非常に腹を立てて彼のところに来た。彼女たちは七十歳、七十五歳、八十歳であったに違いない。彼女たちはみんな眼鏡をかけていた。そして彼女たちは言った。

「あなたは自分の本を恥じていないのですか？ その中に猥褻な三つの言葉がありますよ！」

ジョンソン博士は言った。「何ということだ。千ページの本の中に、何千もの言葉があるその中に、あなた方はその年齢で、そのような厚い眼鏡で、どうやって猥褻な三つの言葉をうまく見つけることができたのですか？ あなた方は偉大な調査員たちです。あなた方はずっとそれを捜してきたに違いありません。他の誰も、私に異議を唱えてきませんでした。誰もそれに言及しさえしませんでした」

私は自分の著名で出版された本を、ほぼ四百冊持っている。私は何も書かなかったが、これらは私の話を集めたものだ。四百冊の本のうち、セックスについての本が一冊だけある。そしてそれも本当はセックスについてのものではない。それは基本的にセックスを超越する方法について、性エネルギーを昇華した状態へもたらす方法についてのものだ。それは私たちの基本的なエネルギーだからだ。

それは生命を生み出すことができる――。それは私たちがそれについて知っている唯一の事だが、動物でさえうまくやりこなす。そして科学者は、木でさえ彼ら固有の性欲があると言う。だからすべての存在は、何らかの性的なエネルギーを扱っている。性的なエネルギーの特性と質を変える特権を持っているのは、人間だけだ。

その本の名前は『セックスから超意識へ』だ。だが誰も超意識について話さない。その本は超意識についての本だ。セックスは、誰もがいる所の、単に始まりであるべきものにすぎない。そこにはエネルギーを上向きに動かし始めることができる技法があり、東洋では、少なくとも一万年間、タントラという特別な科学を開発してきた。西洋にはそのような科学に匹敵するものがない。

一万年間、人々は、どうすれば性的エネルギーはあなたのスピリチュアリティになり得るか、どうすれば性欲はあなたのスピリチュアリティになり得るか、について実験してきた。それは疑う余地もなく証明されている。数千人の人々がその変容を通ってきた。タントラは、遅かれ早かれ、全世界で受け入れられようとしている科学であるように思える。なぜなら人々は、あらゆる類の倒錯に苦しんでいるからだ。だから彼らはセックスについて、まるでそれが私のワークであるかのように、まるで一日二十四時間、私がセックスについて話しているかのように話し続けるのだ。それは彼らの抑圧された性欲の問題だ。

偉大な詩人であるハインリヒ・ハイネは、かつて森で道に迷ったことがあった。三日間、彼は森の外へ出る道を見つけられなかった。腹を空かし、疲れて、一晩中野生動物について心配し、木の下に座ったり、一日中よろめいて歩いて人間を見つけようとしていた――。だが三日間、彼は道を示してくれそうな誰かに会うことはできなかった。三日目の夜は満月の夜だった。

彼は全く疲れ果てて、木の下に座っていた。月を見て、突然彼は笑った。

彼が笑ったのは、彼が月についてとても多くの詩を書いていて、月についての詩をとても多く読んでいたからだ。月はそれほどロマンチックな現象なので、どんな傾向の詩人もそれを無視できず、どんな画家もそれを無視することはできない。その影響力は深く、その美しさは素晴らしい。では、彼はなぜ笑ったのだろう？　彼が笑ったのは、月を見た時に、彼は自分の詩の中で語っていたそのすべてのロマンチックな事柄を見なかったからだ。彼は、空に浮かんでいる丸い一塊のパンを見た。

彼は「何ということだ！　私に何が起ったのだ？」と言った。三日間の飢えと疲労の後では、それは当然だが、たぶん彼の体験は独特だったのだろう。他の誰も、これまで空に丸い一塊のパンが浮かんでいるのを見たことがない！　彼は自分自身を笑い、初めて彼は、自分が月について語っていたことは、月とは何の関係もなかったことを理解した。それは彼自身に関係していた。

だからセックスについて話し、私を非難する人々は、それが彼らの抑圧であることを理解していない。私は数千もの主題について話してきたが、それは彼らの抑圧ではないので、彼らはそれには関わらない。セックスは世界中で慣習的に抑圧されてきた。当然それは、何らかの方法で表面に浮かび上がって来ざるを得ない。それを避けることはできない。

聖書にさえ、五百ページもの純粋なポルノ文学がある。それは例外ではない。他のすべての宗教的聖典は——。ヒンドゥー教聖典は最悪だ。それらはとても詳細な部分に入って行くので、あなたは「これらの人々は、スピリチュアリティについて話しているのか？　それとも何なのだ？」と心配するだろう。彼らはカジュラホ、コナラク、プーリーのような寺院さえ造ってきた。それぞれの寺院には数千体の裸の女が、裸の男がいる、異なる性的な姿態で——それは寺院だ！　もし人間の中に何かを抑圧するなら、それは何らかの方法で、どこかしらに浮上しようとする。

すべての宗教によるこのセックスの抑圧は、世界のポルノ文学が、プレイボーイのような雑誌が他のどんなものよりも読まれることの役に立ってきた。現在プレイボーイはほとんどすべての言語で出版されていて、同じ種類の多くの雑誌がある。

私がアメリカの刑務所に入っていた頃、一番目の刑務所で私は驚いた。すべての囚人たちは聖書を持っていて、私のちょうど隣にいた一人の囚人は、朝や夕方に毎日儀式的な方法で自分の頭を聖書の上に置き、床の上に跪き、ベッドの上に聖書があり、聖書の上には彼の頭があり、それで祈っていた。彼は本当に信心深く見えた。

だが、私は彼に尋ねた。「これは非常に素晴らしいし、あなたは良いことをしているが、なぜあなたは雑誌から切り取ったこれらの裸の女の写真を、部屋の至る所に貼っているのだ？　そしてなぜイエス・キリストの写真はたった一枚もないのだ？　これらのすべての裸の写真の間で、イエス・キリストは非常に美しく見えただろう」

彼はショックを受けてこう言った。「私はこれまでそれについて考えたことがなかった。私は非常に忠実なキリスト教徒であり、原理主義者だ」

私は言った。「あなたは原理主義者であるに違いない。さもなければ、どうやってこれらすべての写真を説明するのだ？　これらの写真が存在するためには、キリスト教原理主義者は絶対に必要だ。心配しなくていい！　それらは矛盾していない。それらは補足的なものだ。それは教会とあなたのマインドを搾取している人々との間の陰謀だ」

私のすべての努力は、あなたのセックスをどのように自然に、受け入れられた現象にさせるかであったので、そこに抑圧はない。その時あなたにはどんなポルノ文学も必要ない。だから抑圧は全くない。それからあなたはセックスの夢を見ない。その時エネルギーは変容され得る。世界に生命をもたらす同じエネルギーがあなたに新しい生命をもたらすという、手に入れられる有効な技法がある。それがその本のすべての主題だった。しかし、誰もその主題については思い悩まなかった。誰も、なぜ私がそれを話したかについては思い悩まなかった。ただ「セックス」という言葉がタイトルにあり、それで充分だった。

その言葉は、私は本当に楽しんでいる、というとても多くの噂を引き起こした！　人々は私たちが一日中、性的な乱交パーティーをしていると思っている。人々には本当に想像力があるものだ！　四百冊の本の内の一冊の本に、「セックス」という言葉がタイトルにただ現われただけで、彼らの想像力はとても遠くへ動いてしまった。だがそれは彼らのマインドを反映している。それは私とは何の関係もない。

カジュラホにはインドの寺院が、世界で最も有名な寺院が――そこには三十の寺院がある。おそらくそれらの寺院を造るのに数千年を要したことだろう。彫刻としてそれらはまさに最高のものだ。あなたはそれ以上に良く作ることはできない。だが性的な姿態はとても不合理なので、あなたは想像することさえできない――。

人間が――正気であれ狂気であれ、どんな人でも！――想像してきた完全にすべての種類の姿態がそこにある。ある男たちは動物と性交していて、ある男と女は逆立ちして性交している。あなたはこれまで想像したことがあるだろうか――？　だが、なぜこれは起こったのだろう？　これらの人々は懸命に働きかけたに違いない！　何であれ抑圧すると、それは性的倒錯という釣り合いを取るだろう。

現在そこにはホモセクシュアリティ、レズビアン、獣姦、そしてすべての種類の他の倒錯があり、誰に責任があるかについては誰も決して考えない。野生の動物は決して同性愛ではないが、動物園でもし雌が手に入らないなら、動物は同性愛になる。それは手掛かりを与える。それは私たちが自分たちの社会を自然な現象ではなく、動物園にしてしまったように思える。私たちはセックスをとても酷く抑圧してきたので、今やそれは奇妙な形を取り続けている。

たとえば、同性愛は修道院で誕生してきたに違いない。だから、私はそれを宗教的な物事と呼ぶ。修道院では男性たちは隔離したままにされる。どんな女性も手に入れることはできない。女子修道院で女性たちは隔離される。どんな男性も手に入れることはできない。ヨーロッパのアトスには千年古い修道院があり、そこに入ることはできるが、生きたまま出ることはできない。あなたは永久に世界を放棄する。修道院に入ると世界は終わる。この修道院では、六ヶ月の女の赤ん坊は許されない。私は時々疑ってしまう。中に住んでいるのは修道士なのか、それとも怪物なのか？　六ヶ月の女の赤ん坊は許されない。どんな年齢の女性も、死んでいようと生きていようと、これまでそこに入ったことがない。

さて、それは人々を強制している——。これらの人々は同性愛者になるだろう、修道女はレズビアンになるだろう、それは禁欲を説教し続ける！　それはまだ、修道士は禁欲を誓うべきであり、修道女は禁欲を誓うべきだと説教し続けているが、それでも彼らはみんなポルノ文学を読んでいる——もちろん、それを聖書の中に隠して！

私たちは非常に病んだ社会に生きている。そこは非常に健康であり得たところであり、直ちに健康であり得るところだ——ただ理解するという問題にすぎない。

第40章

身体には
「信じる」がない

The Body does not have beliefs

質問一

先日の朝、あなたが催眠について話すのを聞いて、私は非常に静かで、くつろいだ状態に達しました。私は全く安全で、素晴らしい柔らかさに包まれていると感じました。

しかしながらランチ(オレゴン、ラジニーシプーラム)で、サントッシュによる三ヶ月の脱催眠療法をした時に私は幼児期に後退し、しばしば全くぞっとする状態と恐れの中にいることに気づきました。私はあなたと、何を体験したのでしょうか?

催眠はとても簡単で無垢な体験だから、それについて聞くことさえ、あなたにその味を与えることができる。そしてそれが起こったことだ。私が催眠について話していない時でさえ、同じことが本当に私に耳を傾けている人々に起こっている。柔らかさ、静けさ、沈黙が彼らを取り囲み始める。それは何であれ、言われつつあることは聞かれてもいる、私は壁に向かって話してはいないというしるしだ。

サントッシュと彼の脱催眠療法に関するあなたの体験について、私はただ一つの事しか言えない。サントッシュは、脱催眠療法について何も知らないということだ。彼自身はとても緊張していて、とても継続的に悩み、実に多くの問題を抱えている――だが彼は、ドイツで数年間学生として催眠を勉強したので、その技術を知っている。だが、自分自身では一度もその空間にいたことがない。

それはこのようなものだ――あなたは全世界の地図を読めるが、これまで一度もその場所に行ったことがない。コンスタンチノープルがどこにあるのかを知ることは、あなたがそこにいたという意味ではない。

それを知ることは一つのことだ。そこにいることは全く違う現象だ。そして学校では技術だけが、専門知識だけが教えられる。

だからサントッシュが私のところに来た時、彼には催眠の専門知識があった。私は彼を催眠療法に従事させ、私たちはまず脱‐催眠療法の状態を作り出す必要がある、と彼に理解させるために私は全力を尽した。あらゆる子供は、まさにその幼年期から催眠術をかけられているからだ。そのようにして、条件付けは起こる。そのようにしてあなたは自分のマインドを得る。あなたの両親は知らないかもしれないし、あなたの先生は知らないかもしれない。あなたの聖職者は知らないかもしれない、自分たちが何をしているかを。彼らは催眠の技術を実践している。大学を卒業する頃までに、あなたは他人を条件付けるためのすべての技術を知る。だから、私のところに来る人は誰でも、既に条件付けられている。

私はサントッシュに、「まずこれらの人々を脱催眠して、社会に押し付けられたものを取り除かせなさい。その時にだけ催眠はきれいになり、若々しく、新鮮で、生れたばかりになるだろう」ということを理解させようとしていた。

彼はただの学生だったので、自分のセラピーの名前を、私の提案で『脱催眠療法』に変えた。だが彼がしていたことは、それにもかかわらず彼がドイツで学んだ同じ手法だ。それらの手法は恐怖を引き起こすことができる。なぜなら、まずあなたは社会的な条件付けに満たされ、その上に催眠をかけられるからだ。

催眠であなたは、すべての条件付けが存在する自らの無意識なマインドに達する。あなたは火山のような状態にある。あなたの幼年期を思い出すかもしれないため、そこには恐怖がある。あなたが抑圧してきたものは、すべて幼年期からずっとあなたに起こってきた。覚えておきなさい。誰も楽しい経験を抑圧しない。なぜ楽しい経験を抑圧しなければならないのだ？　実のところ人は、自分自身や他人にできる限り大きく、それを誇示しようとする。人は不快な事だけを抑圧する。

だからあなたの無意識は、あなたが抑圧してきた蛇やサソリやドラゴンでいっぱいだ。あなたはそれらを知りたくなかったし、他人がそれらを知るのを望んでいなかったからだ。あなたの条件付けを取り除くことなく、もし直接催眠に導かれるなら、自分自身の創造である地獄に達するだろう。抑圧されたものは、何であれその真実の顔をあなたに見せるだろう。あなたがぞっとするようになるのは当然だ。

サントッシュのようなセラピストたちの問題は、彼らが自分ではその過程を一度も通過したことがない、ということにある。彼らは単に、先生から学んだだけだ。彼らはこれまで、彼らをきれいにしたであろうミステリー・スクールの一部にはいなかった。ミステリー・スクールにおいては、あなたがそれを使うことができ、暗い場所に、恐怖の空間に、ぞっとする状態に入らない時にだけ、その技術が与えられる。それらはすべて想像上のものだが、あなたがそれらの中にいる時、それらは現実になる。

だからサントッシュによって、あなたに起こったことは抑圧された悪夢だ。彼は瓶を開け、それでドジン *djinn*（地球上に生息し、人間または動物の形で現れて人類に影響すると信じられている目に見えない精神。イスラム教徒がコーランで言及している）が出て来たのだ。これらの種類の人々は危険だ。私は彼が私に対して腹を立てていたという点について、何度も彼に言った――なぜなら彼は、自分は催眠術師であると思っていたからだ、しかも彼は、ドイツで十二年間勉強してきたと――それ以上のことを、誰が彼に教えられただろう？　私は言った。

「それは教えるという問題ではない。あなたは、他の人々を導いているこれらの空間を通過してこなかった。だからあなたは、何が彼らに起こるだろうかを知らないでいる」

今、これらのすべてのセラピストたちは、自分自身を騙している。コミューンがアメリカ政府によって破壊されたからだ。コミューンは、セラピストたちにとって途方もない恩恵だった。

私たちはアメリカのラグナビーチにコミューンの資産があり、私たちのサニヤシンたちが運営していた。私たちは理事会を作った。それは三百万ドルの資産だった。

サントッシュがしたことは――彼は三百人のサニヤシンたちを、ランチからラグナビーチに連れて行き、すべてのサニヤシンたちはラグナビーチ・コミューンのメンバーになった。もちろん、彼らは理事会全体を変えた。サントッシュは彼自身の理事を、彼自身の委員会を連れて来て、そしてラグナビーチに脱催眠療法研究所を開いた。私の名前には言及していない。彼はその法的な意味合いについて考えずに、その資産を着服した。

そして私たちは、その訴訟を勝ち取るために数年間、四年間戦ってきた――。それは奇妙な訴訟だった。かつてキリスト教教会があったが、非常に独立した性格のものだった。教会を指導していた人、司祭はどんな組織にも属していなかった。それは独立していて、四百人の会員を抱えていた。しかし司祭は私に関心を持つようになった。彼とその妻はプネーに来てサニヤシンになり、それから彼は戻った。聖書の代わりに、彼は私の本を通して教え始めた。彼の会衆は何が起こったのか信じられなかった。

しかし彼の会衆の多くは感動していた。彼らは聖書を聞くことに飽き飽きし、退屈していた。彼の会衆の多くは、プネーに来てサニヤシンになった、ほぼ三十人がサニヤシンになった。そこには対立があった。その対立とは――非サニヤシンたちは会衆から去った。それはもはやキリスト教ではなかったし、彼らがそれに加わったのは、キリスト教だったからだ。だから彼らは会衆から立ち去った。それは純粋なサニヤシンのコミューンになった。

それから、年老いた司祭は退職した――。彼は妻と一緒に、コミューンの祝典によく来ていた。彼はまだ生き生きしていて、まだ私への愛を抱いていた。だが彼は退職したがっていた。彼は老いていた。そこで彼は、サニヤシンたちを会衆の司祭に任命して退職した。彼が退職した時、会衆から去った人々は法廷に行き、建物と土地は――それは、ラグナビーチは美しい場所だ――会衆から去った非サニヤシンたちに属し、これらの人々（サニヤシン）は、その所有者ではないと言っていた。私たちは四年間、継続的に訴訟で争わなければならなかった。

訴訟は、これらの人々は会衆から去ったという単純な理由のため、私たちにとって有利に判決された。彼らはもはやその会員ではなく、権利がなかった――。彼らは会衆の一部に留まって法廷に訴えるべきであり、それなら状況は違っていただろう。彼らは大多数だったが、立ち去った。そして今、サニヤシンたちがすべての資産と教会を獲得したのを見て、彼らはそれを取り戻したかった。法廷が訴えを棄却したのは、彼らにはもはや権利がなかったからだ。会衆から去る瞬間、権利はなくなる――。だから私たちはその資産を保っていて、十四人のサニヤシンたちがそこにいた。そして私たちはそれを売りたかった。新たなミステリー・スクールのためには、お金が必要になるだろう！

サントッシュは、私たちに大きな貢献をしてきた。今や彼は司祭の長だ。体験に関する限り、彼は何も知らない。彼は多くの人々を破滅させるだろう。そこで私は私たちの人々に知らせた――何かが為されなければならない、サントッシュは解任されなければならない、または彼は三百万ドルを支払わなければならない、それから彼はその所有物の中で、自分がしたいことを何でもすればいい、と。そして私たちのサニヤシンたちに、彼の催眠療法は彼らを助けようとしていない、と知らせなければならない。

私は、ティアサ、ラジェン、プーナム、そして他の人たちがイタリアで準備していたワールド・フェスティバルについて、あなたに話した。ちょうど昨日、ごくわずかな人々がそこに到着したというニュースが届いた。彼らは一万五千ドルもの大きな損失をし、物事全体は完全に死んでいてつまらなかった。これらのすべての偉大なセラピストたちがステージ上にいたが、そこに祝祭はなく、光明を得た誰かの臨在の中にいるという感覚が全くなかった。人々はすべての物事に失望し、嫌になって去った。

私はほんの二、三日前に、彼らはすぐに面倒な目に遭うだろう、とあなたに言った。人々は彼らから離れるだろう、なぜなら人々は、彼らのために来たのではなかったからだ。これらのセラピストたちは誤った考えを持っていた。

だが十五年間では――人は、人々は自分のために来ているという間違った考えに、容易に陥ることができる。すぐに彼らは群衆の中で道に迷うだろう。そして彼らが道に迷うのはいいことだ。さもなければ彼らは自分たちが何をしているのか、何が起ころうとしているのかを全く知らずに、人々の心理で遊ぶだろう。

催眠は実に非常に柔らかな技法――非常に甘美な音楽だ。それは私のそばに、ただ沈黙して座ることで起こり得る。それはただ、あなたのすべての心配、緊張が消えるほど強烈に聞くことによって起こり得る。そしてあなたは自分の存在の中へより深く入り始める。だが、それらの心配、緊張、苦悶、不安は最初に消えるべきだ。

そして「催眠療法」は古い言葉だ。「脱催眠療法」は私が構築したものだ。私はサントッシュにそれを脱催眠療法にするようにと言ったが、彼は決して「脱催眠療法と催眠療法との違いは何でしょうか?」と尋ねなかった。彼は単に、催眠療法を脱催眠療法にさせただけだ。現在、彼は脱催眠療法研究所の所長になったが、彼は脱催眠療法と催眠療法の違いが何なのかを知らない。

その過程は完全に正反対のものになる。催眠療法は、あなたを意図的な睡眠に連れて行くことができる。脱催眠療法は、あなたを意図的な目覚めに連れて行くことができる。だが私は困惑していた。彼はその二つの違いは何なのかを尋ねさえしなかった。

それは残念なことだが、私はこれらのセラピストたちが危険であることを、私の人々に気づかせなければならないだろう。なぜなら彼らは、自分たちは十五年間私と一緒にいたと言って、自分たちの主張を誇示するだろうからだ。だが彼らは、十五秒間も私と一緒にいたことがない。彼らは人々の小さなグループのグルであるという、彼ら自身の小さな役割を演じていた。彼らは自分自身のためにやって来たが、彼らは完全に忘れていた。これは偶然やって来る人々に起こることだ。彼らは一つの事のためにやって来るが、他の何かを手に入れる。


私は大都市で、その職業の頂点にいる人と考えられた不動産業者について聞いた事がある。彼は大きな会社の一員だった。社長はその日非常に怒っていて、その人を待っていた。その人がやって来ると、社長は突然怒りだして言った。

「これはやりすぎだ。君が二倍の価格で土地を売った相手は、全員いなくなってしまった。私たちが理解できるとすれば、君は利口で知的であり、それをうまくやり遂げた。だから私たちは多額のお金を君に支払うのだ。だが、その男はこう言いにやって来た。『雨が降った。そして今、あなたが私に売った土地は水面から八フィート下にある。これはどんな類の会社なのだ？　これは全くの詐欺だ！』」

セールスマンは、「社長は心配しないでください。私が彼の面倒を見ます。行ってきます」と言った。そして一時間後、彼は微笑んで帰って来て、「あなたは今日、私にいくらかの報酬を与えなければなりません」と言った。

社長は言った。「まず私に言いなさい。その人と彼の土地に何が起こったのだ？」

彼は言った。「何も起こりませんでした。私たちは二艘の腐ったボートを何日間も持っています。私はそれをその人に売りました。私は彼に言いました。『あなたは馬鹿だ。雨期には湖になるそのような美しい土地で――二艘のボートを持ちなさい。家を充分高くしてください。そうすればあなたは、両方の物を一緒に持つでしょう。雨期の頃、あなたは湖を、そして私が持って来たボートを楽しみます』。そしてそのボートは大変腐っているので、それはその人を、彼がそれに座る最初の時に溺れさせるでしょう。心配しなくていいです。そのボートは何年も誰も知らない間、会社に置かれていました。そして私たちはそれの申し分ない代金を得ました」

社長は言った。「これはやりすぎだ！　君はそれでもその人を騙したのだぞ。そして今、君は彼を危険な状況に陥れた。そのボートは彼を殺すだろう」

その人は言った。「この世界はこのように進みます。あなたは他の人たちに何が起こるかについて、考える必要はありません。あなたはただ、あなた自身の懐について考えなければなりません」

それはこれらのセラピストたちの状態であるように見える。彼らは自分自身の懐について考えている。彼らは人々に何が起こるかについて心配していない。彼らが示唆していることを、彼ら自身は生きてこなかった。それは彼らの体験ではない。そして自分の体験ではない何かを誰かに話して、その人を狂気に駆り立てることができる状態に陥れることは、不誠実だ。

催眠は危険でもあり得る。間違った手の中では、どんなものでも危険であり得る。さもなければ催眠とは簡単なくつろぎの形態だ。だがそれは危険であり得る。もしその人があなたを騙そうとしていたら、あなたが催眠下の状態で、あなたがしたくない事を暗示にかけられるからだ。それで目覚めると、あなたはそれをしなければならないだろう。

私は自分の学生たちの一人に、働きかけたものだった。私は六ヶ月間、彼の家に住んでいた。彼の兄弟は私の友人で、私は一人だったので家を手に入れることには意味がなかった。それに誰がその管理をすることになるだろう？　それで彼は、「君は私と一緒に住んだほうがいい」と言った。そして私は彼の弟の中に、実に素晴らしい催眠に適した質を発見した。

私は彼に催眠をかけ始めた。ちょっと例を挙げると、ある日私は彼に言った。

「明日、正確に十二時に、あなたは自分の枕に狂ったようにキスをするだろう」

次の日、だいたい十二時十五分前に、彼はいろんな人やあらゆるところを少し奇妙に、恐れながら見て、見守り始めた。そしてまさに彼の前で私は彼の枕を取り、私のスーツケースの中にしまい込んだ。彼の目に涙が浮かぶのを見ることができた。

私は言った。「どうしたのだ？　なぜ泣いているのだ？」

彼は言った。「わかりません。でも、このようなことは一度も起こったことがありません。それはとても奇妙です——。私は説明できません」

そして正確に十二時に、彼は私のところに来て、「どうか私の枕を返してください」と言った。

私は言った。「十二時に何をするのだ？　夕方にそれを返そう」

彼は、「たった今、それを私に返さなければなりません」と言った。

私は彼に枕を与えた。すると六人の他の人々の前で、彼は狂ったように枕にキスをし、人々を見て、自分は狂っているように見えているに違いないと考え——そして彼自身、自分は狂っていると思い始めた、自分は何をやっているのだろう？と。

私は言った。「心配しなくていい。それは誰でもしていることだ。男性が女性にキスする時、女性が男性にキスしている時、それは自然な催眠、生態学上の催眠だ。生物学はあなたの染色体に催眠をかけた。あなたがそれをしているのではない——そしてとてもきまり悪く感じて、あなたは他人の前でそれをしたくない、あなたは自分自身の人里離れた場所を望んでいる。心配しなくていい！　それが枕であるか、または女性であるかどうかには何の違いもない。あなたがしていることやしていないことを、それをするようにあなたに強制しているのは、あなたの無意識なのだ」

彼は言った。「それが悩みです。それこそが私が感じるものです。私の中の何かが『キスしなさい』と言い、私はこれは馬鹿らしいことを知っています。これはただの枕です。なぜ私はそれにキスをしなければならないのでしょうか？」

もしあなたが、まさに人々を騙そうとする人であるなら、催眠の下では、何でもうまくできる。あなたはその人に、誰かを殺すように言うことさえでき、彼は殺すだろう。そして罰せられるだろう。死刑を宣告されるかもしれないし、彼には弁明するためのどんな説明もない。

そして誰も、彼に催眠をかけたあなたに接触できない。なぜなら彼が眠っていた間に、あなたが催眠で何をしたのか、誰も決して知らないだろうからだ。

催眠は誤用され得る。あらゆる大きなことは誤用され得る。たぶんそれが、ほとんどの国や文化が催眠とのどんな関わり合いも避けようとした理由の一つだろう。そして「催眠」という言葉は、非難の言葉になった。だがそれは正しくない。それは多大な善にもできる。どんな課題においても何らかの苦労をする誰かに、簡単に催眠をかけて、「あなたはその苦労をしない。その課題は簡単で、あなたにはそれを理解するための充分な知性がある」と言うことができる。そしてその人は、次の日から違って振る舞い始めるだろう。彼の無意識はそれを得た。恐れる必要は全くない。

病気に関しては、人々を助けることができる。病気のおよそ七十パーセントは精神的なものだからだ。それは身体を通して表現されるかもしれないが、その源はマインドにある。もしあなたが、病気は消えた、それについて悩む必要はない、という考えをマインドの中に入れられるなら、それはもはや存在しない、病気は消えるだろう。

私はそれについて、非常に奇妙な実験を試みてきた。私の仕事は他の何かに関係していた。たとえばセイロンでは毎年、仏教の僧侶たちはゴータマ・ブッダの誕生日に、赤々と熱く焼けた石炭の上で踊る。そして彼らは火傷しない。ケンブリッジ大学から一人の教授が、心理学の教授が特にそれを見るために出発した。それが可能であるとは信じられなかったからだ。だが彼が炎の中でただ踊っている二十人の僧侶たちを、そして彼らが火傷していなかったのを見た時、「もしこれらの人々ができるのなら、なぜ私にできないことがあるだろう？」と考えた。そこで彼はやってみた――ただ、少し近づくだけでとても熱かったので、彼は逃げ出した。もし、火が燃えていて僧侶たちが踊っていた囲いに彼が飛び込んだら、死んでいただろう。さて、それには途方もない催眠の努力が必要だ。

私は同じ少年にそれを試した。彼には良い催眠的性質があったからだ。全人口の三十三パーセントは、良い催眠的性質の持ち主だ。あなたは、この三十三パーセントを覚えておくべきだ。

人々の三十三パーセントは最も知的でもあり、この三十三パーセントはより創造的で、最も革新的な人々でもある。これらは深い催眠に入って行ける同じ人々だ。それは莫大な知性を必要とする。より大きな知性を持つ人々は、もし彼らがその中に入る用意があるなら、非常に深い層に行くことができる。そして層が深ければ深いほど、ほとんど奇跡に見える物事をすることができる。

この少年の名前はマノジと言った――私は熱く焼けた石炭を彼の手に置いて、彼にそれは美しいバラの花だと言ってみた。彼はそれを見て、「とても美しい、とてもいい香りだ」と言った。そして、手は火傷しなかった。私は別の方法でもやってみた。バラの花を彼の手に置いて、彼にそれは焼けた熱い石炭であると言う。彼はすぐに投げ捨てたが、それは彼の手全体に火傷を負わせた。

マインドは、あなたの身体に途方もない力を及ぼす。マインドは、あなたの身体にあるあらゆるものを操る。

マインドを変えることで、あなたの病気の七十パーセントは変えることができる。それはそこから始まるからだ。病気のほんの三十パーセントだけが、身体から始まる。

あなたは倒れて骨折した。さて、「あなたはどんな骨折もしていない」と言う催眠によっては、その骨折を和らげることはできない。あなたはまだ骨折している。骨折は身体から始まったもので、身体に催眠をかけることはできない。身体にはそれ自身の機能する方法がある。だが、もしその過程がマインドから始まり、身体の中のある点にまで広がるなら、身体は簡単に変わり得る。

宗教はそれを利用した。インドには多くの宗教がある。イスラム教徒はそれをする、チベット人はそれをする、ビルマ人はそれをする――火傷せずに火の中で踊る。だがこれらは普通の人々ではない、彼らは僧侶だ。何年もの間、彼らは催眠をかけられてきた。そしてこの事は彼らの無意識の中に定着した。その火は、彼らを火傷させることができない。だが覚えておきなさい、ただ七十パーセントだけだ――。それは私に奇妙な現象を思い出させる。それは、生理学者、医学関係の人々、そして人間の身体に関わっている他の人たちは、それについて非常に多くかき乱されるが、どんな答えも持ち合わせていない、ということだ――。逆症療法は、七十パーセントの患者にだけ成功する。同種療法は七十パーセントの患者にだけ成功する。アーユルヴェーダ医学は、七十パーセントの患者にだけ成功する。ギリシャ医学は七十パーセントの患者にだけ成功する。チベット医学は七十パーセントの患者にだけ成功する。中国の針療法は、七十パーセントの患者にだけ成功する。身体を治療するためのすべての方法は、七十パーセントの患者にだけ成功する。

これは非常に奇妙な偶然の一致だ。

外から見るとそれは神秘だ。同種療法はその中に何もない――ただの小さな砂糖の丸薬だ――が、それは成功する、それも同じ比率で成功する。唯一の要因は、もし人が同種療法を信じているならそれは成功する、ということだ。逆症療法における唯一の違いは、それを信じる必要はないが、それでもそれは成功するということだ。自然療法、同種療法、アーユルヴェーダ――それらの基本的に必要なことは、あなたは信じなければならない、ということだ。

私には一人のアーユルヴェーダの医師、稀な知性の人、感じのいい人がいた。彼は私の面倒をよく見てくれて、その地域では非常に有名だった。しかし、彼は結核の犠牲になった。それを聞いて私は彼の家に行き、彼は病院にいることがわかった。

私は言った。「これは奇妙だ。彼は非常に偉大なアーユルヴェーダの医師だ。なぜ彼は逆症療法を受けに行かなければならないのだ?」

私は病院に行って、その医師に尋ねた。

「これは奇妙な行為だ。あなたは自分の薬を通してとても多くの人々を助けてきたのに、結核に関しては、あなた自身を助けられないのか?」

彼は笑って言った。「いや、私にはできない。なぜならアーユルヴェーダ医学での基本的な事は、それを信じなければならないからだ。私はそれを信じていない。私はそれについてすべて知っている。それは馬鹿げている。だが人々が癒されるなら、私は口を閉じておく。私は誰にも何も言わないが、一つのことは確かだ。それは私を助けないだろう。無数の人々を治療したその薬を飲むなら、私は死ぬだろう。結核を治療した薬についてさえもだ！　だから驚いてはいけない。そして誰にも何も言ってはいけない。なぜなら私が生き残るなら、私は自分の行為を続けなければならないからだ。私が死ぬなら、あなたは真実を言うことができる」

しかし真実は、あなたには信じる心が必要だ、ということだ。マインドを変えて身体に影響を及ぼすのは、信じる心だ。だが逆もまた同様ではない。身体は迷信的ではなく、それは信念的でもない。それはただ自然なだけだ。それは他のどんなことも気にかけない。

かつて、アメリカにある宗派があった――。それはまだわずかな場所で生き残っていると思うが、今世紀の初頭においては非常に目立っていた。それはキリスト教グループであり、彼らは自らをクリスチャン・サイエンティストと呼んだものだった。彼らは、あらゆるものは治療できる、あなたはイエス・キリストをただ信じなければならない、と信じていた。そしてあなたの病気は、あなたが信じたもの以外の何でもない、あなたは自分は結核を患っていると信じている、だからあなたは結核を患っているのだ、と信じていた。

ある若者がある老婆と道で会い、彼女は、「私は会合であなたのお父様に会っていませんが――」と尋ねた。彼らは日曜日ごとに会合を催したものだった。

彼は、「父は病気で、非常に悪い病気です」と言った。

その老婆は言った。「馬鹿げているわ。私たちはクリスチャン・サイエンティストですから。そして彼はクリスチャン・サイエンティストです。彼はただ、自分は病気だと信じているだけですよ」

若者は言った。「もしあなたがそう言うのなら、たぶん彼はただ自分が病気であると信じているだけなのでしょう」
二、三日後、彼は再び同じ女性に出会い、彼女は「どうなりました？」と尋ねた。
若者は言った。「今、彼は自分は死んでいると信じています。だから私たちは、彼を墓地に連れて行かなければなりませんでした。私たちは彼を揺り動かそうとし、そして叫びました。『そのようなことを信じてはいけません。あなたはクリスチャン・サイエンティストです。自分は生きていると信じてください！』。しかし何も起こりませんでしたし、近所の人々はみんな笑いました。今、哀れな人は墓の中にいて、まだ自分は死んでいると信じています」


身体には「信じる」も「信じない」もないが、マインドにはある。そしてマインドには、身体への計り知れない支配力がある。

人々と共に働くことにおいて最も大きな誠実さの一つは、あなたが話すことやすることが、彼らを破滅させようとしないように気を配ることだ。そして私は、すべてのセラピストたちを恐れている――。彼らが私の現存においてコミューンで働いていた間は、危険は全くなかった。私は誰でも彼の正しい立場に戻すことができた。しかし今、彼らはどんな理解もなしに働いている。彼らは非常に危険であることがわかる。

世界中のすべてのサニヤシンたちに、知らせなければならない。セラピストたちに用心しなさい、と。私の現存においては何も問題がなかったので、私は彼らに何でもすることを許した。もし何かが間違ってしまったなら、私は注意をしただろう。しかし今、もし何かが間違ってしまうなら――そして彼ら自身が間違っているので、それは必ず間違ってしまう――誰が注意することになるのだろう？

マスターの仕事は容易ではない。彼はあなたを変えなければならない。彼はあなたを変容させなければばならない。しかし彼は、あなたを活動不能にすべきではない、あなたを破滅させてはいけない。それはほとんど、剃刀の刃の上を歩くようなものだ。役立ち得るものは何でも、それが災難であり得るような方法でも使われ得るからだ。

質問二
過去数ヶ月間、あなたと共に旅をして、世界の厳しい状態を見て厳しく反応する代わりに、私は自分自身だけがますます柔和になっていることに気づいています。
どうかコメントをいただけますでしょうか。

普通の反応は更にもっと厳しくなるだろうが、あなたは普通の状況にいない。瞑想的状態の、沈黙の、愛の、慈悲の小さな感触でさえ、マスターの存在の小さな感触でさえ、あなたは全く違う反応をすることになるだろう。
世界の厳しさを見て、あなたは彼らにより同情的に感じるだろう、あなたはより穏やかに感じるだろう。あなたが激しく反応しないのは、それが彼らと同じ愚かさをもって彼らに加わることになるだろうからだ。私と一緒にいることで、あなたはそれを知っているかどうかにかかわらず、何千もの物事を学んでいる。それらの一つは、あなたは反応できないということだ。
世界は厳しいかもしれない。それは痛む。運悪く、人間はまだ野蛮であるということは人を悲しくさせるが、それは彼らを呪うという考えをあなたに与えない。それどころか、彼らに同情的であるために、彼らを助けようという考えをあなたに与える。彼らが自分たちの硬い殻から出てこれるようにだ。

おそらく彼らも、自分たちの厳しさに苦しんでいるが、誰も彼らにこの冷淡さから出るための方法を言わない。彼らもまた惨めでいる。彼らが無作法にするのは、彼らの惨めさからだ。なぜなら彼らは、虐待されてきたからだ。彼らは、暴力が力だ、ということしか知らない。

世界を見て、あなたは暴力が本当の力ではないことがわかるだろう。本当の力は愛であり、その愛はどんな怒りもなしに、あなたをより柔和にさせ、寛大にさせるだろう。それどころか、文明化されているると信じているこの世界を、チャールズ・ダーウィンが私たちは動物から進化したと考えた、そのすべての愉快な状況を笑うだろう。だが私たちの振る舞いは、私たちがまだ動物的であることを示している。進化は全くなかった。おそらく私たちは尾を失っただろうが、それは進化ではない。おそらく私たちは二本足で立つことができるだろうが、それは進化ではない。私たちはいまだにとても粗野に、とても残酷に振る舞っている。そしてそれを言うべき人は誰もそこにいない。なぜならそれを言おうとしている人は誰でも潰され、殺されるからだ。

そしてあなたは、それを言っている男と、それをまさに最後の息が尽きるまで言おうとしている男と一緒にいることに決めた。

だがあなたに関する限り、この世界旅行のすべての体験と、政治家はあらゆるところで同じであることに気づくこと、国家、政府、警察は同じやり方で振る舞っていることに気づくこと――それは私たちが悪夢の中を生きているように見えている。誰かその外にいる人だけが、「これは悪夢だ!」と言うことができる。しかし悪夢の中で誰かが大声を上げたり叫んだりしている時、あなたは彼に対して厳しく感じたりしない。あなたは優しく感じて、彼を助けたいと思っている。

それはいい体験だった。後になってあなたが要約する時、それが生を獲得するために必要な成熟をあなたに与えたことがわかるだろう。

質問三

マスターたちは常に彼らの主要な弟子によって裏切られているようです。同じことが、あなたがとても多くの愛と注目を与えてきた、あなたがとても熱心に働きかけてきた人たちのためにあなたに起こりました。それは、より高く行く潜在可能性をより多く持っている人々は、普通の人間よりさらに低く堕ちることがあり得る、ということでしょうか？　あなたは警察や官僚政治によって苦しめられてきました。私は彼らが正しく行っていないのを感じますが、彼らはそれ以外のことをすることができません。でも私が古いサニヤシンの振る舞いについて耳にする時、私のハートは泣き、私を深く傷つけます。

私がより熱心に働きかけてきたサニヤシンたちは、最高の潜在可能性を持った人たちではなかった。彼らは最悪だった。そのため彼らには熱心な働きかけが必要だった。私が全く働きかけなかった人たちは最高の人たちだ。彼らにとってはただ私の存在だけで充分であり、ただ私の愛だけで充分だった。だから私が熱心に彼らに働きかけたのは、彼らが高く行き、それから普通よりさらに下へ堕ちるというより多くの潜在可能性を持っていたからではない。私が彼らに働きかけたのは、彼らには高く行くための可能性が全くなかったからだ。懸命な働きかけによってさえ、せいぜい私は彼らを正常さにまで連れて来ることができたくらいだ。それで彼らは正常に振る舞っている。私は彼らに失望していない。

より高い潜在可能性を持つ人が私のところに来た時はいつでも、彼は私の愛を受け入れたが、彼に働きかける必要は全くなかった。彼にはほんのわずかな押しが必要で、それで彼は空に飛ぶだろう。それらの人々の誰も堕落しなかったし、または倒れないだろう。なぜなら空の自由を知った人は自分の翼に気づいてさえいない状態に戻ることはできないし、自分を助けたマスターに対して、恥ずべき姿でいることはできないからだ。それは不可能だ、全く不可能だ。

彼の感謝はますます成長するだろう。それはマスターが彼にその翼を気づかせただけでなく、彼を空へと押し進めて、彼に完全な自由を与えたからだ。どうすればあなたは、あなたに自分自身であるための完全な自由を与えた人に、どんなやり方であれ、あなたにどんなイメージも、どんな理想も押し付けようとしなかった人に対して、感謝知らずでいられるだろう？　ほとんどのサニヤシンたちは、これまで以上に愛していると、これまで以上に感謝していると感じている。そしてあなたの気質が試される時、それは本当に困難の時だ。

恩恵から落ちた人々はそうなると期待されていた。彼らは自分の翼を開くことができた地点に、決して達しなかった。彼らが私に感謝していないなら、その単純な理由は彼らが、私への感謝の気持ちを自分たちに持たせるようなことを何も体験しなかった、ということだ。

彼らは自分自身の闇の中に、自分自身のエゴの中に閉じたままでいた。

ヴィヴェックは私に「なぜあなたは、私に働きかけないのですか？」と何度も尋ね続ける。そして、彼女にはどんな働きかけの必要もないことを説明するのは難しい。彼女は私のために働かなければならない、その働きの中で、その世話の中で彼女は成長している、彼女は成熟している。

それは非常に複雑な状況だ。私は最悪のものに働きかけることを選ばなければならない。彼らには配慮が必要だ。たとえ彼らが、ほんのわずかだけ成長できたとしても、それでいいだろう。私は彼らが光明を得ることを期待していない。熱心な働きかけをもってさえ、彼らは光明を得ないだろう。なぜなら最悪の人々への働きかけは困難だからだ。彼らはあなたと戦う。彼らに働きかけている間は、彼らは絶えずあなたと戦っている！　それぞれ一つの段階において、彼らは成長することを望んでいない。あなたは彼らに逆らう何かをしている。最も良い質の人々とではそれは異なる。彼らは成長することを望んでいる。

どんな熱心な働きかけもする必要はない。ただ彼らの目の中を見るだけで充分だ。ただ彼らと共にいるだけで充分だ。それは糧だ。それは彼らの翼を開くための糧だ。そして彼らは感謝するだろう。

人が熱心に働きかけなければならない人々は、感謝しようとしない。彼らは復讐心に燃えるだろう。なぜなら彼らに逆らって働きかけていたからだ。彼らは決して飛びたくなかった。

私はある人の古い物語を思い出す。その人は非常に自由を愛していて、自分の国を他国の支配から解放させたが、とても自由を愛していたので、自分自身の手で政府の権力を握らなかった。いったん国が自由になると、彼は山に向かうために国を出発した。彼は「私の仕事は為された」と言った。

最後の宿場は隊商宿だった。そこには美しいオウムがいて、宿舎の所有者も自由という考えに惚れ込んでいた。もし彼が本当に自由の恋人であったなら、彼はオウムを自由にしただろうが、オウムは金色の籠の中にいた。彼の自由という考えは、ただの精神的な贅沢品にすぎなかった。彼は自由というその考えだけをすごく愛していたので、オウムに「自由、自由、自由」という言葉を繰り返すことを教えた。

一日中、オウムは突然「自由、自由！」と叫び出す。オウムはたった一つの言葉しか知らなかった。そして自分の国の自由のために戦い、刑務所に入ったことがあり、危険な目に遭ったことがあるこの男は、その隊商宿に滞在していた。

彼は考えた。「このかわいそうなオウムは自由を望んでいる。彼はこの金色の籠の中では幸せではない、誰も彼の言うことを聞かない。一日中彼は『自由！』と叫んでいる」

彼は夜に籠を開けて、オウムを自由にさせようと決めた。それで真夜中に彼は籠の所に来て、籠の扉を開けてオウムを引き抜こうとした。しかしオウムは、自分の嘴でその男を突いていた。そして一本の足で籠の上にしがみついていた。

その男は理解できなかった。扉は開いているが、オウムはそれでも「自由！」と叫んでいた。だがその男もまた、自由のための強い戦士だった。彼は何とかして籠からオウムを引き抜き、それを空へ投げた。彼は自分の両手に傷を負った。彼の両手には、オウムが引っ掻いた血があった。だが彼はとても自由を待ち望んでいたかわいそうなオウムが、とうとう自由になったことがうれしかった。

彼は自分の部屋に行って眠りに就いたが、朝、彼は「自由！」と叫んでいたオウムの声で目を覚ました。彼は「おかしい！　オウムはどこにいるのだ？」と言った。彼は窓を開けた。オウムは籠の中に座っていて、扉は開いていて、自分の決まりきった仕事を、「自由――自由！」と繰り返していた。それはただの言葉だった。

所有者が出て来た。彼はこの有名な男を知っていた。彼はその男の手を見て、開いた籠を見た。彼は言った。「あなたは理解していない。彼はただのオウムだ。私が『自由』という言葉を彼に教えたのは、私が自由という考えが好きだからだ。彼はオウムだ。彼は自由の意味さえ知らない。あなたは不要に試みて、傷つけられるべきではなかった。他の少数の人々が以前にそれを試みたが、彼は常に戻って来る。誰が金色の籠から去りたいだろう？。私に関する限り、それはただの考えにすぎない。さもなければ私は彼を籠から追い出し、籠を片付けただろう。しかし私は『自由』という言葉を聞くのが大好きだ。それは私の考えだ。私はそれについて何もしたくない。それは単なる哲学だ。オウムもそれについて何もしたくない。彼にとっては哲学でさえない。彼にとっては単なる記録、記憶だ――マインドでさえない。あなたは自由のために自分の生涯を捧げてきた人だ。あなたは異なる部類にいる。あなたはこのオウムについて思い悩まされるべきではない。彼は白痴だ。それは彼が言葉を学んだというだけのことだ」

自分は私を裏切ったと考えているサニヤシンたちは——。彼らは私を裏切らなかった。彼らは自分自身を裏切ったのだ。どうやって、彼らは私を裏切ることができるだろう？　私はどんな種類の巻き添えにも遭わなかった。私はどんな意味であれ、彼らから何も期待していなかった。私が働きかけたのは、私がそれを楽しみ、愛していたからだ。

彼らは私を裏切ることはできない。彼らは自分自身しか裏切ることはできない。それは私に影響を及ぼさない。それは彼らの人生に影響を及ぼすだけだろう。彼らは再び自分たちの籠の中に入って、「自由、自由！」と叫び始めるだろうし、扉は開いたままだろう。

第41章

危機の時は
まさに絶好の時だ

Times of crisis are just Golden

質問一

人々のマインドへの社会の支配力が崩壊し始める時、現在のような社会的危機の時代においては、ますます多くの人々が、狂気の中へマインドを落とす傾向があるように思われます。同様に、これは人々がマインドを超えて光明を得る可能性に目を向ける傾向と平行している、ということは真実でしょうか?

危機の時は、危険でもあり非常に重要でもある。生の新しい次元を探求する勇気が全くない人々にとっては危険だ。彼らは、違う種類の狂気の中に崩壊せざるを得ない。彼らのマインドは、社会によって作られたからだ。今や社会が崩壊している。マインドは残ることができない。彼らのマインドの根は社会の中にある。それは常に社会によって育まれている。今、その育みが消えている。

社会が崩壊しているので、以前には決してそこになかった大きな訝り、疑いが個人の中に生じざるを得ない。そしてもし彼らが、社会が決めたどんな限度も決して越えたことがなく、常に尊敬されてきた立派な市民――言い換えれば、ただ平凡な――まさに従順な人々であったなら、直ちに気が狂うだろう。彼らは自殺し始めるだろう、高層ビルから跳び始めるだろう――あるいは、たとえ彼らが生きるとしても、今や彼らには自分たちの生への状況を理解する手助けができるマインドがない。彼らは発達が遅れ、愚かに、馬鹿になるだろうし、統合失調症に、二人の人物に分裂するようになるかもしれない。またたは、たぶん群衆になるかもしれない。

危機の時において危険があるのは、社会が安定していて問題が全くなく、あらゆることが楽で、名誉を与えられ、尊敬されていた時を楽しんでいる人々においてだ。これらは精神の服従を楽しんだ人々であり、この人たちは受難者になろうとしている。それは簡単な算数だ。彼らは統合失調症になるだろう、神経症になるだろう。これらの言葉はたいした違いではない。

私はその定義を耳にした。ある精神分析学者が「統合失調症と神経症の違いは何ですか?」と尋ねられた。

すると精神分析学者は言った。

「統合失調症の人は、二足す二は五だと信じている。そして神経症の人は、二足す二は四であることを知っているが、二足す二は四であるという事実にくつろいでいない」

だからその違いは非常に微妙だ。両方とも困難な目に遭っている。

しかし危機の時は、途方もなく意義のある時だ――社会的な体面やその栄光に決して思い悩んだことがない大胆な魂の人々にとって、他人が自分をどう考えているのかを決して思い悩んだことがなく、自分が正しいと感じたことだけをしてきた人々にとって、ある意味で常に反逆的で個人主義的でいた人々にとって――。これらの人々にとって、危機の時はまさに絶好の時だ。なぜなら社会が崩壊しているからだ。今、それは誰も非難できない。それはそれ自身で非難され、呪われている。他の人たちに彼らは間違っていると言うことができない。社会それ自体が悪いということを証明している。そのすべての知恵がまさに愚かで、迷信的であることを証明している。

大胆な個人は、マインドを超えるためにこの機会を利用できる。今や社会が彼を邪魔することはできず、彼を妨げることはできないからだ。今、彼は自由だ。

それはほとんど、刑務所での状況に似ている――扉が開いていて、監視員が消えて、看守がどこにも見つからない時の刑務所だ。何らかのセンスがが、何らかの知性がある人々は、それを自由のために使うだろう。しかし、自由について考えられないほど奴隷にされた、監禁が彼らの我が家になった人たち、彼らは単にうろたえるだろう。「今日はどうなっているのだ？　監視員がいない？　看守がいない？　扉は開いている！　誰が我々の面倒を見るのだ？　誰が我々に食べ物を提供するのだ？」

奴隷状態が、魂そのものに浸透してしまった人々がいる。これらの人々は狂暴化するだろう。しかし常に刑務所を脱出できる瞬間を求めていた人々は、非常に幸福になるだろう。これこそが彼らが待っていた、そのために祈っていた時だった。彼らは、刑務所から開かれた空へ逃げるだろう。マインドを超えることは開かれた空へ、満天の星空へ、月や太陽へ、それの広大さへ入って行くことだ――。それはあなたのものになる。存在全体があなたのものになる。

マインドは小さな籠だ。だから、危機の瞬間は両方にある――それこそ、世界中で起こっていることだ。とても強烈なスピリチュアルな成長の探求は、瞑想の探求はこれまで一度もなかった。だが、とても多くの狂った状態もまた、これまで一度もなかった。両方が起こっているのは、現状がもはや強力ではないからだ。それは支配力を失った。

ガリレオが、聖書が言うのとは逆に、地球は太陽の周りを動いていることを発見した時、法王は彼に法廷に出廷することを求めた。多くの事がその日に起こった。一つの事は非常に重要だった。

ガリレオは尋ねた。「もし聖書の中で、一つの声明が間違っていると証明されたとして、それがどうかしたのですか？　それは、聖書全体が間違っていることを証明するものではありません。私は信心深いキリスト教徒で、実践的なキリスト教徒です。私は、もし一つの声明が間違いならそれは違ってくる、ということの意味がわかりません」

だが法王は「お前は理解していない」と言った。そして法王は正しかった。

法王は言った。「一つの声明が間違っていることが証明されたら、何千もの問題が生じるだろう。一つは、神は間違い得るということだ。そして神が一つの声明について間違っているなら、他の声明について、どんな確信があるだろう?」

宮殿からほんの一つの煉瓦を取り去るなら、宮殿全体は崩壊するかもしれない。

「私は許すことができない」と法王は言った。「聖書の中のどんな声明も、間違いであることを」

彼の論法は重要だ。今日、古いマインドや古い社会について、一つの事が間違っているだけではなく、とても多くの物事が間違っているので、それをまだ信じるためには絶対的な馬鹿が必要になる。

ほんの少し知性があるなら、古いマインドの一部であることは不可能だ。それは信頼性を失った。それも一つの場所においてではなく世界中で、だ。そこには異なる種類の古い伝統があるが、それらはすべて、実に多くの物事が間違っていることが科学的に証明される、という地点にやって来た。

あなたはそれを知って驚くだろう——。一人のジャイナ教の僧侶が、私に会うためにやって来た。彼は、人間は月に到着しなかったことを証明する実験室を作るために、数百万ルピーの寄付金を募っていた。彼は私の支援を望んでいた。それは、私は彼の実験室の主任であるべきだ、というものだ。彼は必要とされたどんな財源でも与えただろうが、どの人間も、月の上を踏まなかったということが証明されなければならなかった。

私は「なぜあなたは、それについてそんなに心配するのだ?」と言った。

彼は言った、「あなたは理解していない。ジャイナ教において、月は神であって惑星ではない。神の上を歩くことなどできない。そして彼らは神の上を歩いただけではない。彼らは地球上で研究するために、月から石やその他の物を持って来た。彼らは全世界を欺いていることが、証明されなければならない。これらの物はすべて彼らが地球から取ったものであり、彼らはそれらを戻した、ということを――。誰も月に行かなかった。誰もそこにいることはできない。さもなければ、ジャイナ教のすべての体系は崩壊するだろう」

私は言った、「ただ月は惑星であって、神ではないと証明するたった一つの事柄に対してか――?」。

彼は言った、「もし一つの事が間違っているなら、あらゆることが疑い深くなる。私たちには、どんな間違ったものも持つ余裕はない」

私は言った。「あなたはあまりにも遅れている！　多くの物事は間違っていることが、既に証明されてきた。あなたはあまり博識ではない。あなたは単に新聞を読んできただけで、人間が月に着陸したのは最近の出来事だから、あなたはそれをどう理解したらいいのかわからないのだ――さもなければ、科学は三百年で、すべての宗教が何世紀もの間信じてきた多くの事を破壊してきたのだ」

その男は、本当に途方もなく苦しんでいた。

そして私は言った。「僧侶であるあなたにとって、何かが間違っているか正しいかどうかはどうでもいい。あなたの探求は真実のため、平和と沈黙のためにある。そしてあなたはとても酷く取り乱している。あなたのまさにその苦悶は、あなた自身のマインドが打ち砕かれていることを示している。それはジャイナ教の経典や、ジャイナ教の伝統の問題ではない。あなたのマインドの問題だ。

あなたはこのすべてのお金を集めている。ジャイナ教の経典のためではなく、あなたの正気を保つために、だ。さもなければあなたは気が狂うだろう。あなたは自分の生涯を捧げてきた。そして今、あなたが礼拝してきた神が神ではなく、地球と同じくらい普通で、非常に貧しい、水もなく植物もなく、生命もないただの惑星であることにあなたは気づいている。打ち砕かれようとしているのは、あなたのマインドだ。あなたはどうやって、自分の生涯を説明するつもりなのだ――？」

これは多くの知性的な人々の状況だ。彼らも気が狂うことになる――あなたはそれを見ることができる。精神療法《サイコセラピー》や他のセラピーの研修所は、すばやく成長している。彼らは最も高給取りの人々で、人々は一回で数年間、精神分析を経験している。それどころか、人々は自慢し始めてきた――。女性たちのクラブで、あなたはそれを聞きに行くことができる。

そこの一人の女性はこう言うだろう。「あなたは何年、精神分析を受けたのですか？　たった七年？　私は十五年間精神分析を受けてきたのよ」

それは自慢するものになってしまった。

しかし精神分析を受けることは、単にあなたは気が違っているという意味だ。さもなければ、なぜあなたは治療を受けるのだろう？　そしてそれは広まっている。

しかし最も知的な人々は、何らかの道、何らかの方法、何らかの瞑想――ヨーガ、禅、スーフィズム、ハシディズムを見つけるために東洋に向かって急いでいる。どこかで誰かが、この危機的な段階を乗り越える方法を、伝統的なマインドを越えて、それでも中心に定まったままで、正気のままで、そして知的なままでいる方法を知っているに違いない。何千人もの人々が、東洋に向かって動いている。

それが非常におもしろいのは、何千人もの人々が東洋から科学、医学、工学、電子工学を学ぶために西洋へ来ていて、これらをすべて知っている人々は、静かに座って何もしない方法を、ただ学ぶために東洋に行っているからだ。

だがそれはすばらしい時だ。社会の支配力は失われている。そう、平凡な人たちは苦しむだろう。だが、とにかく彼らは楽しんでいなかった。彼らは本当に生きていなかった。彼らはただ単に偽善者でいただけだ。気が狂うことによって、少なくとも彼らは本物に、真正になる。彼らは何も失わないだろう。もちろん彼らは多くを得ないだろう――。

だが、マインドを超える人々は新しい人間を、新しいマインドを創造するだろう。そして新しいマインドについて覚えておくべき最も特別な事は、それは決して慣習にならない、それは絶えず新しくされる、ということだ。もしそれが慣習になるなら、それは同じ物であるだろう。

新しいマインドは絶えず新しく、毎日新しくならなければならないし、どんな予期しない経験に対しても、どんな予期しない真実に対しても受け入れる用意ができていなければならず、全く利用可能で、傷つきやすくならなければならない。それは途方もない興奮、大きなエクスタシー、大きな挑戦になるだろう。

だから私は、この危機が悪いとは思わない。それは良い。少数の人々は自分の仮面を失うだろうし、実際に彼らがそうであるものに、神経症的、統合失調症的になるだろうが、少なくとも彼らは真実になり、正直になるだろう。あなたは彼らが狂っていると思うかもしれない。彼らは狂っていない、彼らはただ単に、非常に大きな驚きの状態にいるだけだ。彼らはあまりにも、古いマインドを信じてきた。そしてそれは彼らを裏切った。

しかし最高の知性は、以前には知られていない高さに達するだろう。そして伝統的な世界においてさえ、ゴータマ・ブッダや荘子、またはピタゴラスのような人が可能なら、私たちは新しいマインドが作り出す雰囲気の中で、千倍以上の目覚めた人々、光明を得た人々が容易に可能になるだろうと思い浮かべることができる。

新しいマインドが広く行きわたることができるなら、生は光明を得る過程になり得る。

そして光明は、何か稀なもの、時たま非常に特別な誰かに起こるものにはならないだろう。それは、ごくたまに、本当に馬鹿な人物が取り逃すだけだ、というほど非常に普通の人間の経験になるだろう。

質問二

私は長い間、この質問をためらってきました。というのも、それが私の無意識のどん底に達するように思えて、それに繋がっているたくさんの恐怖があるからです。

この十五年間、私は自分のハートの領域で、どんな肉体的な説明もない様々な緊張を経験してきました。それは、鋭くて息が詰まるような数時間続く痛みから、わずかな圧迫感に変わり得ます。

私が愛し、和らぎ、手放す時、そして私が自分の身体と調和している時、それは消えます。それは私に与えられた名前に関係しているのでしょうか？　私は抑えているのでしょうか？

もしあなたが、いくらかの光をこれに投げかけることができたなら、私は感謝するでしょう。

問はプレムダからだ。そして彼の名前は、確かにその問題に関係している。

それは肉体的ではない。それは確かにくつろぎに、完全な和らぎに、自分自身を完全に忘れることに関係している。その瞬間にそれは消えるので、確かにそれは肉体的ではない。あなたはより多くの愛を与えることを、学ばなければならない。これはあなただけの問題ではない。様々な程度において、それはみんなの問題だ。

誰もが愛されることを望む。それは間違った始まりだ。

それが始まるのは、子供は、小さな子供は愛することができず、何も話せず、何もすることができず、何も与えることができないからだ。彼はただ得ることしかできない。小さな子供の愛の経験は、得ることに関するものだ。母親から得る、父親から得る、兄弟や姉妹から得る、客や見知らぬ者から得る。だが常に得ている。だから、彼の無意識に深く定着する最初の経験は、愛を得なければならない、ということだ。だが面倒な事が起こるのは、誰もが子供でいたことがあり、誰もが愛を得たいという同じ衝動を持っているからだ。誰も他の方法では誕生しない。だからすべての人たちは「愛をください」と求めているが、与える人は誰もいない。それは、他の人も同じ方法で育てられたからだ。

人はまさに、誕生の出来事が自分のマインドの変わらない優勢な状態に留まるべきではない、ということに用心深く、気づいていなければならない。「愛をください」と求めるよりも、愛を与え始めなさい。得ることを忘れて、ただ単に与えなさい。そして私はあなたに保証する、あなたは多くのものを得るだろう。だが得ることを考えないことだ。あなたは自分がそれを得ているかどうかを見るために、傍らによって、間接的でさえあってはならない。それだけで充分な妨害になるだろう。ただ単に与えなさい。それは愛を与えることはとても美しいので、愛を得ることがそれほど重要ではなくなるからだ。これは一つの秘密だ。

愛を与えることが本当に美しい体験であるのは、その時あなたは皇帝でいるからだ。愛を得ることは非常に小さな体験であり、それは乞食の体験だ。乞食であってはいけない。少なくとも愛に関する限り、皇帝でありなさい。それは、あなたの中にある無尽蔵の質だからだ。あなたは好きなだけ与え続けることができる。それは尽きるだろうとか、ある日突然「何てこった！　私にはもはや与えるためのどんな愛もない」と気づくだろうという心配は無用だ。

愛は量ではない。それは質だ。それも与えることで成長し、もしそれを保持するなら死んでしまうという特定の部類の質だ。もしあなたがそれに関してけちでいるなら、それは死ぬ。だから、本当に気前良くありなさい。

私は一定の質を持つある人に愛を与えるだろう、と言う誰かに惑わされてはいけない。それは本当にけちなマインドの考えだ。

あなたは、自分がとても多くを持っていることを理解していない――あなたは雨雲だ。雨雲はそれが雨を降らせるところを気にしない。岩の上であれ庭の中であれ、海の中であれ、それはどうでもいい。それはそれ自身から重荷を降ろしたい。その重荷を降ろすことは途方もない安堵だ。

そこで最初の秘密は、それを求めてはいけない、そして待ってはいけない、誰かが求めるなら与えるつもりだ、と考えてはいけない。それを与えなさい！

神智学運動の創立者ブラヴァツキー夫人は、その生涯で奇妙な習慣を持っていた。彼女は長生きで、世界中を旅し、世界的な運動を作った――。実のところ、他のどんな女性も人間の歴史全体でそれほど力強くなく、世界的に影響を及ぼさなかった。彼女は花の種で一杯の、たくさんのバッグをよく持っていた。彼女のすべての手荷物は、花の種以外の何物でもなかった。列車の窓側に座って、彼女は種を窓の外に投げ続けた。

すると人々は尋ねた。「あなたは何をしているのですか？　そんなに多くの不要な小荷物を持ち運んで、数千マイルもの間、それらの種を窓から投げ続けているとは」

彼女は言った。「これらは花の、美しい花の種です。夏が過ぎて雨が訪れる頃、これらの種は植物になるでしょう。すぐに数百万の花々になるでしょう。私はその路線を戻ることはないでしょうし、決してそれらを見ないでしょうけれど、何千人もの人々が見るでしょうし、何千人もの人々が良い香りを楽しむでしょう」

彼女は実際に、インドのほとんどすべての鉄道を花で一杯にした。人々は「あなたがそれらを二度と見ないのなら、あなたの喜びは何ですか?」と言った。

彼女は言った。「私の喜びは、とても多くの人々が喜んでくれることとです。私はケチではありません。私が人々を喜ばせ、幸せにさせることは何でもするでしょう。それは私の愛の一部です」

彼女は本当に人類を愛していて、彼女が正しいと感じたことをすべて行なった。

ただあなたの愛を誰にでも、見知らぬ人にも与えなさい。それは、あなたは非常に貴重な何かを、まさに援助の手を与えなければならない、それで充分だ、という問題ではない。二十四時間、あなたがすることは何でも愛をもって為されるべきであり、それであなたのハートの痛みは消えるだろう。そしてあなたがそれほどにも愛情深くなるため、人々はあなたを愛するだろう。それは自然な法則だ。あなたは自分が与えるものを得る。実のところ、あなたは自分が与えるより多くのものを得る。

与えることを学びなさい。そうすればあなたは、一度もあなたを見たことがなく、あなたを決して気にしたことがなかったとても多くの人々が、あなたを愛しつつあることに気づくだろう。

あなたの問題は、あなたは愛に満ちたハートを持っているが、ケチだったということだ。その愛はハートの重荷になった。ハートを開花させるというよりも、あなたはそれを貯め込んできたので、時たま、あなたが愛する瞬間にいる時、あなたはそれが消えていると感じるのだ。

だが、なぜ一つの瞬間なのだろうか？　なぜあらゆる瞬間ではないのだろう？　それは生きている存在の問題でさえない。あなたは愛情深い手で、この椅子に触れることができる。その事は対象物にではなく、あなたに依存している。

その時、あなたは大きなくつろぎと、重荷であるあなたの自己の大きな消滅に、そして全体の中へ溶けることに気づくだろう。

これは確かに非‐容易 *dis-ease* という言葉の文字通りの意味で、不健全 *disease* だ。それは病気ではないので、どんな医師もあなたを助けることはできない。それはただただ、もっと多くを与えたいという単なるあなたのハートの緊張状態だ。おそらくあなたは、他の人々より多くの愛を持っていて、おそらくより幸運でありながら、その幸運からあなた自身に大きな惨めさを作っているのだろう。あなたが誰に与えているのかを気にすることなく、それを分かち合いなさい、ただそれを与えなさい。そうすればあなたは、途方もない平和と沈黙を見つけるだろう。これはあなたの瞑想になるだろう。

人は多くの方向を通って瞑想に至ることができる。たぶんこれは、あなたの方向になろうとしている。

質問三

私が見つけるあなたの子供時代について本当に驚くべきことは、子供の頃のほとんどの私たちと違って、あなたの両親の現実についての解釈と、あなたの現実の体験はしばしば二つの異なるものだった、という内在的で卓越した理解をあなたが持っているように思えることです。あなたは私たちと全く変わらないことを強調されますが、それでもあなたの子供時代のこの様相だけは、あなたが最も独特な種類の知性を宿らせていることの充分すぎる証拠です。あなたがコメントされることに感謝します。

あらゆる子供は、自分が両親と違う方法で世界を見ていることを理解している。見ることに関する限り、それは絶対的に確かだ。彼の価値は違う。彼は浜辺で海の貝殻を集めるかもしれないが、両親は「それを捨てなさい。なぜ時間を浪費しているのだ？」と言うだろう。そして彼にとって、それらはとても美しかった。彼はその違いがわかる。彼は彼らの価値が違っているのを見ることができる。両親はお金を追い求めている。彼は蝶を集めたい。彼は、なぜあなたがお金にとても興味を持つのかがわからない。あなたはそれで何をしようとしているのだろう？　彼の両親は、彼がこれらの蝶で、またはこれらの花で何をしようとしているのかがわからない。

すべての子供はこれを、違いがあるということを知るようになる。唯一の問題は、彼が自分は正しいと主張することを恐れていることだ。彼に関する限り、彼は一人にしておくべきだ。それはほんの小さな勇気の問題であり、それもまた子供たちに欠けてはいない。しかし社会全体は、子供の中にある勇気のような美しい質さえ、非難されるような方法で管理している。

私は寺院で、石の彫像に進んで頭を垂れることはなかった。そして私は彼らに言った。

「あなた方が望むなら、あなた方は僕を強制できます。あなた方は僕より強い肉体的力を持っています。僕は小さい。あなた方は僕を強制できるけれど、それは醜い行為なのだと覚えていてください。それは僕の祈りにならないでしょうし、あなた方の祈りさえだめにするでしょう。なぜならあなた方は、肉体的に抵抗できない小さな子供に、暴力を加えているからです」

ある日、彼らが寺院の中で祈っていた間に、私は寺院の天辺に登った。そこは危険だった。ただ一年に一度だけ、ペンキ屋がそこに登ったものだったが、私はそのペンキ屋と、彼がうまく登る方法を見てきた。彼は踏み段として釘を後部に刺していた。私は彼の後について行き、そして私は寺院の天辺に座っていた。彼らは外へ出て来た時、そこに座っている私を見て言った。

「君はそこで何をしているのだ？　そもそも、君は自殺したいのか？」

私は言った。「いいえ、もしあなた方が僕を強制するなら、僕は自分の能力内にあるどんなことでもできる、ということを、ただあなた方に警告したいだけです。これが、あなた方は僕に何も強制できないことをあなた方に思い出させるための答えです」

彼らは私に求めた。「静かにしなさい。誰かが君を下に降ろすように手配しよう」

私は言った。「心配しないでください。上がることができるなら、降りることもできます」

彼らはそれらの釘について、何も知らなかった。私は特にペンキ屋を、どうやって彼はうまくやりこなすのかを見ていた。誰もがこの塗装工は本当にすごかったことに驚いていたからだ。彼はすべての寺院にペンキを塗っていた。

私が降りて来たので、彼らは言った。「私たちはどんなことについても、決して君を強制しない。だからそのような事をしないでくれ！　君は自殺する可能性があったのだぞ」

私は「その責任はあなた方にあったでしょう」と言った。

問題は、知性が子供の中にはないということではない。それは彼らが自分たちの自己主張を、それがあらゆる人に非難されるため、全く使わないということが問題なのだ。さて、誰もが私の家族を非難したのは、私が寺院の天辺に上がったからだ。それは彼らの神を超えることを意味する。それは彼らの神を侮辱していた。そして私は言った。

「もしペンキ屋が行けるのなら――それに、ペンキ屋がイスラム教徒であると知っていますか？　僕は少なくとも、まだイスラム教徒ではありません」

私の父は、「お前はまだイスラム教徒ではないとは、どういう意味だ？」と言った。

私は言った。「正確に僕が言ったとおりです。あまりにも酷く僕を苦しめるなら、僕はイスラム教徒になることができます」

私は近くのモスクの僧侶に、「僕をイスラム教に快く加入させて頂けますか？」と頼みさえした。

彼は言った。「君は入門したいのか？　君の両親は――。町で面倒な事が起こるだろう」

私は言った。「心配しなくていいです。なぜならあなたは僕を強制していませんから。僕はイスラム教を受け入れています。僕はモスクの前で立ち、両親と町全体に僕が強制されていないことを言います」

彼は言った。「これは危険だ。それは都市に暴動を引き起こすかもしれないし、少数の人々は殺されるかもしれないぞ」

私は言った。「心配しないでください。僕はイスラム教徒になるつもりはありません。ちょっと覚えていてください。もし僕の父親があなたに尋ねるなら、あなたは彼に『はい、彼はやって来ました。彼がイスラム教徒になりたいのなら、私たちは断ることができません』と言うのです。僕は行くつもりはありません。でもあなたは、これくらいのことを彼に言わなければなりません」

それから私の父親は彼に、「彼はあなたのところに来ましたか？」と尋ねた。

彼は言った。「彼は来ました。そして彼は強く主張しています」

私の父親は「彼を放っておくほうがいい！」と言った。

彼らは家族会議を催した。「彼を放っておきなさい。彼は本当に危険だ。もし彼がイスラム教徒になるなら、私たちはすべての都市から非難されるだろう。そして彼は本当に行って、強く主張している、『もし僕を強制するような何かが再び起こるなら、僕は自分の宗教を変えるつもりだ』と」

それは最終的なものだった——！　彼らは黙ったままでいて、決して私に寺院に来るようにとは言わなかった。私は決して寺院に行かなかった。ゆっくりと彼らは一つの事を学んだ、私は危険ではない、ただ、私を窮地に追い込むべきではない、ということを。

それぞれの子供は、自己主張が強くなければならない、それが唯一の事だ。そして失うべき何がそこにあるだろう？　だが子供たちはとても依存している。そして私は、彼らがそんなに依存しなければならないことがわからない。彼らは何度も私に、「私たちはお前に食事を与えるのを止めるだろう」と言った。

私は言った。「そうしていいですよ。僕は乞食を始めることができます、まさにこの都市で。僕は生き残らなければなりません。僕は何かをしなければなりません。あなたは僕に食事を与えるのを止めることができるけれど、僕が乞食になることを防ぐことはできません。乞食はあらゆる人の生得権です」

そこにはどんな知性の違いもないが、私は自己主張の強さの違いを見る。それは従順な子供が尊ばれているからだ。

私の家族の中で、何人かの客がそこにいた時は、私の他の兄弟が呼ばれた。私の叔父は、「彼は最高のクラスに至りました。彼はこれに至りました。彼はこれをしました——」と言った。

そして私は、自分自身をこう紹介した。「僕は何もしてきませんでした。そしてこれらの人々はみんな、僕をどうするべきかということで、ただ途方に暮れています。彼らは決して僕をあなたに紹介したくなかったので、僕は自分で自己紹介するべきだと思いました！」

これが起こった——。一人の議員が家を訪ねた。彼は私の父の友人だった。彼らはみんなを紹介していたが、私は呼ばれなかった。私は単に無視された。

私が入って来て自分を彼に紹介した時、彼は言った。

「しかし、これは奇妙だね。誰もあなたを呼ばなかったではないか」

私は言った。「何も奇妙なことはありません。これらはみんな従順な人々です。僕は従順ではありません。そしてあなたはすぐに、不従順の味を感じるでしょう」

すると私の父は言った。「彼を放っておきなさい。なぜ彼はその味を感じなければならないのだ？」

私は言った。「彼は僕の学校で話すことになります」

私は九番目のクラスにいた。

「彼は僕の高校で演説することになり、僕は面倒な事を引き起こすことになるでしょう。僕はただ、自分が質問しようとしていることを、彼に前もって知らせているだけです。そして彼は、自分が偉大な演説者であり議会人であるから、僕はこれらの事柄に感銘を受けるだろう、と考えないほうがいいです。何も僕に感銘を与えることはありません」

私の父は彼に告げた。「彼に用心していなさい。彼は何かを、あなたが答えられないことを尋ねるでしょう。彼は絶えず私たちを悩ましているからです。彼はあなたが答えられることは、決して何も尋ねないでしょう。そして彼にはそれを見つける能力があります――どうやって彼がそれを見つけるのか、私たちにはわかりません。彼はあなたが答えられない質問をし、あなたが数百人の人々に話している演説会で、彼はあなたを馬鹿みたいにさせることができます」

その人は、本当に恐れるようになった。彼はただ、私がどんな面倒事も引き起こさないように説き伏せるために「もし君が私と一緒に、車で来るならいいだろう」と私に求めた。

私は言った。「何も助けにならないでしょう。僕はあなたの車で入ることができますが、それは校長や先生が、そして学校中が全く衝撃を受けるでしょう。しかし、僕にどんな賄賂も与える方法はありません」

彼は「君はとても強く見える――この年齢で？」と言った。

私は言った。「僕は強くありません。僕は単に簡単な質問をして、それらの答えを望んでいるだけです。あなたが学校へ講演をしに来る時、僕はあなたに二、三の事を尋ねるあらゆる権利があります。あなたはひんぱんに議会で尋ねています。僕は毎日新聞であなたの名前を、総理大臣への、この大臣やその大臣への質問を見ます。あなたは小さな子供を、そんなに恐れるべきではありません。僕が何を尋ねるというのですか？」

しかし彼は言った。「君のお父さんはとても恐れている。そして私たちは同僚であり、一緒に学んだものだ。私は彼の判断を信頼する。そして君は危険なようにも見える」

私たちは学校に行った。彼は話し始めた。私は立ち上がって彼に尋ねた。

「正直になってみんなに話してください。なぜあなたは、車に僕を連れ込んだのですか？　ただ誠実であってください！」

そして彼は言った。「君のお父さんは正しかった。君は答えられない質問をする」

私は言った。「これは単純な質問です。もしあなたがそれに答えられないなら、僕が答えてもいいですよ。あなたは答えを知っています、僕は答えを知っています。僕は他のみんなにも、答えを知ってほしいと思います」

校長はこう言ってその場を収めようとした。「座りなさい。彼は私たちの客であり、多くの人は補助金や何やらを彼に頼っているのだ――」

私は言った。「それは僕の知ったことではありません。僕はこの学校の校長ではなく、ただの学生です。

そして僕は、あまり複雑な質問や、国または何かの安全にとって危険な質問は何もしていません。僕はただ彼に、なぜ彼が車の中に僕を連れ込んだのかを尋ねているだけです。もし彼が誠実にそれを受け入れるなら、僕は別の質問をしないでしょう」

彼は言った。「申し訳ありませんが、それは本当です。彼が言うことは正しいです。それは賄賂でした。私は、私の車に座れば彼は快適だろうし、彼は私を悩まさないだろうと考えました」

しかし彼は、そのような小さな事を言ってとてもきまりが悪く見えた。私が家に戻った時、父は「お前は、何か面倒な事を引き起こしたのか?」と言った。

私は言った。「僕はどんな面倒な事も引き起こさなかったよ。彼自身がそれを引き起こしたのだ。彼は僕に、自分の車に座るように求めた。僕は自分で学校まで歩いていた。彼が面倒な事を引き起こしたんだよ」

それぞれの子供は、もし勇敢であるように両親に支援されるなら、自分の価値は違う、自分の見方は違う、ということをはっきりさせるための知性がある。だが誰も支援しない。誰もが子供を抑圧しようとする。あなたがはっきりさせることができる唯一の違いは、そこにある——。私にとって抑圧的だったものは何でも挑戦だった。その時私は、何かをするように挑発させられた。そして彼らは教訓を学ばなければならなかった。

だから次回は、私が最初に紹介されるために呼ばれた者になった。彼らは私が自分で自分を紹介すると、より面倒な事になるだろうと知っていたからだ。私を紹介するほうがましだった。だが彼らには、私について言うことが何もなかった。私についてどう言ったらいいだろう?

それで私は彼らに話した。

「あなた方は真実を正確に言えばいいです。『彼は従順ではない。彼は問題児だ。彼は家族に対して、近所の人たちに対して、町全体に対して、先生や学生たちに対して、絶え間なく面倒事を引き起こしている。そして私たちは一日中、やって来る苦情を聞くことにうんざりしている――』

僕の性分を率直に紹介すればいいのです。僕が恐れていないのに、なぜあなた方はそんなに恐れているのですか？　これらは本当の事です」

私が恐れる代わりに、私の家族全体が私を恐れるという状況が生じた。それぞれの子供はそれをすることができる――ほんの小さな勇気で。

ある日私の父は、「お前は夜九時前に家に帰らなければならない」と言った。

私は「もし僕が戻らないなら、その時は？」と言った。

彼は「その時は扉は開いていないだろう」と言った。

私は言った。「それなら扉を閉めたままにすればいい。僕は扉を叩くことさえしないだろう。それに僕は九時前に戻るつもりはない。僕は外に座り、誰にでも言うだろう！　通り過ぎる人は誰でも『なぜこんな寒い夜に暗闇で座っているのだ？』と尋ねるだろう。そして僕は彼らに言うだろう、『こういう事情になっています――』と」

彼は「それはお前が私に対して、面倒な事を引き起こすことになる」と言った。

私は言った。「僕はそれを引き起こしていない。あなたがこの命令をしている。僕はそれについて一度も考えたことがないが、あなたが『九時が門限だ』と言う時、僕は九時前に戻ることはできない。それはただ単に、僕の知性に逆らっている。そして僕は何もしていない。僕はただ外で座るだろう。そしてもし誰かが、『君はなぜ座っているのだ？』と尋ねるなら――。そして誰でも尋ねようとする。もし道に座っているなら、通りすがりの誰もが『なぜ君は、こんな寒いところで座っているのだ？』と尋ねようとする。その時僕は、『こういう事情になっています――』と説明しなければならない」

彼は言った。「その門限については忘れてくれ。お前は好きな時に戻ればいい」

そして私は言った。「僕はノックするつもりはない。扉は開いたままにしなければなりません。なぜ扉を閉めなければならないのです？　ただ僕を悩ますために？　扉を閉める理由は全くない」

インドの私の地域では、町は十二時まで起きている。それはとても暑いので、十二時以降からしか町は涼しくなり始めないからだ。だから人々は起きたまま、働き続ける。日中はとても熱いので、彼らは日中に休み、夜に働くことができる。私は言った。

「あなたが中で座って働いている時、扉を閉める理由は全くない。扉を開けたままにしてください。なぜ僕はノックしなければならないのだろう？」

彼は言った。「わかった、扉は開けたままにしよう。みんなが九時前に戻るので、お前に『九時前に戻りなさい』と言ったのは私の過ちだった」

私は言った。「僕はみんなではない。彼らにとって九時前に戻ることが適当なら、戻ればいい。もしそれが僕にとって適当なら、僕は戻るだろう。でも僕の自由を止めないでほしい。僕の個性を壊さないでほしい。ただ僕に、自分自身であるようにさせてほしい」

それは力を持っている人々に対して、あなた自身を主張するという単純な問題だ。だがあなたには、彼らに使える微妙な力がある。たとえば、もし私が「私はただ単に道に座るだろう」と言ったら、私も力を使っている。私が寺院の天辺に座っているなら、私も力を使っている。もし彼らが私を脅迫できるなら、私も彼らを脅迫できる。しかし子供たちは、簡単にただ立派な人であることに、ただ従順であることに、ただ正しい道の上にいることに歩調を合わせる。そして正しい道とは、彼らの両親が彼らに示しているものを意味している。

あなたは正しい。私は少し違っていた。しかし私は、それが何か優れているものであるとは思わない。単なるほんのわずかな違いに過ぎない。そして一度私がその技《アート》を学んだなら、私はそれを洗練させた。いったん私が力を持つ人々と、それもあなたにはない力を持つ人々と戦う方法を知ったら、私はそれを洗練させ、うまく完璧にやりこなした。私は常に何らかの方法を見つけ出した。そして彼らが常に驚いたのは、「さて、彼はこれに対して何もすることができない」と思っていたからだ。彼らは常に、合理的に考えていたからだ。

私には道理への帰依はない。

私の帰依は基本的に自由に向けられている。

どんな手段によって達成されるかは問題ではない。あらゆる手段は、もしそれがあなたに自由を、あなたに個人性をもたらし、そしてあなたが奴隷にされないなら良いものだ。子供には、全くどんな考えもない。彼らは自分の両親が自分のために、あらゆる良いことをしていると考える。

私は常にそれを彼らにはっきりさせた。「僕はあなたの意思を疑ってはいないし、あなたが僕の意思を疑っていないことも望んでいる。でもそこには、僕たちの意見が合わないものがある。あなたは僕があなたに関するあらゆることに、合意するのを望んでいるのだろうか？　あなたが正しいか間違っているかどうかにもかかわらず？　あなたは自分が正しいことを、絶対的に確信しているのだろうか？　もしあなたがそれほど絶対的に確信していないなら、自分で決定する自由を僕に与えてほしい。少なくとも僕は、自分自身の決定で間違うという喜びを持ち、あなたに罪悪感や責任を感じさせないだろう」

ただ人は、一つのことに用心深くなければならない。あなたの両親が何を言おうとも、彼らはすることができない——彼らはあなたを傷つけることはできない、あなたを殺すことはできない。彼らはあなたを脅迫できるだけだ。いったんあなたが、彼らはあなたを脅迫できるだけだと知るなら、彼らの脅迫はどんな違いも生じさせない。あなたも彼らを脅迫できる。自分がしたいことを選ぶあなたの権利を、彼らは受け入れなければならない、という方法で彼らを脅迫できる。

私はそれを彼らに対して、完全にはっきりさせた。

「もしあなたが、自分の言うことは正しい、と僕に納得させられるなら、僕はそれをするだろう。だが僕に納得させられないなら、どうか押し付けないでほしい。その時あなたは僕に、ファシズム信奉者であることを教えているのだ。あなたは僕が解放された人であるように助けているのではなく、投獄された誰かであるように助けている」

だからそこに違いはあるが、特別なものや優れているものは何もない。そして子供は教えることができる。彼らはみんな同じことができる。私はそれさえも、自分の子供時代に試したからだ。

学生たちは困惑していた。私は教師たちを悩まし、校長を悩ましたが、それでも彼らは私に対して何もできなかった。そして彼らは間違った何かをして、すぐに面倒な目に遭っていた。彼らは私に尋ね始めた。「その秘密は何だ?」

私は言った。「秘密はありません。あなたは自分が正しいことを、そしてあなたにはそれを支持する理由があることを、非常にはっきりさせなければなりません。それなら誰であれ、あなたに反対する人がわかるでしょう。彼が教師であるか校長であるかどうかは重要ではありません」

私の教師の一人は非常に怒って校長室へ入って行き、私の無作法さに対して、私に十ルピーの罰金を科した。私はただ彼の後ろをついて行き、彼が私に罰金を科していた間、彼のそばに立っていた。彼がそこを離れた時、同じペンを持って私は彼の無作法に二十ルピーの罰金を彼に科した。

彼は言った。「君は何をしているのだ？　その用紙は教師が学生に罰金を科すためのものだぞ」

私は尋ねた。「それはどこに書かれているのですか？　この用紙の中には、教師だけが学生に罰金を科すことができるということはどこにも書かれていません。私はこの用紙は誰であれ、無作法な人に対して罰金を科すためのものであると思います。もしそれが書かれてある所が他のどこかにあるなら、私はそれを見たいですね」

そうこうしているうちに校長が入って来た。彼は「用件は何だ？」と言った。するとその教師は「彼は用紙を台無しにしました。彼は無作法さに対する二十ルピーの罰金を、私に科しました」と言った。

校長は「それは正しくない」と言った。

私は言った。「あなたは、たとえ教師が無作法に振る舞っていても、どの学生も教師に罰金を科すことはできない、と書かれた文書を持っていますか？」

校長は言った。「これは難しい問題だ。私たちはどんな文書も持っていなくて、教師を罰するのはただ会議だけだ」

私は言った。「それは変えられなければなりません。処罰は完全に正しくても、それは一方的であってはいけません。もしこの人が二十ルピーを支払うなら、私はその十ルピーを支払うでしょう」

校長が彼に二十ルピーを要求できなかったので、彼は私にその十ルピーを要求できなかった。そして罰金はまだそこにある！　数年後に私が学校を訪れた時、彼は私に示した。「君の罰金はまだそこにある」

私は「他の学生たちが知るように、それをそこに置いていてください」と言った。

人は、方法をただ見つけなければならない――！

だから何らかの違いはあるに違いないが、それは優れているということではない。それはただあなたの勇気を、あなたの知性を使う、そして危険を冒すという問題だ。何が危険だろう？　それらの人々は何を破壊できただろうか？　せいぜい彼らは、自分たちのクラスで私を落第させることはできたが、それについて彼らは恐れていた。それは私が翌年再び、彼らのクラスにいるだろうという意味になるからだ！　だからそれは私にとって本当に都合がよかった。彼らはできるだけ速やかに、私を追い払いたかった。学生を落第させることは、教師の手にある唯一の力だった。

私はそれをあらゆる教師たちにはっきりさせた。

「あなたは私を落第させられるが、全く問題ではありません。私がクラスを二年で、または三年で過すかどうかは問題ではありません。このすべての生はとても無用なものです。どこかで私は自分の生を過さなければなりません。私はこの学校で自分の生涯を過すことができますが、私はあなた方の生を地獄にするでしょう。なぜならいったん落第の恐れが消えたら、私は何でもできるからです」

だから私に反対だった教師たちでさえ、私がもう彼らにとって重荷ではないように、ただ私が別のクラスへ移るのを助けるために、必要以上の多くの点数を私に与えていた。

もし両親が本当に子供たちを愛しているなら、彼らは子供たちが勇敢であるように、彼ら自身に対してさえ勇敢であるように助けるだろう。彼らは子供たちの個性を破滅しようとしている教師たちに対して、社会に対して、誰に対しても勇敢であるように助けるだろう。

それこそが私が意味していることだ。新しいマインドはこれらの異なる質を持つだろう。新しいマインドと新しい人間の下に誕生した子供たちは、彼らが何世紀にも渡って扱われてきた方法では扱われないだろう。彼らは自分自身であるように、自己主張的であるように、自尊心を持てるように勇気づけられるだろう。それは生のすべての質を変えるだろう。それはより輝いていて、より生き生きしていて、より生気に満ちているだろう。

第42章

誰もが満ち足りている

Everybody is Enough

質問一

あなたと共にここに在るという贈り物は、それに値しないという感覚で曇らされます。それが私を悩ませるのは、私がそうあり得たほど、あなたの役に立っているようには感じないからです。

これを解消するのを助けていただけますか？

それは理解すべき非常に本質的な何かだ。つまり、本当にそれに値する人々は常にそれに値しないと感じ、本当にそれに値しない人々は決してそれを感じない、ということだ。それを感じないことがそれに値しないことの一部であり、それを感じることはそれに値することの一部だ。

質問はキルタンからだ。

人がそれを感じるのは良いことだ。それに値しないことへの限界は全くないからだ。あなたは自分が望むだけ高く行くことができる。それはちょうど空のようなものだ。それを感じることは、エゴが力を失っているということだ。エゴは決して、それに値しないとは感じない。エゴは、他のあらゆる人はそれに値せず、ただそのエゴだけがそれに値するのを証明したいと思う。新しい生を誕生させることができるのは、それに値しないと苦痛を感じる謙虚さだ。

だから、それを問題として受け取ってはいけない。それを恩恵として受け入れなさい。エゴを完全に分解させなさい。それは値しないという感覚に耐えられない。

生において、奇妙な方法で機能するわずかなものがある。本物の愛する人は、自分がそうすべきだと思うほど愛しているとは決して感じない。彼は常に、それ以上の何かができる、よりよい何かができると感じている。これらの感情は、本物の愛の一部だ。

そして偽善的な愛する人は、常に自分が世界で最も立派な愛する人であると感じている。彼は偽者であり、彼には愛が全くない。そのため、それ以上のことができるという感覚は、彼の中に生じない。それどころか彼は、相手が充分愛していないことを証明しようとするだろう。

ある意味において、生は非常に単純で、別の意味においては非常に複雑だ。それを額面通りに受け取ってはいけない。途上で、それに値しないと感じることは完全に良い。それは謙虚さ、エゴの無い状態、感謝、無自己の状態を作り出すだろう。そしていったんあなたが、この値しないという感覚は生の最も美しい贈り物の一つであるということを理解したなら、いったんそれを楽しみ始めたら、それはより多くの神秘の扉を開き続ける。あるポイントが、あなたが消える時に生じる。そしてあなたの消滅と共に、それに値しないことも消滅する。なぜならそれは、あなたなしでしがみつくことはできないからだ。

だから宗教的な現象として、あなたの瞑想の一部として、それを保持し続けなさい。そうすればそれはあなたを適切な場所に、あなたの自己の最後の痕跡が消えるところに導くだろう。それと共に、値しないこともまた消える。それは、あなたがそれに値すると感じ始めるという意味ではない。それはただ単に、値することや値しないことというものは的外れになる、という意味だ。あなたは両方を超える。

だから、あなたに起こっていることは完全に正しい。その中に深く入りなさい。そして楽しみ続けなさい——「私は値しない」という悲しさを持たずに。その悲しさは邪魔をする——それを解決しなければならない問題として受け取ってはいけない。違う。解決する必要はない。それは解消されなければならないが、その解消はあなたの手中にはない。それが円熟に達する時、それ自身を解消する。そして人が価値という見地から考えない時、その人は、あなたを取り囲む広大な在ることの一部になる。

そこには無数の花々がある。どの花も無価値に感じていない。それはただの草花であるかもしれない。だが蓮もまた、価値があるとは感じていない。それらの性質が自然の中に存在しないのは、エゴが存在しないからだ。私たちのすべての問題は、何かにつけてエゴと関係している。

もしあなたがそれに値すると感じていたなら、危険だっただろう。それはエゴに食べ物を与え、エゴを助長するだろう。だがあなたは値しないと感じている。それは深く入って行くためには完全に正しい。

質問二

私は先日の朝の講話で、信じられませんが私は催眠状態から覚めた、私はまさにそれがわかった、ということをとても明白に認識しました。そのプロセスは十年前、私があなたの声を聞いた瞬間に始まりました。今日、私は何かのすぐそばにいるように感じました。

あなたは「三つ数えなさい。するとあなたは目覚めるだろう」と言いました。

私が信じられないのは、どれほど深く私たちが催眠に反対するようにプログラムされているのか、そしていったいどのようにしてあなたは、実際には催眠が地上で最も大きな贈り物である時に、人々が「OSHOはあなたたに催眠をかけてきた」と言う時、私たちがそれは侮辱だとさえ思うほどのものを、そんなに穏やかに私たちにそれを指し示してきたのか、ということです。

あなたの忍耐、輝き、慈悲、支配、そして知恵は、不変の畏敬をもって私を虜にします。

私は本当に「カヴィーシャ、ワン――ツー――スリー！」と言おうとしていた。しかし私は「他のみんなの前で、カヴィーシャを催眠状態から覚ますことは失礼だ！」と考えたので、黙ったままでいた。

だがとにかく、彼女はそれを聞いた。

彼女が言うことは全く真実だ。私があなたに話すことには、役立つことを話すとか、教え込むというような普通の目的はない。それは私の話の目的ではない。私にはどんな主義もない。私の話は本当に催眠状態から覚ますことのプロセスだ。ただ私に耳を傾けることで、ゆっくりゆっくりと、社会があなたに信じるように強制したすべてのプログラムから自由になるだろう。

ただ開いたハートで聞くことによって、感謝をもって受け取ることで、それは必ず起こる。

催眠術師たちはいたが、誰もこれまで催眠状態から覚めるための技法として、催眠自体を話そうとはしなかった。それはあなたの中で、音楽になることができる。それはあなたをくつろがせることができ、沈黙させることができて、あなたのハートに新しいリズムを、私の存在の新たな感覚を、現実についての新たな知覚を与えることができる。

そして私は何かについて話しているかもしれないが、これらの事柄について話していることが問題なのではない。これらは副産物だ。私はAやB、またはCについて話しているかもしれない。それは催眠状態から覚めることとは完全に無関係だ。問題はあなたが聞く方法だ。もしそれが正しいなら、私が言うことは何でも、あなたの存在をすっかりくつろがせるだろうし、次第にあなたの条件付けは分裂し始めるだろう。

そして私はこの方法で、それをやりたいと思う。私はあなたに催眠をかけたくない。それはまず、あなたを無意識にさせるための手段だ。その方法なら、あなたを無意識にさせる必要はない。あなたはより油断しなくなり、より意識的になる。あなたは私に耳を傾けるために意識的になり、油断しなくなっている。しかし、私の目的は何かを教えることではなく、あなたが自分の中の超意識に触れ始めることができるように、あなたを意識的にさせ、油断しないようにさせるために、方便として教えを使うことにある。

そして超意識から、より高い催眠の質が生じる。

普通の催眠方法は、危険なものであり得る。あなたは無意識であるため、あなた自身に反して、あなたを利用し得る人の手中にあることが可能になる。あなたは自分の正常な意識よりも良い状態にいなくなる。

誰もこれまで、あなたが超意識になるのを助けるために話すということを使ってこなかったので、私はあなたに、「これを落としなさい、あれを落としなさい」と言う必要はない。私はあなたに催眠後の提言を与える必要はない。

あらゆることは、今とここで起こるだろう。それはあなたの充分に油断していない状態で起こるだろう。だからあなたは利用されないし、誤用され得ない。搾取されることはない。

催眠が非難されるようになったのは、人々がそれを搾取し始めたからだ。あなたと同じくらい無意識な誰かが、催眠のテクニックを使うことができる。だから非難されるようになった。さもなければ、あなたを瞑想に向けて助けることができるそのような美しい現象は、非難されなかっただろう。

私のやり方は誤用され得ない。人々があなたに、あなたは催眠をかけられていると言う時、傷つけられたと感じてはいけない。彼らにこう言いなさい。

「そうだ、私たちは目覚めるために催眠をかけられている。超意識に入るために催眠をかけられている。私たちはより低い精神の領域に入るためではなく、より高い超意識の、または集合的な超意識へ行くために催眠をかけられているのだ」

そして最終的に、もしあなたが何もしないで、ただただ私の言うことを聞き続けるなら、宇宙意識はあなたの体験になろうとする。

だが、私は以前に一度もそれを言ったことがなく、それで人々は常に疑ってきた。もし私に宗教がなく、主義がなく、教えがないなら、なぜ私は人々に話し続けるのだろう？　私は彼らに話すことができなかった。彼らは理解しなかっただろう。ただ超意識のくつろぎを体験する人々だけが、その要点を見ることができるだろう。それから、確かにカヴィーシャが言うように、彼らは、どれだけ長く私が待ってきたかを、そしてどれほど長く私は忍耐強くあったか、そしてどれほど私は私と関係がない事のために非難されてきたかを理解するだろう。だが私が黙ったままでいたのは、それが私を悩まさないからだ。私が関心を持つ唯一の事は、私の人々は私が身体から去る前に、彼らが落ちることのできない状態に達するべきだ、ということだ。

私はあなたに、それ以上に貴重な何かを与えることはできない。

質問三

私たちサニヤシンは、どのようにしてお互いに最もうまく関わり合ったらいいのでしょうか？

私たちは独特な個人という非常に驚くべき分類のもので、みんな自分自身であることと、社会の負担を避けることを決心した者たちです。それでも私たちは、みんな共通の織り糸である愛——私たちのあなたへの愛によって結ばれています。そして私たちは、みんなあなたの中に溶け入ることができる瞬間を、私たちが最終的に我が家に帰ることができる瞬間を切望しています。

それは難しくない。ただ個である人たちだけが、関わることができる。人格者にはそれはできない。人格者は影に似ている。彼らは出会うことができない。彼らは没入することができない。それは彼らが存在していないからだ。人格者は偽者だ。だから全世界で人々は愛について語っているが、愛は全くないわけだ。彼らは友情について話しているが、友情は全くない。信頼について話すことさえ――。だがそのためには、途方もなく強力な個性が必要だ。人格者は信頼することができない。彼らはいつも恐れている、彼らの真実が暴露されるかもしれない、知られるかもしれないと恐れている。

私の人々に関する限り、問題は全くない。それは個であることのために戦うという問題ではない。私はあなたを個である者と宣言するので、『個であることを守らなければならない』という問題にはならない。あなたは交際して一緒にいることができ、友人であることができ、恋人であることができる。あなたは一緒に働くことができる。あなたはどんな恐怖もなしに、お互いの下で働くことができる。なぜならあなたは人格を落としたからだ。それが常に恐れていたものだ。今、あなたには恐れなしの、硬い岩のような個であることがある。

私はディオゲネスの話を、彼が四人の盗人たちに捕まえられた話をあなたにしてきた。

彼らは奴隷市場で彼を売りたかった。彼らは、とても美しくて健康な個人を見つけて非常に喜んでいた。最初彼らは恐れていて、ディオゲネスが座っていた所の近くの木の後ろに隠れていて、「奴一人なら俺たち四人をみんな始末するには充分だ!」と考えていた。彼は強い男だった。

ディオゲネスは、彼らの呟きを聞いていた。

「どうしたらいい? 俺たちは四人だが、奴一人で充分でいる――」

ついにディオゲネスは「悩まなくていい――ただここに来て、あなた方が望む所へ私を連れて行きなさい」と言った。

彼らはとても恐れていた。こいつは何という種類の男だ？

彼らは言った。「俺たちは盗人で、お前を奴隷市場に連れて行きたいのだ。なぜならお前のために、誰もこれまでに得たことがない最高の報酬を得られるからだ。俺たちはいつもはお前のような個性的で、美しくて、均整が取れていて、力強い奴隷を見つけることができない」

ディオゲネスは、「心配しなくていい」と言った。彼らは彼を縛ろうとし始めた。彼は、「止めなさい、私を縛る必要はない。私の後ろについて来なさい、私はその道を知っている」と言った。

彼らは信じられなかった。その男は狂っているのか、それとも何なのだ？　そして彼は奴隷市場の方に移動し始めた。そして途中で彼らを見た誰もが、彼が主人であり、彼らはその奴隷だと思った。その四人の貧しい盗人たちは、とても恐れていた。

「この男は何でもできる。俺たちは、不要にこの男に振り回されてしまった！」

そしてこれこそが、彼がしたことだ。彼はあらゆる買手が奴隷たちを見ることができるように、彼らが立たなければならない台の上に立ち、買手たちを見て回り、そして叫んだ。

「聞け、ここにいるお前たちはみんな奴隷だ！　初めて、主人が売りに出される。もしお前たちの誰か一人にでも度胸があるなら、私を買うことができる。そしてこれらの貧しい者たち、四人の者たちがわかるだろう、彼らにはお金が必要だ。そして私がどこにいるかは、私にとってはどうでもいい。私の個であることを壊すことはできない」

そこには大きな沈黙があった。市場全体は全く静かになった。なぜなら彼が、「主人が売りに出される」と言ったからだ。数人の奴隷を捜すために来た一人の王が興味を持ち、彼はどれだけの価格でも支払う用意ができていた。ディオゲネスは盗人たちに尋ねた。

「お前たちはいくら欲しいのだ？　ためらわずに、ただ要求しろ。お金を得て、そして失せろ！」

彼らはお金を得た。ディオゲネスが王と一緒に二輪戦車に座ると、王は言った。

「これは奇妙だ。あなたはそうするべきではない」

ディオゲネスは言った。「その貧しい者たちは困窮していました。そして私に関する限り、私はどこにいようとも自分自身のままでいます」

王でさえ恐れるようになった。それは二輪戦車には二人だけが乗っていて、その男はとても強かったからだ。彼は王の首をつかんで簡単に殺すことができた。

ディオゲネスは言った。「しかし心配しないでください。私はたった今あなたを殺すことができましたが、そうするつもりはありません。あなたはその四人の貧しい男たちを助けました。私はあなたと一緒に来て、私は奴隷として仕えるつもりです。なぜなら奴隷状態においてさえ、私の自由は手付かずのままだからです。私がそれを選んでいます。誰も私に課していません」

その違いがわかるだろうか？　課された奴隷だけが奴隷だ。受け入れられ、選ばれた奴隷は自由の最高の表現だ。その人は自分の存在に、自分の個であることを完全に確信しているので、その人は奴隷になることについてさえ心配していない。王は喜んだ。

彼は言った。「いや、私はあなたを奴隷にではなく、友人にするつもりだ。私が理解する限り、あなたはディオゲネスであるに違いない。私はその人について聞いたことがあり、多くのディオゲネスがいるはずはないと感じている。あなたはディオゲネスであるに違いない」

ディオゲネスは「そうです」と言い、彼は宮殿で王と一緒に、裸で、以前に彼自身のやり方で生きていたように暮らした。王は彼に言った。

「宮殿ではそれは奇妙に、きまりが悪く見える。あなたは服を着るべきだ」

ディオゲネスは言った。「それなら私を友人にしない方がいいです。あなたは私を奴隷にしています。もし友情が自由を許せないなら、どんな種類の友情ですか？　あなたは私を奴隷にしています。それだと何であれ、あなたが言うことを私はすることになるでしょう」

だが、王はその男を愛し始めた。彼の誠実さ、威信、力は人の心を惹きつけた。王は彼を解放し、そして言った。

「私はあなたを奴隷にすることはできないし、あなたを友人にできないことも知っている。宮殿で、裸で生活することは、他の王たちが来て滞在する時に常に問題になるだろう」

ディオゲネスは言った。「これはあなたの決定です。私は単なるあなたの奴隷です。あなたが私を自由にするのなら、それは完全にオーケーです。私は、四人の貧しい人々が助けられたことがうれしいのです。私は貧しい人々を助けるための素晴らしい方法を見つけました。もし時々、誰か貧しい人がいたなら、私は彼に『私を奴隷市場へ連れて行って私を売りなさい』と言うことができます」

私と共にここにいることで、あなたの個であることは受け入れられ、そう言明されている。だからあなたはこのように心配する必要がない——それは奪い取られるだろう、それは他の人たちに打ち砕かれ、誰かがあなたを奴隷にするかもしれない、あなたに何かをするように強いるかもしれない、と。

心配しなくていい。誰もあなたを強制することはできない。あなたには常に選択権がある。最終的に、あなたが決めることになる。そして私と一緒にいる人々が、彼らの間でどんな敵意も感じないように、ある程度決めるのはいいことだ。彼らは私を愛している。それは結ばれた織り糸だ。そこには組織はない。

それぞれのサニヤシンは私と個人的に繋がっている。私のサニヤシンだからという理由で——。私と結ばれている他のサニヤシンたちは、お互いを重んじることだ。私のそれぞれのサニヤシンたちは、ともかく私を象徴しているからだ。あなたの私への愛は、私の人々とも分かち合わなければならない。

質問四

催眠においてその人の問題は無意識のレベルで働きかけられ、それがはるかに短い時間でより多くの根拠となる部分を網羅できるという点で、この方法は精神療法《サイコセラピー》より勝っているとあなたが話したように、私は理解しています。

それはただ、無意識の内容が催眠にかけられている間に明るみに出ることだけが必要なのですか？それとも意識的なマインドを、完全にきれいにされるべきそれらの内容に気づかせる必要があるのでしょうか？

意識的なマインドを気づかせなければならない。さもなければ変化はないだろう。無意識のマインドの内容は、意識的なマインドによって抑圧される。その過程を逆にするためには、それらは意識的なマインドに戻されなければならないし、意識的なマインドは、それらを抑圧する代わりに表現しなければならない。

抑圧のために、それらは無意識の中に入ってしまった。表現の逆の過程がない限り、それらは残るだろう。それらは催眠術師にとって利用可能であり得るが、意識的なマインドはそれを知らない。意識的なマインドのために、それらはまだ抑圧されている。それらがあなたの存在から出て行くための方法は、ばならない。さもなければ閉じ込められたままだろう。

さに、あなたの正門のようなものだ。あなたは正門から入って来た。外へ出たいなら正門に行かなけれ

ンドから出て行く方法はない。まずそれは、意識的なマインドにやって来なければならない。それはま

無意識のマインドからの直接の扉は全くない。接触はされ得るが、どんな内容も、直接無意識のマイ

意識的なマインドを通してしかない。

あなたが無意識のマインドの中に深く入って行けば行くほど、その壁はより厚くなる。集合的無意識のマインドにはさらに厚い壁があり、宇宙的無意識のマインドはほとんど近づきがたい。そこに何が隠されているかを見つけ出すのは、催眠術師にとっても非常に難しい。初めて無意識のマインドの内容は意識的なマインドを通して解き放たれ、それらを意識的なマインドが認知するところに、認知だけでなく認識、受容、そして表現されるところに持って来られる。だから私は、それは証拠として記録されるべきだと言ったのだ。さもなければ意識的なマインドはそれを否定するだろう。

もしあなたが誰かに「あなたは自分の母親と結婚したがっている」と言うなら、意識的なマインドは簡単にそれを否定するだろう。「それはすべて馬鹿げている。あなたは何を言っているのだ？　私はそれについて一度も考えたことがない」

そして彼は正しい。彼はそれについて一度も考えたことがない。しかし母親は彼の人生において最初の女性であり、彼は彼女を愛していて、彼女の愛を得て以来、自分の父親に嫉妬してきた。

だからすべての社会は、あなたの父親を尊敬することを規律にしたのだ。それはただ嫉妬することと、尊敬しなくなるという自然な傾向を防ぐためのものだ。

そしてあらゆる社会は、あなたは自分の母親を愛したいと思うこと、それについて考えることさえ許

されないようにさせた。あなたは自分が全く狂っていると感じるだろう。だがあなたの幼年期には、それに憧れていた日があった。だんだんとあなたはそれを抑圧した。それは許され得なかった。

もし催眠術師が、この事柄はあなたの無意識にあると言っても、あなたは受け入れようとしない。だからそれは記録されるべきだ。それもその内容がそこにあることを、あなたが油断せずに明らかにさせられるように一度ではなく何度もだ。その時あなたはくつろいで、催眠術師からの情報を通さずに、その内容を直接、あなたの意識的なマインドに生じさせることができる。

わかるかね？　彼はあなたに話しているが、それは役立たないだろう。彼が話すことは一つの事しかできない。もし彼が、そのような内容があなたの無意識のマインドの中に存在していることをあなたに納得させることができて、あなたが自分の沈黙の中でそれを意識的なマインドへ明るみに出させるなら、そこからそれは解き放たれるだろう。あなたはそれが馬鹿げていることを、それには全く意味がないことを知る。

たぶん幼年期に、あなたはその欲望を持っていたのだろうが、現在はそれが無意味であると理解できて、あなたはそれを解き放つことができる。それを内側に抑圧するよりもむしろ、それを捨てることができる。

そして無意識が空になるにつれて、集合的無意識が語り始める。それはその時だけだ。集合的無意識が空になるにつれて、宇宙的無意識が語る可能性がある。そしていったん、あなたのマインドのすべての下位の部分が、あなたのマインドの深いところがきれいに除去されるなら、まるで一日二十四時間シャワーを浴びているような、非常に新鮮な体験になる。そしてひとたびこの下位の部分の荷が降ろされるなら、あなたは非常に容易に上方に動く用意ができている。

しかし意識的なマインドは高次への、下位への唯一の扉だ。だから何であれ、起ころうとしていることは意識的なマインドを通して起こらなければならない。

ジークムント・フロイトと彼の学派は、単純な理由のせいであまり成功しなかった――。最初彼が催眠術師の、フランスで非常に有名な催眠術師の見習生だったことを知って驚くだろう。彼が、深い催眠の中で浮かび上がるものは夢を通して持ち出される、という精神分析の考えを開発したのはただそこだけでだ。だが、彼は一つのことを忘れていた。それこそが精神療法に欠如しているものだ。

まず、あなたは自分のすべての夢を思い出すことはできない。六時間の間、あなたは夢を見ている。おそらく、一つの夢を思い出すことはできるだろう。それは最後の、あなたがまさに起きようとしていた時のものだ。

二番目に、あなたは夢が現実であるとは納得できない。

三番目に、夢はそれ自体を繰り返そうとはしない。そしてどんな科学的作業にとっても、実験を繰り返すことは絶対に必要だ。そうすればあなたは例外なしに、ある結論に至ることができる。夢は一度は生じるかもしれないが、再び生じることはないかもしれない。なぜならとても多くの夢があるからだ。そこで人の意識的なマインドは、この夢の内容には何らかの現実性があることに、決して納得しない。

四番目に、夢は異なる言語だ。それは意識的なマインドの言語ではなく、絵画的であってアルファベット的ではない。それが最も大きな困難の一つであり、それが理由で精神分析は消え失せなければならない。それは継続できない。だから物事全体は、解釈する精神分析学者に依存している。あなたは彼に夢を話すことができるが、彼がそれを解釈しない限り夢は何も言わない。

さて、その解釈は単に彼の個人的な偏見であるかもしれない。そのようにして、あなたがフロイトの所に行くなら、あらゆることがセックスに至る。あなたがどんな夢を見ようとも、彼が性的抑圧であると断定しないような夢を見ることはできない。同じ夢をユングの所に持って行くと、それは集合的無意識からのものに、神話に、あなたの過去生からの神話的なものになるだろう。同じ夢をアドラーの所に持って行けば、それは野心以外の何でもなく、権力に対するものだろう。だから、もしそこに数千人の解釈者たちがいるなら、数千もの夢に対する意味があるだろう。

催眠において無意識が使うのは、絵画的な言語ではない。それは意識的なマインドが使う同じ言語を使う。なぜならそれは人の、催眠術師の意識的なマインドに話しているからだ。だから非常に単純で非常に明白だ。

ジークムント・フロイトは、自分はより優れた方法を開発したと思った。それが催眠を捨てたという単純な理由で——。なぜなら催眠は非難されていたから、社会によって非難されていたからだ。だが精神分析は役立たなかった。

私がここでしていることは——もしあなたがただ私の話すことを聞いていて、あなたの意識的なマインドが静かになるなら、無意識のマインドそのものがその妄想を解き放ち始める。どんな言語も必要ではなく、夢に関する言語も普通の言語も必要ない。それは意識に浮かび上がり始めて、意識を通して解き放たれる単なる抑圧されたエネルギーだ。いったん下位のマインドをきれいにしたなら、私たちは容易に上方の領域に動くことができる。しかしそのためにもまた、人は意識的なマインドを通過しなければならない。

そして上方への翼は何も持っていないし、何も抑圧されていない。だからそこにはこれまで無意識のマインドを発見した精神分析の問題はなく、これまでそれを発見した他のどんな心理学の学派の問題もない。なぜならそれにはどんな夢見もないし、どんな抑圧もないからだ。それは完全に清浄だ。

下位のマインドをきれいにしなさい。するとまさに、瞑想という簡単な方法が上方に動くための翼をあなたに与えるだろう。そこに障壁はない。あなたはますます多く光の中に入り、ますます深く至福の中に入り、そして最終的にあなたは自分さえもはやいない所に——ニルヴァーナの地点にやって来る。

質問五

私たちが誰かということと存在が私たちに与えたものに、私たちが決して全く満足しないのはなぜでしょうか？　私たちは常にするべきよりよい何かを捜していて、在るべき他の誰かを捜していて、与えられているものより以上のものを持っている他の人を求めています。

諺にもあるように、「隣の芝生は常にうちのより青い」です。これはなぜでしょうか？

それはあなたが、逸脱させられてきたからだ。あなたは自然があなたにそうあるようには意図しなかった所へ操作されてきた。あなたは自分自身の潜在可能性に向かって動いていない。他人があなたにそうあってほしいものに、あなたはそうあろうとしている。だが、それでは満足できない。それが満足しない時、理性は「たぶんそれは充分ではなかったのだ。それより多くを持つべきだ」と言う。

そしてあなたはもっと追い求める。それからあなたは辺りを見回り始める。そして誰もが微笑み、幸せそうに見える仮面を付けて出て来ている。そう、誰もが他のみんなを欺いている。あなたも仮面を付けて来るので、他の人たちはあなたがより幸福であると思う。あなたは他の人たちがより幸福であると思う。

垣根の向こう側の芝生は、より緑色に見える。だが両側からそう見える。垣根の向こう側で暮らす人々、彼らはあなたの芝生を見ている。それはより緑色に見える。それは本当により緑色に、より生い茂っていて、よりよく見える。それはその距離が作り出す錯覚だ。あなたが近くに来ると、それほどではないことがわかり始める。だが人々は互いに距離を保つ。友人でさえ、恋人でさえ互いに距離を保つ。あまりに近づきすぎるのは危険だろう。彼らはあなたの真実を見るかもしれない。

そしてあなたは、まさにその始まりから誤って導かれているので、何をしようとも惨めなままでいるだろう。自然にはお金という観念はない。さもなければドルは樹の上で育ってきただろう。自然にはお金という考えはない。お金は純粋に人間の発明品だ。有益だが危険でもある。あなたは多くのお金を持っている誰かを見て、たぶんお金は喜びをもたらすものだと考える。その人を見てごらん、どれほど彼は楽しそうに見えるだろう、だからお金を追い求めよう、と。

ある人はより健康でいる。健康を追い求めよう。ある人は他の何かをしていて、非常に満足そうに見える。彼に従おう。

だが、それは常に他の人たちであり、社会はあなたが自分自身の可能性について決して考えないようにうまく管理してきた。そのすべての惨めさは、あなたが自分自身ではないということだ。ただ自分自身でありなさい。そうすれば、他人はもっと多く持っているとか、あなたはあまり多く持っていないという惨めさも競争も、やっかいな事もない。

より青々とした草が好きなら、垣根の向こう側を見る必要はない。あなたは自分の垣根側で、草をより緑色にすればいい。草をより緑色にするのはとても簡単な事だ。だがあなたは他のあらゆるところをただ見ているだけで、それですべての芝生はとても美しく見えている——あなたのものを除いてだ。

人は自分自身の潜在可能性に根付かなければならない、それが何であろうとも、だ。そして誰も彼に方向性を、指導を与えるべきではない。彼らは彼を助けるべきだ。彼の行くところがどこであろうと、彼がなろうとしているものが何であろうと。すると世界は、信じられないほど安らぐだろう。

私はどんな不満も決して感じたことがなかった。子供時代からでさえそうであり、それは私が決して自分のしていたことから、または自分がそうあろうとしていたものから道を外すことを誰にも許さなかった、という単純な理由のためだ。

それは大いに私を助けた。それは難しかった。その困難は成長し続けていき、今や全世界が私に反対している。だがそれは私を妨げない。私は完全に幸福で、完全に満足している。私は自分が違う状態であり得たと考えることはできない。他のどんな立場にあっても、私は惨めでいただろう。

私には家はなく、生きるための場所もなく、大したお金もない。それでも私には、自分に絶対的な満足を与えるものがある。私は自分の可能性に従って生きてきた。そしてたとえ死が来ても、それは私を打ち負かさないだろう。私は私のやり方で生きてきた。全世界は私に反対するかもしれない。それは私を打ち負かさない。人々は、たとえ一人の人物が彼らに反対しても打ち負かされる。

彼らは非常に打ち負かされる。私はそれを理解することさえできない。

ハシャは言っていた、「OSHO、私たちはすぐに国々から追放されるでしょう」と。

私は言った。「それは大したことではない。最初に私たちは国から追放される。それから私たちは他の何かを見つけるだろう。私たちは大きな船を持ち、船で暮らすことができる」

なぜなら私はクレタ島でこう言ったからだ。

「もしあなた方がどこかのどんな土地も私に許さないなら、私はジェット機を持って、それで暮らすだろう」

彼らは直ちに、私がヨーロッパのどんな空港にも着陸できないようにするための運動を始めた。私は本当に楽しんでいる、どんな力も持っていないたった一人の者が、これらのちっぽけな政治家たちを狂わせることができる、ということに！　私はまさにそれに言及した。すると直ちに欧州議会は、私はヨーロッパのどんな空港にも着陸できないという決議を提出した。それを彼らはすぐに議論して通過させるだろう。

だが私たちは、ある方法を見つけるだろう――。ヨーロッパには共産主義国が、ユーゴスラビア、チェコスロバキアがある。私たちはそれらの空港に着陸できる。彼らは私が着陸するのを全く妨げることはできない。だが私たちは、何千人ものサニヤシンたちと共にいる大きな船を持つことができ、まさに船で暮らすことができる。そして彼らには彼らのできることをさせればいい。船を爆撃するか、それとも彼らがしたいことは何でも――だが一つのことは確かだ、彼らは私を打ち負かすことはできない。


彼らはアメリカの刑務所で、誰もが打ち負かされてきたような方法で、私を打ち負かそうとした。彼らは四時に私を起こした。睡眠は不可能だった。それでもそれが私にとって問題でなかったのは、私がただ目を閉じて横になっていただけだったからだ。彼らは私を四時に起こしてこう言った。

「用意をしろ。五時に米国軍の高官が来られて、お前を空港に連れて行くだろう」

それで私は用意して待った。朝の五時から夕方の五時まで、私はただ座って待っていた。そしてその男は夕方の五時に現れた。

それで私は彼に言った。「あなたは何らかの面倒な目に遭っていたに違いない。十二時間も遅れている。そしてあなたは、ほんの通り三つの向こうに住んでいるではないか――」

私たちが友好的になった時、三日後に彼は言った。「これらは人々を悩ますために使われた策略です。私を許してください。私は夕方の五時に来ることになりましたが、私は朝の五時に来ると言いました。それであなたは、一日中座って待つことになったのです」

しかし私は言った。

「それの何を気にしているのだ？　とにかく私は座っていたし――他にすることは何もない」

世界は個に反対する。それはまさにあなたが自然な自己であることに反対する。それはあなたに、ただロボットであることを望んでいる。そしてあなたがロボットであることに合意したため、あなたは面倒な事に遭っている。あなたはロボットではない。あなたのロボットを作ることは自然の意図ではなかった。

だからあなたが、そうあるように意図されたものではなく、そうあるように運命づけられたものではないので、あなたは絶え間なくこう見ているのだ。

「何が不足しているのだろう？　それはたぶんよりよい家具、よりよいカーテン、よりよい家、よりよい夫、よりよい妻、よりよい仕事だろう――」

生涯あなたは試みていて、一つの場所から別の場所へと突進している。だが社会は、まさにその初めからあなたを逸脱させてきた。

私の努力は、あなたに自分自身を思い出させることにある。するとあなたは突然、そのようなすべての不満が消えたことに気づくだろう。それ以上である必要は全くない。あなたは充分に満ち足りている。誰もが充分に満ち足りている。

第43章

論理は
愛に仕えるべきだ

Logic should serve Love

質問一

あなたは約十年前に、私が理解できなかった話を語りました。ある探求者が山で道に迷います。彼は疲れていて、喉が渇いています。それは夜で、彼は澄み切った水の入った銀の鉢を見ます。彼はその水を飲んで、それから眠ります。朝の光で、その鉢が実際は汚くて古い頭蓋骨であることを彼は見ます。彼は笑い、そして光明を得ました。ＯＳＨＯ、彼は何を見たのでしょうか？

その話は単純だが、大きな意味がある。探求者は頭蓋骨の中にすべての現実、それについての私たちの錯覚を見た。彼は私たちが考えているものは何か、そして何が現実なのかを見た。その違いは途方もない。

もし彼が、その水は汚くて古い頭蓋骨の中にあるのを知っていたなら、彼はその水を受け入れなかっただろうし、飲まなかっただろう。彼はそれを澄み切った水の入った美しい鉢だと思った。

私たちの生は澄み切った水という錯覚の中で生きているが、現実は全く違う。その違いを見て、彼は自分自身を笑った。そして自分自身を笑えるということは、大きな躍進になり得る。人は光明を得ることができる。

人々は他人を笑い、誰かが自分を笑うなら傷ついたと感じる。だが、あなたが自分自身の愚かさを見るという理解に至るとなると――。そしてあなたの生涯はそれに満ちている。

私たちは夢、錯覚、幻覚の中に生きている。それらは全く現実と符合しない。現実は汚くて古い頭蓋骨だ。彼は自分自身を笑い、まさにこの笑いで彼は違う人になった。いまや彼は、それが何であろうとも現実と共に生きるだろう。今、それを覆うための、それを隠すためのどんな錯覚も必要ないし、どんな幻覚も必要ないだろう。

彼はその要点を見た。

その話は単純だが、それは暗闇から光へ、錯覚から現実へのすべての巡礼の話だ。

ちょっとあなたのマインドを、それがどのようにしてすべてに関する錯覚を作り出し、それから幻滅してかき乱されるのかを見てごらん。あなたは男性を愛する、あなたは女性を愛する。あなたは男性またはは女性について、特定の錯覚を作り出している。それは真実ではない。本心ではあなたはそれも知っている。あなたはあるイメージを押し付けている。すぐにそれは打ち砕かれるだろう。なぜなら現実に逆らっては、どんな錯覚も長い間続かないからだ。すぐに汚くて古い頭蓋骨を見つけるだろう。

その時、普通あなたは失望し、惨めになるだろうし、その要点を取り逃がすだろう。笑うことができたなら、あなたはそれを取り逃さなかったのだ。

物事は、あなたがそうであると想像するようなものではない、と理解する時でさえ、あなたはすべての責任を相手の人物に投げ捨てる。美しかった女性は、みだらな女であることがわかる。あなたが英雄だと思っていた人は、単なる恐妻家であることがわかる。あなたは自分自身を笑おうとしない。あなたはすべての責任を相手に投げかける。彼はあなたを欺いていた、彼はそうではない何かであるふりをしていた、彼女はそのふりをしていたほど美しくなかった、すべての化粧で彼女は彼を欺いていた。しかしどんな化粧も必要ではない。あなたの錯覚、あなたの幻覚、あなたの強い欲望で充分だ。それは世界で最も大きな化粧だ。

だからあなたの望むものが何であろうと、あなたの欲するものが何であろうと、あなたはそれを投影する。その投影が間違っていると判明する時、二つの可能性がある。一つはすべての責任を相手の人物に投げ捨てることだ。その人は、あなたが彼女の中に見ていたものに関して罪はない。

実のところ、あなたが女性に「あなたは美しい――」とかあれやこれやを言う時、彼女は疑う。なぜなら彼女もまた鏡を見るが、彼女はあなたが話しているものを何も見つけないからだ。だが、なぜ不要にかまうのだろう？　なぜ楽しまないのだろう？　それは彼女のエゴを満たす。最も醜い女性でさえ反感を持たないし、あなたは間違っているとは言わないだろう。彼女は笑って、あなたのすべてのお世辞を受け入れるだろう。そして鏡の前に立ち、彼女はたぶん、自分が間違っているのだと考えるかもしれない。

その男が間違うことなどあり得るだろうか？　彼が間違うとは？

それぞれの恋愛においては、彼らに関する限り両者とも罪はない。だが両者とも、相手がそうではないものを相手に投影していることに対して責任がある。

スーフィーの物語で、ムラ・ナスルディンが丘に美しい家を持っていて、時たま彼はよくそこに行ったものだった、というものがある。そして時々彼は、自分が休養を取るのには三週間、または二週間、または四週間かかるだろう、と言ったが、彼は決して自分が戻ると指定した日付をどうにも守ることができなかった。彼はいつもより早く戻った。もし彼が三週間行っていたなら、二週間以内に彼は戻っただろう。

彼の友人たちは尋ね始めた。

「君は三週間という予定を立てて、それから二週間で戻る、時には一週間でもだ。何が問題なのだ？」

彼は言った。「君は知らないだろう。俺は老婆の使用人を雇っているのだ」

彼らは言った。「それが、君が丘に留まってくつろぐこととどんな関係があるのだ？」

彼は言った。「まず事の全体を聞いてくれ。彼女はとても醜い。だから俺は彼女を選んだのだ。彼女が俺の基準だ。彼女が俺にとって美しく見え始める時、その時に俺は逃げ出す、その時俺は知る、『今だ、ムラ、ここは安全な場所ではない、お前は正気を失った』と。だから俺は三週間行くが、俺に何ができるだろう？　三日で彼女は美しく見え始める。そしてもし俺がもう一日滞在するなら、俺はプロポーズするかもしれない。そして彼女は本当に醜い。彼女を許容することは難しいが、俺はこの目的のために特別に彼女を置いてきたのだ。つまり俺が正気を失い始める時、それが立ち去って世間の家に戻る正確な時であると知るようにだ」

あなたは投影する。その投影は失敗する。もし自分自身を笑うことができたなら――。それがこの話のメッセージだ。

その男は夜に喉が渇いていた。それは投影だった。満月の夜でさえ、頭蓋骨は頭蓋骨であり汚水は汚水だ。だが彼は喉が渇いていた。美しい鉢の中にきれいな澄み切った水を投影したのは、彼の渇きだった。そして彼は喜んで飲んだ。朝、彼は喉が渇いていなくて、日の光があった。彼は鉢を見た。それは汚くて古い頭蓋骨だった。彼はそれから飲んでいたのだった！　もし、それが汚水で満たされた頭蓋骨であると知っていたら、彼はそれから飲むよりむしろ渇きを我慢しただろう。しかし、彼の渇きは錯覚を投影した。

私たちは自分の人生のあらゆる瞬間にそれをする、錯覚を投影する――人々について、物事について――そして絶えず欲求不満になり、うんざりする。

その話はあなたに対して言っている。もしあなたが、それは自分の投影だったのを理解できるなら、これらがその瞬間だ——。これはあなた自身を、あなた自身の愚かさを、あなた自身の馬鹿馬鹿しさを笑う時だ。それは途方もない知性の行為になるだろう。それはあなたをその一定の投影、欲求不満、そのすべての悪循環から解放するだろう。

年老いた僧侶は、若い弟子と一緒に森を通りぬけて別の町に行った。しかし、若者は非常に困惑していた。その老人が、これまでそのように歩いたことがなかったからだ。彼は自分のカバンをしっかり握って、ほとんど走っていた。そして時たま、彼はカバンの中にあるものを確かめていた。若者は老人のカバンの中にあるものを想像できなかった。

そして年老いた僧侶は何度も、「わしらは日没前に町に着けるだろうか?」と尋ねていた。

若者は言った。「たとえ着けなくても、恐れることは何もありません。森に泊まることができます。私たちは何度もここに泊まったので、目新しいことではありません。でも今日は、あなたは変に見えますね」

老人は言った。「それについては後で話し合おう。まず、早く行ってくれ。わしは今夜、森に泊まりたくないのだ」

道の端に井戸があり、太陽はちょうど沈もうとしていた。日没前に彼らは身体を洗った。彼らは本当に疲れていた。彼らは水を飲み、老人は顔を洗いながら自分のカバンを若者に与え、「大事にしてくれ」と言った。

若者は「彼は以前は決してこのようなことはしなかった」と独り言を言った。そして好奇心からそのカバンの中を見た。カバンの中に、老人は二つの金のレンガを持ち運んでいた。今やすべてがはっきりした、なぜ僧侶は森に泊まることができなかったのか、なぜ初めて彼はそんなに恐れているのか、ということが。

年老いた僧侶が顔を洗って夕方の祈りをしていた間に、若者はその二つのレンガを森の中に投げ捨てて、そのレンガとほとんど同じ重さの二つの石を見つけて、それをカバンの中に入れた。老人は半分の時間で祈りを終えた。彼はそれほど急いでいた！　彼はすぐに若者からカバンを取り上げて、重さはすべて問題ないことを確認した。彼らは大急ぎで行った。一マイルほど行った後、そこは暗くなっていた。老人は言った。「町に着くのは難しそうだ。それにこの場所は危険だ」

だが若者は言った。「恐れないでください。危険なものに関する限り、私は井戸のそばにそれを投げ捨てました」

老人は言った。「どういう意味だ？　お前は井戸のそばに危険なものを投げ捨てたのか？」

若者は言った。「あなたのカバンを調べてください。そうすればわかるでしょう」

老人はカバンを調べて「何ということだ！」と言った。老人は笑い、カバンを投げて、木の下に座った。彼は笑うのを止められなかった。

若者は「なぜあなたは、そんなに笑っているのですか？」と言った。

彼は言った。「わしが笑っているのは、お前が正しいことをしたからだ。そしてほぼ一マイルもの間、わしはその石が金だと思って、自分自身を騙していた。今、わしらはこの木の下で眠ることができる。それは良いことだ。恐怖はないし、急ぐ必要もない」

彼は若者を怒って、その要点を取り逃がすことができた。だが彼は笑い、狂ったように笑った。なぜなら彼は、その要点を見ることができたからだ。

「それはわしの非常な愚かさだった。若者はわしよりずっと知的であることが判明した。わし自身の弟子が、わしに教訓を教えなければならなかったのだ」

彼らは一夜中眠り、朝、老人は若者の足に触れて彼に感謝した。

「わしはお前のマスターだが、お前はわしを錯覚から解放する手助けをしてくれた。そしてわしは一夜中とても深く眠った。わしはそのカバンのせいで、数日間も夜に眠れなかった。それらの金のレンガはわしを眠らせなかっただろう。夜でさえわしはベッドの中で手探りして、それらがそこにあるかどうかを見つけ出そうとしていた。それらのレンガはとても重要になったので、わしは自分の喜びを失い、自分の祈りを短くし、自分の瞑想を短くしたものだ」

存在に関する限り、金と石は異ならない。それは人間の錯覚であり、私たちはそれに投影してきた。人がもうこの世界にいなければ、金は金ではないだろう。たとえ金がまだ金そのものであったとしても、それと石との間の価値付けにはどんな違いもないだろう。価値付けと違いは私たちの投影であり、それから私たちは苦しむ。

だから、その小さな逸話における洞察は大きい。もしあなたの錯覚の何かかが消え失せる時に、自分自身を笑うことができるなら、すぐにあなたは錯覚なしで生き、幻覚なしで生き、投影なしで生きることができるだろう。これらのすべての事柄なしで生きることは、平和の中に生きること、沈黙の中に生きること、生の小さな物事を祝うことを意味する。

質問二

かつてあなたがブッダの真理の定義を、それが働きかけるものを言われたのを聞いた覚えがあります。それはほとんど大胆不敵でありながら、全く実用的であるように私には思え、両方の理由のために私はそれを愛していました。

私の理解は、あなたの真理の定義はたぶんそれと同じであるだろう、あなたは真理の名においてすべてどんなことでも行ない、そして言うだろう、それは私たちを正しい方向に突き動かすかもしれない、ということです。あなたがこれについて話されるのを聞きたいのです。


それは本当だ。もしそれがあなたを真理に導くなら、私は何でも言うことができる。もちろん真理は語ることができない、それは指し示すことができるだけだ。私はそれを指し示すものなら何でも使うことができる。おそらく異なる人々に対して、異なる指し示すものが必要になるだろう。私にとって私が何を言うかは問題ではない。問題はそれがあなたを正しい方向に、あなたの啓発に向けて導くかどうかにある。


そう、私の定義は全く同じだ。真理は働きかけるものだ。それは実用的だ。そしてゴータマ・ブッダは非常に実用的な人で、非常に科学的だった。この定義は科学的と呼ぶこともできる。

科学のすべての定義とは、この定義の証拠に他ならない。私たちは電気とは何なのかを知らない。私たちは、ただそれが作用する方法しか知らない。私たちは原子力について何も知らず、それは何なのかを知らないが、それが作用する方法を知っている。それが作用する方法の知識が、それに関するすべての科学だ。

究極の真理も異ならない。そしてマスターの働きは、真理を見つける方向にあなたを導き、あなたを指し向け、あなたを突き動かすことにある。彼はそれをあなたに与えることはできないが、あなたをそこへ導く方策を作ることはできる。非常に微妙な点で、マスターが言うことは理解されることを意図していない。それは飲み干されることを意図している、それがあなたの血に、骨に、髄に達して一定の方向に進み始めるようにだ。あなたはどこへ行っているのかわからないが、マスターはあなたがどこへ行っているのかを知っている。

もしあなたが正しい進路を進んでいるなら、彼の祝福と愛があなたに注がれていることに気づくだろう。それはあなたが正しい道の上にいるという唯一の兆候になるだろう。ある日あなたは真理を見つけて、それから笑うだろう。なぜなら言われてきたことは、それとは何の関係もなかったからだ。しかし、それは確かにあなたの注意をそれに向けさせた。


私はいつもこの話を言ってきた。家が燃えていて、小さな子供たちが家の中で遊んでいる。彼らは自分たちの遊びにとても夢中になっているので、近所の人たちがみんな「出て来なさい！　家が燃えているぞ！」と叫んでいる。だが彼らはそれも楽しんでいる。炎は辺り一面にあり、子供たちは家の真ん中にいる。彼らはそのような花火を一度も見たことがない。

そして彼らは群衆の言うことを聞いていない。その時、市場に行っていた父親が帰って来たので、人々はこう言う。

「今、何とかしろ。あなたの子供はみんな死ぬだろう。家はほとんど崩壊しようとしている」

父親は近くに行って、「おもちゃを持って来たぞ！　お前たちが欲しがっていたすべてのおもちゃだ。出てきなさい！」と叫んだ。家の裏口だけは、まだ燃えていなかった。

彼らはみんな飛び出して、「おもちゃはどこにあるの？」と父に尋ねた。

すると父親は言った。「お前たちは私を許さなければならないだろう。今日はおもちゃを持って来なかったが、明日は確かに持って来よう」

彼らは言った。「なぜ僕たちのゲームに邪魔をしたの？」

彼は言った。「私はお前たちのゲームを邪魔しなかった。お前たちは理解していない。家は燃えている。お前たちは死んでいただろう。私はただおもちゃの嘘をついただけだ。それがお前たちを連れ出せる唯一の物だとわかっていたからだ」

さて、玩具と火には関連が全くないように見えるが、その特定の状況において、父親はマスターとしての役目を果たした。彼は子供たちに彼らの命を救う指示を与えた。彼が嘘をついたことに彼らが気づいたとしても、彼らは不満を言わないだろう。彼は慈悲から嘘をついた。

嘘をついたのは彼らを愛していたからだ。嘘をついたのは、彼らの命を救いたかったからだ。

真理は語ることができないので、何であれ言い得るものは美しい嘘になる。それが美しいのは、それが真理に導くことができるからだ。だから私は嘘の間に、美しい嘘と醜い嘘という区別を設ける。醜い嘘はあなたを真理から連れ去るものであり、美しい嘘はあなたを真理の近くに連れて来るものだ。しかしその性質に関する限り、両方とも嘘だ。だがそれらの美しい嘘は作用する。そのためある意味において、それらには真理の風味がある。

質問三

私の質問は、私が子供の頃に世界のそのようなありさまを見始めて以来のものです。なぜ人々は、お互いを彼らがそうしたいように扱うのでしょうか？　お互いへの愛、同情、敬意はどこにあるのでしょうか？　私は誰もが、周りのすべての人間と一緒に、愛と調和の中で生きることを切望していると思っています。そして私は、そこには他の人々への憎しみ、暴力、権力への、どんな切望もあるとは思いません。けれどもこれこそが私が見ている出来事です。

人々に、この不自然で惨めな生を送らせるものは何なのですか？　それはすべて条件付けなのでしょうか？　それとも、人の中に彼を進んで道に迷わせるようにする何かがあるのでしょうか？

それは両方だ。

まず、人の中に彼を迷わす何かがある。そして二番目に、人間を道に迷わすことに興味を持つ人々がいる。両方とも偽りの、まやかしの人間を作り出す。彼のハートは愛を切望しているが、彼の条件付けられたマインドは彼を愛から防げる。

あなたはアドルフ・ヒトラーが彼のガールフレンドに、たった一つの単純な理由のせいで決して彼の部屋で眠らせなかったことを知って驚くだろう。どうしたら信頼できるだろう？　その女性は夜にあなたを撃つかもしれない、あなたの飲み水の中に毒を混入するかもしれない。どんな保証があるだろう？　彼女はただ、あなたを愛しているふりをしているだけかもしれない。それは単なる陰謀であるかもしれない。彼にとって、それが陰謀であるか真実の愛であるかを見つけ出す方法は全くない。安全な側にいるために、彼は自分が接触したどんな女性にも、決して彼の部屋で眠らせなかった。

彼は決して誰にも、自分と親しくいることを許さなかった、ゲッベルスや彼の他のどんな親しい仲間でもだ。彼は常に彼らを近寄らせなかった。友人のようにその手を彼の肩に置くことができた人物は、たった一人もいなかったと言われていた。あまり近くにいすぎることは危険だ。それは彼の条件付けだった。他人はあなたに害を及ぼすかもしれない。彼はあなたについて何かを知るようになるかもしれないし、それをあなたに敵対して使うかもしれない。彼を近づけない方がいい。そして誰もが野心的で、誰でも彼の場所にいたいと望んでいるので、たとえ彼らが非常に友好的に見えていても、本心では彼らはみんな敵であり競争相手だ。彼らは彼を殺すことができる。彼には友人がいなかった。そのような種類の愛とは、彼は自分の部屋で女性を信頼できない、というものだ。

彼の女性たちの一人は、何年もの間彼との愛の中に留まっていて、彼女を疑う理由は全くなかった。しかし疑いに理由は必要ない。ある日彼女は、同じ町にいる病気だった彼女の母に会いに行きたかった。それでもアドルフ・ヒトラーは「ノー」と言った。どんなことに対しても、彼にとって「イエス」と発音することは非常に難しかった。

その中には深い心理学的な意味がある。ノーはあなたに力を与える。イエスは力を与えない。ノーと言う時は、いつでもあなたは力を感じることができる。イエスと言う時は、いつでもあなたは愛を感じることができて、力ではなく同情を感じることができる。言葉には固有の性質がある。それらの性質を辞書の中に見つけることはできない。しかし実際の生において、あなたが言葉の心理学を研究するなら、それぞれの言葉にはその独自の個性がある。ノーは単なる否定ではない。それは力の主張だ。

そこにはノーと言う必要は全くなかった。彼女はただ自分の病気の母に会うために出かけ、彼が職場から帰る前に彼女は戻っているだろう。しかしイエスは彼の言葉ではなかった。彼はただ命令する方法だけを、他の誰かの考えを拒絶する方法だけを知っていた。力とは何の関係もなかったそのような小さな事でさえ——。

彼は職場に行った。その女性は、自分はうまくやりこなすことができた、母親に会いに行って戻ることができた、彼はまだ戻っていないだろう、と思った。彼女は行って戻り、確かに彼女はうまくやった。だが彼が家の警備員に尋ねた最初の事は、「彼女は外出していたか？　どれだけ長くだ？」だった。

そしてヒトラーは銃に弾丸を込めて、ただ中に入って彼女を撃った。彼は尋ねさえしなかった。彼は彼女に何かを言う機会さえ与えなかった。それで充分だった。それは他のあらゆる人に対して、彼の命令に従わないことは死を意味するという証拠でなければならなかった。

ヒトラーは愛を切望していたが、彼のマインドは力を切望していた。そして両方を要求することはできない。

これが問題になる。子供は愛を切望するハートを持って生まれるが、条件付けられ得る脳を持って生まれても来る。そして社会は、ハートに反対して脳を条件付けなければならない。ハートは常に、社会に対して反逆的でいるだろうからだ。それは常にそれ自身のやり方に従うだろう。それは兵士にすることはできない。それは詩人になったり、歌手になったり、ダンサーになれるが、兵士になることはできない。

ハートは個であることのために苦しむことができる。個であることと自由のために死ぬことができるが、ハートを奴隷にすることはできない。それがハートの状態だ。

しかしマインドは――。子供は空っぽの脳を持ち、ただの機器にすぎないものを持ってやって来る。それはあなたが、自分の望む方法で取り決めることができるものだ。それはあなたが教える言語を学ぶだろうし、あなたが教える宗教を学ぶだろう、あなたが教える道徳を学ぶだろう。それは単なるコンピュータだ。あなたはただ、情報をマインドに供給するだけだ。

そしてあらゆる社会は、もしハートとマインドの間に何らかの対立があるなら、マインドが勝とうとするように、マインドをますます強くさせることに注意を注ぐ。だがハートへのマインドのすべての勝利は惨めになる。それは他の人たちによるあなたの本性への、あなたの実存への、あなたに対する勝利だ。そして彼らは自分たちの目的に叶うように、あなたのマインドを教化してきた。

たとえば、イギリス政府は三百年間インドを支配した。それはただ事務員、郵便局長、駅長しか生み出さないある種の教育を作り出した——。すべてのプログラムは、それが偉大な知性の持ち主、天才、科学者を誰も生み出さないようなものだ。だから、もしある人が生涯の三分の一を勉強しても、彼は大学を出て工場の単なる事務員になる。だが、イギリス政府は事務員を必要としていた。

実は、大英帝国の最初のインドの首都がコルカタにあったため、ベンガル人は英国の教育システムによって教え込まれた最初の人々だった。

彼らはその土地とその人々の、統治者たちとの間の調停者になった最初の人々だった。統治者たちは人々の言語を知らなかった。人々は統治者たちの言語を知らなかった。この調停者たちは両方の言葉を知っていた。

彼らが大衆から尊敬されたのは、彼らが統治者たちに近かったから、統治者たちに対して唯一、二番目の位置にいたからだ。しかし統治者たちは彼らを憎んでいた。それはただ、調停者たちの軍隊を作るために必要なことにすぎなかった。さもなければ彼らは、それほど広大な国を支配できなかった。そこにはどんな理解もなく、どんな交流もなかっただろう。

だが彼らは、これらの人々を憎んでいた。ちょっと一つの例として言ってみよう——。彼らはこれらのベンガル人をバブと呼び、バブという言葉は、インド中で敬意を表する言葉になった。統治者たちがベンガル人をバブと呼んでいたので、バブという言葉は非常に重要になり、インドの最初の大統領でさえバブ・ラジェンドラ・プラサドと呼ばれるほど意義深くなった。それでもこの言葉が持つ意味について、誰も全く考えなかった。

私はラジェンドラ・プラサドに話した。

「あなたはこれを落とすべきであり、誰もこの言葉を使うべきでないことを国に知らせるべきだ。なぜならそれは、非難の言葉だからだ」

それは悪臭を持つ人を意味している。ベンガル人は魚を、魚と米を食べる。それは彼らの唯一の食べ物だ。彼らは魚の臭いがする。ただ絶えず魚を食べることで――。

ベンガルは美しい場所であり、あなたはそこで一つの美しい物を見つけるだろう。あらゆる家の隣に小さな湖を見つけるだろう。より裕福な人々は、彼らの宮殿に大きな湖を持っている。それらの湖は、単に魚を生産するためにある。それらの湖は新鮮な魚を、人々が好きな種類の魚を得ること以外に他のどんな目的もない。すべての家は、貧しい人の家でさえ小さな池を持っている。ヤシの樹のある小さな池のために、それは非常に美しく見える――それは小さな小屋であるかもしれない。

だが、臭いはあまりに酷すぎる。一度だけ私はベンガルを旅したことがあり、その時私は「私はコルカタより遠くへ行くことはできない」と言った。そこは臭う。誰でも魚の臭いがして、すべての家は魚の臭いがする。

それは彼らの主食だ。

バブはペルシャの言葉だ。ブは臭いを意味し、バはそれと共にという意味だ。英国人はイスラム教徒からインドを奪った。彼らの言語はペルシャの、アラブの、ウルドゥーのものであり、英国人がこのバブという考えを得たのは、彼らからだった。それは非難だったが、大衆にとっては最も敬意を表す言葉になった。


インドには他のどんな国よりも多くの大学が、百の総合大学と数千の大学があるに違いない。そしてそのすべての目的は、ただ大英帝国に仕えるためのものだ。すべての教育は従順であるためであり、反逆的であるためのものではない。それはどんな革命的な考えにも絶対に反対する。

インドは何世紀も奴隷状態の国だったが、英国はただ一つの誤りを犯した。それは少数の裕福な人々の息子や娘に、イギリスで教育を受けさせたことだ。それは面倒な事になった。これらは自由という考えをインドにもたらした人々だった。インドで教育を受けたインド人は、自由という考えを持っていなかった。だが、少数の裕福な人々はイギリスで教育を受けさせるために、彼らの息子や娘を送った。なぜならイギリスで教育を受けたなら、インドで最高の地位を与えられるからだ。インドの大学から同じ程度のものを所持する人は決してその地位に達しないだろうが、イギリスからなら、最高の地位の資格を得るようになる。

英国はそうとは知らずに、それ自身の敵を作り出した。これらは英国で異なる種類の教育に気づき、民主主義について学び、自由について学び、個人の権利について学び、表現の自由について学んだ人々だった。

そして彼らは、インドが独立できる方法に関するユートピアのような考えに満ちて、自分たちの国に戻った。だから英国政権に反対するすべての闘士たちは、基本的にイギリスで教育を受けていた。そして私は、英国がその事実を認識さえしていたとは思わない。それはどこであれ、誰も注目しなかったからだ。

インドで非常に影響力のあった一人の男、スバシュ・チャンドラは英国で教育を受けた。

そして英国で教育を受けた人は、誰でも直ちに最も高い政府の仕事、インド政府官庁Ｉ・Ｃ・Ｓに心を奪われていた。イギリスから戻ってくるすべての学生は、彼の州の知事と会見しなければならなかった。そしてスバシュは大英帝国に仕えるのではなく、それと戦いたいという完全な願望を持ってやって来た。

だが、それでも彼は会見に応じるために行った。そしてベンガル人には一定の習慣がある。彼らはいつも自分の傘を持ち歩く。誰もなぜだか知らない。私は多くの人々に尋ねた、なぜなら雨は降っていないし、暑くもないからだ――。だが伝統的に、それは彼らの一部になっている。傘なしではベンガル人は完全なベンガル人ではない。彼の傘は絶対に必要だ。そして彼らは理由をつける。それは彼らが知的な人々だからだ。

彼らは言う。「雨はいつでも降ることがあり得る、それは予測不可能だ。人は常にどんなことのためにも準備するべきだ。ちょうど今は曇りだが、太陽が出ることがあり得る。それは暑くなるだろう。そしてさらに、とても多くの犬がいる。あれやこれやのために傘を使うことができる。たとえあなたが誰かと戦わなければならなくなっても、傘は便利だ」

それでスバシュは、自分の傘と帽子を持って知事の事務所に入って行った。そして知事はインド人がこの方法で振る舞うことに、非常に悩まされていた。彼は敬意を表すために帽子を取るべきだ。それに彼は、会見に応じるためにやって来たのだ。だから知事は言った。

「まず帽子を取りなさい。あなたは敬意を表す方法さえ知らないのか」

するとスバシュは自分の傘を取り出した。そしてテーブルの反対側には知事がいた。

彼はその傘で知事の首をつかまえて言った。

「あなたが敬意を望んでいるなら、あなたもまた敬意を表すべきだ。あなたは立つべきだった。もし立てないなら、あなたは私からどんな敬意も期待するべきではない。そして私はあなたのI・C・Sには興味がない。私はただ、あなたが人々とどのように振る舞うかを見るために来ただけだ。しかしあなたは、私に対して無作法に振る舞えると思ってはいけない。あなたのような人々は、イギリスでは私の靴を磨いたものだった」

当然、イギリスでは白人は靴を磨くだろう。

「だから、ただあなたが白人であるというだけでは何も意味しないのだ。あなたの仕事をあなた自身のために続けるがいい」

これらがすべての自由運動を引き起こした人々だった。イギリス政府は完全に忘れてしまった。もし事務員、使用人、奴隷だけを生み出すためにインドで一定の教育制度を作ったなら、インド人にイギリスで教育を受けさせるべきではない。それはこれらの人々が、大英帝国にとって危険になるだろうからだ。そして彼らは危険であることが判明した。彼らは帝国を破壊した。だがそのすべての功績は、英国の大学に行く。

そう、マインドは空っぽだ。それは脳であり、あなたはその中に何でも入れることができる。そして二十五年の教育で、あなたはそれをとても強くすることができるので、あなたは自分のハートを忘れる。あなたは常に惨めなままでいるだろう。その惨めさとは、あなたのハートしかあなたに喜びを与えることができないし、あなたに幸福を与えることはできない、あなたを踊らせることはできない、というものだ。マインドは計算できるが、それは歌を歌うことができない。それらは全くマインドの能力ではない。だからあなたは、あなたのハートであるあなたの本性と、あなたの頭にある社会の間で裂き離される。そして確かにあなたは、そして誰もが、これらの二つの中心を持って生まれる。それがその困難さだ。

そして一つの中心は空っぽだ。よりよい社会では、それはハートに仕えるためにハートに従って使われるだろう。それから歓喜に満ちた大きな生になるだろう。だが現在まで私たちは、腐った考えで醜い社会の中で生きてきた。彼らはマインドを使ってきた。そしてマインドは使われ得るという弱さがそこにある。

今、共産主義者は一つの方法でそれを使っている。ファシストは一つの方法でドイツでそれを使った。他のすべての宗教は、違う方法でそれを使っている。しかしその弱さはあらゆる個人に関してある。つまり、あなたは空虚さをもたらすマインドを持っている、ということだ。実のところ、それは存在の恩恵なのだが、誤用され、利用される。空虚さがあなたに与えられているのは、あなたがマインドをあなたのハートに、あなたの切望に、あなたの可能性に完全に役立てられるようにするためだ。それについて何も間違いはない。しかし世界中の既得権を持った人たちは、それが自分たちのための、ハートに反対してマインドを使うための、素晴らしい機会であることに気づいた。だからあなたは惨めなままでいて、彼らは自分たちが望むどんな方法でもあなたを搾取できるのだ。

だから全世界は惨めになっているのだ。誰もが愛されたい、誰もが愛したい。だがマインドは大変な障壁であるので、それはあなたが愛するようにさせないし、またあなたが愛されるようにもさせない。両方の場合において、マインドはそのようにやって来てすべてを歪め始める。そしてたまたまあなたがある人と出会って愛を感じて、その人があなたに愛を感じても、あなたのマインドはそうさせようとしない。それは違うシステム、違う宗教、違う社会によって訓練されてきた。

私の友人の一人はアメリカの女の子と結婚した。彼は物理学の教授で、アメリカで勉強している間に彼は女の子に、美しい女の子に恋をし、彼の両親の望みに逆らって彼女と結婚した。そのため彼らは敵になった。彼らがインドに戻った時、彼の両親は自分たちの家に彼らを受け入れなかった。

私はパーティーを、彼らの結婚のための歓迎会を催さなければならなかった。だが一ヶ月で、私はそれが続かないことがわかった。私の友人の一人は私と一緒に滞在していた。そして彼は非常に美しい人で、器用貧乏だ――が、彼はあらゆることを知っている。だから彼は非常に興味深く、非常に影響力がある。

表面的には彼はどんな主題に関しても、どんなものに関しても、あなたに感銘を与えるだろう。あなたは後になって、それはただ表面的なものにすぎないことを知るだろうが、その時までに彼は自分の仕事をやり終えている。

彼がするすべてはお金を借りることだ。彼は博士だ。彼は教授でいることができたが、彼は「私はこのすべてに悩まされたくない。私は借りることを楽しんでいる」と言う。

私は「あなたは、これがどれだけ長く続くかを考えるべきだ」と言った。

彼は言った。「あなたはわかっていない。私は決して二度と同じ人からは借りない。そして世界はとても大きく、生はとても短いものだ。私はうまくやり遂げるだろう」

そこで彼は、アメリカの女の子をもて遊び始めた。彼女は非常に感銘を受けた――彼は非常に印象的な人だ、と。それでも彼女と結婚した教授は、とても嫉妬を感じていた。彼はまさにインド人のマインドを持っていた。インド人のマインドは、自分の妻が他の誰かと一緒に水泳プールに行く、ということを思い浮かべることはできない。そもそも、どんなインド女性も水泳プールに行かないだろうし、たとえ行くとしても自分の夫と一緒に行くだろう。だが彼女は、ある見知らぬ者と一緒に行った。

彼女は自転車に乗って、彼と一緒に外出していた。彼らはトランプをしていた。夫は大学にいたが、彼は自分の妻とその相手について絶えず心配していた。それは彼が完全に自由で、何もしていなかったからだ。

すぐに結婚は破綻した。彼らは絶えず争っていた。私は彼らに話した。

「あなた方はお互いを愛しているが、その状況を理解していない。あなた方のマインドは非常に異なって教化されている。彼女は自分がある友人と水泳プールに行っても、そこに何か間違いがあることがわからない。彼女は自分の子供時代からそうしていた。あなたはその考えを思い浮かべることができない。妻は自分を覆い隠しているものを開けるべきではない、というあなたの考えは、あなたが自分の家族の中で、自分の社会の中で見てきたものだ」

インドの女性たちが使うサリーは、顔の上を覆うために垂らされている。彼女は見知らぬ者の前で、覆いを取り除くべきではない。

「あなたはそのような人々に育てられてきた。あなたは、ある見知らぬ人と手を握っている自分の妻を理解できない。彼らは楽しみ、テニスをして、散歩に行っている。そしてあなたはただ座っていて、不要に激高している。あなたは考えるべきだった。この類の結婚はうまく行くことはない、と言うあなたの両親は正しかった」

そして私は、インド人と外国人の間でのどんな結婚も成功するのを見たことがない。二つのマインドは違う考えで育てられている、違うプログラムで満たされている、という単純な理由のために彼らは常に失敗する。

幸福であることはあらゆる人たちの生得権であるが、あいにく社会は、私たちが共に生きてきた人々は、私たちを世界の中に連れて来た人々は、それについて何も考えなかった。彼らは動物のように人間をただ繁殖させてきただけだ。それがさらに悪いのは、少なくとも動物は条件付けられていないからだ。

この条件付けのプロセスは、完全に変えられるべきだ。マインドはハートの使用人であるように訓練されなければならない。論理は愛に仕えるべきだ。その時、生は光の祝宴になることができる。

第44章

充分に見守ることは最大の魔術だ

Watchfulness is the greatest Magic

質問一
夜眠りに就く時、私はとても信じ難い超現実的な夢に心を奪われ、朝起き上がる時に同じベッドにいることに驚くほどです。
夜に夢を見るようになるこの驚くべきエネルギーを、充分に見守ることにつぎ込む方法があるでしょうか？

夢を見る現象と充分に見守ることとは、全く異なることだ。ちょっと一つのことを試してごらん。毎晩、眠りに就く、あなたはちょうど半分目覚めていながら、半分眠っている、睡眠の中にゆっくりより深く入って行く、そして自分自身に繰り返す、「私はそれが夢であることを覚えていられるだろう」と。

寝入るまでそれを繰り返し続けなさい。数日かかるだろうが、ある日驚くだろう。いったんこの考えが無意識の中に深く沈んだら、あなたは夢を夢として見ることができる。その時それは、あなたへの支配力を持っていない。それからゆっくりと、あなたの注意深さがより鋭くなるにつれて、夢は消える。それらは非常に内気なのだ。それらは見られたくない。

それらは無意識の暗闇の中にしか存在しない。注意深い状態が明かりを持ち込む時、それらは消え始める。だから同じ実習をやり続けてごらん。そうすれば夢を取り払うことができる。すると驚くだろう。夢を取り払うことには多くの含意がある。もし夢が消えるなら、昼間でのあなたのマインドのおしゃべりは以前ほど多くはないだろう。

二番目に、あなたは未来にではなく、過去にではなく、よりこの瞬間にいるだろう。

三番目に、行動に関するあなたの強烈さ、あなたの全面性は増大するだろう。

夢は病気だ。それが必要なのは人が病気だからだ。だが、もし夢が完全に落とされ得るなら、あなたは新たな種類の健康を、新たなビジョンを達成するだろうし、あなたの無意識的なマインドの一部は意識的になるだろう。そこであなたはより強い個性を持つだろう。あなたは何をしようとも、決して後悔しないだろう。なぜならあなたは、後悔が全く無関係であるほど意識的にそれをしているからだ。

充分に見守ることは、人が学ぶことのできる最大の魔術だ。それはあなたの、存在全体の変容を始めることができるからだ。復活が起こるのは——あなたが生まれ変わるのは、充分に見守ることを通してだけだ。

質問二

なぜ催眠をかけられることは、ある人々にとって難しいのでしょうか？　それは催眠をかけている人を、信頼していないからでしょうか？　それとも私たちは、催眠をかけられ得る人たちほど受容的ではないのでしょうか？

多くの可能な理由がある。最も重要なものは——もしその人の知能指数が非常に低いなら、彼は催眠が何であるかを、そして彼は何をすることになっているのかを理解できないだろう。馬鹿は催眠にかからない。動物は催眠にかかるが、馬鹿は催眠にかからない、ということは覚えておくべきものだ。動物には私たちのような知性がないかもしれないが、馬鹿ではない。

馬鹿とは、マインドが全く成長していない、ゼロである人のことだ。彼は言われつつあることを、自分を導こうとしている所を、そしてなぜ自分はそれをするべきなのかを理解できない。知的な会話は不可能だ。馬鹿は人間のように見えるが、内側では動物のさらにはるか後ろにいる。

まず、馬鹿は催眠にかからない。

第二に、常にあらゆることを疑う人は、根深い疑惑を持つ人は催眠にかからない。彼の疑惑は自分を催眠術師と同行させせないだろう。

第三に、自分は知識人であると思っている人々、借りものの知識で一杯だが、彼ら自身のどんな知性もない人々は催眠にかからない。彼らには知識人は催眠にかからない、そして自分たちは知識人だ、という考えがあるからだ。最終的かつ基本的に、信頼できない人はかからない。

それには完全な信頼が必要だ。なぜならあなたは暗闇に、未知のものに入ろうとするからで、あなたはその人の意図が何であるかを知らず、あなたが催眠の下にある間に、彼はあなたをどうすることができるのかがわからないからだ。

かつて私はムンバイにいて、非常に裕福な家族の所に泊まっていた。彼らは私に言い張った。

「あなたはいつも働きかけていて、人々に、会合に、委員会に巻き込まれている。今晩、あなたは自由なままでいるといい。私たちは偉大な催眠術師を招こうとしていて、彼は私たちに催眠に関するトリックを少しだけ示すことになる。あなたはそれを楽しむだろう」

娯楽のためにではなく、ただこの偉大な催眠術師がどんな種類の人なのかを見るために、私は残っていた。彼らは家そのものに小さな観客室を持っていた。彼らは裕福な友人たちを招待したので、そこには少なくとも二百人の人々がいた。そして催眠術師は五人の人々を呼び寄せた。

「誰でも来ることができます」

五人の人々が壇上に上がった。彼はその人たちに催眠術をかけて、それから彼らに言った。

「ちょうどあなたの前に雌牛が立っています。さあ、その牛から乳を搾り始めてください」

すると彼らは、すぐにインド人のやり方で座り、雌牛から乳を搾り始めた。そこに雌牛はいないので人々は笑って楽しんでいたが、催眠をかけられた人はどんな人の歓声も聞くことはできなかった。彼はこのような事をした。

ショーの後で、彼は私に紹介された。私は彼に言った。

「この馬鹿げたことを止めなさい。催眠術が非難されるのは、あなたのような人々のせいだ。今、あなたが催眠術をかけられた人をバカにしたやり方がわかった人々は、決して催眠術にかからないだろう。彼らは信頼を失った。あなたは彼らを物笑いにするだろう。あなたは、催眠の科学のためのどんな奉仕もしていない。あなたは敵だ。他の仕事を見つけなさい。あなたは二百人の人々が、五人の人々をバカにするあなたを見ているという簡単なことがわかっていない。今、これらの人々は、自分たちのマインドにこの考えを持ち運ぶだろう」

世界中のすべての知識人たちには、知識人は催眠術にかからないというこの考えがある。しかし本当の理由は、彼らが信頼できないからだ。信頼は思考ではなくハートの、感覚の人を必要とする。そして催眠を娯楽として使うこれらの人々は、みんな法律によって止めさせるべきだ。それは犯罪だ。彼らは途方もなく貴重な科学を台無しにしている。

マスターだけが許されるべきだ。そしてその時も、彼は彼自身の弟子にだけ、催眠をかけるべきだ。それをあざ笑うためではなく、弟子の意識を増大させるため、弟子の知性を増大させるため、彼らをより統合させ、より強化させるために彼らの間違った習慣を変えるため、彼らにより以上の勇気とスタミナを与えるために、催眠をかけるべきだ。

そして他の学生や他の弟子が、催眠は恩恵であり得ることがわかる時、途方もなく恐れていた同じ人はすべての恐怖を、死の恐怖さえ失う。いつも惨めであった同じ人は自分の惨めさを失い、常に喜びの状態にいる。より多くの信頼が生み出され、ますます多くの人々は、催眠をかけられる用意ができるだろう。その準備状態、その信頼、その受容性が欠けているのは、何世紀にもわたって催眠術が誤用されてきたからだ。

魔術師、興行師、芸能人のような人々――間違った種類の人々が催眠を非難させてきた。

それは人類にとって、非常に大きな祝福になり得る。あなたがそれに入るためには、信頼、受容性、知性が必要になる。これらすべては、あなたが新たな次元、新たな才能、新たな天才的素質を達成する時に強化されるだろう。それからあなたはその中に戻ることが、さらにもっと可能になるだろう。

そしてすぐに、愛情深く同情的であなたを傷つけることがなく、あなたに苦痛を与えるとは想像できないマスターによって催眠をかけられた人は誰でも――。あなたに催眠をかけるわずかなセッションの後に、彼は自己催眠という新たな段階を始めるだろう。

深い催眠状態で彼はあなたに言う。

「今、あなたは自分自身に催眠をかけることができる。あなたには私が必要ではないし、他の誰も必要ではない」

だから彼は、精神的な奴隷状態を作り出すために催眠を使おうとしていない。彼はあなたが以前に持っていたより以上の、精神的な自由をあなたに与えるためにそれを使うだろう。そしてあなたが自分自身に催眠をかけることができる日は、偉大な日だ。貴重な何かが達成されている。

その時あなたはそれを用いて、自分自身について奇跡をすることができる。あなたは自分が常に変えようとしていた物事を、変えることができる。あなたは常に変えようとしてきたが、それらを変えようとすればするほど、より難しくなる物事を変えることができる。

私はコルカタで、ソナラルというある老人とよく一緒に滞在していた。彼は最も偉大な賭博師としてインド中で有名だった。彼は決してどんな帳簿もつけなかったので、一セントの課税も決して政府に支払わなかった。私は彼がその仕事をどうやって維持していたのかに驚いた。数百万ものギャンブルでの獲得金を、どうやって帳簿をつけたのだろうか。それで私は、彼の家に滞在した時に尋ねた。彼は私を浴室に連れて行った。浴室の至る所が彼の帳簿だった。その壁の上に書かれていた。

だからどの税務署の役員も、彼が自分の浴室の壁の上に、違う国からの、違う人々についてのすべての帳簿を——どこで、どの銀行で、どんな数か、どんな電話番号か——というあらゆることを書き記すとは想像することができない。彼は「ここが私の会計事務所だ」と言った。

そしてその浴室にさえ、彼は六台の電話機を持っていた。彼は絶えず電話に出ていた——二台の電話機は常に彼の手の中にあった。容易に彼と話すことはできなかった。それはとても難しかった。

彼は私に、自分は最も大きな精神的な事として、禁欲を尊ぶ特定の宗教に属していると言った。彼は三回禁欲の誓いを立てた。一人の人が私と一緒にいて、彼は大変な感銘を受けた。ソナラルが家の中へ仕事をしに行った時、彼は「これは偉大な人だ。三回もとは！」と言った。

私は言った。「あなたは馬鹿だ。彼が自分は禁欲の誓いを三回立てたと言う時、それは単に彼は決して四回は立てなかったということだ。彼はそれが不可能だと理解したのだ」

彼は言った。「しかし……私は全然考えなかった。私は単に『三回も！』と考えただけだ」

ソナラルが戻って来たので、私は彼に尋ねた。「四回目に何が起こったのだ？」

彼は言った。「私は勇気を集めることができなかった。三回失敗して、毎回私はより罪を感じるようになり、恥ずかしくなったからだ。そして私は高齢だ」

彼はその時七十歳だった。「まず第一に、集会で立ち上がって禁欲の誓いを立てると、人々は笑う。彼らはこの七十歳を見る——それも四回目のためにだ」

私は言った。「その必要はない。あなたの宗教と宗教指導者はわかっていない。禁欲は抑圧なしで可能だ。そのような段階では、私はそれを罪とは呼ばないだろう。だがそれは、自己催眠を通して為されるべきだ。どんな誓いも立てる必要はない」

彼は非常に興奮していた。

彼は言った。「何でもしよう——だが私は死ぬ前に禁欲でありたい。なぜならこれは私が自分の人生で失敗した唯一の事だからだ。私はどんなことにも、決して失敗したことがない」

彼は数百万ドルを解放運動に与えた。だから総理大臣や大統領、そして閣僚になったすべての指導者たちは、彼を父親的人物のように見ていた。

総理大臣であったパンディット・ジャワハルラール・ネルーは彼に言った。

「税金をイギリス政府に与えないことは問題なかったが、今、それはあなた自身の政府なのだ」

彼は言った。「覚えていてほしい、それがどの政府であるかは、私にとって重要ではない。あなたが思う私が課税に支払うべき額を私は二回寄付できるが、課税だと？　私は収めない。あなたは私をつかまえることはできない。どんな帳簿も持っていないからだ。私を除いては誰も、私がどれだけお金を持っているか、どれだけお金が費やされているか、それがどこで費やされているか、どのように費やされているかがわからない。私には秘書はいない。だから決して、どんな税金も要求しないでくれ」

「あなたは常に寄付を求めることができる。もしあなたの政府に寄付が必要なら、私は用意ができている。ちょうどあなたが解放を求めて戦っていた時に、私があなたに与えていたように、私は今あなたに与えることができる。あなたの政府にそれが必要な時に」

そして彼は決して、どんな税金も納めなかった。独立したインド政府にさえもだ。

彼は言った。「私には私自身の原則がある。私は誰の使用人でもない。だがこの禁欲については私の中に傷がある。私は三回失敗した。そして私はどんなことにおいても、失敗して死にたくない」

そして彼は稀な勇気のある人だった。私は違う種類の人々に会ってきたが、これまでそのような勇気を持つ人を、これまで誰も見つけたことがなかった。

彼がジャイプールで最初に私と会った時――そこは彼の故郷だった――私のことを耳にしてやって来て、私の足に触れて一万ルピーを差し出した。しかし私は言った。

「私にルピーは必要ない。私は一人でただ旅をしているだけで、私の友人たちが私の経費、移動、食事、宿泊などの世話をしてくれるからだ。その必要はない」

目に涙を浮べて彼は言った。「拒否しないでくれ。私を傷つけないでくれ。なぜなら私は貧しい男だからだ。あなたに与えられるものを何も持っていない。私にはお金しかない。私は自分より貧しい人を見つけることができない。ただお金だけで他には何もない。だから誰かがお金を拒否する時、私は他に何も持っていないため、私を拒否していることになるのだ。拒否しないでくれ。もしあなたがそれを投げ捨てたいなら、投げ捨てればいい。一度私があなたに与えたら、それは私に関わることではない」

私はそのお金をジャイプールで私の講話を計画していた組織に与え、その日から――彼は非常に高齢だった――彼は私と非常に親しくなり、そしてこう言った。

「私はインドのすべての大都市に家がある。だからあなたはどこに行こうとも、私の家に滞在できる。ただ私に知らせてくれればいい。そうすれば私はそこにいるだろう」

彼はムンバイ、ハイデラバード、マドラス、シムラ、コルカタなど、どこにでも美しい大邸宅を持っていた。彼は言った。「私は充分に獲得してきた。ただこの禁欲は私にとって厳しいものだ」

私は言った。「それは非常に簡単な問題だ。この年齢でそれは完全に正しい」

私は彼と一緒にいた間に、二、三回彼に催眠をかけた。それから私は彼に後催眠暗示を与えた。今、あなたは自分自身で催眠をかけることができるだろう。

そしていったんその後催眠暗示が与えられたら、その人は自分自身で催眠をかけることができる。どんな策略でも使うことができる。一から七まで、または一から十まで数えて、そして自分自身に「私は十分で目覚めるだろう」と言いなさい。決してそれを忘れてはいけない。なぜならそうしなければ、あなたを起こす人は誰もいないからだ。あなたは死なないだろうが、睡眠のように催眠の下でほとんど同じ期間を、六時間から八時間を過ごすかもしれない。もしあなたに時間があるなら、それを言う必要はない。なぜなら催眠的な睡眠には、全く異なる美しさがあるからだ。それはとても柔らかく、とても静かだ。まるであなたがもう存在していないかのようなものだ。そして突然、あなたは目覚める。

私は言った。「催眠に入る前に三回繰り返しなさい。『私は禁欲的なままでいたい』と。それで充分だ」

六ヶ月後に私はマドラスで再び彼と会い、彼に「禁欲についてはどうなった?」と尋ねた。

彼は言った。「これは驚きだ。どんな誓いもなしに、精神的な指導者のところに行って告白することもなく、それは簡単に消えた。私はなぜセックスがそれほど私を支配していたかに、ただただ驚いている。私はそれを覚えてさえいない」

あなたは催眠状態で手術さえできることを知って驚くだろう。どんな麻酔もなしに、大きな手術を、危険な手術をすることができる。催眠は未開拓の科学であり、それを娯楽的なものにした少数の愚か者のために不要に非難されている。

信頼は始めるための基礎になる。あなたは自分一人でも始めることができるが、問題は、あなたが自分自身を信頼していないことにある。さもなければ問題はない。あなたに催眠をかけるために、他の誰も必要ではない。あなたは自分で催眠をかけることができる。だがそれは難しい。誰も自分自身を信頼していない。あなたは自分自身を知っている、自分がどれほど当てにならないかを知っている。自分がどれほどずる賢いかを知っている。自分が何かを言っても、あてにならないと知っている。あなたは自分が明朝早く起きようと決心することを知っているが、決心する時、その時でさえ、あなたはそれが起こらないだろうと知っている。

だからあなたは、自分自身を信頼できない。それが問題だ。だから他の誰かが、あなたが信頼できる誰かが、あなたがどんな恐れもなしに、その人の手の中で自分自身を自由にさせられる誰かが必要になる。そしてあなたに催眠をかける人は、彼が本当にあなたを愛しているなら、あなたにできるだけ早く自己催眠へ入ってほしいと思うだろう。その時あなたは完全に自由だからだ。その時あなたは、自分がそれを用いてしたいことを何でもすることができる。

喫煙を止めたいなら実に簡単にできる。あなたの中で自分は不可能だと思う何かを変えたいなら、試してみることができる。何も不可能ではない。あなたはこれを変えようと、それを変えようと何度も決めてきたが、常に失敗した。その決心は意識に留まっているが、行動は無意識から来るからだ。それらは出会わない。無意識は意識が決めるどんなことも決して聞こうとしないし、意識は無意識を支配できない。無意識はとても広大だ。

催眠の秘密は、それがあなたを無意識へ連れて行くことにある。その時あなたは、無意識の中にどんな種でも蒔くことができる。それは成長し、開花するだろう。その開花は意識に起こるが、その根は無意識に留まるだろう。

私に関する限り、催眠はミステリー・スクールの最も重要な部分の一つになろうとしている。ただ少しの信頼を、少しの無垢さを要求するだけの、そのような簡単な技法は、あなたの生に奇跡的な変化をもたらすことができる——それも普通の物事の中にだけではなく。

ゆっくりと、それはあなたの瞑想の道になることができる。

あなたは瞑想するが、成功しない。あなたは見守ることに成功しない。あなたは思考で混乱させられて、見守ることを忘れる。あなたは後になって思い出す。「私は見守ろうとしていたが、私は考えている」催眠はあなたを助けることができる。それは見守る者と思考を別々にすることができる。

スピリチュアルな成長にとって、私は催眠より重要な何かがあるとは思わない。

質問三

あなたがご自身のワークのそれぞれの新たな段階を発表した時、私は非常に興奮して自分自身にこう言いました。「すごいぞ！　今、私たちは本当にワークを始めようとしているのだ」。そしてその変転におけるそれぞれの局面は、それ以前のものより驚異的でした。

今、あなたはミステリー・スクールについて話します。私のマインドは叫びます、「おい、それは秘教的に聞こえるぞ。でもＯＳＨＯは常に、真実は秘教的ではなく完全に実用的な、公然の秘密であることを強調しているじゃないか」と。それこそが私のマインドが言っていることです。

もし物事がそうではないとしても、私もそれに加えてください。私はずっとあなたと一緒に来ています。また、ミステリー・スクールはすでに始まっているのですか？　それは始まっていないのですか？

それは始まっている。そして真実は両方だ。それは実用的であり、そして秘教的だ。

私はそれが実用的であることを強調していた。それらの段階においては、私の人々にどんな秘教的なワークにも没頭してほしくなかったからだ。実用的なワークが正しい基礎だ。その基礎なしでは、秘教的なワークは単なる夢見に過ぎない。だから私は秘教的なワークにずっと反対していたのだ。

私は非常に数学的な人間だ。それは、基礎が築かれつつある時には、その上に建てられようとしている寺院や、それがどのようにあろうとしているか、どんな種類の建築様式であるかについて話すべきでない、という意味においてだ。なぜならそのすべては、基礎的なワークを妨害するからだ。私はあなたに、完全に基礎だけに関わっていてほしかった。そうすれば、後になって基礎を忘れることができ、寺院を建て始めることができるようになる。

真実は神秘であり、それはミステリー・スクールにおいてのみ発見され得る。そしてこの段階は最も貴重になろうとしている。私たちが前にしてきたことは、すべて準備だった。ミステリー・スクールは浄化を作り出すだろうし、その成果は完璧であるだろう。

だから知的にしか私を見ない人々は、矛盾を見つけるだろう。だが、より包括的な人生観を持つ人々はどんな矛盾も見つけないだろう。私は、ある日あなたを秘教的なワークに導き入れなければならないことを完全によく知りながら、秘教的なワークを否定してきたのだ。だが、あらゆることにはその時機というものがあり、それ以前ではない。さもなければ、それはただただ混乱を引き起こすだけだ。

そして、もし秘教的なワークがどんな基礎もなしにあなたに導入されたら、あなたはその基礎に働きかけようとしない。それは興味深くないからだ。秘教的なワークは本当にとても興味深いが、私はあなたに基礎なしで寺院を造ってほしくない。それは何度も起こってきた。その時寺院は倒れ、それを建てていた人々を破滅させる。

「秘教的」という言葉は単に、それを客観的に、科学的にはできない、ということを意味する。それは内側の何か、主観的な何かであり、とても神秘的で非常に奇跡的な何かだ。そのため、それを経験することはできるが、説明することはできない。あなたはそれを持つことはできるが、それでも説明することはできない。それは説明を超えたままだ。そして生の中に、あなたが言語にまで下げることができない、客観的な世界にまで下げることができない何かが、常に超えたままである何かがあるのは良いことだ。あなたはそれと一つになることができる。それがスクールのワークになろうとしている。

私は自分のワークにおいて自発的であったが、存在そのものが世話をするという、これらが生の神秘と言える。私はそれを存在に任せてきた。

「存在が私にそうして欲しいことは何であれ、私はするだろう」

私は行為者ではない。私は存在が人々に達するための、単なる通路にすぎない。だから私は一度も計画を立てたことがないが、存在はまさにその計画された方法で機能している。だから通過してきたすべての段階は必要だった。そして今、私たちは最終段階に、究極の歓喜《エクスタシー》に入る用意ができている。

歓喜は実用的であることはできない。

愛は実用的であることはできない。

信頼は実用的であることはできない。

すべての貴重なものは秘教的だ。

質問四

昨晩の講話で、あなたの言うことを聞いて、私はあなたの言葉が音になり、あなたの声が音楽になった状態に入りました。そしてあなたの言葉の間の隙間の中で、それはまるで空へ昇っている自分自身に私が気づいているかのように感じました。最初私は、自分が眠りに就こうとしているのだと思いましたが、それはこのようなものではないことがわかりました。

どうか、これを理解するために私を助けて頂けますか?

私は少し風変わりに思われていたスーフィーの神秘家の話を、あなたにしてきた。

弟子でさえ、彼らが非常に恥ずかしくなる状況を彼が作り出すことを、恐れていた。

一度それは起こった――。彼は宗教的な講話をするためにモスクに行き、街全体が笑うようなやり方で自分のロバに座っていた。弟子たちは全く恥ずかしく感じていた。なぜなら彼はロバが進んでいた方向に顔を向けていなかったからだ。彼はロバが進んでいたモスクに背中を向けて座り、彼の後をついて行った生徒たちに顔を向けていた。

当然人々は、店や自分の家から外に出て笑い、そして言った。

「この男は本当に狂っている。少数の人々が彼をマスターだと思うのはおかしなことだ。さあ、彼がどんな馬鹿げたことをしているかを見るがいい。これがロバに座る方法なのか?」

そしてすべての学生たちは、非常に気まずく感じていた。どこへでもマスターと一緒に行くことは問題になる。彼らがモスクに到着した時、学生たちは尋ねた。

「そこへ入る前に、あなたに説明を求めます。あなたはなぜそうしたのですか?」

彼は言った。「私はそれについて非常によく考え、それに瞑想した。もし私が、人々が自分たちの動物に座る方法で座るなら、私の背中はあなた方に向けられるだろうし、それは侮辱することになる。それはあなた方に敬意を表していないことになる」

一人の学生が言った。

「それなら、私たちに話すべきでした。私たちはあなたの前方にいることができました」

彼は言った。「それは私への侮辱になるだろう。あなた方の背中が私に向けられるのか？　それはさらにもっと悪いことだ。だから最終的に私は、最も良い方法は私があなた方に顔を向けながら座り、あなた方は私の後をついて来ることだと理解したのだ。そして、あなたは常にそのような方法でロバに座るべきだと書かれてある宗教経典は全くない。それは非宗教的ではない。ロバに座る方法が書かれてある礼儀の本は全くない。それは私たちのロバであり、誰もそれについて思い悩まされる権利はない。そして私は完全に正しい方法を見つけた。私はあなた方に顔を向け、あなた方は私に顔を向けている。誰も他の誰かに無礼でいることはない。それの何が間違っているのだ？」

このマスターは帰依者たちと一緒に滞在していた。彼らは彼が何かをするかもしれないと心配していた――。「彼は大騒ぎを起こす何かをするはずだ。それで近所の人たちは集まるだろう。彼が夜に来たことは良かった。彼を地下室に入れて鍵をかけるべきだ。そうすればどんな問題も生じない、少なくともその夜は――。そうすれば私たちは静かに眠ることができ、近所の人たちは静かに眠ることができる」

だが真夜中に、彼らは屋根から聞こえて来る騒々しい笑いを聞いた。彼らは言った。

「何ということだ、彼はどうやってうまく屋根の上に登ったのだ？」

彼らが急いで駆け上ると、彼は笑い転げていた。

そして彼は言った。「それは全くすごい体験だ。あなた方は私をうまく地下室に入れた。さもなければ私はしくじっていただろう」

彼らは「どうか言ってください。何が起こったのですか?」と言った。

彼は言った。「私は上方に落ち始めた。すべての信望は頂上(roof 屋根)に行く。どうにかして私は屋根にしがみついた。さもなければあなたは私を見つけなかっただろう。私はとても速く上方に落ちていた。私は物は下方にしか落ちないと聞いてきた。これは、上方に落ちるという新しい体験だ」

すべての近所の人たちはそこにいて、誰もがランプを持ってやって来た。そして彼らは、「何が起こったのだ?」と尋ね始めた。そして家にいた人々は、何が起こったのか話すことさえできなかった。

マスターは言った。「心配しなくていい。私が説明しよう。これらの人々には説明できない。私は上方に落ち始めたのだ」

彼らはみんな笑って、そして言った。「私たちはこれらの人々に言ってきた、『その狂人に巻き込まれてはいけない。彼はどんな状況でも作り出すことができ、あなた方みんなを愚かに見させることができるのだ』と」

だが、人は上の方に落ちることができるというのは有名なスーフィーの声明だ。あなたが尋ねているその状態――私の言葉が音になり、私の声が音楽になり、その間の隙間の中で、自分は上方に昇っていると感じた、とあなたが気づいた時――これこそが上方に落ちることで、スーフィーが意味することだ。その物語はまさに象徴的だ。誰も地下室から屋根に落ちることはできないが、それは多くを語っている。

ちょっとあなたが感じたものを見てごらん。私の言葉は音になった。音は源泉だ。音は無意味だ。音が与えられる時、それは言葉になる。言葉は二次的なものだ。音は源泉だ。

だから私は、最初に言葉があったという聖書の物語を批判したのだ。それは不可能だ。なぜなら言葉は最初にあることはできないからだ。言葉は、それは意味のあるものでなければならない、ということを意味している。だが、誰が意味を与えるのだろう？　そこには他に誰もいなかった。

東洋では、それはもっとはるかに奥深い。それぞれの古いヒンドゥー教経典はオームで始まる。それは音だ。言葉ではない。オームは何も意味していない。「最初に音があった」と言う方がより良かっただろう。あなたは「それからあなたの声は音楽になりました」と言う。それはあなたが全面的に、言われつつあることについて考えてさえいないほど、全面的に聞いていることを意味している。自然に意味は消えるだろうし、言葉は音になるだろう。そして意味が消えるなら、声は音楽になるだろう。そして音と音楽の間の隙間で、静かな隙間で、あなたは自分が上方に昇っていると感じた。

東洋では重力への正反対の考えがあり、遅かれ早かれ科学はそれを受け入れなければならない。それは空中浮揚と呼ばれる。ちょうど物が下に落ちるように、物は上方に昇ることができる。

重力は下方への道で、空中浮揚は上方への道だ。全くの沈黙において、あなたはもはや自分の身体に閉じ込められない。あなたの身体は重力の影響下にある。それは上方に落ちることはできない。

しかしあなたは身体ではない。あなたは純粋な意識だ。実のところ、あなたが身体の中にいるのは奇跡だ。身体に影響を与える重力のために、あなたは大地に付着したままでいる。だが絶対的な沈黙において、突然身体に対するあなたのすべての愛着は消え、マインドに対するあなたの愛着は消える。なぜなら、今や言葉は音になったからだ。マインドはそれを思い浮かべることができない。声は音楽になった。マインドにとって、それを理解することは可能ではない。そしてマインドがそれを制御できない状態にあるため、あなたの身体との連結は緩くなる。

マインドはあなたの連結であり、その緩い状態において、あなたはまるで自分が上方に浮かんでいるように感じることができる。あなたの身体はまだ地面に座っているので、もし目を開けるならあなたは困惑するだろう。しかしあなたが体験したものは想像ではない。それは重力と同じくらい真実で、それはただ目に見えないだけだ。あなたはそれを感じることはできるが、見ることはできない。それを恐れてはいけない。それをもっと多く起こらせなさい。突然ある日、あなたは自分が大地ではなく星の近くにいることに気づくだろう。

同じ事が催眠を通して可能になる。もしある人が深く催眠をかけられるなら――それは彼が何度も催眠をかけられてきたこと、そしてますます信頼するようになったことを意味している――。そこには、あなたが実験できる地点に彼がやって来たかどうかを照合する方法がある。

あなたは単に彼に、「身体から出て来なさい。あなたは自分が見たものは何でも思い出せるだろう」と言えばいい。

あなたの意識や魂は、またはあなたが与える名前が何であれ、それは風船のようにあなたの上に浮かぶだろうが、それでも銀のように見える非常に光ったコードであなたの臍に付いている。そしてあなたは、ベッドに横たわっている自分の身体を見ることができる。

ミステリー・スクールでは、誰も邪魔しない場所が必要になる。もしそのような実験が為されるなら、どんな妨害でも危険になり得る。そのコードは壊されるかもしれない。すると魂は再び身体に入ることはできない。その時その人は死ぬ。魂に対してはどんな傷もないが、世界に対してある人を殺したことになる。どんな種類の妨害もあるべきではない。

魂は上方からあらゆることを見ることができる。それからあなたは、「さあゆっくりと身体に戻って来なさい」と言うことができる。そしてあなたは、自分が身体の中に落ち着いているのを、ゆっくりと身体の違う部分に広がっているのを感じることができる。あなたはあらゆることを思い出すだろうと言われるので、あなたが起きて尋ねられる時に、それについて話すことができる。あなたはすべての物事を、何が起こったのかを話すだろう。

これは少なくとも、一万年間実験されてきた。そして常に同じだった。だから私は、それは内側の科学だ、あなたの内的な存在の科学だ、と言うのだ。それは例外が全くなかったからだ。身体から出て行った人々からのすべての報告は、正確に同じだ。たとえば、彼らはみんな自分がシルバー・コードによって臍と接続されているのを感じている。

この経験から逸れて科学者たちは、生命は心臓に集中している、もし心臓が止まるならあなたは死ぬ、と考えるかもしれない。それは真実ではない。心臓は停止し得るが、人は死なないことを確かに証明する実験があった。十分後に彼は生き返り、心臓は再び動き始まる。霊的な科学によると、生命は臍のほんの二インチ下にある。子供は臍によって母と繋がっていた。そして臍は、二インチ下にある内側の源泉に授乳していた。それは母親の生命から切断されるが、まだ同じ場所から宇宙と繋がっている。それは心臓にはなく、臍よりほんの二インチ下にある。

そしてこのため、日本ではある事が発展した。ハラキリ(切腹)だ。切腹は特別な種類の自殺だ。ハラは臍の下のセンターの名前だ。生命はそこにある。そして日本でのみ、その位置を正確に突き止めることが可能だった。日本の伝統の中のある発展がこの地点に導いた。もしあなたが自殺したいなら、最も良くて最も迅速で最も安楽な方法は、ただナイフをハラのセンターに入れることだ。それでコードは切られる。それは数秒以内に起こり、その人は死ぬ。だが彼はどんな苦痛も経験しない。

そして健康の科学や医学は、それに注目しなければならない。なぜならもしそれが生命の本当のセンターであるなら、人が死にかけている時や病気の時に、それは栄養を与えられるべきだからだ。ただの支流にすぎない他の場所に働きかけるよりもむしろ、そのセンターに働きかけるべきだ。おそらく医学と健康の完全に新しい科学は、それから生まれることができるだろう。

ハラは日本以外のどこにも認知されてこなかった。しかし日本はそれを証明した。そこに生命のセンターがあることを。なぜなら一秒以内にその人は終わるからだ——それもどんな苦痛も、どんな苦悶もなしで。彼の顔は、彼が生きていた時にそうであったようにある。どんな緊張さえもない。

切腹は奇妙な理由のために発展した。それは日本における侍の訓練の一部だ。侍は特別な種類の戦士だ。彼は瞑想的な戦士だ。生と死は彼にとっては同等だが、名誉、体面、威厳は他のどんなものよりも高い。だから、もし彼が屈辱に感じる何かが起こるなら、それは生きる価値がなく、彼は切腹を犯す。

それを自殺と解釈するのはよくないが、他の方法は何もない。

何千人もの侍たちが切腹を犯してきた。どんな侍の高潔さも傷つけることはできない。それは危険だ。彼はあなたを殺さない。彼は自殺するだろう。生は意味を失った。人々が彼を尊敬できないのなら、彼が生きなければならない理由は全くない。そして彼は尊厳をもって生きている。侍は人間の個性の特別な発達であり、全く自由に捧げられている。何であれ彼を傷つけるものは、または何であれ彼の自由を、彼の名誉を壊すものは——。

第二次世界大戦において、あなたは日本を破壊することはできるが、あなたは勝つことはできない、ということは危険だった。状況を変えたのは原子爆弾だった。さもなければ普通の戦争では——。

わずか数年前、第二次世界大戦の十三年後に、ある人が森に隠れているところを、まだ戦っているところを発見された。いつであれ彼が機会を見つけられる時は、アメリカ人を殺してそれから森に戻るだろう。彼は第二次世界大戦の十三年後に捕まえられて、日本は敗れたと言われた時、彼はそれを信じられなかった。

彼は言った。「それは不可能だ。日本は破壊されることはあり得ても、敗れることはできない。それは侍の国土だ。私たちは尊厳をもって生きていて、尊厳をもって死ぬ」

彼はそれを信じられなかった。十三年が過ぎたが、彼はまだ日本のために、一人で戦っていた。瞑想と剣道、または弓道、または他の戦士の道は繋げられてきた。私たちにとって、人は自分自身を殺すべきだ、ということはやり過ぎているように思えるが、切腹を犯してきたその何千人もの人たちにとってそれは問題ではない。彼らは自分自身を殺してはいない。彼らはただ単にこの生から去っているだけだ。この生は生きる価値がない、何かが間違ってしまった、ということだ。ここにいることは、彼らの面目に逆らっている。

催眠を通して、人が上方に昇ることがどのように起こるのか、そして彼がどのようにして再び身体に入ることができるのかに、気づかせることができる。いったんそれをしたら、自分が望むどんな時にでも、あなた自身でそうすることができる、という後催眠暗示を与えることができる。それは、初めてあなたはその牢獄はあなたではないことに気づくという単純な理由のために、途方もなく美しい体験になる。あなたの身体は一つの物だ。あなたは全く違う。あなたは永遠で、不滅だ。

身体は生じて、そして消える。あなたは永遠の時からずっとここにいて、永遠の時までここにいるだろう。

心理学を超えて❷

二〇二〇年十月八日　初版第一刷発行

講　話■ＯＳＨＯ
翻　訳■スワミ・ボーディ・デヴァヤナ（宮川義弘）
照　校■マ・ギャン・シディカ
装　幀■スワミ・アドヴァイト・タブダール
発行者■マ・ギャン・パトラ
発行所■市民出版社
〒一六七―〇〇四二
東京都杉並区西荻北一―十二―一　エスティーアイビル
電　話〇三―六九一三―五五七九
ＦＡＸ〇三―六九一三―五五八九
郵便振替口座：〇〇一七〇―四―七六三一〇五
e-mail：info@shimin.com
http://www.shimin.com
印刷所■シナノ印刷株式会社
Printed in Japan
ISBN978-4-88178-282-8 C0010 ¥2500E

付録

●著者（ＯＳＨＯ）について

ＯＳＨＯの説くことは、個人レベルの探求から、今日の社会が直面している社会的あるいは政治的な最も緊急な問題の全般に及び、分類の域を越えています。彼の本は著述されたものではなく、さまざまな国から訪れた聴き手に向けて、即興でなされた講話のオーディオやビデオの記録から書き起こされたものです。

ＯＳＨＯは、「私はあなたがただけに向けて話しているのではない、将来の世代に向けても話しているのだ」と語ります。ＯＳＨＯはロンドンの「サンデー・タイムス」によって『二十世紀をつくった千人』の一人として、また米国の作家トム・ロビンスによって『イエス・キリスト以来、最も危険な人物』として評されています。

また、インドのサンデーミッドデイ誌はガンジー、ネルー、ブッダと共に、インドの運命を変えた十人の人物に選んでいます。

ＯＳＨＯは自らのワークについて、自分の役割は新しい人類が誕生するための状況をつくることだと語っています。彼はしばしば、この新しい人類を「ゾルバ・ザ・ブッダ」――ギリシャ人ゾルバの世俗的な享楽と、ゴータマ・ブッダの沈黙の静穏さの両方を享受できる存在として描き出します。

ＯＳＨＯのワークのあらゆる側面を糸のように貫いて流れるものは、東洋の時を越えた英知と、西洋の科学技術の最高の可能性を包含する展望です。

ＯＳＨＯはまた、内なる変容の科学への革命的な寄与――加速する現代生活を踏まえた瞑想へのアプローチによっても知られています。その独特な「活動的瞑想法《アクティブメディテーション》」は、まず心身に溜まった緊張を解放することによって、思考から自由でリラックスした瞑想の境地を、より容易に体験できるよう構成されています。

●より詳しい情報については　http:// **www.osho.com**　をご覧下さい。

多国語による総合的なウェブ・サイトで、ＯＳＨＯの書籍、雑誌、オーディオやビデオによるＯＳＨＯの講話、英語とヒンディー語のＯＳＨＯライブラリーのテキストアーカイブやＯＳＨＯ瞑想の広範囲な情報を含んでいます。

ＯＳＨＯマルチバーシティのプログラムスケジュールと、ＯＳＨＯインターナショナル・メディテーションリゾートについての情報が見つかります。

●ウェブサイト

http://.osho.com/Resort
http://.osho.com/AllAboutOSHO
http://www.youtube.com/OSHOinternational
http://www.Twitter.com/OSHOtimes
http://www.facebook.com/pages/OSHO.International

◆問い合わせ　Osho International Foundation ; www.osho.com/oshointernational,
oshointernational@oshointernational.com

●OSHOインターナショナル・メディテーション・リゾート

場所：インドのムンバイから百マイル（約百六十キロ）東南に位置する、発展する近代都市プネーにあるOSHOインターナショナル・メディテーション・リゾートは、通常とはちょっと異なる保養地です。すばらしい並木のある住宅区域の中にあり、二十八エーカーを超える壮大な庭園が広がっています。

OSHO瞑想：あらゆるタイプの人々を対象としたスケジュールが一日中組まれています。それには、活動的《アクティブ》であったり、そうでなかったり、伝統的であったり、画期的であったりする技法、そして特にOSHOの活動的な瞑想が含まれています。瞑想は、世界最大の瞑想ホールであるOSHOオーディトリアムで行なわれます。

マルチバーシティー：個人セッション、各種のコース、ワークショップがあり、それらは創造的芸術からホリスティック健康管理、個人的な変容、人間関係や人生の移り変わり、瞑想としての仕事、秘教的科学、そしてスポーツやレクリエーションに対する禅的アプローチなど、あらゆるものが網羅されています。マルチバーシティーの成功の秘訣は、すべてのプログラムが瞑想と結びついている事にあり、私達が、部分部分の集まりよりもはるかに大きな存在であるという理解を促します。

バショウ（芭蕉）・スパ：快適なバショウ・スパは、木々と熱帯植物に囲まれた、ゆったりできる屋外水泳プールを提供しています。独特のスタイルを持った、ゆったりしたジャグジー、サウナ、ジム、テニスコート……そのとても魅力的で美しい環境が、すべてをより快適なものにしています。

料理：多様で異なった食事の場所では、おいしい西洋やアジアの、そしてインドの菜食料理を提供しています。それらのほとんどは、特別に瞑想リゾートのために有機栽培されたものです。パンとケーキは、リゾート内のベーカリーで焼かれています。

ナイトライフ：夜のイベントはたくさんあり、その一番人気はダンスです。その他には、夜の星々の下での満月の日の瞑想、バラエティーショー、音楽演奏、そして毎日の瞑想が含まれています。

あるいは、プラザ・カフェでただ人々と会って楽しむこともできるし、このおとぎ話のような環境にある庭園の、夜の静けさの中で散歩もできます。

設備：基本的な必需品のすべてと洗面用具類は、「ガレリア」で買うことができます。「マルチメディア・ギャラリー」では、ＯＳＨＯのあらゆるメディア関係の品物が売られています。また銀行、旅行代理店、そしてインターネットカフェもあります。ショッピング好きな方には、プネーはあらゆる選択肢を与えてくれます。伝統的で民族的なインド製品から、すべての世界的ブランドのお店まであります。

宿泊：ＯＳＨＯゲストハウスの上品な部屋に宿泊する選択もできますし、より長期の滞在には、住み込みで働くプログラム・パッケージの一つを選べます。さらに、多種多様な近隣のホテルや便利なアパートもあります。

www.osho.com/meditationresort

www.osho.com/guesthouse

www.osho.com/livingin

日本各地の主なOSHO瞑想センター

OSHOに関する情報をさらに知りたい方、実際に瞑想を体験してみたい方は、お近くのOSHO瞑想センターにお問い合わせ下さい。

参考までに、各地の主なOSHO瞑想センターを記載しました。尚、活動内容は各センターによって異なりますので、詳しいことは直接お確かめ下さい。

◆東京◆

・**OSHOサクシン瞑想センター**　Tel & Fax 03-5382-4734
マ・ギャン・パトラ　〒167-0042　東京都杉並区西荻北1-7-19
e-mail osho@sakshin.com　http://www.sakshin.com

・**OSHOジャパン瞑想センター**
マ・デヴァ・アヌパ　Tel 03-3701-3139
〒158-0081　東京都世田谷区深沢5-15-17

◆大阪、兵庫◆

・**OSHOナンディゴーシャインフォメーションセンター**
スワミ・アナンド・ビルー　Tel & Fax 0669-74-6663
〒537-0013　大阪府大阪市東成区大今里南1-2-15 J&Kマンション302

・**OSHOインスティテュート・フォー・トランスフォーメーション**
マ・ジーヴァン・シャンティ、スワミ・サティヤム・アートマラーマ
〒655-0014　兵庫県神戸市垂水区大町2-6-B-143
e-mail j-shanti@titan.ocn.ne.jp　Tel & Fax 078-705-2807

・**OSHOマイトリー瞑想センター**　Tel & Fax 078-412-4883
スワミ・デヴァ・ヴィジェイ
〒658-0000　兵庫県神戸市東灘区北町4-4-12 A-17
e-mail mysticunion@mbn.nifty.com　http://mystic.main.jp

・**OSHOターラ瞑想センター**　Tel 090-1226-2461
マ・アトモ・アティモダ
〒662-0018　兵庫県西宮市甲陽園山王町2-46　パインウッド

・**OSHOインスティテュート・フォー・セイクリッド・ムーヴメンツ・ジャパン**
スワミ・アナンド・プラヴァン
〒662-0018　兵庫県西宮市甲陽園山王町2-46　パインウッド
Tel & Fax 0798-73-1143　http://homepage3.nifty.com/MRG/

・**OSHOオーシャニック・インスティテュート**　Tel 0797-71-7630
スワミ・アナンド・ラーマ　〒665-0051　兵庫県宝塚市高司1-8-37-301
e-mail oceanic@pop01.odn.ne.jp

◆愛知◆

・**OSHO 庵瞑想センター** Tel & Fax 0565-63-2758
スワミ・サット・プレム 〒444-2326 愛知県豊田市国谷町柳ヶ入２番
e-mail satprem@docomo.ne.jp

・**OSHO EVENTS センター** Tel & Fax 052-702-4128
マ・サンボーディ・ハリマ
〒465-0058 愛知県名古屋市名東区貴船 2-501 メルローズ 1 号館 301
e-mail: dancingbuddha@magic.odn.ne.jp

◆その他◆

・**OSHO チャンパインフォメーションセンター** Tel & Fax 011-614-7398
マ・プレム・ウシャ 〒064-0951 北海道札幌市中央区宮の森一条 7-1-10-703
e-mail ushausha@lapis.plala.or.jp
http:www11.plala.or.jp/premusha/champa/index.html

・**OSHO インフォメーションセンター** Tel & Fax 0263-46-1403
マ・プレム・ソナ 〒390-0317 長野県松本市洞 665-1
e-mail sona@mub.biglobe.ne.jp

・**OSHO インフォメーションセンター** Tel & Fax 0761-43-1523
スワミ・デヴァ・スッコ 〒923-0000 石川県小松市佐美町申 227

・**OSHO インフォメーションセンター広島** Tel 082-842-5829
スワミ・ナロパ、マ・ブーティ 〒739-1733 広島県広島市安佐北区口田南 9-7-31
e-mail prembhuti@blue.ocn.ne.jp http://now.ohah.net/goldenflower

・**OSHO フレグランス瞑想センター** Tel 090-8499-5558
スワミ・ディークシャント
〒857-2326 長崎県西海市大瀬戸町雪浦下郷 1262
雪浦ブルーロータス内
e-mail: studio.emptysky@gmail.com http://osho-fragrance.com

・**OSHO ウツサヴァ・インフォメーションセンター** Tel 0974-62-3814
マ・ニルグーノ 〒878-0005 大分県竹田市大字挟田 2025
e-mail: light@jp.bigplanet.com http://homepage1.nifty.com/UTSAVA

◆インド・プネー◆
OSHO インターナショナル・メディテーション・リゾート
Osho International Meditation Resort
17 Koregaon Park Pune 411001 (MS) INDIA
Tel 91-20-4019999 Fax 91-20-4019990
http://www.osho.com
e-mail : oshointernational@oshointernational.com

＜OSHO 講話 DVD 日本語字幕スーパー付＞

■価格は全て税別です。※送料／DVD 1 本 ¥260　2～3 本 ¥320　4～5 本 ¥360　6～10 本 ¥460

■ **道元 7** —1 日をブッダとして生きなさい—

偉大なる禅師・道元の『正法眼蔵』を題材に、すべての人の内にある仏性に向けて語られる目醒めの一打。

『一瞬といえども二度と再びあなたの手には戻ってこない、過ぎ去ったものは永久に過ぎ去ってしまったのだ』。一茶の俳句など、様々な逸話を取り上げながら説かれる、好評道元シリーズ第 7 弾！（瞑想リード付）

●本編 117 分　● ¥ 3,800（税別）● 1988 年プネーでの講話

■ **道元 6** —あなたはすでにブッダだ—（瞑想リード付）

●本編 2 枚組 131 分　● ¥ 4,380（税別）● 1988 年プネーでの講話

■ **道元 5** —水に月のやどるがごとし—（瞑想リード付）

●本編 98 分　● ¥ 3,800（税別）● 1988 年プネーでの講話

■ **道元 4** —導師との出会い・覚醒の炎—（瞑想リード付）

●本編 2 枚組 139 分　● ¥ 4,380（税別）● 1988 年プネーでの講話

■ **道元 3**—山なき海・存在の巡礼—（瞑想リード付）

●本編 2 枚組 123 分　● ¥ 3,980（税別）● 1988 年プネーでの講話

■ **道元 2** —輪廻転生・薪と灰—（瞑想リード付）

●本編 113 分　● ¥ 3,800（税別）● 1988 年プネーでの講話

■ **道元 1**—自己をならふといふは自己をわするるなり—（瞑想リード付）

●本編 105 分　● ¥ 3,800（税別）● 1988 年プネーでの講話

■ **禅宣言 4**　—生に目的地はない—（瞑想リード付）

「生に目的地はない、宿命はない。だから自分の手で 自由に描き、刻み、愛し、生きればいい。 でもそのとき頼りになるのはただひとつ、それは自分自身の内なる光だ」

●本編 2 枚組 118 分● ¥ 4,380（税別）● 1989 年プネーでの講話（瞑想リード付）

■ **禅宣言 3**　—待つ、何もなくただ待つ—（瞑想リード付）

●本編 2 枚組 133 分● ¥ 4,380（税別）● 1989 年プネーでの講話（瞑想リード付）

■ **禅宣言 2**　—沈みゆく幻想の船—（瞑想リード付）

●本編 2 枚組 194 分● ¥ 4,380（税別）● 1989 年プネーでの講話

■ **禅宣言 1**—自分自身からの自由—（瞑想リード付）

禅の真髄をあますところなく説き明かす、OSHO 最後の講話シリーズ。古い宗教が崩れ去る中、禅を全く新しい視点で捉え、人類の未来への新しい地平を拓く。

●本編 2 枚組 220 分　● ¥ 4,380（税別）● 1989 年プネーでの講話

■ **内なる存在への旅** －ボーディダルマ 2－

ボーディダルマはその恐れを知らぬ無法さゆえに、妥協を許さぬ姿勢ゆえに、ゴータマ・ブッダ以降のもっとも重要な＜光明＞の人になった。

●本編 88 分　● ¥ 3,800（税別）● 1987 年プネーでの講話

■ **孤高の禅師** ボーディダルマ—求めないことが至福—

菩提達磨語録を実存的に捉え直す。中国武帝との邂逅、禅問答のような弟子達とのやりとり、奇妙で興味深い逸話を生きた禅話として展開。「“求めないこと” がボーディダルマの教えの本質のひとつだ」　●本編 2 枚組 134 分　● ¥ 4,380（税別）● 1987 年プネーでの講話

＜OSHO 既刊書籍＞ ■価格は全て税別です。

伝記

OSHO・反逆の軌跡―異端の神秘家・魂の伝記

■著／ヴァサント・ジョシ

OSHO の生涯と活動を、余すところなく弟子が綴る魂の伝記。悩み惑う日常からの脱却と、自己本来の道への探求を促す自由と覚醒の足跡。誕生から始まる劇的な生涯そのものが、まさに OSHO の教えであることを示す貴重な書。

＜内容＞ ●青少年期：冒険の年 ●光明 ●ワールドツアー ●あなたに私の夢を託す 他

■ A5 変判並製 400 頁 ¥2,600（税別） 送料 ¥390

新装版 朝の目覚めに贈る言葉
新装版 夜眠る前に贈る言葉
―魂に語りかける 365 日のメッセージ集

眠る前の最後の思考は、朝目覚める時の最初の思考になる……。生まれ変わったように、新たな一日一日を生きる……。特別に朝と夜のために編まれたインドの神秘家・OSHO の言葉。生きることの根源的な意味と、自分を見つめ活力が与えられる覚者からの 365 日のメッセージ。コンパクトサイズでギフトにも最適です。

＜朝＞ B6 変判並製 584 頁 2,300 円（税別） 送料 390 円 ＜夜＞ B6 変判並製 568 頁 2,200 円（税別） 送料 390 円

探求

奇跡の探求Ⅰ,Ⅱ
―内的探求とチャクラの神秘

内的探求と変容のプロセスを秘教的領域にまで奥深く踏み込み、説き明かしていく。Ⅱは七つのチャクラと七身体の神秘を語る驚くべき書。男女のエネルギーの性質、クンダリーニ、タントラ等について、洞察に次ぐ洞察が全編を貫く。

■Ⅰ：四六判上製 488 頁 2,800 円+税／送料 390 円
■Ⅱ：四六判並製 488 頁 2,450 円+税／送料 390 円

瞑想の道―自己探求の段階的ガイド
＜ディヤン・スートラ新装版＞

■四六判並製 328 頁 2,200 円+税／送料 390 円

死ぬこと 生きること
―死の怖れを超える真実

■四六判並製 448 頁 2,350 円+税／送料 390 円

魂のヨーガ
―パタンジャリのヨーガスートラ

■四六判並製 408 頁 2,400 円+税／送料 390 円

グレート・チャレンジ
―超越への対話

■四六判上製 382 頁 2,600 円+税／送料 390 円

新瞑想法入門―OSHO の瞑想法集大成

禅、密教、ヨーガ、タントラ、スーフィなどの古来の瞑想法から、現代人のために編み出された OSHO 独自の方法まで、わかりやすく解説。技法の説明の他にも、瞑想の本質や原理、探求者からの質問にも的確な道を指し示す。真理を求める人々必携の書。

■A 5 判並製 520 頁 3,280 円+税／送料 390 円

真理の泉
―魂の根底をゆさぶる真理への渇望

■四六判並製 448 頁 2,350 円+税／送料 390 円

アティーシャの知恵の書
（上）（下）―みじめさから至福へ

■上：四六判並製 608 頁 2,480 円+税／送料 390 円
■下：四六判並製 450 頁 2,380 円+税／送料 390 円

インナージャーニー
―内なる旅・自己探求のガイド

■四六判並製 304 頁 2,200 円+税／送料 320 円

隠された神秘
―秘宝の在処

■四六判上製 304 頁 2,600 円+税／送料 390 円

＜OSHO 既刊書籍＞ ■価格は全て税別です。

ブッダの悟り　●超越の道シリーズ 2

好評ブッダシリーズ第二弾。仏教経典の本質を探求し、ブッダへの深い理解を促す現代の神秘家 OSHO。OSHO が初めてブッダを紹介したこの講話シリーズは、仏教の本質をすべて含むこの『42 章経』をテーマに語り尽くす。
自らの光明をはじめて明かす貴重な講話録。
「ブッダとは目覚めた人、生が夢である、と悟った人だ── OSHO」
＜内容＞　●ブッダの挑戦　●自灯明～あなた自身への光　●理由もなく幸せ　他
■四六判並製　528 頁　¥2,500（税別）　送料 ¥390

ブッダ─最大の奇跡　●超越の道シリーズ 1

仏教経典は何千も存在するが、真の理解は困難を極める。
OSHO が初めてブッダを紹介したこの講話では、最初の手引きとして短い『42 章経』が選ばれた。仏教の本質をすべて含むこの『42 章経』の講話は、OSHO からの慈悲のメッセージでもある。
＜内容＞　●最も優れた道　●魔術を超えた真実　●探求における誠実さ　他
■四六判並製　480 頁　¥2,450（税別）　送料 ¥390

心理学を超えて 1 ─ 自己発見への珠玉の質疑応答録

ウルグアイの講話 1

内容の濃さで定評のあるウルグアイでの講話。
探求者の質問に親密に答え、光明や涅槃、古今東西の神秘家、テロリズムや社会問題をも取り上げる。人類の未来への可能性と道を示す広大で多岐に渡る内容を、博覧強記の現代の覚者 OSHO が縦横無尽に語り尽くす。

＜内容＞　●真理ほど人を不快にさせるものはない　●世間こそワークの場だ　他
■四六判並製　472 頁　¥2,450（税別）　送料 ¥390

炎の伝承 Ⅰ, Ⅱ　ウルグアイの講話 3
─ ウルグアイでの質疑応答録シリーズ

内容の濃さで定評のあるウルグアイでの講話。緊迫した状況での質問に答え、秘教的真理などの広大で多岐に渡る内容を、縦横無尽に語り尽くす。
■Ⅰ：四六判並製 496 頁 2,450 円＋税／送料 390 円
■Ⅱ：四六判並製 496 頁 2,450 円＋税／送料 390 円

神秘家の道　ウルグアイの講話 2
─ ウルグアイでの質疑応答録シリーズ

内容の濃さで定評のあるウルグアイでの講話。少人数の探求者のもとで親密に語られた珠玉の質疑応答録。次々に明かされる秘教的真理、光明の具体的な体験、催眠の意義と過去生への洞察等広大で多岐に渡る内容。
■四六判並製 896 頁 3,580 円＋税／送料 390 円

究極の錬金術 Ⅰ, Ⅱ
─ 自己礼拝 ウパニシャッドを語る

■Ⅰ：四六判並製 592 頁 2,880 円＋税／送料 390 円
■Ⅱ：四六判並製 544 頁 2,800 円＋税／送料 390 円

探求の詩（うた）
─ インドの四大マスターの一人、ゴラクの瞑想の礎
■四六判並製 608 頁 2,500 円＋税／送料 390 円

愛の道 ─ 機織り詩人カビールの講話
■ A5 判並製 360 頁 2,380 円＋税／送料 390 円

こころでからだの声を聴く
─ ボディマインドバランシング　ガイド瞑想CD付

OSHO が語る実際的身体論。最も身近で未知なる宇宙「身体」について、多彩な角度からその神秘と英知を語り尽くす。ストレス・不眠・加齢・断食など多様な質問にも具体的対処法を提示。
■ A5 判変型並製 256 頁 2,400 円＋税／送料 390 円

・代金引換郵便（要手数料￥300）の場合、商品到着時に支払。
・郵便振替、現金書留の場合、代金を前もって送金して下さい。